SELINA SALERNO

HABITS of my HEART

WREADERS

WREADERS TASCHENBUCH
Band 154

Dieser Titel ist auch als E-Book erschienen

Vollständige Taschenbuchausgabe
Deutsche Erstausgabe

Verlagsleitung: Lena Weinert
Druck: Sowa Sp z o.o
Bestellung und Vertrieb: Nowa MD GmbH, Vachendorf.
Umschlaggestaltung: Jasmin Kreilmann
Illustration: Jasmin Kreilmann
Inspiriert von: Markus Scherm
Lektorat: Sina Kleber, Lena Kamnezin
Satz: Annina Anderhalden

www.wreaders.de

ISBN: 978-3-96966-892-4

Für alle, denen mindestens einmal im Leben gesagt wurde,
sie seien nicht gut genug.
Dies soll euch daran erinnern, dass niemand die Macht hat, euch kleinzukriegen. Glaubt an euch und eure Fähigkeit, Großes zu schaffen.
Ihr seid es wert.

WREADERS

Kapitel 1

Vertraue auf dein Können, wisperte meine innere Stimme, doch es war gar nicht so einfach, ihr zu glauben, wenn mein Vertrauen einem eingetretenen Spiegel gleichkam und man schon ein ganzes Leben lang nur eines zu hören bekommen hatte: *Du bist nicht gut genug.*

»Grand Plié, meine Damen, gefolgt von einem Tendu nach vorne, zur Seite und nach hinten, einem Relevé und einer Wiederholung des Ganzen in die andere Richtung«, rief meine Tanzlehrerin Madame Rousseau streng in die Runde, riss mich somit aus meinen niederträchtigen Gedanken und ließ ihren wachsamen Blick über die Tänzerinnen gleiten. Sie kamen ihren Aufforderungen wie Aufziehpuppen nach, beugten ihre Knie tief, hielten sich mit einer Hand an der Ballettstange fest, während die andere Hand in einer geschmeidigen Bewegung einen unsichtbaren Halbkreis vom Bauch zur Seite zeichnete. Der Pianist, der in einer Ecke des Raumes hinter seinem gigantischen schwarzen Flügel saß, klimperte eine mir unbekannte klassische Melodie. Er untermalte dadurch die Tanzschritte, die in Form französischer Kommandos von Madame Rousseau wie aus einem Kanonenrohr gefeuert wurden und die einen scharfen Kontrast zur Gesamtsituation bildeten. Einerseits befanden wir uns mitten im Kurs des klassischen Balletts, welches das Sinnbild reiner Eleganz und einen fast schon märchenhaften Charme darstellte, andererseits lief Madame Rousseau wie ein Drill Sergeant bei der Army auf und ab, musterte uns mit Adleraugen und schien gedanklich wohl eher eine Armee von Robotern statt Tänzerinnen ausbilden zu wollen.

»Miss Gilbert, Sie sind mit Ihrem Kopf überall, nur nicht hier in meinem Kurs«, beschwerte sie sich. »Ich erwarte etwas mehr Konzentration«, ergänzte sie scharf und ich blickte durch die große Spiegelfront in ihre Richtung, während ich mich bemühte, die Gedanken an eine balletttanzende

Roboterarmee beiseitezuschieben. Ihre grünen Augen funkelten mich über den Rand ihrer filigranen goldenen Brille hinweg intensiv an und schienen mir stumm mitteilen zu wollen, dass sie nicht zufrieden mit dem war, was ich tat. Verbissen wandte ich den Blick wieder ab, starrte mein Abbild in der komplett verspiegelten Wand an und konnte keinen Unterschied zu den anderen Tänzerinnen erkennen. Meine Haltung war nahezu makellos, die Ausführung der Schritte taktgenau und sauber. Und wenn sie mich nicht so im Visier hätte, würde sie bemerken, dass einige der Tänzerinnen aus diesem Kurs den einfachen Weg wählten – statt Grand Pliés bloß einfache Pliés ausführten oder im Relevé auf die halbe statt auf die ganze Spitze gingen. Doch in dieser Gruppe aus perfekten Ballerinen, die aussahen wie einem Kinderbuch entsprungen und somit dem absoluten Klischee entsprachen, fiel ich auf wie ein Neonschild in der Dunkelheit, weshalb Madame Rousseau mich bereits seit Anbeginn dieses Kurses kritischer im Visier hatte als die restlichen Tänzerinnen. Mein rosa Haar war nicht piekfein in einen Dutt gebunden, sondern ruhte als unförmiges Vogelnest auf meinem Kopf. Unter dem langärmligen Body, den ich trug, zeichnete sich die schwarze Tinte der Tattoos ab, die meine Arme zierten, und auch unter der hellen Stumpfhose blitzte Körperkunst auf, die nicht einmal ansatzweise dem Klischee einer makellosen Ballerina entsprach.

»Abschließend eine Arabesque Penché und eine Révérence«, teilte sie uns mit stark französischem Akzent mit und setzte ihren energischen Gang von links nach rechts fort, während wir den letzten Tanzschritt ausführten. Fast schien es mir, als wolle sie mich absichtlich testen, um mich im Anschluss kritisieren zu können. Ich spürte, wie mein Standbein zu zittern begann, als ich im Takt der Musik und den anderen Tänzerinnen den Oberkörper tiefer beugte, beide Arme nach oben und unten ausgestreckt, und das Spielbein mit den Zehenspitzen Richtung Decke immer höher führte. Dabei lag mein gesamtes Körpergewicht auf dem winzigen Punkt meiner Zehenspitzen und je länger wir die Position hielten, desto mehr Schmerzen flammten in meinem Standbein auf.

»Miss Gilbert, wo zum Teufel ist Ihre Körperspannung? Sie knicken in der Hüfte ein.«

Ich presste die Lippen aufeinander, hielt die Position für einen letzten Atemzug, ganz darauf bedacht, meine Hüften zu stabilisieren und den

Schmerz auszublenden, und kam anschließend weniger galant zu den letzten Takten des Klaviers zurück auf beide Beine.

»Révérance, Miss Gilbert«, erinnerte mich Madame Rousseau beinahe tadelnd, sodass mein Geduldsfaden, der über die letzten zwei Stunden hinweg immer fadenscheiniger geworden war, letztendlich komplett riss.

»Verzeihung, Madame.« Ich verzog die Lippen zu einem dünnen Lächeln und führte einen geradezu lächerlichen, altertümlichen Hofknicks aus.

Sofort schwoll das Getuschel meiner Kommilitoninnen an und ich löste meinen Knicks eleganter als meine Arabesque auf. Jetzt hatte sie wenigstens einen Grund, mich zu hassen.

Madame Rousseau musterte mich mit solch einem empörten Blick, dass ich für einen kurzen Moment fast glaubte, sie würde mich in einem hohen Bogen aus dem Ballettsaal werfen. Doch sie schüttelte bloß missbilligend mit dem Kopf und ließ ihre Augen abschätzig von oben bis unten über meine Person gleiten.

»Wirklich sehr amüsant. Vielleicht sollten Sie Ihre Albernheiten lieber im Schauspielkurs fortsetzen anstatt hier in meinem Unterricht. Womöglich sind Sie dort besser aufgehoben«, rügte sie mich und mein Hochgefühl verebbte innerhalb weniger Millisekunden.

»Wie bitte?«, hakte ich vollkommen vor den Kopf gestoßen nach und spürte die stechenden Blicke der anderen Mädchen in meinem Rücken. Keine von ihnen schien auch nur ansatzweise auf den Gedanken zu kommen, den Saal zu verlassen. Ganz im Gegenteil. Sie blieben an Ort und Stelle stehen, lauschten gebannt dem Gespräch und suhlten sich zufrieden in dem Gefühl der wachsenden Unsicherheit, die ich ausstrahlte.

»Sie haben mich schon verstanden, Miss Gilbert«, sprach sie gelassen, aber mit einer gewissen Härte in ihrer Stimme, weiter. »Ich bin mir nicht sicher, ob Sie das Zeug zur Tänzerin haben. Das Aussehen fehlt Ihnen bereits«, merkte sie an und um diese Aussage zu untermalen, ließ sie ihren Blick betont langsam von meinem unordentlichen, auseinanderfallenden Dutt zu den Tattoos gleiten. »Außerdem haben Sie eine unsaubere Ausführung«, stach sie weiter auf mein schrumpfendes Selbstbewusstsein ein. »Sie sind schwach. Und Schwäche kann ich in diesem Kurs nicht gebrauchen.«

Jedes Wort fühlte sich wie ein Fausthieb in meine Magengrube an und ich wich zurück, in der Hoffnung, ihren vernichtenden Worten entkommen zu können.

Ich öffnete den Mund. Wollte etwas zu meiner eigenen Verteidigung sagen. Etwas, das sie nicht in Rage versetzen würde. Doch ich ließ bloß ungefilterte Worte das Tageslicht erblicken.

»Das ist nicht wahr, Madame, und das wissen Sie genauso gut wie ich«, begann ich und ignorierte das kleine Stimmchen in meinem Hinterkopf, welches mich anflehte, den Mund zu halten, wenn ich mich nicht noch mehr in die Schusslinie ihrer knallharten Kritik stellen wollte.

»Ich habe genauso viel Talent wie jede andere Tänzerin in diesem Raum, sonst würde ich nicht hier stehen. Ich glaube –«

»Wissen Sie, was ich glaube?«, unterbrach mich Madame Rousseau knapp. »Ich glaube, dass Sie eine verzerrte Wahrnehmung haben. Ihnen fehlt es an Leidenschaft, Miss Gilbert. Eine gute Tänzerin glänzt nicht nur mit einer fehlerlosen Technik. Sie muss Gefühl zeigen. Emotionen. Alles, was ich bei Ihnen sehe, ist Schwäche. Aus einem unerfindlichen Grund scheinen Sie nicht fähig zu sein, Emotionen in Ihren Tanz einfließen zu lassen, geschweige denn sie zu zeigen oder gar zu leben. Und wenn Sie das nicht schaffen, dann entspricht es sehr wohl der Wahrheit, dass Sie nicht das Zeug zur Tänzerin haben. Und jetzt gehen Sie«, feuerte Madame Rousseau hinterher und meine Beine kamen wie von allein in Bewegung. Ohne meinen Kommilitoninnen auch nur eines Blickes zu würdigen, lief ich zu meiner Tasche, hängte sie mir über die Schultern und drückte die schwere Flügeltür mit der Schulter auf.

Jetzt fang bloß nicht an zu weinen, Gilbert. Du bist nicht schwach. Du. Bist. Nicht. Schwach, flüsterte die innere Stimme in mir, während ich mit gesenktem Kopf durch die Galerie der Tanzfakultät lief. Bevor ich in die brütende Mittagshitze trat, ließ ich mich auf einer freien Bank neben ein paar leeren Schließfächern nieder. Die Tasche rutschte von meiner Schulter, landete mit einem dumpfen Laut auf dem zerschlissenen Parkettboden und fiel in sich zusammen. In etwa so wie meine Hoffnung, gut in diesem Kurs aufgenommen zu werden. Doch auch jetzt, fast drei Jahre später, behandelten sie mich wie eine Aussätzige, wie den schwarzen Schwan, der ich in den Augen meiner Kommilitoninnen bereits immer gewesen war. Mit fahrigen Handbewegungen schnürte ich die Bänder meiner Spitzenschuhe auf, zog sie aus und atmete auf, als der anhaltende Druck auf meine Knochen endlich ein Ende nahm. Schließlich holte ich meine abgetragenen Converse aus meiner

Tasche, schlüpfte hinein und stand ächzend auf. Schon jetzt fühlten sich meine Muskeln wie durchgekochte Nudeln an und meine Füße schmerzten bei jedem noch so kleinen Schritt, den ich tat – Schmerz, ob er nun seelischer oder körperlicher Natur war, begleitete mich bereits seit Jahren und erinnerte mich daran, dass ich sehr wohl etwas fühlte.

Als ich aus dem Gebäude trat, knallte die späte Nachmittagssonne erbarmungslos vom wolkenfreien Himmel und trieb mir in null Komma nichts den Schweiß auf die Stirn. Madame Rousseaus Worte verursachten in meinem Kopf ein einziges Chaos und plötzlich überkam mich eine so tiefgreifende Wut, dass ich am liebsten aufgeschrien hätte. Mit ihren Worten hatte sie all die bösen Geister meiner Vergangenheit heraufbeschworen, welche meine Gedanken in Ketten legten und mich zutiefst quälten.

Du bist schwach, Alexis.

Wenn du so weitermachst, kannst du die Karriere als Tänzerin vergessen.

Wieso nimmst du nichts ernst?

Wieso bist du nur so eine Enttäuschung?

Dein Traum ist ein Hirngespinst.

Du wirst es nicht weit bringen.

Du bist keine Tänzerin.

Die Stimme meiner Mum hallte wie ein niemals endendes Echo in meinem Kopf nach und hielt mir alles vor, was ich über die letzten Jahre versucht hatte zu vergessen. Doch nun war alles wieder da. Und zwar so klar und deutlich, dass ich das Gefühl hatte, sie würde direkt vor mir stehen. Vor meinem inneren Auge tauchte ihre elegante Erscheinung auf, welche mit erhobenem Zeigefinger und strengem Blick auf mich herabblickte, mein Selbstwertgefühl wie auch mein Selbstbewusstsein und meinen Mut in Grund und Boden trampelte. Auslöser dieses Vortrages war mein Verhalten gewesen. Ich war wieder mitten in der Nacht sturzbesoffen nach einer berauschenden Party mit meinem Exfreund Mason nach Hause gekommen, hatte meinen Magen lautstark im Eingangsbereich des Penthouse ausgeleert und gleichzeitig eine von Mums seltenen Vasen aus Japan zerschmettert, als ich mit schwankendem Schritt die Treppenstufen hatte erklimmen wollen. Der vernichtende Blick, den sie mir geschenkt hatte, verfolgte mich bis heute und ließ mich genauso klein und nutzlos wie an jenem Abend fühlen.

»Nette Schauspieleinlage, Alexis. Vielleicht bekommst du die nächste Rolle des Hofnarren«, riss mich eine gehässige Stimme aus dem Gefängnis meiner Gedanken und als mich die passende Person zu dieser Stimme anrempelte, fand ich komplett ins Hier und Jetzt zurück. Das Bild meiner Mum verschwand. Die Nacht wurde zum Tag und ich befand mich nüchtern vor meiner Fakultät statt betrunken im Penthouse meiner Mutter.

»Etwas Besseres fällt dir nicht ein? Wirklich witzig«, presste ich trocken hervor, funkelte meine Kommilitonin Sasha Fox an und hätte ihr am liebsten das selbstgefällige Grinsen aus dem sonnengebräunten Gesicht geschlagen. Doch ich riss mich zusammen, entspannte meine geballten Fäuste und hielt dem Blick ihrer strahlend blauen Augen trotzig stand.

»Madame Rousseau hat recht«, setzte sie ungehalten fort. »Du passt einfach nicht zu uns«, sagte sie und stemmte eine Hand in die Hüfte, während ihr kritischer Blick über mein Erscheinungsbild wanderte.

»Du entsprichst nicht mal ansatzweise dem Bild einer Tänzerin. Und du würdest jedem einen Gefallen tun, wenn du und dein … dein«, sie pausierte, musterte erst meine pink gefärbten Haare, dann die Tattoos und schließlich meine abgewetzten Converse,»… dein unpassendes Aussehen fortbleiben würdet.«

Mein unpassendes Aussehen? Ich konnte ihr zeigen, wie unpassend eine gebrochene Nase in dem übergroßen Spiegel des Ballettsaals aussehen würde.

Immer schön ruhig bleiben, Gilbert, warnte mich meine innere Stimme und ich zwang mich zu einem zuckersüßen Lächeln, während ich eine Zigarette aus meiner Tasche kramte, sie mit einer Hand vor dem stetigen Wind abschirmte und anzündete.

»Weißt du, Sasha«, begann ich, zog tief an der Zigarette und registrierte mit Zufriedenheit ihre gerümpfte Nase, als der Wind den Rauch in ihre Richtung trug. »Deine Meinung interessiert mich nicht. Genauso wenig interessiert mich, was Madame Rousseau über mich zu sagen hat. Eure Worte haben nicht die Macht, mich davonzuscheuchen. Ich werde weitermachen.«

»Na schön«, lenkte sie ein, verzog die Lippen zu einem spöttischen Grinsen und musterte mich mit einem bemitleidenden Schimmern in den Augen. »Dann mach halt weiter und verbildliche den Elefanten im Porzellanladen. Ich bin gespannt, wann du einsiehst, dass du es einfach nicht weit bringen wirst«, spottete sie und rammte mir somit ein verbales Messer in die Brust. Eine weitere Aussage, die all meine niederträchtigen Gedanken an meine Mum zurück in meinen Verstand beförderte, mich peinigte und mir in Erinnerung rief, dass ich nahe am Abgrund wanderte. Mit jeder weiteren düsteren Erinnerung lösten sich die Steine unter meinen Füßen und ließen den Abgrund näher rücken. Bevor ich etwas erwidern konnte, warf sie sich das goldglänzende Haar über die Schulter, schenkte mir einen letzten entwürdigenden Blick und zog mit ihrem Gefolge ab, welches das ganze Gespräch im Hintergrund grinsend verfolgt hatte.

»Hoffentlich brichst du dir bei deiner nächsten Pirouette das Genick, Miststück«, zischte ich leise, schlug die entgegengesetzte Richtung ein und überquerte den Campus der Macquarie University. Der gepflasterte Weg, über den ich spazierte, zog sich durch einen perfekten grünen Rasen und meine Beine trugen mich zielstrebig zu dem einzigen Laden, der mir meine Wut und meinen Frust nehmen konnte. *Pino's Pizzeria* war mitunter der Hotspot auf dem Campus und obwohl die vernünftige Stimme in mir kreischend protestierte und mir meinen Ernährungsplan vor Augen hielt, konnte ich nicht anders, als die verglaste Tür aufzuziehen und den unwiderstehlichen Duft nach frisch gebackener Pizza einzusaugen. In der Pizzeria war nicht viel los. Abgesehen von einem Dreiergrüppchen, welches in der hinteren Ecke des Ladens einen Tisch in Beschlag genommen hatte, war das kleine, überhitzte Restaurant leer, weshalb ich gleich an den Tresen treten und bestellen konnte.

»Was darf's sein?«, fragte Pino, ein runder Mann mit kurzen dunklen Haaren und einem Schnauzbart wie Super Mario. An seiner rot karierten Schürze klebten Mehlreste und das Lächeln auf seinen Lippen nahm mir einen Teil meiner Wut.

»Eine große Salamipizza mit extra viel Käse«, bestellte ich und spürte bereits, wie mein Magen rebellierte, als ich bloß daran dachte, wie köstlich die Pizzen hier waren.

»Salami mit extra viel Käse, kommt sofort«, wiederholte er meine Bestellung und verschwand pfeifend in der Küche. Ich lehnte mich gegen den Tresen, blickte gedankenverloren aus der großen Fensterfront nach draußen auf den Campus und scherte mich herzlich wenig darum, dass mir Madame Rousseaus Stimme durch den Kopf schwirrte, die mir mitteilte, wie wichtig eine gesunde und ausgewogene Ernährung als Tänzerin war.

»Wow, ein Tanzmäuschen in *Pino's Pizzeria*. Was für ein seltener Anblick«, erklang eine spöttische Stimme zu meiner Rechten und augenblicklich schoss meine Wut wieder in die Höhe. Ich riss den Blick von der abstrakten Glasfassade der Uni los und zählte innerlich bis zehn, um mein aufgewühltes Gemüt zu beruhigen.

»Möchtest du mich jetzt verpetzen?«, fuhr ich das Mädchen neben mir an, drehte den Kopf in ihre Richtung und erstickte weitere abwertende Kommentare im Keim. Ihre rot geschminkten Lippen umspielte ein amüsiertes Grinsen und die dunklen Augen, eingerahmt von langen Wimpern und einem perfekt gezogenen Lidstrich, funkelten mich herausfordernd an.

»Geht leider nicht«, seufzte sie und setzte eine perfekt inszenierte traurige Miene auf, die aufgrund des amüsierten Funkelns in ihren Augen ihre Glaubwürdigkeit verlor. »Ich habe Hausverbot in deiner Tanzmäuschenfakultät«, fügte sie hinzu, stützte den Kopf auf einer Hand ab und musterte mich eingehend.

»Soll das ein Scherz sein?«, hakte ich misstrauisch nach und ließ meinen Blick langsam über ihr Erscheinungsbild wandern. Im Vergleich zu ihren Piercings, den unzähligen Tattoos und der locker-lässigen Kleidung fühlte ich mich in meinem rosa Kleidchen und den weißen dünnen Strumpfhosen selbst wie einem Kinderbuch entsprungen und verschränkte die Arme vor der Brust.

»Sehe ich aus, als würde ich scherzen?«, stellte sie die Gegenfrage und ließ ihren Blick mindestens genauso ungeniert wie ich zuvor über meine Erscheinung wandern.

»Ich meine es ernst«, fuhr sie locker fort, als würden wir uns bereits seit Ewigkeiten kennen. »Als ich nach neuen Fotomotiven gesucht habe, kam so eine irre Lady auf mich zugerannt und meinte, ich würde mit meinem ›wilden Aussehen‹ die Harmonie und den ›Zauber des Balletts‹ zerstören.« Sie untermalte die Aussagen mit Gänsefüßchen in der Luft und lachte auf. »Echt, ich habe noch nie so einen abgebrühten Mist gehört. Na ja, jedenfalls hat sie mich kurzerhand rausgeschmissen und mir gesagt, ich solle keinen Fuß mehr in dieses Gebäude setzen.«

Meine Wut verebbte ein wenig und ich schaffte es sogar, ein leichtes Grinsen auf meine Lippen zu zaubern. Wenn man Madame Rousseau nicht kannte, traf die Charakterbeschreibung ›irre Lady‹ ziemlich genau auf sie zu.

»Ich bin übrigens Reagan«, stellte sie sich gleich darauf vor und hielt mir ihre Hand hin.

»Alexis«, verriet ich knapp, erwiderte ihren Händedruck kurz, nur um sie gleich darauf wieder loszulassen. Einen Augenblick später kam Pino mit meiner Pizza aus der Küche spaziert. Er balancierte sie geschickt auf einem Holztablett, ließ sie anschließend in einem Pizzakarton verschwinden und schob ihn vor mich auf den Tresen.

Ich bezahlte, bedankte mich bei Pino und nahm den warmen Karton an mich. Anschließend drehte ich mich unschlüssig zu Reagan um.

»War nett, dich kennengelernt zu haben«, sagte ich und war bereits im Begriff, mich auf dem Absatz Richtung Tür zu drehen.

»Setz dich doch zu uns«, schlug Reagan plötzlich vor, als ich drauf und dran war, mich aus dem Staub zu machen. Widerwillig blieb ich stehen. Sie deutete mit einem Kopfnicken zu dem besetzten Tisch, den ich bereits beim Eintreten wahrgenommen hatte, und baute Augenkontakt zu den zwei Kerlen auf, die mich stechend musterten.

»Danke für den Vorschlag, aber ich gehe besser und –«

»Jetzt hab dich nicht so«, unterbrach sie mich lächelnd. Als sie einen Schritt auf mich zukam und die Hand ausstreckte, um sie auf meinen Arm zu legen, wich ich instinktiv zurück und ignorierte die irritierten kleinen Fältchen, die sich zwischen ihren Augenbrauen bildeten.

»Kian und Brody sind okay«, versuchte sie mich zu beruhigen, doch das Gegenteil geschah.

Kian?, schoss es mir schlagartig durch den Kopf und die Erinnerungen, die ich mit diesem Namen in Verbindung brachte, prasselten wie Kanonenkugeln auf mich ein.

Mein Blick flog blitzartig zurück zur Sitznische. Das Gefühl, als würde Eiswasser durch meine Adern fließen, verpasste mir eine unangenehme Gänsehaut, als ich in die dunklen, seelenlosen Augen von Kian starrte. Er hatte sich nicht verändert. Seine Präsenz wirkte noch genauso bedrohlich wie vor drei Jahren, als ich ihn zum letzten Mal gesehen hatte. Plötzlich glaubte ich keine Luft mehr zu bekommen. Unsichtbare Hände schlossen sich um meine Kehle, erschwerten mir das Atmen, und die Angst, die meinen Körper wie ein Tsunami flutete, ließ mich gleich noch mehr Schritte zurückweichen.

»Tut mir leid«, presste ich hervor und registrierte Reagans mahnenden Blick in Kians Richtung. »Ich muss nach Hause. Mein … mein Freund wartet und ich … muss jetzt wirklich gehen«, stammelte ich und schluckte den bitteren Beigeschmack, den diese Lüge hinterließ, tapfer runter. Bevor Reagan auch nur Luft holen konnte, um etwas zu erwidern, machte ich auf dem Absatz kehrt, verließ fast fluchtartig die Pizzeria und steuerte den Parkplatz an. Mal wieder hatte mich mein fehlendes Vertrauen zu anderen Menschen in die Knie zwingen können und die gnadenlose Angst, die die Erinnerungen an meine Vergangenheit untermalte, schloss sich wie eine eiskalte Klaue um mein wild pochendes Herz.

Kapitel 2

Twenty One Pilotes' *The Hype* dröhnte in ohrenbetäubender Lautstärke aus meinen Lautsprechern und der Motor meines türkisen Mini Cooper Cabrio, liebevoll Coops genannt, heulte protestierend auf, als ich das Gaspedal noch etwas energischer durchdrückte und mit mörderischer Geschwindigkeit in Richtung Uni raste. Ich hatte mal wieder alle meine Wecker verschlafen und wusste, dass Madame Rousseau mir dafür den Hals umdrehen würde. Mit dieser Aktion malte ich mir das Fadenkreuz höchstwahrscheinlich selbst auf die Stirn und rutschte auf ihrer Abschussliste immer höher.

Ganz in Gedanken versunken sah ich im letzten Moment, wie die Ampel einige Meter vor mir auf Rot sprang. Ich trat mit voller Wucht auf die Bremse, sodass Coops' Reifen kreischend über den Asphalt schlitterten und das Auto gerade noch rechtzeitig zum Stehen kam. Ein Manöver, welches unüberlegt gewesen war. Der Kaffeebecher kippte aus seiner Halterung, ergoss seinen Inhalt über meinen frisch gewaschenen Ballettrock und rollte schließlich unter meinen Sitz, als wollte er sich vor meinem darauffolgenden Gefluche verstecken.

»Verdammte Scheiße ... Das darf doch nicht wahr sein«, schimpfte ich lautstark und ignorierte die teils empörten, teils geschockten Blicke der Passanten, die mich und mein Auto musterten, als kämen wir geradewegs von einem anderen Planeten. Konnte ich es ihnen verübeln? Wohl eher nicht. Ich fluchte wie ein Trucker, die Musik hatte nahezu Konzertlautstärke und als ich in den Rückspiegel blickte, sah ich die pechschwarzen Bremsspuren, die Coops über Meter verteilt hinterlassen hatte. Ich scherte mich nicht weiter darum, wartete, bis die Ampel auf Grün sprang und schoss wieder los. In derselben halsbrecherischen Geschwindigkeit und mit derselben Unruhe, die mich dazu verleitete, mich innerlich bereits vor Madames Salve an verletzenden Worten zu wappnen.

Eine gute Viertelstunde später kam ich auf dem überfüllten Parkplatz der Uni an und war somit genau eine halbe Stunde zu spät für meinen Kurs im klassischen Ballett dran, der ausgerechnet freitags als Erstes stattfand. Hiermit hatte ich mich nun auf Platz Eins von Madame Rousseaus Abschussliste manövriert, falls ich dort nicht ohnehin bereits die Spitzenreiterin gewesen war. Neben perfekt ausgeführten Tanzschritten und einem eleganten Erscheinungsbild war Pünktlichkeit das A und O für sie.

Ich parkte Coops in einer freien Lücke, stieg aus und ließ per Knopfdruck das Verdeck hochfahren. Anschließend öffnete ich den Kofferraum und holte meine Tasche hervor. Genau in dem Moment, als ich das Auto verriegelte, klingelte mein Handy in den Untiefen meiner Tasche und ich fluchte leise, ehe ich es zwischen Wasserflaschen, meinen Spitzenschuhen, Müsliriegeln, Lehrbüchern und Wechselkleidung herausfischte.

»Hey, Dad«, begrüßte ich meinen Vater betont fröhlich, nachdem ich das Telefonat angenommen hatte. Ich hängte mir die Tasche über die Schulter, verließ den Parkplatz und bog in einen blätterüberdachten, schmalen Seitenweg, der zu meiner Fakultät führte.

»Endlich gehst du ran, Alexis. Ich habe fünfmal versucht dich anzurufen.« Kein ›Guten Morgen‹. Kein ›Wie geht es dir?‹.

»Ich saß im Auto«, verteidigte ich mich empört und genoss für den Augenblick die Ruhe, die ich immer dann empfand, wenn ich diesen Weg entlanglief. Er war fernab vom wuseligen Campusgeschehen und das Blätterdach gab einem das Gefühl von Geborgenheit und Schutz. Zwei Dinge, die nicht mehr existieren würden, wenn ich in wenigen Minuten den Ballettsaal betrat.

»Das hält dich sonst auch nicht davon ab zu telefonieren«, konterte er und ich verdrehte die Augen.

»Ist ja gut. Weswegen rufst du an?«, hakte ich geduldig nach.

»Es geht um den Geburtstag deiner Mum«, begann er und ich blieb abrupt stehen, starrte finster ins Nichts und ballte meine freie Hand zu einer Faust.

»Offen gesagt habe ich gerade keine Zeit zu reden. Ich …«

»Alexis«, unterbrach er mich ernst, sodass ich widerwillig den Mund hielt und innerlich bis zehn zählte, um nicht wie eine entsicherte Handgranate in die Luft zu gehen.

»Du weißt, dass sie die gesamte Familie beisammenhaben möchte«, sprach er weiter und ich stieß ein abwertendes Schnauben aus.

»Hast du es nicht mitbekommen? Ich gehöre doch schon lange nicht mehr zu dieser Familie. Drei Jahre sind vergangen, seit ich ausgezogen bin. An keinem ihrer Geburtstage hat sie mich beachtetet, Dad«, erzählte ich aufgebracht. »Ich existiere nicht mehr, zumindest nicht mehr in der Welt der großartigen Isabel Gilbert«, spuckte ich aus und bereute meinen Aussetzer innerhalb eines Wimpernschlags. Meinen Dad traf keine Schuld. Sein Job als leitender Flugkapitän bei Qantas Airways nahm ihn stark ein, sodass ich die letzten drei Jahre größtenteils selbst mit dem abweisenden Verhalten meiner Mum klarkommen musste.

»Tut mir leid«, schob ich also zerknirscht hinterher und scharrte mit meinem Schuh kleine Steinchen auf dem staubigen Weg hin und her, bevor ich mich langsam wieder in Bewegung setzte.

»Ich kann deinen Frust verstehen, Alexis. Doch ich bin mir sicher, dass sie sich freut, wenn du kommst.«

»Sprechen wir von demselben Menschen?«, hakte ich misstrauisch nach und konnte mir nicht einmal in meinen kühnsten Träumen vorstellen, dass meine Mum erfreut wäre, mich zu sehen. Jetzt erst recht nicht mehr. Ein Jahr war vergangen, seit ich sie zum letzten Mal gesehen hatte – ein Jahr, in dem ich eine drastische Typveränderung durchgezogen hatte. Mein langes, dunkelbraunes Haar, welches mich so sehr an meine Mum erinnerte, war kürzer geworden. Doch die schulterlange Frisur hatte mir nicht gereicht, weswegen ich das dunkle Braun erst blondiert und schließlich mit einem zarten Rosa überdeckt hatte. Einzig und allein mein Ansatz, der flüssig in die rosa Färbung lief, erinnerte an die alte Alexis.

»Bitte komm einfach«, flehte mein Dad, ohne auf meine vorherige Frage einzugehen, und ich starrte eine ganze Weile in die Ferne, ehe ich mich geschlagen gab.

»Na schön«, knurrte ich und prompt brach in meinem Inneren das Chaos aus. Mein Verstand kreischte wie eine Banshee protestierend und wehrte sich mit Händen und Füßen, diesen Beschluss meinerseits zu akzeptieren.

»Aber ich werde nicht lange bleiben«, feuerte ich sofort hinterher.

»Das musst du auch nicht. Es reicht, wenn du kurz vorbeischaust. Die ganze Familie wird da sein.«

»Erwarte nun keine Freudensprünge von mir«, gab ich trocken zurück und blieb vor der verglasten Flügeltür meiner Fakultät stehen. Ein Blick auf die Uhr verriet mir, dass ich in wenigen Minuten dem Tode geweiht war.

»Hör zu, Dad. Ich muss zu meinem Kurs. Wir reden später.«

Ich nahm ihm die Chance zu antworten, indem ich das Telefonat hastig beendete. Schließlich holte ich einmal tief Luft, drückte die Tür auf und trat in das kühle Gebäude. Klassische Musik schwebte durch die breiten, lichtdurchfluteten Flure, belagerte meine Ohren und verfolgte mich bis zu Madame Rousseaus Ballettsaal. Ich spähte vorsichtig durch die Fenster in der schneeweißen Flügeltür und erblickte meine Kommilitoninnen, die allesamt perfekt in Reih und Glied die Choreografie des Blumenwalzers aus dem Stück *Der Nussknacker* ausführten und vom Pianisten begleitet wurden. Madame Rousseau betrachtete das Ensemble mit kritischer Miene und mein Blick wanderte zurück zu meinen Kommilitoninnen. Weder fiel eine der Tänzerinnen aus dem Takt noch hatte jemand auch nur ein krummes Haar auf dem Kopf.

Als ich an mir herabblickte, seufzte ich frustriert auf. In meiner hellen Strumpfhose waren Laufmaschen, der Kaffeefleck auf meinem Rock noch frisch und meine Haare, dank der freien Fahrt in Coops, so zerzaust, dass mir die Strähnen wild ins Gesicht hingen.

Sie wird dich umbringen, Gilbert, ertönte mein Verstand mit gehässiger Stimme.

»Halt bloß die Klappe«, zischte ich leise und drückte genau in dem Moment die Tür auf, als der Pianist die letzten Noten klimperte und alle Tänzerinnen eine perfekte Révérence ausführten, die um Längen eleganter als mein lächerlicher Hofknicks waren.

Die Tür fiel mit dem Klang der letzten Note ins Schloss und sofort lagen alle Augenpaare auf mir. Der Blick von Madame Rousseau brannte sich ganz besonders ein und ich schluckte unbehaglich, bevor ich mich traute, in ihre Richtung zu schauen. Ich wollte etwas zu meiner Verteidigung sagen oder mich wenigstens für die Verspätung entschuldigen. Doch ihre schneidende Stimme kam mir zuvor.

»Miss Gilbert, was fällt Ihnen ein, so spät hier aufzukreuzen?«, fuhr sich mich an. Ihre Augen sprühten Funken und als sie ihren Blick an mir herabgleiten ließ, schürzte sie abschätzig die Lippen.

»Wissen Sie, ich –«

»*Silence!*«, schnitt sie mir auf Französisch das Wort ab und mein Herz rutschte mir bis in die Kniekehle. Wenn Madame Rousseau plötzlich ins Französische wechselte, musste man sich in Acht nehmen.

»Sie sind nicht nur zu spät, sondern sehen auch noch zum Fürchten aus. *Sortez d'ici tout de suite*!«

»Verzeihung?«, hakte ich vorsichtig nach. Mein Französisch war über die Jahre eingerostet und nun stand ich tatenlos im Türrahmen und zerbrach mir den Kopf darüber, was sie mir wohl sagen wollte.

»Raus hier!«, kreischte sie fast und zeigte mit ausgestrecktem Zeigefinger demonstrativ zur Tür. Mein Blick zuckte zu meinen Kommilitoninnen, die das Geschehen gespannt verfolgten. Sasha verbarg ein amüsiertes Grinsen hinter vorgehaltener Hand, bevor sie sich zu Marcia und Olivia drehte, um ihnen etwas zuzuflüstern. Ich schluckte schwer und richtete den Blick zurück auf Madame Rousseau, die mich nicht mit Blicken, sondern mit Worten in den Abgrund zog.

»So ein Verhalten und vor allem so ein abscheuliches Aussehen dulde ich in meinem Kurs nicht. Verschwinden Sie! Und kommen Sie erst wieder, wenn Sie es wirklich ernst mit dem Ballett meinen!«

Ich taumelte zurück, als hätte sie mir geradewegs eine verpasst, ging rückwärts aus dem Raum und drehte mich schließlich auf dem Absatz um, als die Tür ins Schloss fiel und mich vom Rest der Tänzerinnen abgrenzte.

Wut, vermischt mit tiefgreifender Traurigkeit und maßloser Enttäuschung, flutete meinen Körper und trieb mich blindlings aus dem Gebäude. Ich stürzte aus der Tür, nahm meine Umgebung kaum noch wahr und versuchte verbissen den Kloß runterzuschlucken, der sich in meinem Hals bildete.

Als hätte es das Schicksal heute ganz besonders auf mich abgesehen, prallte ich nur Sekunden später gegen eine Person, die entspannt den Weg zum Hauptgebäude eingeschlagen hatte, sodass wir beide fluchend voneinander abprallten und zu Boden stürzten. Dabei erfassten meine Ohren ein gemurmeltes spanisches »*¿Qué diablos?*«, gefolgt von dem Zerschellen eines Gegenstandes, welcher so klang, als würde er nicht nur in tausend, sondern abertausend Kleinteile zerbersten. Aber wie viele Teile es auch waren, es hörte sich alles andere als gut an.

»Scheiße, kannst du nicht aufpassen?«, fuhr mich eine weibliche Stimme scharf an, die mich aufhorchen ließ.

Diese Stimme kam mir bekannt vor und ich blickte auf, schaute geradewegs in die dunklen Augen von Reagan, die ihren Groll ein Stück weit in den Hintergrund zu schieben schien, als sie mich erkannte. Der Sturm in ihren Augen legte sich, doch sie strahlte weiterhin eine gewisse Spannung aus.

»Ziemlich rüpelhaft für ein elegantes Tanzmäuschen«, scherzte sie trocken, rappelte sich auf und machte nicht mal Anstalten, mir aufzuhelfen. Stattdessen starrte sie die zerbrochenen Teile ihrer Kamera an und presste die rotgeschminkten Lippen zu einem schmalen Strich zusammen. Meine Augen erfassten das Dilemma.

»Verdammt, das tut mir unendlich leid ...«, murmelte ich von Reue erfüllt und kam ächzend auf die Beine. Mir tat jeder Knochen weh, doch ich ignorierte den Schmerz und konzentrierte mich ganz auf Reagan, die ihre Augen auf mich richtete und die Kamera in die Höhe hielt.

»Wenn du tausend Dollar hast, verzeihe ich dir vielleicht.«

»Tausend Dollar?«, keuchte ich erschrocken und sah die Kamera in ihren Händen wieder an. Ich hatte keinen blassen Schimmer, dass die Dinger so teuer waren.

»Ehrlich, es tut mir furchtbar leid. Ich wusste nicht, dass –«

»Entspann dich, Tanzmäuschen. Ist doch nur eine Kamera«, winkte sie ab, doch der Unterton in ihrer Stimme verriet, dass sie nicht so ruhig war, wie sie gerade vorgab.

»Im Wetterbericht stand nichts von einem pinkfarbenen Wirbelsturm. Nächstes Mal informiere ich mich besser und lasse teure, zerbrechliche Dinge zu Hause«, ergänzte sie und ihre Stimme triefte nur so vor Sarkasmus. Doch als sie den Blick von den Trümmerteilen ihrer Kamera nahm und in meine Richtung schaute, erstickte sie weitere sarkastische Bemerkungen im Keim. Vor lauter Frust und Scham hatten sich Tränen in meinen Augen gesammelt, die ich zu verstecken versuchte, indem ich den Kopf senkte.

»Hey, mach dir keinen Kopf. Ich werde sparen und eine Neue besorgen«, beruhigte sie mich, jedoch schaffte ich es nur kläglich den Kopf zu schütteln und schämte mich in Grund und Boden, als die erste Träne über meine Wange rollte. In der Regel hatte ich meine Emotionen gut im Griff und brachte es beinahe täglich fertig, meiner kalten Fassade treu zu bleiben. Doch aus einem unerfindlichen Grund schien ich ausgerechnet jetzt einen schwachen Tag zu haben. Ob es der Gedanke an das bevorstehende Treffen mit meiner Mum war? Ich wusste es nicht. Doch Fakt war, dass mein innerer Damm zu brechen drohte.

»Es tut mir wirklich leid. Ich werde für den Schaden aufkommen …«, antwortete ich, wischte mit dem Handrücken die Tränen von meiner Wange und deutete mit einer vagen Handbewegung Richtung Parkplatz. »Und jetzt entschuldige mich … ich … ich wollte gerade gehen«, stammelte ich mit belegter Stimme, ließ sie stehen, ohne sie noch einmal anzuschauen, und hoffte, meine Ruhe zu bekommen – wollte, dass dieser Tag, der eigentlich gerade erst begonnen hatte, einfach nur noch endete. Aber ich hatte nicht mit Reagan gerechnet, die genau in diesem Moment neben mir auftauchte, eine Hand auf meinen Arm legte und mich somit zum Stehenbleiben zwang.

»Jetzt warte doch mal, ist alles okay?«, hakte sie nach und ließ ihren Blick genau über mein Gesicht gleiten, so als wolle sie die Antwort meinen glasigen Augen entnehmen.

»Nein, nichts ist okay«, fuhr ich sie an und zügelte mich gleich danach wieder. »Ich hatte einfach einen schlechten Start in den Tag, nichts weiter«, würgte ich sie ab, befreite mich aus ihrem Griff und marschierte weiter in Richtung Parkplatz. Alles in mir verzehrte sich nach meiner Wohnung – meinem sicheren Hafen –, in der es nichts und niemanden gab, der mich störte. Ruhe war genau das, wonach ich mich in diesem Moment sehnte.

»Du wimmelst mich schon wieder ab, Tanzmäuschen«, sagte Reagan und lief neben mir her. »Ist dein Freund etwa so ein Kontrollfreak?«

»Ich habe keinen Freund, das war eine Lüge«, gestand ich knapp.

»Stopp mal«, sie hielt mich erneut fest und ich wirbelte zu ihr herum.

»Was denn noch?«

Ein vergnügtes Grinsen zog an ihren Mundwinkeln und ihre Augen funkelten frech. »Da steckt ja doch mehr Feuer in dir, als ich dachte«, bemerkte sie amüsiert, fuhr dann aber ernster fort. »Trotzdem verstehe ich nicht, wieso du gelogen hast. Du hättest dich zu uns setzen können. Immer, wenn ich dich sehe, bist du allein.«

»Ich habe gelogen, damit ich allein sein kann.«

Ein verwirrtes Funkeln trat in ihre Augen und ich konnte das ›Warum‹, welches ihr womöglich auf der Zunge brannte, förmlich hören.

»Und um ehrlich zu sein, möchte ich auch jetzt allein sein. Also wenn du mich entschuldigen würdest …«, ich entzog mich ihrem Griff ein zweites Mal, warf ihr einen letzten Blick über meine Schulter hinweg zu und lief über den Parkplatz zielgerichtet zu meinem Auto.

Kurz bevor ich Coops erreichte, hielt mich Reagans Stimme ein drittes Mal auf und ich stöhnte genervt, ehe ich mich zu ihr umdrehte und ein dünnes Lächeln auf den Lippen zur Schau stellte.

»Du bist ziemlich hartnäckig«, merkte ich an und versuchte dabei, mich nicht so gereizt anzuhören, wie ich mich in diesem Moment fühlte.

»Hartnäckigkeit ist meine Spezialität, Tanzmäuschen«, antwortete sie grinsend, kramte anschließend ein Blatt Papier und einen Stift aus ihrer Tasche und nutzte die Karosserie eines Autos neben uns, um flink etwas auf die blauen Linien zu schreiben.

»Hier«, sagte sie, riss das Blatt zu einem kleinen Rechteck zurecht und gab mir das beschriebene Stück Papier.

Misstrauisch senkte ich den Blick auf das Papier und betrachtete die Ziffern, die sie in sauberer Handschrift niedergeschrieben hatte.

»Meine Nummer«, klärte sie mich auf. »Allein sein ist scheiße, Alexis. Ruf mich an. Wann immer dir danach ist, hörst du?«

Ich schaute ihr ins Gesicht und erkannte Mitgefühl, welches in ihren dunklen Augen schimmerte. Sie schenkte mir ein letztes Lächeln, drehte sich um und ging. Und ich? Ich stand wie festgewachsen an Ort und Stelle, mit dem kleinen Stück Papier in meiner Hand, und spürte, wie sich der anfängliche Groll auflöste und ein Gefühl von Wärme in mir zurückließ. Vielleicht war Reagan hartnäckig. Doch sie war seit Langem der erste Mensch, der sich nicht von meiner abweisenden Fassade einschüchtern ließ. Ich blickte ihr nach und merkte kaum, wie sich das Gespenst eines Lächelns auf meinen Lippen breitmachte.

Kapitel 3

»Sie werden dich in der Luft zerreißen. Definitiv …«, kritisierte ich mein eigenes Spiegelbild und zupfte unbehaglich an dem engen Stoff meines Kleides, wissend, dass ich auf der Geburtstagsfeier meiner Mum wie ein bunter Hund aus der Menge herausstechen würde. Buchstäblich. Das Kleid reichte mir gerade mal bis zur Mitte meiner Oberschenkel, betonte jede noch so kleine Rundung an meinem Körper und legte nahezu meinen gesamten Rücken frei. Dafür war es vorne hochgeschlossen, fast schon brav und konservativ. Ich seufzte leise auf, zerrte und zog noch ein klein wenig am Saum des Kleides und gab es schließlich auf. Mir sollte es egal sein, was die anderen von mir dachten. Seit Jahren war ich das hässliche Entlein der Familie. Der Schandfleck, den man zu vertuschen versuchte, indem man so tat, als würde er nicht existieren – der schwarze Schwan. Aus diesem Grund gab ich es auf, dafür zu sorgen, nett auszusehen. Ich musterte mein Spiegelbild ein letztes Mal, ließ den Blick über meine offenen Haare gleiten, die farblich perfekt zu dem rosa Pastellton meines Kleides passten. Ich hatte sie in sanfte Wellen gedreht, die meine nackten Schultern kitzelten. Instinktiv seufzte ich leise auf. Wieso tat ich das Ganze hier?

Das Summen meines Handys riss mich aus meinen Gedanken, sodass ich meinen überaus kritisierenden Blick von meiner Spiegelung abwandte und nach dem Handy griff.

Eine Nachricht meines Dads sprang mir entgegen.

Wo bist du, Alexis? Die Feier hat längst begonnen.

Unterwegs, tippte ich widerwillig als knappe Antwort, schickte die Nachricht ab und schlüpfte in meine hohen Schuhe.

Mit meinem Handy, meiner Tasche und einer Flasche Wein bewaffnet, verließ ich meinen kleinen, sicheren Hafen, trat auf die Straße und stieg in mein Auto ein. Als ich es startete und Coops mit stotterndem Motor ansprang, fühlte es sich an, als würde ich zu meiner eigenen Beerdigung fahren.

Eine gute halbe Stunde später, in der ich beinahe ganz Sydney durchquert hatte, bog ich auf den überfüllten Parkplatz des Royal Sydney Golf Clubs. Ich quetschte Coops zwischen einen teuren Mercedes und einem noch teureren Bentley, versuchte auszusteigen, ohne dem Bentley neben mir einen Kratzer in den Lack zu hauen, und kämpfte mich schließlich in meinen hohen Schuhen über den Kiesweg.

Der Weg führte durch eine Allee auf ein wunderschönes, mehrstöckiges viktorianisches Gebäude zu, welches im Schein der untergehenden Sonne in warmes Licht getaucht war. In den Fenstern schimmerte es zwar hell, doch das Stimmengewirr, welches der lauwarme Wind durch den Abend wehte, kam eindeutig von der Rückseite des Gebäudes. Also trat ich langsam durch die geöffnete Flügeltür, die ins Innere führte, blickte mich ehrfürchtig in der edlen Eingangshalle um und folgte langsam den Geräuschen und der leisen klassischen Musik, die sich langsam, aber sicher untermischte. Wenige Sekunden später passierte ich eine gläserne Tür, die wieder ins Freie führte. Mir stockte der Atem. Der Außenbereich dieses Clubs war riesig. Die grüne, perfekt gestutzte Rasenfläche zog sich bis in die Unendlichkeit und zwischen den Bäumen, die nahe dem Gebäude standen, hingen hell leuchtende Lampions. Lange Tische waren entlang eines Wasserspiels aufgestellt und boten Platz für die Schar von Menschen, die sich gerade hier aufhielt. Die Marmorterrasse, auf der ich wie festgewachsen stand, gab genug Fläche her, um ein ausgefallenes Buffet auf meterlangen Tischen anzubieten.

»Alexis, da bist du ja endlich«, riss mich die Stimme meines Dads aus meiner kleinen Starre und zwischen all den vielen Menschen sah ich ihn auf mich zukommen.

»Du sagtest, die Familie sei da«, merkte ich scharf an, als er vor mir zum Stehen gekommen war. »Das sieht mir nicht wie die Familie aus«, ergänzte ich.

»Deine Mum wird nur einmal fünfzig, Alexis. Alle sind da. Die Familie, Freunde und natürlich die Compagnie des australischen Balletts. Du weißt, dass sie wie eine zweite Familie für deine Mum sind«, zählte er auf und am liebsten hätte ich so schnell wie möglich wieder Reißaus genommen.

»Jetzt mach nicht so ein erschrockenes Gesicht und hab Spaß.«

»Spaß?«, echote ich trocken und ließ meinen Blick über die penible Gesellschaft gleiten, die stocksteif an Ort und Stelle stand, ab und zu an ihren Sektflöten nippte und Gespräche führte. Abgesehen von einigen kleinen Kindern, die zwischen den Beinen ihrer Eltern hindurchflitzten, war ich mitunter die Jüngste in der Runde. Von Spaß weit und breit keine Spur. Doch bevor ich noch etwas sagen konnte, führte er mich bereits durch die Menge der Gäste zu einem der vielen runden Stehtische, an dem eine kleine Menschentraube stand. Und zwischen all den eleganten, perfekt aussehenden Tänzerinnen und Tänzern der Compagnie stand meine Mum. Mindestens genauso elegant und perfekt. Ein Außenstehender hätte mich womöglich ausgelacht, wenn ich ihm erzählt hätte, dass sie heute ihren fünfzigsten Geburtstag feierte. Sie sah keinen Tag älter als dreißig aus. Ihre dunklen Haare schimmerten im Schein der Lampions und ihr weißes Cocktailkleid schmiegte sich wie eine zweite Haut an ihre makellose Figur. Sie unterhielt sich angeregt und mit einem warmen Lächeln auf den Lippen mit ihren Kollegen. Sofort stemmte ich beide Hacken in den Boden, sodass mein Dad aufgrund des aufgekommenen Widerstandes stehen bleiben musste.

»Sie unterhält sich gerade, Dad. Ich kann ihr auch später –«

»Alles in bester Ordnung, Alexis. Sie wird uns dafür nicht steinigen.«

»Dich vielleicht nicht«, gab ich so leise von mir, dass er es inmitten der klassischen Musik und der Gespräche, die um uns herum stattfanden, nicht mitbekam. Stattdessen folgte ich ihm widerwillig wie ein geschlagenes Hundebaby und mied die Blicke, die uns zugeworfen wurden, je näher wir dem Tisch kamen.

»Entschuldigen Sie die Störung«, murmelte er höflich, während er die kleine Gesprächsrunde unterbrach und meiner Mum ein kleines Handzeichen gab.

»Isabel, schau, wer da ist«, sprach er zu meiner Mum, holte mich schließlich in ihr Sichtfeld und warf mich somit dem hungrigen Löwen zum Fraß vor. Das warme Lächeln auf ihren Lippen blieb bestehen, doch mir entging nicht, wie sich in ihren Augen ein todbringender Sturm zusammenbraute.

»Ich bitte um Verzeihung«, warf sie knapp in die Runde, kam auf ihren hohen Schuhen um den Tisch gestöckelt, griff mich sanft, aber bestimmt am

Ellbogen und führte mich zielstrebig den Weg zurück, den ich mit meinem Dad hergekommen war.

»Was fällt dir ein, hier aufzutauchen?«, zischte sie leise in meine Richtung, warf ihren Gästen hin und wieder ein knappes, entschuldigendes Lächeln zu und schubste mich anschließend fast schon grob durch die Glastür in eine piekfeine Lounge. Sie schloss die Tür hinter sich und sah mich von oben herab abwertend an. Dabei entging mir nicht, dass sich ihre Augen bei dem Farbton meiner Haare und dem Zuwachs meiner Tattoos entsetzt weiteten.

»Dad hat mich hierher zitiert«, begann ich und hielt ihren funkelnden grünen Augen tapfer stand. »Er sagte mir, dass du dich freuen würdest mich zu sehen, aber um ehrlich zu sein, merke ich von dieser Freude nichts«, fügte ich bitter hinzu und schluckte schwer, als sie abwertend schnaubte.

»Dein Vater gibt sich zu viel Mühe, diese Familie zu retten. Scheinbar will er immer noch nicht einsehen, dass sie kaputt ist. Und zwar deinetwegen, Alexis. Ganz allein durch dein Verhalten damals hast du diese Familie entzweigeteilt«, feuerte sie mir entgegen und ich blieb tapfer an Ort und Stelle stehen, obwohl sich ihre Worte wie scharfe Messer in meine Brust bohrten.

»Hey, was ist hier los? Isabel, was ist denn plötzlich in dich gefahren?« Mein Dad stieß zu uns, ließ seinen Blick zwischen uns beiden hin und her wandern und wartete auf eine Antwort.

»Was hier los ist, William? Wieso hast du sie eingeladen?«, fragte sie wütend. Mein Dad blieb nicht so souverän stehen wie ich. Er wich einen kleinen Schritt zurück und schüttelte verständnislos den Kopf.

»Um Himmels willen, Isabel, sie ist deine Tochter – unsere Tochter. Du kannst sie nicht einfach von dir stoßen … wir sind doch eine Familie.«

»Wir sind schon lange keine Familie mehr. Du sitzt ständig im Flieger, und sie …«, meine Mum stach mir ihren manikürten Fingernagel regelrecht in die Brust, »… schau sie dir doch an. Schau, was aus ihr geworden ist. Sie ist nicht meine Tochter«, fauchte sie außer sich vor Wut, schenkte uns beiden einen letzten vernichtenden Blick, setzte dann ein perfektes Pokerface auf, ehe sie aus der Lounge rauschte und sich unter die Gäste mischte.

Ich sah ihr wie paralysiert hinterher, konnte nicht fassen, was sie mir gerade an den Kopf geworfen hatte.

Sie ist nicht meine Tochter, hallte ihre hasserfüllte Stimme wie ein niemals endendes Echo in meinem Kopf nach und da rollte auch schon die erste Träne über meine Wange, die ich hastig und mit einer fast schon verlegenen Geste wegwischte.

»Es tut mir leid, Alexis. Ich ... ich hätte niemals damit gerechnet, dass sie so wütend werden würde«, merkte mein Dad reuevoll an, doch ich schüttelte kaum merklich den Kopf und quälte mir ein Lächeln auf die Lippen.

»Ist in Ordnung, Dad ... Es reicht, dass ich damit gerechnet habe ... Aus diesem Grund wollte ich nicht herkommen«, ließ ich ihn wissen, sodass er schuldig zu Boden sah. »Ich werde jetzt fahren, Dad. Genießt den Abend«, murmelte ich und strebte bereits langsam die Eingangshalle an.

»Komm kurz her«, hielt mich seine Stimme auf und als ich mich zu ihm drehte, stand er mit geöffneten Armen vor mir. Ich seufzte leise auf, schloss die Lücke zwischen uns und erwiderte seine Umarmung – steif und unbeholfen, aber dennoch dankbar, dass er mich wenigstens nicht von sich stieß.

»Denk dran, dass du bei mir immer willkommen bist.«

Ich nickte stumm, löste mich von ihm und flüchtete schließlich aus dem Gebäude in Richtung Parkplatz.

Kaum saß ich in meinem Auto, brach meine harte Schale und der Schmerz in meiner Brust gewann an Stärke. Mit tränenverschleierter Sicht setzte ich aus der Parklücke und trat dann so heftig aufs Gas, dass Coops' Reifen unter mir heftig durchdrehten und den Kies fortschleuderten. Ich raste vom Parkplatz, zurück in Richtung Innenstadt, und kam eine halbe Stunde später vor meiner Wohnung in Lane Cove West zum Stehen.

Ich schnappte mir meine Tasche und die unberührte Flasche Wein, die eigentlich für meine Mum gedacht war, vom Beifahrersitz, stieg aus und erklomm die vielen Treppenstufen, bis ich in der obersten Etage ankam und mit fahrigen Handbewegungen die Tür aufschloss. Einen Wimpernschlag, nachdem ich in die Wohnung getreten und die Tür ins Schloss gefallen war, entspannte ich mich wie auf Knopfdruck und schlüpfte aus den hohen Schuhen, die ich achtlos zur Seite kickte. Ich ließ die Tasche auf den Boden fallen, ging mit der Flasche Wein und meinem Handy zur Feuertreppe, auf die ich durch eins meiner Wohnzimmerfenster gelangte, und stieg die sonnengewärmten, eisernen Stufen bis aufs Dach hinauf.

Oben angekommen ließ ich mich in meiner persönlichen Ruheoase nieder, die aus gemütlichen Sesseln, einer Hängematte, Lichterketten und hohen Pflanzen bestand, und entkorkte den Wein.

Ich nahm einen Schluck, ließ die herbe Flüssigkeit durch meine Kehle fließen und lehnte mich zurück. Von hier oben hatte man den perfekten Blick über Sydney, auch wenn alles winzig klein aussah und das Opernhaus die Größe einer Münze hatte. Doch hier auf der Dachterrasse, abgeschnitten vom Rest der Welt, wurde mir erst jetzt schmerzlichst bewusst, wie allein ich wirklich war.

Allein sein ist scheiße, Alexis, erinnerte ich mich plötzlich an Reagans Worte und griff fast schon wie in Trance nach meinem Handy. Ich wog es mehrere Minuten lang unschlüssig in der Hand und kämpfte mit mir selbst. Seit Jahren und vor allem, seit die Höllenfahrt mit Mason ein Ende genommen hatte, hatte es nur mich gegeben – mich und mein vollkommen isoliertes Leben. Der Gedanke, dass jemand wieder an diesem Leben teilhaben könnte, machte mir große Angst. Andererseits sehnte ich mich nach dem desaströsen Ereignis mit meiner Mum nach Gesellschaft – nach menschlicher Nähe und dem Gefühl, nicht von allen gehasst zu werden. Bevor ich es mir anders überlegen konnte, wählte ich Reagans Nummer, hielt mir das Handy mit zitternder Hand ans Ohr und lauschte dem monotonen Tuten des Freizeichens, welches immer lauter zu werden schien, je länger ich auf eine Antwort wartete. Als ich drauf und dran war aufzulegen, nahm sie ab. Laute Musik und dumpfe Bässe drangen durch den Hörer zu mir durch und nahmen mir meine Hoffnung, dass sie Zeit hatte, gewaltsam weg.

»Hallo?«, rief Reagan fragend ins Telefon und plötzlich fühlte ich mich unfähig etwas zu sagen. Ich schwieg, starrte wie paralysiert auf den weit entfernten Punkt, an dem ich die Party meiner Mum vermutete, und ließ die Sekunden verstreichen.

Sag etwas!

»Wenn das ein Scherz sein soll, dann ist er nicht lustig«, stieß Reagan genervt aus, je länger ich panisch schwieg.

Nun sag endlich etwas!

»Gibt es ein Problem, Babe?«, ertönte eine dunkle Stimme im Hintergrund, doch ehe Reagan etwas erwidern konnte, schien mir mein Sprachzentrum wieder gehorchen zu wollen.

»Reagan, ich bin's –«

»Das Tanzmäuschen«, rief Reagan teils belustigt, teils erfreut, als sie meine Stimme erkannte. »Ich komme gleich wieder, Kian. Alexis ist dran.«

Nur wenige Sekunden später hörte ich eine schwere Metalltür ins Schloss fallen, die die laute Musik sofort verschluckte.

»Ich möchte nicht stören«, warf ich hastig ein und umklammerte das Handy mit meiner Linken, bis ich glaubte, das Gerät zu zerquetschen, wenn ich mich noch mehr verkrampfte.

»Ach was, du störst nicht«, beruhigte Reagan mich. »Ist alles okay?«

Ich biss mir fest auf die Innenseite meiner Wange, fixierte einen Punkt in der Ferne und ließ mir ihre Frage durch den Kopf gehen. War alles okay? Ich fühlte mich verloren. Als würde ich durch die unendlichen Weiten des Universums schweben – losgelöst und ohne ein Ziel. Unwissend, wo mein Platz auf dieser großen Welt war. Diese Erkenntnis traf mich härter als erwartet und als ein Schluchzen meiner Kehle entwich, presste ich erschrocken eine Hand auf den Mund. Es machte mir Angst, dass ich in Reagans Nähe nicht ich selbst war. Ich war schwächer. Angreifbarer. Verletzlicher.

»Alexis?« Diesmal klang Reagan ernst. Der fröhliche Unterton war verschwunden und ich versuchte tief durchzuatmen.

»Es ist alles okay, mach dir keinen Kopf«, würgte ich sie ab, doch meine Stimme klang so brüchig, dass selbst ein Taubstummer gehört hätte, dass nicht alles okay war.

»Geh und … und hab Spaß mit … mit Kian. Mir geht's gut. Ich wollte mich nur melden, um –«

»Wo wohnst du?«, unterbrach sie mich. »Gib mir ein bisschen Zeit und ich komme zu dir.«

»Reagan, es ist okay. Du musst nicht herkommen. Ich wollte nur –«

»Doch. Du bist allein. Und allein sein ist scheiße, Alexis. Kannst du dich erinnern?«, schnitt sie mir das Wort ab und ich nickte, bis ich merkte, dass sie diese Reaktion überhaupt nicht sah.

»Ich erinnere mich«, murmelte ich dann leise.

»Also, wo muss ich hin?«

Eine gute Stunde später stand Reagan vor mir und niemals hätte ich auch nur ansatzweise geglaubt, dass ich mal so froh sein würde, Gesellschaft zu haben. Überwältigt von meinen Gefühlen, die ich im Normalfall ziemlich gut im

Griff hatte, zog ich Reagan in meine Arme.

»Danke, dass du gekommen bist.«

»Na klar, Tanzmäuschen, das habe ich wirklich gerne gemacht«, erwiderte sie und ihr sanfter Ton war wie Balsam für meine ramponierte Seele.

»Was liegt dir auf dem Herzen?«, fragte sie neugierig nach, löste sich von mir und zog mich Richtung Couch, als wäre sie bereits tausendmal in meiner Wohnung gewesen.

Alles in mir zog sich vor Unbehagen zusammen, als ich realisierte, dass ich aus meinem Leben erzählen sollte. Mein fehlendes Vertrauen zog dem Ganzen sofort einen dicken Strich durch die Rechnung. Solange ich mir nicht sicher war, inwiefern ich Reagan trauen konnte, behielt ich mein Leben sicher aufbewahrt unter Schloss und Riegel.

»Mir ist nicht nach Reden«, blockte ich ihren Inquisitionsversuch rasch ab und griff nach der Fernbedienung.

»Wie wäre es mit einer Serie?«

Reagan zog eine Augenbraue hoch und musterte mich eingehend. »Ich habe eine Undergroundparty verlassen, um mit dir Serien zu schauen?«

»Ich ...«

»Entspann dich, Tanzmäuschen«, schnitt Reagan mir breit grinsend das Wort ab. »Um ehrlich zu sein, bin ich dir sogar dankbar. Kian ist mir auf die Nerven gegangen«, stöhnte sie und kuschelte sich etwas mehr in den Berg aus Kissen, der auf meiner Couch lag. »Er war nicht sonderlich erfreut, als ich ihm sagte, ich würde verschwinden.«

»Ist er dein Freund?«, hakte ich beiläufig nach und sie nickte kurz. Etwas in mir schlug Alarm, doch aus einem unerfindlichen Grund bemühte ich mich, in Reagan keine Bedrohung zu sehen. Bloß weil sie mit Kian zusammen war, hieß es nicht, dass sie ein genauso übler Mensch wie er war. Immerhin hatte sie mir mit ihrem Spontanbesuch das Gegenteil bewiesen.

»Seit fast drei Jahren«, ließ sie mich wissen, zog die Beine nah an den Oberkörper und schlang ihre tätowierten Arme darum. »Momentan will er mich bloß überall dabeihaben, was auf Dauer ganz schön anstrengend sein kann. Das kennst du sicherlich.«

»Ich kannte es. Aber die Zeiten sind schon lange vorbei«, gestand ich und erlaubte mir, eine winzig kleine Information meiner Vergangenheit ans Tageslicht sickern zu lassen. Reagans Augen blitzten interessiert auf und sie gab mir stumm zu verstehen, weiterzusprechen.

»Ich ... ich bin seit drei Jahren allein. Und alles davor war ...«, ich brach ab und suchte nach den richtigen Worten. Ich war mir selbst nicht sicher, wie es gewesen war. Toxisch? Zerstörerisch? Ein Vorgeschmack der verdammten Hölle?

»... Alles davor war ungefähr so, wie du es gerade beschrieben hast ... anstrengend«, verharmloste ich die Beziehung mit Mason, die mich wortwörtlich kaputtgemacht hatte. Als er ging, hatte er ein Mienenfeld zurückgelassen. Noch heute musste ich aufpassen, wo ich hintrat, um nicht versehentlich in tausend Stücke zerrissen zu werden. Er hatte mich zerstört. Und eine dunkle Version meiner selbst übriggelassen.

»Du bist seit drei Jahren allein?«, hakte sie schockiert nach und jetzt war ich diejenige, die stumm nickte.

»Aber ich habe meinen Dad.«

»Und deine Mum?«

Meine Alarmglocken fingen an zu schrillen und ich schüttelte kaum merklich den Kopf.

»Das ist vollkommen egal. Also«, ich drückte ihr die Fernbedienung in die Hand und stand auf. »Du suchst uns was Spannendes raus und ich hole etwas zu trinken«, beschloss ich. Ehe sie protestieren konnte, schlüpfte ich durch mein Wohnzimmerfenster, flitzte die Feuertreppe zum Dach hinauf, schnappte mir die Flasche Wein und kehrte in die Wohnung zurück. Aus der Küche holte ich zwei Weingläser und begab mich dann zurück zu Reagan, die bereits die Pilotfolge der Serie *Friends* angeschaltet hatte. Ich reichte ihr eins der Gläser, schenkte ihr ein und befüllte schließlich mein Glas mit der dunkelroten Flüssigkeit, die mir hoffentlich dabei helfen konnte, das fürchterliche Zusammentreffen mit meiner Mum zu vergessen.

»Noch mal vielen Dank, dass du hergekommen bist, Reagan«, sprach ich aus und spürte ihren Blick auf mir. Als ich den Kopf drehte, schaute sie mich mit einem Lächeln auf den Lippen an und schwenkte ihr Glas behutsam gegen meines, um anzustoßen.

»So etwas tun Freunde. Und ich glaube, dass das hier der Beginn einer ganz wundervollen Freundschaft ist.«

Kapitel 4

»Attitude, meine Damen«, rief Madame Rousseau durch den Saal und im Gleichklang mit meinen Kommilitoninnen hob ich mein Spielbein an, winkelte das Knie leicht und ging fließend in das streng erteilte Passé über. Bei den ermüdenden Aufwärmschritten, die tagein, tagaus den Beginn des Kurses für klassisches Ballett bildeten, drifteten meine Gedanken jedoch schnell zurück zum gestrigen Abend, den ich ausschließlich mit Reagan verbracht hatte. Die Gewissheit, dass sie vergeben war, ließ jedoch ein dumpfes Gefühl in mir zurück. Und es war nicht die Tatsache, dass sie einen Freund hatte, sondern dass dieser Freund den Namen Kian Jones trug. Mit den Gedanken irgendwo in den Wolken kopierte ich die Bewegungen der Tänzerin vor mir automatisch und merkte kaum, wie die Zeit an mir vorbeiraste, bis wir das Aufwärmtraining beendeten und in die Mitte des Saals traten, um Variationen aus klassischen Ballettstücken zu tanzen.

Diesmal war es die zweite Szene aus dem zweiten Akt von Don Quijote, der Traum der Dryaden. Da ich als Kind lieber Ballettaufführungen statt Kinderfilme verfolgt hatte, war mir die Szene bekannt. Und obwohl ich wusste, dass ich die Schritte im Kopf hatte, war ich diesmal nur halbherzig dabei.

Gefühlte Stunden später endete der Kurs und der Saal leerte sich umgehend. Als ich gerade gehen wollte, wurde ich von Madame Rousseaus Worten aufgehalten, hielt in der Bewegung inne und drehte mich zu ihr um.

»Ich weiß wirklich nicht, was ich mit Ihnen noch anfangen soll«, zischte sie und ließ ihren stechenden Blick keine Sekunde von mir. »Sie verpatzen die Schritte und sind unkonzentriert.«

»Ich habe die Schritte genauso gut drauf wie jede andere Tänzerin hier auch«, feuerte ich zurück und stemmte die Hände in die Hüften. »Wieso haben Sie solch ein Problem mit mir?«

Ihr strenger Gesichtsausdruck verrutschte für den Bruchteil einer Sekunde. Mit dieser Frage hatte sie nicht gerechnet, doch sie fasste sich schneller, als ich schauen konnte, und funkelte mich an.

»Mein Problem ist Ihr gesamtes Auftreten, Miss Gilbert. Sie sind schlampig in der Ausführung, nicht bei der Sache und haben sich auch noch so verunstaltet!«, warf sie mir an den Kopf. »Ihre Mutter sagte mir bereits, dass Sie ein schwieriger Fall werden würden, und sie hatte recht.«

»Moment, was hat meine Mutter damit zu tun?«, stieß ich hervor.

»Glauben Sie wirklich, ich hätte Sie nicht erkannt?«, stellte sie die Gegenfrage und ließ Informationen ans Licht sickern, die mir längst vertraut waren, die ich jedoch bewusst zu verdrängen versucht hatte. »Als Ihre Mutter in Ihrem Alter war, studierte sie ebenfalls hier. Sie sind ihr wie aus dem Gesicht geschnitten, wären da nicht diese Frisur und die scheußlichen Tattoos.« Sie verzog das Gesicht, als hätte sie etwas Verdorbenes gegessen, und machte eine wegwerfende Handbewegung. »Wie auch immer. Ich habe mit ihr gesprochen, kurz nachdem Sie Ihr Studium hier begonnen haben. Ich war stolz, eine zweite Gilbert ausbilden zu dürfen, und war fest davon überzeugt, dass Sie in die Fußstapfen Ihrer Mutter treten würden. Doch sie hat mich vor Ihnen gewarnt und nun ist mir bewusst wieso. Sie sind körperlich und emotional nicht in der Lage, den Weg als Tänzerin zu gehen. Sie werden niemals so gut wie Ihre Mutter werden und wenn Sie so weitermachen, dann werden Sie niemals den Weg bis zur Spitze schaffen.«

Die letzten Worte brüllte sie mir regelrecht hinterher, da ich mitten in ihrem vernichtenden Monolog den Rückzug angetreten hatte und nun aus dem Saal stürzte. Bis zu meiner nächsten Vorlesung blieben mir noch zwei Stunden. Zwei Stunden, in denen ich meine Mum zur Rede stellen konnte.

Wutentbrannt stiefelte ich die Treppen zum Opernhaus hinauf, wissend, dass meine Mum ab heute wieder hart trainieren und ihre Zeit fast ausschließlich auf der Bühne verbringen würde.

Ich stieß die verglasten Türen auf, trat in die angenehme Kühle des Gebäudes und lief in den Theatersaal. Den Blick fest auf die Bühne gerichtet, marschierte ich den Seitengang entlang, ignorierte die teils fragenden und teils verwirrten Blicke der anwesenden Compagniemitglieder und steuerte zielsicher auf meine Mum zu, die sich in einer abgelegenen Ecke auf der

Bühne an der Ballettstange aufwärmte.

»Mum!«, rief ich aufgebracht, stieg die Treppe zur Bühne hinauf und blieb schließlich vor ihr stehen.

Sie löste in aller Seelenruhe ihr Grand Plié auf, kam elegant zurück auf die Beine und richtete ihren stechenden Blick auf mich.

»Alexis, Schätzchen, was tust du hier? Müsstest du nicht in der Uni sein?«, hakte sie mit flötender Stimme nach, doch ich spürte den altbekannten Giftpfeil, der zielsicher in meine Richtung gerichtet war.

»Wieso mischst du dich dermaßen in mein Leben und in mein Studium ein?« Ich zitterte vor Wut und konnte nicht fassen, dass sie so ruhig blieb.

»Ich bin deine Mutter. Da habe ich doch wohl das Recht zu erfahren, was in dem Leben meiner Tochter vor sich geht, nicht wahr?« Sie verzog die Lippen zu einem Lächeln, welches ihren Augen jedoch fernblieb, ehe sie sich mit dem Rücken zu den anderen Compagniemitgliedern drehte und umgehend ihr aufgesetztes Lächeln verlor.

»Nein, dieses Recht hast du verloren, als du mich eigenhändig aus der Familie geschmissen hast. Dich hat nicht zu interessieren, was in meinem Leben vor sich geht«, fuhr ich sie an, wich jedoch einen winzigen Schritt zurück, als sie mich mit einem Seitenblick nahezu erdolchte.

»Zügle dich, Alexis. Und sieh zu, dass du von hier verschwindest«, wies sie mich so leise zurecht, dass nur ich ihre Worte mitbekam.

»Meine Ballettmeisterin macht mir das Leben zu Hölle. Nur deinetwegen, weil du ihr unbedingt sagen musstest, ich wäre ein schwieriger Fall. Ich bin kein Sozialprojekt, Mum, sondern deine Tochter«, fauchte ich mindestens genauso leise und ballte die Hände zu Fäusten.

»Meinetwegen«, sie wiederholte das Wort, als wäre ich urkomisch. »Du bist so dramatisch, Alexis. Das hast du von deinem Vater. Eine schreckliche Eigenschaft«, murmelte sie abwertend, während sie ihr Spielbein auflockerte, indem sie es hin und her schwingen ließ. So geschmeidig, dass ich noch wütender wurde. Vielleicht hatte ich den Hang zum Dramatischen von meinem Dad. Doch das Talent und die Leidenschaft zum Tanzen hatte ich definitiv von meiner Mum. Ein Talent, welches unter einer Lawine aus Selbstzweifeln und Unsicherheit vergaben lag, die meine Mum erst ins Rollen gebracht hatte.

»Jede andere Mutter wäre stolz, wenn ihre Tochter dieselbe Leidenschaft wie –«

»Leidenschaft? Ich merke nichts von deiner Leidenschaft, Alexis. Heute nicht und damals erst recht nicht. Madeleine und ich stehen in engem Kontakt zueinander. Ohne sie wäre ich niemals dort, wo ich nun bin. Sie erkennt, wenn jemand das Zeug zur Tänzerin hat, und es ist nicht meine Schuld, wenn sie das Talent in dir nicht sieht. Denn dann, Alexis, musst du einsehen, dass du deine Chance vertan hast, als du dich auf diesen … diesen Verbrecher eingelassen hast«, spuckte sie aus und wandte abwertend den Blick ab. »Er hat dich in ein Loch gezogen, aus dem du bis heute nicht wieder herausgefunden hast!«

»Sie würde dieses Talent in mir erkennen, wenn du sie nicht auf deine Seite gezogen hättest. Ich habe mein Training nie schleifen lassen. Auch nicht, als ich mit Mason zusammen war«, sprach ich energisch auf sie ein. »Ich weiß, dass ich das Zeug dazu habe, mindestens genauso gut wie du zu werden!«

Meine Mum seufzte schwer auf, drehte sich zu mir und schaute mir fest in die Augen.

»Alexis, ich muss mich aufwärmen«, würgte sie mich ab, ohne auf meine vorherigen Worte einzugehen.

»Aber Mum –«

»Nichts ›aber‹«, unterbrach sie mich und unterstrich ihren knappen Tonfall mit erhobener Hand, die mir eindeutig signalisierte, dass sie nichts mehr hören wollte. »Wenn du es mit dem Tanzen wirklich ernst meinst, Alexis, dann bestehe deine Prüfungen in ein paar Monaten.«

»Dann … dann gib mir Unterricht, Mum. Ich würde dich nicht darum bitten, wenn es mir egal wäre. Madame Rousseau hasst mich und –«

»Ich habe keine Zeit, dich zu unterrichten«, entgegnete sie, bevor sie ihre Knöchel abwechselnd mit kreisenden Bewegungen im Uhrzeigersinn lockerte. »Wir sind mitten in den Vorbereitungen der Tournee.«

»Mum, ich … ich weiß, dass wir Meinungsverschiedenheiten hatten. Aber können wir dieses Kriegsbeil nicht endlich begraben? Ich bin deine Tochter. Wieso hasst du mich so?«, hakte ich verzweifelt nach und sah genau, wie sie in der Bewegung innehielt. Ihr Kopf wirbelte in meine Richtung und fast glaubte ich ehrliche Irritation in ihren grünen Augen aufblitzen zu sehen.

»Das ist Unsinn, Alexis. Ich hasse dich nicht«, sprach sie ernst aus. »Ich bin nur nicht stolz auf das, was aus dir geworden ist. Sieh dich doch an. Ich erkenne meine eigene Tochter kaum wieder.«

Sie wandte mir den Rücken zu, begann sich zu dehnen und plötzlich schien ich nur noch Luft für sie zu sein. Wie bereits die letzten drei Jahre. Eine Welle aus Wut und Enttäuschung flutete mein Inneres. Ich spürte, dass es sinnlos war, die weiße Fahne zu schwenken und zu hoffen, dass das Verhältnis zwischen meiner Mum und mir, welches zu brechen drohte, auch nur ansatzweise besser werden würde. Also machte ich wortlos kehrt, ging die kleine Treppe an der Seite der Bühne hinunter und fror in der Bewegung ein, als die klare Stimme meiner Mum überraschenderweise hinter mir ertönte.

»Dienstags und donnerstags um achtzehn Uhr bei mir, Alexis. Jede Woche, bis zu deinen Prüfungen. Wenn du zu spät kommst, wirst du auf meine Hilfe verzichten müssen.«

Zurück an der Uni lief ich widerwillig in Richtung Hörsaal, in dem meine letzte Vorlesung für heute stattfinden würde. Als ich gerade das Gebäude betreten wollte, hielt mich eine tiefe Stimme davon ab, den Weg zum Geschichtskurs über die Anfänge des Balletts fortzusetzen.

»Lange nicht mehr gesehen, Alexis. Wie geht es Mason?«

Ich blieb abrupt an Ort und Stelle stehen, wirbelte zu Kian herum, der lässig an der Wand lehnte und entspannt eine Zigarette rauchte. Ich war so in meinen Gedanken versunken gewesen, dass mir seine düstere Erscheinung im Schatten des Gebäudes gar nicht aufgefallen war.

»Soll das ein Scherz sein? Er sitzt ein und das weißt du genau.«

Kians Lippen verzogen sich zu einem kalten Grinsen. »Stimmt. Jetzt, wo du es sagst, fällt es mir auch wieder ein.«

Abertausend Flüche lagen auf meiner Zunge und waren bereit, rausgelassen zu werden. Doch ich war nicht scharf drauf, mich mit Kian anzulegen. Stattdessen wollte ich mich umdrehen und meinen Weg zum Hörsaal wiederaufnehmen, doch ich hatte nicht mit Kian gerechnet, der urplötzlich über meine Schulter hinweg die Tür zudrückte und mich somit daran hinderte, das Gebäude zu betreten. Er war mir plötzlich so nah, dass mich sein herbes Aftershave benebelte. Mein Hals wurde im Bruchteil einer Sekunde staubtrocken.

»Ach, da fällt mir noch etwas ein, Alexis«, zischte er nah an meinem Ohr. Trotz der brütenden Hitze, die draußen herrschte, bekam ich eine Gänsehaut und versuchte die blanke Panik zu unterdrücken, als ich seine bedrohliche Präsenz dicht hinter mir spürte.

»Ich rate dir, dich etwas mehr von meiner Freundin fernzuhalten«, knurrte er leise. Im nächsten Moment packte er meinen Oberarm, drehte mich zu sich um und drängte mich gegen die Wand, gleich neben der gläsernen Tür, durch die ich am liebsten flüchten würde. Doch Kian hatte mir sämtliche Auswege abgeschnitten und meine Bewegungsfreiheit lag bei null.

»Wie bitte?«, hakte ich knapp nach, schüttelte seine Hand ab, drückte ihn mutig mit beiden Händen von mir und hoffte, dass ich nicht so viel Angst ausstrahlte, wie ich innerlich soeben verspürte. Trotzdem wich ich instinktiv einen Schritt zur Seite, als er mir wieder näherkam, seine Sonnenbrille in die Haare schob und mich nun mit seinen düsteren Augen fixierte.

»Du hast mich schon verstanden, Alexis. Halt dich von meiner Freundin fern. Es passt mir nicht, dass sie seit Tagen nur von dir redet«, wiederholte er sich bedrohlich ruhig.

»Reagan und ich sind bloß Freunde. Ich weiß nicht, wo dein verdammtes Problem liegt«, zischte ich. »Außerdem ist sie auf mich zugekommen, Kian. Deswegen solltest du vielleicht erst mit Reagan reden, bevor du mich grundlos bedrängst«, gab ich ihm mit fester Stimme zu verstehen und starrte ihm geradewegs in die scheinbar pechschwarzen Augen. In ihnen existierte nichts Gutes. Menschen mit solchen Augen waren meine Vergangenheit und mitunter meine größte Angst.

»Freunde?«, er spuckte das Wort fast abfällig aus und schüttelte kaum merklich den Kopf. »Du –«

»Kian!« Reagan kam aus dem Gebäude, welches ich vor wenigen Minuten noch betreten wollte, und legte ihm eine Hand auf die Brust, um ihn von mir weg zu drücken. Scheinbar, um eine Barriere zwischen ihm und mir zu schaffen. Es bewirkte Wunder. Meine Anspannung löste sich spürbar auf und ich drehte mich sofort in Richtung Tür, um im Notfall direkt flüchten zu können.

»Was ist hier los?«, hakte Reagan nach. Kian kam mir zuvor, ehe ich auch nur ansatzweise über eine Antwort nachdenken konnte.

»Gar nichts, Rea. Wir haben nur geplaudert.« Nun schenkte er mir ein kühles Lächeln und es fühlte sich an, als würde Eiswasser durch meine Adern fließen. In diesem Lächeln lag etwas Bedrohliches und eine mahnende Stimme in meinem Inneren riet mir, mich von ihm statt von Reagan fernzuhalten.

»Geplaudert?«, echote Reagan misstrauisch und durchbohrte ihn mit Blicken, die unverzüglich die Wahrheit verlangten.

»Ja, geplaudert«, wiederholte er sich knapp, setzte schließlich seine Sonnenbrille wieder auf und legte einen Arm besitzergreifend um Reagans Schultern. »Bist du so weit? Brody wartet am Parkplatz auf uns.«

»Ich bin so weit«, entgegnete sie, bevor sie sich mir zuwandte. »Alexis, hast du heute Abend schon etwas vor? Wie wäre es, wenn du mit ins *Rock Lily* kommst? Dort gibt es die weltbesten Tequilas.«

Sie sah mich erwartungsvoll an, doch ich schüttelte, ohne groß nachzudenken, den Kopf.

»Ich kann leider nicht ... ich ... ich habe Training«, purzelte es viel zu schnell aus meinem Mund, während ich Kians Blick wie glühend heiße Laserstrahlen auf meiner Haut spürte. Reagan, die meine unvermeidliche Lüge innerhalb eines Wimpernschlags entlarvte, verlor ihr Lächeln und schob Kians Arm von ihren Schultern.

»Geh doch schon mal zu Brody. Ich komme gleich nach.« Er wollte zum Protest ansetzen, doch Reagan schenkte ihm einen mahnenden Blick, sodass er den Kiefer fest anspannte, knapp nickte und in Richtung Parkplatz ging. Ich sah ihm einen kurzen Augenblick nach, ehe Reagan mich aus meiner kleinen Starre herausholte, indem sie einmal dicht vor meinem Gesicht mit den Fingern schnipste.

»Ich weiß, dass ihr nicht nur geplaudert habt. Kian kann nicht plaudern. Nur bedrohen und fluchen. Also, was hat er dir gesagt?«, fragte sie mich ernst und ich wand mich unbehaglich unter ihrem festen Blick.

»Ich ... ich soll mich von dir fernhalten, Reagan«, gestand ich ehrlich. »Und ich wünschte, ich würde nicht so empfinden, doch ich glaube, er hat recht.«

»Das glaubst du?«, hakte Reagan nach. Ihre dunklen Augen funkelten mich verständnislos an.

Ich nickte stumm, nicht fähig, ihr die Wahrheit zu sagen. Es war nicht Reagan, von der ich mich fernhalten wollte, sondern Kian. Er machte mir schlicht und ergreifend große Angst und weckte die düstersten Erinnerungen in mir – Erinnerungen, die mich früher oder später in die Knie zwingen würden. Doch wenn ich diese Freundschaft mit Reagan fortführte, so würde ich auch Kian nicht loswerden. Und so egoistisch, wie ich war, stieß ich somit den Menschen fort, der mir nach langer Zeit in so einem kurzen Zeitraum das Gefühl gegeben hatte, etwas wert zu sein.

»Wenn das so ist …«, sie starrte mich eine Sekunde verletzt an, bevor sich ein wütender Schimmer über ihre Augen legte. »Ich schätze, dann war's das mit der Freundschaft«, murmelte sie knapp, drehte sich auf dem Absatz um und würdigte mich keines Blickes mehr.

»Reagan …«, setzte ich niedergeschlagen an, doch sie drehte sich nicht mehr zu mir um.

Je weiter sie sich von mir entfernte, desto tiefer fiel ich. Ich hatte mich im Laufe der Zeit dem Rand der Klippe genähert. Jeder Tiefschlag hatte mich näher zum todbringenden Abgrund katapultiert. Und nun fiel ich. Ich fiel und fiel und fiel.

Kapitel 5

Zwei Wochen nachdem ich meine frisch aufgeblühte Freundschaft zu Reagan auf Eis gelegt hatte, verbarrikadierte ich mich nicht in meinem sicheren Hafen, so wie ich es seitdem fast jeden Abend tat, wenn ich nicht bis spät abends im Ballettsaal stand oder bei meiner Mum trainierte. Stattdessen schlenderte ich gemütlich durch eine Schar von Menschen, die für Achterbahnen, Pommesbuden oder Schießstände anstanden oder mit Kindern im Schlepptau durch den *Luna Park* marschierten. Der Duft von gerösteten Mandeln und Zuckerwatte benebelte meine Sinne und bunt leuchtende Lichter erhellten den dämmernden Himmel Sydneys, an dem sich orangerote Schleierwolken wie Tigerstreifen entlangzogen. Der *Luna Park* war schon immer einer meiner Lieblingsorte gewesen. Damals verbrachte ich den Großteil meiner Kindheit hier, hatte meine Eltern mit großen, leuchtenden Kinderaugen durch den Vergnügungspark gezogen und so viel Glück und Freude empfunden, dass mein Herz fast geplatzt wäre.

Nun verbrachte ich immer noch Zeit in dem farbenfrohen Gewühl, um das niemals endende Glück meiner einst so perfekten Kindheit nicht zu verlieren. Jedoch ohne meine Eltern und ohne die Freude in meinem Herzen. Ich ließ mich auf einer Bank nieder, beobachtete die fröhlich lachenden Gesichter der kleinen Kinder, die mit ihren Eltern hier waren, und fragte mich, wie jedes Mal, wenn ich den *Luna Park* besuchte, wohin meine lebensfrohe Art und die ungebündelte Energie verschwunden waren.

Mason hat sie dir genommen, flüsterte eine verdammt ehrliche innere Stimme in mir und mein Herz verkrampfte sich.

Das Bild vor meinen Augen verschwamm, sodass die blinkenden Lichter der Fahrgeschäfte wie ein Bokeh vor meinen Augen tanzten, und erst jetzt merkte ich, dass sich Tränen in meinen Augen gesammelt hatten. Rasch stand ich auf, senkte den Kopf und quetschte mich durch die Massen in Richtung Ausgang. Kaum war ich durch die große Grimasse getreten, die den Eingang zum *Luna Park* bildete, löste sich der Knoten in meinem Magen. Diese Besuche waren nur so lange schön, bis mich meine Vergangenheit wie ein böser Geist einholte.

Ich ließ mich eine ganze Weile durch das Nachtleben Sydneys treiben, lief langsam durch die beleuchteten Straßen, bis ich das Schild meines Viertels passierte. Im Sekundentakt wich ich den Leuten aus, die mir in Gruppen entgegenkamen – zusammen lachten, redeten und eine unbeschwerte Zeit genossen. Als ich mich genauer umsah, musste ich feststellen, dass ich im queeren Teil meines Wohnviertels angekommen war. Die Leute um mich herum waren außergewöhnlich, und stolz und verkörperten das, was in der heutigen Zeit vollkommen fehlte – Individualität. Sie alle hatten sich nicht in das enge Korsett der verklemmten, fantasielosen Gesellschaft schnüren lassen und hier in diesen Straßen schwebte pure Lebensenergie durch die Luft. An den Fassaden der Häuser flatterten Regenbogenfahnen im sanften Zug des lauwarmen Windes, der durch die Straßen zog, und wie auf Knopfdruck vergaß ich die schrecklichen Wochen, die ich hinter mir hatte. Ich vergaß die verletzenden Worte von Madame Rousseau, das energieraubende Gespräch mit meiner Mum und vor allem das dumpfe Gefühl von Einsamkeit, welches ich empfand, wenn ich an Reagan dachte. Ich beschloss, meinen Abend in dieser bunten Gesellschaft zu verbringen – wenigstens einmal das Gefühl von Glück und Freude zu empfinden, und wenn es nur mit fremden, queeren Menschen war, die ich danach nie wieder sehen würde.

Meine Beine trugen mich fast automatisch in eine Bar, in der ich geradewegs die Theke anstrebte und hoffte, dass ich mir in Kombination der Gesellschaft meine bedrückte Laune einfach wegtrinken konnte.

Ich ließ mich auf einem der hohen, roten Barhocker nieder, bestellte einen Wodka Lemon und ließ die Umgebung auf mich wirken. In der gesamten Bar wimmelte es von Menschen – die einen verrückter gekleidet als die anderen. Gedimmtes Licht in Regenbogenfarben tauchte die Gesichter der Besucher in einen warmen Schein und hinter dem Live-Act, einer sehr maskulinen Frau mit einer atemberaubenden Stimme, hing eine riesige Regenbogenflagge, auf die der Name der Bar *The Imperial* gedruckt war.

»Beeindruckend, nicht wahr? Als ich das erste Mal hier reingestolpert bin, habe ich mich wie Bambi allein im homosexuellen Wald gefühlt«, riss mich eine warme Stimme zu meiner Linken aus meiner Beobachtung heraus und mein Blick fiel auf einen schlaksigen, breit grinsenden jungen Mann, der an einer Cola nippte.

Ich runzelte die Stirn, konnte ein amüsiertes Schmunzeln aber nicht unterdrücken. »Das trifft es ganz gut«, antwortete ich, zog meinen Drink näher, der mir soeben auf die zerkratzte Theke gestellt wurde, und schob mit meinem Strohhalm die Eiswürfel in meinem Glas hin und her. »Bist du oft hier?«, fragte ich ihn und wusste nicht, woher meine Offenheit plötzlich kam. In der Regel vermied ich soziale Kontakte, und Small Talk war etwas, das ich abgrundtief hasste. Doch hier, inmitten dieser schillernden, fröhlichen Menge, ließ ich mich einfach treiben.

»Flirtest du gerade mit mir?«, stellte er mir die Gegenfrage und ich verschluckte mich fast an meinem Wodka, von dem ich soeben einen kleinen Schluck genommen hatte, und schüttelte hektisch den Kopf.

»Nein … ich –«

»Hey, immer mit der Ruhe. Das war ein kleiner Scherz«, unterbrach er mich schmunzelnd und musterte mich einen kleinen Moment. »Aber du scheinst das erste Mal hier zu sein«, stellte er fest und nachdem ich mich von meinem Schock erholt hatte, nickte ich sachte.

Zeitgleich spielte sich vor meinem inneren Auge ein Szenario ab, welches Jahre her war. Ich war mit Mason und seinen Freunden Ace und Maddox unterwegs gewesen. Ich erinnerte mich, wie er, von Hass geleitet, die Flaggen am Eingang der Bar in Brand gesteckt und den Inhaber als Schwuchtel beschimpft hatte. Seinen Hass gegenüber Homosexuellen hatte ich nie verstehen können und seitdem hatte ich mich nicht mehr getraut, das Viertel zu durchqueren. Weswegen es mich also ausgerechnet heute Abend hierher geleitet hatte, war mir schleierhaft. An etwas wie Schicksal glaubte ich nicht, doch ich war froh, den Weg hierher zurück gefunden zu haben.

»Ja«, ich räusperte mich und versuchte die düsteren Erinnerungen zu verbannen. »Ja, ich bin das erste Mal hier«, ergänzte ich, nippte an meinem Getränk und genoss das brennende Gefühl in meinem Hals, welches schließlich auch in meinem Magen ankam.

»Sag mal, kennen wir uns vielleicht?«, hakte er plötzlich nach und als sich mein Blick mit dem seinen kreuzte, runzelte ich irritiert die Stirn.

»Ich glaube ni–« Ich brach plötzlich abrupt ab, hielt dem Blick seiner überaus sanften, braunen Augen stand und schluckte schwer. Ich kannte diese Augen. Ich kannte das Gefühl, welches sie in mir loslösten. Und ich kannte den Menschen, zu dem diese Augen gehörten, auch wenn er in meiner Erinnerung ein misstrauischer, ruhiger Junge war, der dachte, ich wolle mir einen schlechten Scherz erlauben, als ich ihn zum Schulball eingeladen hatte.

»Hudson Tate.« Es war keine Frage, mehr eine Feststellung, als ich meinen besten Freund aus Highschooltagen wiedererkannte. Ein Lächeln erschien auf seinem Gesicht, ließ seine Augen erstrahlen und mein Herz aufgehen.

»Oh, verdammt«, stieß ich aus, spürte das breite Grinsen, welches an meinen Mundwinkeln zerrte, und schüttelte fassungslos den Kopf. »Hudson …«, wiederholte ich erneut, sprang auf, nur um ihm dann in die geöffneten Arme zu fallen, die mich in eine feste Umarmung zogen. Mein Herz schlug mir bis zum Hals, als mir sein vertrauter Duft in die Nase stieg, und ich musste mich zusammenreißen, um nicht an Ort und Stelle in Tränen auszubrechen. Hudson war mein sicherer Hafen gewesen, bevor Mason in mein Leben getreten war.

»Wie lange ist es jetzt her, Alexis … ganze sechs Jahre? Wie hast du es ohne mich nur ausgehalten?«, hakte er amüsiert nach. Ich schwieg für einen Moment und weigerte mich ihn loszulassen, aus Angst, bloß in einem realistischen Traum gefangen zu sein und allein aufzuwachen. Viel mehr genoss ich das Gefühl dieser Umarmung, die mächtig genug war, um mir all den Schmerz des Tages zu nehmen. Ich hatte meinen Hudson Tate wieder. Meinen besten Freund. Der einzige Mensch in meinem Leben, dem ich blind vertraute.

»Du hast mir gefehlt, Huds.« Ich löse mich langsam von ihm, ließ mich zurück auf meinen Barhocker sinken und musterte ihn mit einem Lächeln auf den Lippen, welches wie festgetackert schien. Aus einem unerfindlichen Grund konnte ich es nicht glauben, dass ich ihn nach so langer Zeit wiedersah.

»Du mir auch, Alexis. Ich hätte mich bei dir gemeldet, doch du wirktest damals so beschäftigt mit deinem Freund und dem Ballett.«

Das schlechte Gewissen überrollte mich wie eine Welle und ich senkte den Blick, während ich schuldbewusst mit dem Strohhalm in meinem Drink spielte. »Es tut mir leid, Huds … ich habe dich hängen lassen.«

»Das hast du nicht. Ich war nicht allein. Aber wo ist deine bessere Hälfte?«, fragte er neugierig und ließ seine Augen durch die Bar gleiten, so, als könnte

Mason jeden Moment durch die Tür treten.

»Wo ist deine?«, entgegnete ich herausfordernd.

Er nahm einen Schluck seiner Cola, lächelte in sich hinein, nachdem er das Glas auf dem Tresen abgestellt hatte, und sah mich schließlich wieder an. »Er liegt im Bett eines anderen und lässt es sich womöglich gerade richtig besorgen«, erzählte er locker und ich musste ihn wohl so geschockt ansehen, dass er sich ein amüsiertes Schmunzeln nicht verkneifen konnte. »Nur weil er mein Ex ist, heißt es nicht, dass er nicht weiterhin meine bessere Hälfte sein kann. Wir haben immer noch ein gutes Verhältnis zueinander«, setzte er sofort zur Erklärung an.

»Deine Art zu denken ist so interessant wie eh und je, Hudson Tate«, stellte ich verblüfft fest und verspürte nichts als tiefliegenden Hass, wenn ich an Mason dachte. Vielleicht war ich damals schon nah am Abgrund gewandert, doch Mason hatte mir definitiv den todbringenden Stoß verpasst.

»Denkst du so etwa nicht über deine vergangenen Beziehungen?«, hakte er nach. »In den sechs Jahren muss doch etwas passiert sein. Andernfalls hätte es dich nicht hierher verschlagen, habe ich recht?«

»Ich ... ich war noch nie mit einer Frau zusammen«, gestand ich ehrlich. »Ich hatte bisher nur Beziehungen mit ...« Ich brach ab und musste mich zügeln, Mason nicht als Arschloch zu betiteln. »Mit Männern«, beendete ich den Satz also knapp und sah genau, wie Hudson der Barkeeperin, einer schwarzen Frau mit langen, karamellbraunen Haaren und ausgefallenem Make-up, vielsagende Blicke zuwarf.

»Hast du das gehört, Charlie? Sie hatte bisher nur Männer. Was würde ich dafür geben, um auch mal an einen richtigen Mann zu geraten«, seufzte Hudson theatralisch.

Charlie zog eine ihrer perfekt geschwungenen Augenbrauen in die Höhe und musterte ihn beinahe tadelnd. »Dein Chester war ein Mann, Kleiner. Sogar mit Elijah hattest du einen guten Fang. Aber –«

»Aber alles findet irgendwann ein Ende, nicht wahr?«, unterbrach er sie und brachte sie mit einem festen Blick zum Schweigen. Für einen winzigen Augenblick war das lebensfrohe Funkeln in seinen Augen ausgebrannt. Doch dann blinzelte er und alles war wieder beim Alten.

»Du hattest also noch nie etwas Ernstes mit Frauen?«, wandte er sich mir wieder zu und ich nahm einen Schluck meines Drinks, bevor ich mit dem

Kopf schüttelte.

»Nein. Ich hatte bisher nur eine ernste Beziehung, und zwar die mit Mason.«

»Verstehe, der mysteriöse Kerl, für den du mich hast hängenlassen«, schlussfolgerte er.

»Ich wollte dich nicht –«

»Entspann dich, Gilbert. Ich zieh dich doch nur auf. Die erste wahre Liebe verlangt nun mal viel Aufmerksamkeit.«

»Wahre Liebe …«, rutschte es mir abstoßender als gewollt heraus und Hudson, der sein Colaglas gerade wieder an die Lippen führen wollte, hielt in der Bewegung inne.

»Habe ich etwas verpasst?«

»Mason und ich sind seit drei Jahren getrennt«, informierte ich ihn. »Außerdem sitzt er im Gefängnis«, ergänzte ich den kleinen, aber schwerwiegenden Fakt leise und hoffte, dass die Musik in der Bar laut genug war, um meine kleine Offenbarung zu vertuschen. Doch Hudson hatte jedes Wort verstanden und riss die Augen auf.

»Du meinst, so richtig hinter Gittern, in einem orangenen Overall und –«

»Ja … so richtig hinter Gittern«, unterbrach ich ihn tonlos. Plötzlich sehnte sich alles in mir zurück nach Hause. Hudson war zwar der Mensch, dem ich alles in meinem Leben anvertraute, doch heute hatte ich keine Kraft, um über meine Vergangenheit mit Mason zu plaudern. Die Musik dröhnte in meinen Ohren und die Stimmen der Anwesenden schienen lauter zu werden, je mehr die Zeit voranschritt. Ich hatte geglaubt, Ablenkung zu finden, doch nun steckte ich gedanklich nur noch mehr in meiner düsteren Vergangenheit fest.

»Tut mir leid, Huds. Ich weiß, wir haben uns wahrscheinlich noch viel zu erzählen nach all der Zeit, aber ich verschwinde«, ließ ich ihn wissen, zog einen Zehndollarschein aus meinem Portemonnaie und klemmte ihn unter das Glas. Bevor er mir antworten konnte, hatte ich mich bereits erhoben und steuerte den Ausgang an, schlängelte mich durch Tischnischen hindurch, quetschte mich an hereintretenden Menschen vorbei und wurde letztlich auf der Straße wieder ausgespuckt.

Kaum war ich an der frischen Nachtluft, nahm ich einen tiefen Atemzug, legte den Kopf in den Nacken und starrte in den tiefschwarzen Nachthimmel über mir. Noch nie hatte ich mit jemandem darüber gesprochen, was mit Mason geschehen war. Er war ein Teil meiner Vergangenheit, den ich sicher verwahrt hatte. Nicht, weil er mir wichtig war oder mir etwas bedeutete, sondern weil er meine schlimmsten Charakterzüge zum Vorschein brachte. Mit Mason an meiner Seite war ich ein anderer Mensch gewesen – ein schlechter Mensch. Und meine Mum hatte recht. Diese Seite an mir hatte unsere Beziehung und die Familie zerstört. Ich war aufmüpfiger gewesen, sturer, und so oft betrunken nach Hause gekommen, dass ich zu dem Kind wurde, welches Eltern bewusst nicht mit in die Öffentlichkeit nahmen, aus Sorge, sie könnten von ihm blamiert werden. Das Ganze ging so lange, bis meiner Mum der Geduldsfaden gerissen war und sie mich skrupellos rausgeschmissen hatte.

Eine warme Hand legte sich auf meine Schulter, riss mich aus meinen Gedanken und ich fuhr blitzschnell herum. Doch bevor meine Faust die vermeintliche Bedrohung treffen konnte, hatte Hudson bereits reagiert und fing den Schlag geschickt ab.

»Verflucht, Alexis«, keuchte er erschrocken und ich entzog ihm rasch mein Handgelenk.

»Entschuldige ... Jemand, der sich in der Dunkelheit dermaßen lautlos nähert, muss mit Gegenwehr rechnen«, konterte ich, schmunzelte aber und musterte ihn eingehend. »Verfolgst du mich jetzt etwa, Sherlock?«

»Nein, Watson. Ich wollte nur sicherstellen, dass alles okay bei dir ist.«

»Mach dir keinen Kopf, Huds. Mein Tag war nur etwas stressig und ein Gespräch über Mason hätte mir mehr Kraft geraubt, als mir lieb ist.«

»Wirst du mir irgendwann davon erzählen?«, fragte er vorsichtig und als ich mir seine Frage für den Bruchteil einer Sekunde durch den Kopf gehen ließ, nickte ich schließlich.

»Natürlich. Nur nicht heute.«

Einen kurzen Moment standen wir uns schweigsam gegenüber, bis Hudson ohne Vorwarnung den Abstand zwischen uns verringerte und mich ein zweites Mal an diesem Abend in eine innige Umarmung zog. Meine Angst vor körperlicher Nähe war in Hudsons Anwesenheit wie weggeblasen. Er war wie ein Anker, der mich davor bewahrte, vom Sog meines chaotischen Lebens mitgerissen zu werden. Seit ich ihn kannte, war er dieser Anker für mich gewesen und ich hoffte, dass er diesen Platz wieder einnehmen würde.

Ein Lächeln umspielte meine Lippen, als ich die Finger in seinem Hoodie vergrub und mich für diese ruhigen Minuten in totaler Sicherheit wog.

»Wir müssen uns bald wiedersehen«, sagte ich, als wir uns voneinander lösten.

»Darauf bestehe ich«, erwiderte er. »Wenn du Gesellschaft brauchst, dann besuch mich im *Records Store*. Ansonsten weißt du, wo ich wohne. Daran hat sich nichts geändert.«

»Du arbeitest immer noch in Surrey Hills?«

»Bobby hat mir den Laden anvertraut, nachdem er in Rente gegangen ist«, erzählte er mir und der Stolz, der in seiner Stimme mitschwang, ließ mein Lächeln noch breiter werden.

»Das klingt unglaublich, Huds. Du kannst damit rechnen, dass ich dich auf jeden Fall besuchen werde.«

Eine gute Stunde später bog ich in meine Straße ein und steuerte auf das alte Gebäude zu, in dem ich wohnte. Während des gesamten Wegs konnte ich das überglückliche Lächeln, welches Hudson zu verschulden hatte, nicht loswerden. Ich kramte in meiner Tasche nach meinem Haustürschlüssel, drückte das quietschende, kleine Tor auf und trat auf den knirschenden Kiesweg, der durch einen welken Vorgarten zur Treppe führte, die an der breiten Tür des Hauses mündete. Als sich jedoch eine Gestalt aus dem Schatten des Gebäudes löste, fror mein Lächeln umgehend ein und meine Finger schlossen sich instinktiv fester um den Schlüssel in meinen Händen.

»Alexis, ich bin es«, ertönte Reagans Stimme und als sie in den milchigen Schein der kleinen Lampe neben der Tür trat, entspannte ich mich auf Knopfdruck.

»Verdammt, du hast mich erschreckt«, murrte ich leise. »Was tust du so spät hier? Wo ist Kian?«, hakte ich misstrauisch nach und ließ meinen Blick über meine Schulter hinweg die Straße hoch und runter gleiten. Nichts deutete darauf hin, dass Reagan in Begleitung gekommen war.

»Er ist zu Hause. Ich habe mich rausgeschlichen, weil ich nicht schlafen konnte«, erzählte sie unwirsch, wedelte die Informationen wie eine lästige Fliege fort und sprach direkt weiter. »Alexis, ich … ich weiß nicht, was er dir erzählt hat, aber –«

»Er sagte, ich solle mich von dir fernhalten, Reagan, mehr nicht«, wiederholte ich mich und trotz der Dunkelheit, die uns umgab, erkannte ich, wie ihre dunklen Augen wütend aufflackerten.

»Und wieso hörst du auf ihn? Oder liegt es etwa an mir, Alexis?«, fuhr sie mich an. In ihrer Wut stach ihr spanischer Akzent deutlich hervor.

»Nein … es liegt nicht an dir, Reagan. Wirklich nicht. Es liegt an Kian«, gestand ich kleinlaut und ich konnte wunderbar mitansehen, wie sie stutzte und ihre Wut für einen Moment vergaß. Das Feuer in ihren Augen wurde kleiner und sie zog verwundert die Stirn kraus.

»Was hat Kian damit zu tun?«, fragte sie nach, verschränkte die Arme vor der Brust und bekam plötzlich einen ganz seltsamen Ausdruck in den Augen. »Alexis, stehst du etwa auf ihn? Liegt es daran?«

»Verdammt, nein«, blockte ich ihre Vermutung sofort ab und untermalte meinen Schock mit einem heftigen Kopfschütteln. »Versprich mir, dass du mich nicht auslachst, wenn ich dir die Wahrheit sage«, ergänzte ich etwas vorsichtiger und nun gab Reagan ihre Abwehrhaltung komplett auf. Sie lockerte ihre verschränkten Arme und ließ sich auf einer Treppenstufe nieder.

»Ich werde dich nicht auslachen. Versprochen.«

Ich nickte kaum merklich, setzte mich mit gewissem Abstand zu ihr ebenfalls auf eine der Treppenstufen und spielte nervös mit dem Schlüsselbund in meinen Händen. »Kian … erinnert mich an meinen Exfreund Mason«, eröffnete ich ihr und als ich ihr in die Augen schaute, musterte sie mich aufmerksam. »Er macht mir Angst. Und ruft all die schlechten Erinnerungen hervor, die ich mit Mason in Verbindung bringe. Ich habe geglaubt … wenn ich mich von dir fernhalte, würde diese Angst verschwinden. Denn ohne den Kontakt zu dir habe ich schließlich auch keinen Kontakt zu Kian.«

»Du hast Angst vor ihm?«, forschte Reagan leise nach und ich nickte stumm. Plötzlich schoben sich Reagans Hände in mein Sichtfeld, die meine verkrampften Finger von dem Schlüssel lösten und schließlich sanft festhielten. Obwohl sich alles in mir gegen diese Berührung sträubte, riss ich mich zusammen und ließ es zu. Dennoch versteifte ich mich und versuchte mich davon abzuhalten, Reagan meine Hände ruckartig zu entziehen. Ihre dunklen Augen blickten in meine – schienen regelrecht meine Seele erforschen zu wollen. Ich fragte mich, was sie sah. Sah sie den guten Menschen in mir? Oder doch den dunklen Teil meiner selbst, der mich nie verlassen hatte?

»Du musst keine Angst haben, Alexis. Nicht solange ich da bin, hörst du?«

»Das bedeutet, du verzeihst mir, dass ich dich weggestoßen habe?«

Sie verzog die Lippen zu einem sanften Lächeln und nickte. »Fehler sind menschlich. Und Fehler, die aus einer Angst heraus entstehen, können immer verziehen werden. In meiner Welt ist das zumindest so.«

Die Furcht, die mich nun seit Wochen begleitet hatte, schien wie weggeblasen. Ich hatte nicht bloß Reagan zurück, sondern auch Hudson. Die sechs Jahre alte Erinnerung, die in meinem Kopf lebendig wurde, trieb mir das Lächeln zurück auf die Lippen. Hoffnung erfüllte meinen Körper – Hoffnung, dass nun alles gut werden würde.

East Sydney High School

7 Jahre Zuvor

Und, wen wirst du fragen?«, hakte meine beste Freundin Mari nach, sodass ich sofort die Augen verdrehte und noch etwas genervter in meinem Salat stocherte.

»Niemanden, Mari. Und weißt du auch wieso? Weil ich nicht hingehen werde.«

»Aber es ist unser Abschlussball, Lex«, schmollte sie und schob sich gleich darauf einen Löffel ihres Jogurts in den Mund. Kaum hatte sie ihn runtergeschluckt, sprach sie bereits weiter. »Und ich möchte das mit dir gemeinsam machen.«

»Ich habe Training. Ich kann an dem Abend nicht«, versuchte ich es mit der Ballettkarte, doch Mari blieb hartnäckig.

»Auf dem Ball wird auch getanzt und deine Mum wird dir bestimmt mal einen Abend freigeben können.«

»Mari …«, seufzte ich ausgelaugt und sie stimmte mit ein.

»Alexis, es ist unser letzter Ball, den wir gemeinsam verbringen können.«

»Das ist nicht wahr«, lenkte ich ein. »In zwei Jahren werde ich mich einfach von meiner spießigen Privatschule schleichen und dich zum letzten großen Ball begleiten«, scherzte ich, in der Hoffnung, die Stimmung etwas lockern zu können, doch allein die Erwähnung der neuen Schule ließ Maris laubgrüne Augen glanzlos wirken.

»Ich verstehe überhaupt nicht, dass deine Mum dich einfach so in eine Privatschule steckt.«

Ich schob den halb aufgegessenen Salat von mir und zuckte kaum merklich mit den Schultern. Dieses Thema lag mir bereits seit Tagen schwer im Magen und nun war mir endgültig der Appetit vergangen.

»Sie glaubt, eine Privatschule würde sich auf Collegebewerbungen besser

machen als eine staatliche High School.« Ich senkte den Blick und seufzte leise auf. »Sie möchte nur das Beste für mich.«

»Das Beste ...«, schnaubte Mari und blickte finster drein. »Das Beste wäre es, mich in diesem Irrenhaus nicht allein zu lassen. Es sind nur noch zwei Jahre ... Kannst du sie nicht noch mal darum bitten, darüber nachzudenken?«

»Die Papiere sind bereits dort, Mari ... Ich bin schon längst eingeschrieben und werde nach den Ferien weg sein«, ließ ich sie niedergeschlagen wissen. »Lass uns das Thema wechseln«, schlug ich vor, als ihre Augen noch etwas trauriger wurden. »Wen wirst du fragen?«

Prompt wurde der trübe Schleier über ihren Augen durch ein aufgeregtes Funkeln ersetzt. »Dreimal darfst du raten, mit wem ich hingehen werde.«

»Du hast schon ein Date?«, hakte ich überrascht nach und bekam es langsam doch mit der Angst zu tun. Wenn ich noch länger warten würde, stünde ich am Ende allein da, würde den Abend auf der Tribüne verbringen und den restlichen Schülern beim Tanzen zusehen.

»Natürlich. Die heiße Ware ist hier schnell vergriffen. Also«, sagte sie wieder und hatte ein riesiges Grinsen auf den Lippen. »Rate schon.«

»Ich ... habe keine Ahnung, Mari«, begann ich und ließ den Blick durch die weitläufige Kantine gleiten, in der sich soeben fast alle Schüler aufhielten und zu Mittag aßen. Mein Blick glitt zu einigen Kerlen, die zur Schwimmmannschaft gehörten. Ich taxierte den Kapitän dieser Mannschaft. Ein gut gebauter Kerl mit blonder Surferfrisur, sonnengebräunter Haut und einem Lächeln, welches jedem Model aus Zahnpastawerbungen Konkurrenz machen konnte.

»Ist es Austin?«, fragte ich nach, doch Mari schüttelte sofort den Kopf. Ihr Grinsen wurde noch ein Stück breiter. Meine Augen erfassten den Tisch der beliebten Kids an dieser High School und im Augenwinkel erkannte ich, wie Mari zappeliger wurde.

»Mari ...«, begann ich und musterte die Typen an diesem Tisch, die allesamt im Lacrosseteam waren und vor Überheblichkeit nur so strotzten. »Ist es Miles?«

Sie quietschte und schien vor Freude fast zu platzen. »Der einzig wahre Miles Davis ist mein Abschlussballdate, kannst du das glauben?«, hakte sie aufgeregt nach.

Meine Freude hielt sich in Grenzen. Vielmehr machte ich mir Sorgen um meine einzige Freundin, die hier vor mir saß und mir soeben mitgeteilt hatte, dass sie mit dem größten Aufreißer der Schule zum Ball ging.

»Du freust dich gar nicht für mich«, merkte sie betrübt an und ich pinselte rasch ein Lächeln auf meine verkrampften Lippen.

»Natürlich freue ich mich für dich, Mari. Aber … bist du dir sicher, dass du mit ihm hingehen möchtest?«

»Natürlich bin ich mir sicher. Wieso fragst du so was?«, hakte sie misstrauisch nach und als ich sie ansah, konnte ich mir denken, wieso Miles dem Ganzen zugestimmt hatte.

Mari war für ihre fünfzehn Jahre deutlich reifer als viele andere Mädchen aus unserer Stufe. Sie hatte Kurven, für die manche töten würden, und die karamellfarbene Haut, kombiniert mit dem glänzenden dunkelbraunen Haar und den außergewöhnlichen hellgrünen Augen, machte aus ihr einen selten schönen Menschen.

»Er ist ein Aufreißer, Mari. Außerdem ist er viel älter.«

Langsam, aber sicher braute sich ein Sturm in ihren sonst so sanften Augen zusammen und sie funkelte mich finster an. »Er ist siebzehn, Alexis. Und in ein paar Wochen habe ich Geburtstag, also spielt es keine Rolle, wie alt er ist. Ich habe geglaubt, dass du dich für mich freuen würdest«, merkte sie spitz an und ich versuchte die Wogen zu glätten, indem ich die Hände kapitulierend anhob.

»Okay … Es tut mir leid. Ehrlich. Ich möchte nur nicht, dass du enttäuscht wirst.«

»Das wird nicht passieren, Alexis. Ich bin erst enttäuscht, wenn du dich nicht langsam um ein Date kümmerst. Der Großteil ist bereits vergriffen.«

Ich raufte mir das Haar und ließ den Blick fahrig durch die Kantine gleiten.

»Du könntest Ezra fragen«, schlug Mari vor und nickte in Richtung des gutaussehenden Typen, der mit Miles an einem Tisch saß. Eine Schar Cheerleader hing wie gebannt an seinen Lippen und ich schüttelte rasch den Kopf.

»Lieber nicht.«

Mein Blick löste sich vom Sportlertisch und erfasste in der hintersten Ecke der Kantine einen schlaksigen Jungen, der ganz allein saß und seine Nase in ein Buch gesteckt hatte. Er war mit mir im Englischkurs und die netteste Seele, die mir auf dieser Schule je untergekommen war – abgesehen von Mari. Plötzlich wusste ich, was zu tun war, raffte meine Sachen zusammen und machte Anstalten aufzustehen.

»Wo willst du hin?«, fragte Mari und schnappte sich ihre Tasche, um mir zu

folgen, hielt jedoch in der Bewegung inne, als sie meine Worte hörte.

»Ich frage Hudson«, eröffnete ich ihr und sie blickte für einen kurzen Moment irritiert drein.

»Hudson Mullins? Der Typ aus dem Baseballteam?«

»Nein. Hudson Tate. Der Typ aus meinem Englischkurs.«

»Tate?« Ihre Augen wurden kugelrund und sie schüttelte den Kopf. »Ezra wäre die viel bessere Wahl, Alexis. Glaub mir das.«

»Ich möchte Hudson fragen. Er ist immer alleine.«

»Zu Recht, Alexis. Er ist komisch. Und es gehen die Gerüchte rum, dass er schwul ist. Du würdest dich zum Gespött der Schule machen, wenn du mit ihm gehst.«

Ich riss meinen Blick von Hudson los, um Mari ins Visier zu nehmen. »Ich bin sowieso nicht mehr lange auf dieser Schule. Also kann ich auch mit ihm auf den Ball gehen.«

»Alexis …«, jammerte Mari und schüttelte wieder den Kopf. »Tu das nicht.«

Mein Blick flog zurück zu Hudson und mein Herz zog sich schmerzhaft zusammen, als eine Gruppe Jungs an ihm vorbei ging, ihm das Buch skrupellos aus der Hand riss und es in den nächstbesten Mülleimer pfefferte, nur um dann lachend abzuziehen.

»Alexis!«, rief Mari erneut, doch da war ich bereits losgegangen, steuerte den Mülleimer an und fischte das Buch heraus. Sekunden später setzte ich mich auf einen leeren Stuhl an Hudsons Tisch. Ich schob ihm das Buch entgegen und sah ihm schließlich ins Gesicht. Das strubbelige, braune Haar fiel ihm in die Stirn. Lange, dichte Wimpern umrahmten seine traurigen Augen und sein kantiges Gesicht wirkte im unwirklichen Licht der Neonlampen noch knochiger. Sein dünner Körper steckte in einem viel zu großen, grauen Hoodie, in dem er sich nahezu versteckte, um nicht aufzufallen. Hudson Tate war vielleicht komisch, aber es sprach nichts dagegen, dass er in gewisser Hinsicht äußerst attraktiv war.

»Hey«, begrüßte ich ihn lächelnd, doch seine Miene blieb neutral. Seine sanften braunen Augen wanderten misstrauisch über meine Erscheinung, ehe er den Mund aufmachte.

»Wer hat dich geschickt, um mich zu verarschen?«

»Niemand«, versicherte ich ihm und blickte zu Mari, die das Ganze aus sicherer Entfernung beobachtete und mir unmissverständlich klar machte, dass wir soeben im Fokus aller anwesenden Schüler standen. Immerhin hatte sich

zuvor noch nie jemand bewusst mit Hudson Tate unterhalten. Der vermeintlich schwule Einzelgänger in den viel zu großen Klamotten und mit den traurigen Augen.

»Hör zu, so etwas brauche ich wirklich nicht.« Er nahm sein Buch und machte Anstalten aufzustehen, doch ich griff flink über den Tisch hinweg nach seinem Arm und hielt ihn fest. Hudson erstarrte und blickte auf meine Hand hinunter, als würde sie ihn in diesem Moment verbrennen.

»Was willst du von mir ...«

»Alexis«, sagte ich rasch. »Alexis Gilbert. Wir sind im selben Englischkurs. Ich bin zwar eine Stufe unter dir, aber –«

»Und was willst du nun von mir, Alexis?«, unterbrach er mich knapp, so, als würde es ihn überhaupt nicht interessieren, was ich zu sagen hatte. Ich ließ mich von seiner abweisenden Art nicht einschüchtern und kam gleich zum Punkt.

»Ich möchte, dass du mit mir zum Ball gehst.«

Er starrte mich verständnislos an und fast glaubte ich, Wut in seinen Augen aufblitzen zu sehen. »Soll das etwa ein Scherz sein? Wenn ja, dann ist er wirklich nicht lustig«, merkte er angespannt an, doch ich schüttelte gleich den Kopf.

»Ich verspreche dir, dass es kein Scherz ist, Hudson. Ehrlich. Ich habe nur gedacht, es wäre nett, dich zu fragen. Du bist immer so allein.«

»Ich bin gerne allein.«

»Niemand ist gerne allein. Also.« Ich machte eine Pause und sah ihn erwartungsvoll an. »Was sagst du? Begleitest du mich zum Ball?«

Sein Misstrauen mir gegenüber schien zu schwinden, je länger ich ihn ansah. Meine Hand lag weiterhin auf dem weichen Stoff seines Hoodies. Die Wut in seinen Augen wich einem vorsichtigen Funkeln.

»Du meinst das wirklich ernst?«, hakte er leise nach und ich nickte wild entschlossen.

»Lass uns gemeinsam zum Ball gehen, Hudson Tate.«

Kapitel 6

Fehler sind menschlich, schossen mir Reagans Worte ununterbrochen durch den Kopf, brannten sich wie ein heißes Eisen ein und wurden fast schon zu meinem Mantra.

Fehler sind menschlich, Fehler sind –

»Alexis! Du konzentrierst dich nicht!«, riss mich Mums Stimme aus meinen Gedanken und sie schaltete mit einem Knopfdruck die Anlage aus. Die sanften Klänge des Klaviers verstummten abrupt und ich kam ungelenk aus meinem Passé heraus.

»Du lässt mich Anfängerübungen machen, Mum. Die kann ich im Schlaf«, protestierte ich, verschränkte die Arme vor der Brust und hielt ihrem strengen Blick stand. Mittlerweile absolvierte ich bereits das fünfte Training unter Aufsicht meiner Mum und fühlte mich hinter der Ballettstange wie ein Sträfling in seiner Zelle. Im Gegensatz hierzu wirkte Madame Rousseaus Unterricht wie eine bunte Spielwiese, auf der wir uns austoben konnten.

»Und dennoch machst du Fehler«, kritisierte sie mich streng. »Du bist mit deinen Gedanken überall, nur nicht hier, Alexis.«

»Aber –«

»Du darfst dir keine Fehler erlauben. Vor allem nicht als Tänzerin, hörst du? Ein Fehler könnte deine komplette Karriere ruinieren«, fuhr sie mich an und ich zuckte kaum merklich zusammen.

»Auf Anfang«, befahl sie gleich im Anschluss, klatschte auffordernd in die Hände und schaltete die Anlage an, aus der Musik aus Lew Iwanows *Nussknacker* ertönte. Die Klänge des Klaviers schwebten erneut durch den Raum und ich stellte mich seufzend zurück in die erste Position. Ich starrte mein Ebenbild in der verspiegelten Wand mir gegenüber an, legte eine Hand an die Ballettstange und führte den anderen Arm geschmeidig nach vorne und schließlich zur Seite.

»Tendu, Passé, vom Passé ins Battement développé nach vorne und zurück in die Ausgangsposition.«

Im Gleichklang mit den Anweisungen meiner Mutter führte ich die Schritte aus, schob mein Spielbein auf Zehenspitzen nach vorne, zog meinen Fuß anschließend in einer fließenden Bewegung an das Knie meines Standbeins, hielt die Position für einige Sekunden und hob mein Spielbein schließlich nach vorne, während ich verbissen darauf achtete, die Streckung nicht zu überdehnen. Als keine Kritik von meiner Mum kam, ließ ich das Bein langsam absinken, setzte es lautlos am Boden auf, fand zurück in die erste Position und löste den Blick erst von meinem Spiegelbild, als die Musik verstummte.

»Besser«, kommentierte sie knapp. »Hältst du dich an den Ernährungsplan, den ich dir gegeben habe?«, hakte sie scharf nach und ich nickte hastig, auch wenn dieses Nicken keineswegs der Wahrheit entsprach. Ich erinnerte mich an die vielen Frustpizzen, die ich in letzter Zeit bei Pino bestellt hatte, und das Gesündeste in meinem Kühlschrank war eine Karaffe gefüllt mit kaltem Wasser und Zitronenscheiben. Sie musterte mich genau, schien die offensichtliche Lüge gleich zu entlarven, seufzte schließlich leise auf und fasste ihre langen Haare zu einem hohen Zopf zusammen.

»Du kannst jetzt gehen, Alexis. Nächste Woche geht es weiter und bis dahin hast du deine Ernährung umgestellt.«

Ich unterdrückte ein genervtes Augenrollen, schlüpfte in meine abgewetzten Converse und schulterte meine Tasche.

»Bis nächste Woche, Mum«, verabschiedete ich mich, verließ das Studio und begab mich eine Etage tiefer. Verglichen mit meiner kleinen Wohnung in Lane Cove West war mein altes Zuhause ein Palast. Das Penthouse meiner Mum befand sich im Herzen Sydneys und zählte somit zu einem der Edelsteintürme, die ich jeden Abend von meiner kleinen Dachterrasse erahnen konnte. Die obere Etage des gesamten Penthouse hatte sie zu ihrem persönlichen Tanzstudio umfunktioniert und egal wie sehr ich diesen Ort zu hassen vermochte, so liebte ich den Ausblick, den mir dieses Zimmer bot. Schon als kleines Kind hatte ich meine Nase lieber an der bodentiefen Fensterfront plattgedrückt und den Royal Botanic Garden, den Hafen und das Opernhaus von oben beobachtet, als meine Tendus zu üben. Doch nun weckte dieses Penthouse nur noch düstere Erinnerungen in mir. Ich hastete die schwarz glänzenden Marmorstufen hinunter, durchquerte das großzügige, moderne Wohnzimmer und verließ meine persönliche Hölle im Laufschritt. Auf der Straße angekommen, zog ich mein Handy hervor, erblickte Reagans Namen und wurde von Nachrichten erschlagen.

Klassische Fragen wie »Wo bleibst du?« wechselten ziemlich schnell zu Anschuldigungen und zu guter Letzt zu Drohungen.

Ich schaue ohne dich weiter, wenn du nicht bald kommst, war die letzte Nachricht, die sie mir vor fünf Minuten geschrieben hatte.

Ich komme sofort, tippte ich mit fahrigen Fingern als Antwort und stieg in mein Auto.

Bevor ich jedoch zu Reagan fuhr, parkte ich knappe zwanzig Minuten später vor dem *Records Store* in Surrey Hills, der, eingequetscht zwischen einem Elektronikladen und einer Wäscherei, ziemlich unterging.

Als ich die gläserne Tür aufdrückte, kündigte ein kleines Glöckchen meine Anwesenheit an und ich sah mich in dem vollgestopften Plattenladen um. Neben unzähligen Kramkisten mit reduzierten Schallplatten gab es eine ganze Wand voll neuwertiger Platten, allesamt alphabetisch sortiert. Die Wände wurden von Bandpostern, Flyern, Gitarren, Drumsticks und handsignierten eingerahmten Schallplatten verziert und an der Decke schlängelten sich Lichterketten mit großen Glühbirnen entlang, die dem ganzen Laden eine gemütliche Atmosphäre schenkten.

»Hudson?«, rief ich in die Leere des Ladens hinein.

Er trat aus einem separaten Raum, der durch einen schweren Vorhang vom Rest des Ladens getrennt wurde, und kam grinsend auf mich zu. »Du siehst wie ein lebensgroßer Kaugummi aus, Alexis«, begrüßte er mich, sodass ich seufzend an mir herabsah und an dem glatten Stoff meines Ballettrocks zupfte.

»Ich hatte bis gerade Training«, verteidigte ich mich trocken. »Aber ich bin nur hier, um die Kamera abzuholen. Hast du sie da?«, hakte ich nach und er fasste sich dramatisch mit einer Hand ans Herz.

»Und ich dachte, du würdest deinen guten, alten Freund Huds besuchen kommen«, stieß er seufzend aus, schüttelte mit einem Schmunzeln auf den Lippen den Kopf und trat hinter den langgestreckten Tresen. Auf dem dunklen, zerkratzten Holz thronte neben einer alten Registrierkasse Hudsons Laptop, den er mit einer Musikbox verbunden hatte, um im Laden für etwas

Stimmung zu sorgen. Hudson griff unter den Tresen und schob mir anschließend eine lederne Box entgegen. Er ließ den Deckel aufschnappen, um mich einen Blick reinwerfen zu lassen.

»Da wäre das Schmuckstück«, eröffnete er feierlich. »Ich wusste gar nicht, dass du fotografierst.«

»Oh, die ist nicht für mich. Sie ist ein Geschenk für jemanden«, beeilte ich mich zu sagen, klappte den Deckel wieder zu und nahm die Schachtel an mich. Nachfolgend reichte ich Hudson das Geld über den Tresen. Er lehnte sich mit den Ellenbogen auf die glatte, hölzerne Fläche, stützte das Kinn in den Handflächen ab und lächelte mich selig an.

»Dieser Jemand muss aber besonders sein. So eine Kamera ist selten. Chester hat tagelang nach ihr ges–«

»Chester? Dein Exfreund Chester?«, unterbrach ich ihn erstaunt und er nickte.

»Es existiert nur ein Chester in meinem Leben. Meine bessere Hälfte, schon vergessen?«, half er mir auf die Sprünge und ich nickte mehrfach.

»Ja, schon klar. Ist diese Kamera von ihm?«

»Nein, aber er hat Kontakt zu einem Händler in Callaghan, der sich auf alten Vintagekram spezialisiert hat«, erklärte er mir.

»Wieso hast du dich von ihm getrennt?«, platzte es aus mir heraus, denn so, wie es sich anhörte, schien Hudson wirklich noch etwas für seinen Ex übrig zu haben. Ich hatte ihn zwar nie kennengelernt, doch so, wie Hudson von ihm sprach, schien es für mich unschlüssig, dass die beiden ihr Leben nicht gemeinsam verbrachten. Und scheinbar ging es Chester nicht anders. Wieso sonst sollte er sich die Mühe machen, eine seltene Kamera aufzutreiben und dafür bis nach Callaghan zu fahren? Einer Stadt, die ganze zwei Stunden entfernt in Newcastle lag. Hudson versteifte sich, richtete sich auf und zuckte kaum merklich mit den Schultern. Ich schien einen äußerst wunden Punkt getroffen zu haben.

»Er ist Musiker und ständig auf Tour … Es hat sich so ergeben«, wimmelte er mich ab. »Zurück zu dir. Wer ist der Glückliche?«, fragte er erwartungsvoll und schon wieder schien es, als wäre sein plötzlich abweisendes Verhalten nur ein Trugbild gewesen. Das Leuchten in seinen Augen, welches immer dann erlosch, wenn das Thema auf Chester gelenkt wurde, kehrte zurück und erhellte den Raum.

»Sie ... sie heißt Reagan«, begann ich, wohlwissend, dass ich nichts weiter über ihn und Chester rausbekommen würde. Doch so, wie er meine Verschlossenheit Mason gegenüber akzeptierte, so akzeptierte ich auch seine Verschlossenheit Chester gegenüber.

Hudson grinste plötzlich wie ein Honigkuchenpferd und ich sah ihm förmlich an, dass er in die komplett falsche Richtung dachte.

»Wir sind nur Freunde«, ergänzte ich entschlossen, packte die Schachtel in meine Tasche und versuchte sein dämliches Grinsen zu ignorieren.

»Nur Freunde? Und weswegen wirst du rot, Gilbert?«

»Ich werde nicht rot, Hudson, hör auf mit dem Scheiß«, beschwerte ich mich, konnte ein Schmunzeln aber nicht unterdrücken, sodass er vielsagend die Augenbrauen nach oben zog und sich gegen den Tresen lehnte.

»Du magst sie, habe ich recht?«

»Sie hat einen Freund«, erwiderte ich knapp. »Außerdem kenne ich sie gerade mal seit einem Monat«, fügte ich hinzu. »In einem Monat –«

»In einem Monat kann eine Menge passieren, das ist wahr.«

»Das wollte ich nicht sagen.«

»Aber du hast es dir gedacht«, konterte er. »Hör zu, Alexis. Ich glaube, du versuchst hier deinen Gefühlen aus dem Weg zu gehen. Lass sie frei. Andernfalls wirst du niemals glücklich werden, wenn du dir alles verbaust«, sprach er auf mich ein.

Seufzend zog ich den Reißverschluss meiner Tasche zu und bedachte ihn mit einem belehrenden Blick. »Wir sind nur Freunde, Hudson. Mehr nicht«, wiederholte ich erneut, schenkte ihm schließlich ein kleines Lächeln und näherte mich der Tür. »Danke für die Kamera. Und sag Chester ebenfalls Danke von mir«, rief ich über die Schulter hinweg zu ihm, fing seinen nachdenklichen Blick auf und beeilte mich, aus dem Laden zu kommen.

Er hatte auch meinen wunden Punkt getroffen. Ja, ich mochte Reagan. Aber das konnte man nicht mit Gefühlen gleichsetzen. Oder?

Letztendlich kam ich genau eine Stunde zu spät vor Reagans Tür zum Stehen. Ich parkte Coops in einer ruhigen, blätterüberdachten Straße, schnappte mir meine Tasche vom Rücksitz und stieg aus. Nachdem ich das Auto abgeschlossen hatte, hastete ich die Stufen zur Haustür hoch und drückte mehrfach auf den silbernen Klingelknopf. Eine ganze Zeit lang geschah nichts. Die

Tür ging nicht auf und ich kam mir immer bescheuerter vor, je länger ich auf den Stufen verweilte. Als ich gerade die Hand heben wollte, um ein weiteres Mal zu klingeln, erklang Reagans Stimme aus dem Lautsprecher.

»Hallo?«

»Reagan? Ich bin es, Alexis«, ließ ich sie zögerlich wissen.

»Ich habe nicht mehr mit dir gerechnet«, sagte sie und beim Klang ihrer tonlosen Stimme seufzte ich leise auf.

Ich lehnte mich gegen die verschlossene Haustür und fixierte den kleinen Lautsprecher über den Klingeln. »Es tut mir leid. Wirklich«, sprach ich beharrlich aus. »Lässt du mich rein?«, hakte ich hoffnungsvoll nach, legte eine Hand an den kühlen, kugeligen Türknauf und wartete ab. Ich wartete und wartete und wartete.

»Bitte, Reagan«, flehte ich wieder, denn das leise Summen des Lautsprechers verriet mir, dass sie immer noch an ihrer Haustür stand und ganz offensichtlich einen inneren Kampf mit sich selbst führte.

Beinahe hätte ich mich umgedreht und aufgegeben. Selbst durch den Lautsprecher spürte ich Reagans Enttäuschung und Wut auf mich. Dennoch ertönte plötzlich das Brummen der Tür und ich drückte sie mit der Schulter auf, ehe ich in den kühlen Hausflur schlüpfte.

Reagan wohnte in einem alten, roten Backsteingebäude, in einem ruhigen Viertel in Riverview mit Blick auf den Lane Cove River. Die Gegend schrie nach Ruhe, Sittlichkeit und Regeln. Reagan und vor allem Kian passten nicht sonderlich ins Bild dieser harmonischen, familiären Gegend. Kaum war die Tür hinter mir ins Schloss gefallen, erklomm ich die erste Stufe der alten, dunklen Holztreppe, die sich einen Weg nach oben schlängelte und auf jedem Etagenabsatz zu jeweils zwei Wohnungen führte. An den rissigen Wänden hingen staubige Lampen, die das Treppenhaus in einen diesigen Schein tauchten.

Ich stieg die knarzenden Stufen hinauf und blieb letztendlich auf der letzten und obersten Etage vor Reagan stehen. Sie lehnte im Türrahmen und hatte nichts weiter als ein übergroßes Bandshirt an, auf dem das unverkennbare Logo der Rolling Stones prangte. Das lange, frisch gewaschene Haar hatte sie zu einem unordentlichen Knoten hochgesteckt, der mit einem roten Bandana gehalten wurde. Als ich Reagan das erste Mal in *Pino's Pizzeria* getroffen hatte, konnte ich nicht verleugnen, dass sie hübsch war. Doch jetzt, in diesem Augenblick, in dem sie nicht geschminkt war, bloß dieses übergroße Shirt trug und das sanfte warme Licht aus ihrer Wohnung ihre Gestalt in einen goldenen Schleier hüllte, fiel mir erst auf, wie schön sie wirklich war.

»Hey«, murmelte ich leise, riss meinen Blick von den Tattoos an ihren nackten Beinen los und zwang mich, ihr ins Gesicht zu schauen. Ihre Miene war ausdruckslos und ich war fasziniert, wie sehr sie ihren Groll auf mich im Zaum halten konnte.

»Ich wollte gerade ins Bett«, sagte sie.

»Dann gehe ich am besten wieder und –«

»Komm schon rein«, unterbrach sie mich, machte einen Schritt vor und zog mich sanft am Arm in die Wohnung. Ich folgte ihr durch einen kleinen Flur ins Wohnzimmer.

Sie hatte die Couch ausgezogen und als ich das Kissen und die Decke sah, runzelte ich verwundert die Stirn. »Du schläfst auf der Couch?«

Sie ließ sich auf der Kante der Couch nieder und nickte kaum merklich. »Mit Kian ist es zurzeit etwas schwierig.«

»Wo ist er gerade?«, hakte ich nach und bemühte mich, meine Stimme nicht allzu forsch klingen zu lassen.

»Ich habe keinen blassen Schimmer«, seufzte sie leise. »Wahrscheinlich in irgendeinem Club, betrunken und zugedröhnt, tanzend mit einem Flittchen, welches sich wie ein Affe an ihn klammert«, stieß sie verbittert aus und ich ließ die Tasche langsam auf den gemusterten Teppich sinken, ehe ich mich mit einem kleinen Abstand neben ihr niederließ.

»Reagan …«, begann ich leise, doch sie schüttelte kurz den Kopf und vertuschte ihren aufgewühlten Zustand mit einem Lächeln.

»Mach dir keinen Kopf, Tanzmäuschen. Ich komme damit klar«, würgte sie mich ab und stand auf, um dem Gespräch aus dem Weg zu gehen. »Möchtest du etwas trinken?«

»Was kannst du mir anbieten?«, stellte ich die Gegenfrage.

»Wie wäre es mit einem guten alten Manto Negro?«

Mir schoss Mums Ernährungsplan durch den Kopf. Alkohol war in Trainingsphasen strengstens verboten, doch ein Glas würde bestimmt nicht weiter auffallen.

»Liebend gerne«, erwiderte ich also, sah ihr nach, als sie in der Küche verschwand, und griff nach meiner Tasche.

Meine Augen erfassten die lederne Box, die zwischen Müsliriegeln, Wasserflaschen und meinen Spitzenschuhen ruhte, und ich holte sie behutsam hervor.

»Was ist das?«, hakte Reagan neugierig nach, als sie mit den zwei Gläsern Wein zurück ins Wohnzimmer kam und sich neben mir niederließ. Sie besah sich die lederne Box und zog die Stirn fragend in Falten, als ich sie ihr in den Schoß legte.

»Das ist für dich. Eine kleine Wiedergutmachung«, erklärte ich.

Sie stellte die Gläser auf dem niedrigen Tisch vor der Couch ab. »Eine Wiedergutmachung? Aber weswegen denn?«, fragte sie sichtlich irritiert und ließ den Deckel der Box aufschnappen. Ein kleiner Blick ihrerseits ins Innere reichte aus, um sie sprachlos werden zu lassen. Sie schlug eine Hand vor den Mund, riss die Augen auf und schüttelte mehrfach den Kopf, so als könnte sie nicht glauben, dass dieser Moment gerade wirklich und wahrhaftig stattfand.

»Bist du verrückt, Alexis?«, hauchte sie nach wenigen Minuten und ihre dunklen Augen glänzten verdächtig. Mir blieb keine Zeit zu antworten, denn da legte sie die Box bereits vorsichtig zur Seite und fiel mir plötzlich so stürmisch um den Hals, dass ich überrumpelt nach hinten in die weiche Bettdecke kippte und Reagan mit ihrem ganzen Gewicht auf mir lag. Mein Herz begann unmittelbar nach diesem Überfall zu rasen und mein Atem stockte, als ich ihre Lippen nah an meinem Ohr spürte.

»Ich danke dir, Alexis. Danke für diese Überraschung.« Bei jedem einzelnen Wort prallte ihr warmer Atem gegen meine Haut. Mein Hals wurde trocken und mein Herz drohte zu zerspringen. Was zum Teufel geschah hier gerade? Reagan schien sich nicht weiter daran zu stören, dass sie mich leicht bekleidet komplett überfallen hatte. Doch ich schien von meinen Gefühlen nahezu überschwemmt zu werden. Ihre Nähe überwältigte mich vollkommen und die Gefühle, die durch meinen Körper jagten, waren so neu, dass sie mir Angst machten.

»Das habe ich wirklich gerne gemacht, Reagan. Wirklich«, presste ich hervor und schob sie genau in dem Moment von mir herunter, als die Tür scheppernd ins Schloss fiel und Kian plötzlich im Türrahmen stand.

Kapitel 7

Die Angst, die mich nun erfüllte, entsprang keineswegs meinen verwirrenden Gefühlen oder etwa meiner Abneigung gegen Nähe. Nein. Sie galt einzig und allein dem Menschen, der soeben eingetreten war und seine schwarzen, seelenlosen Augen auf mich heftete und den Kiefer so fest zusammenpresste, dass sich die Knochen messerscharf unter seiner Haut abzeichneten. Ich war plötzlich wie gelähmt, hielt seinem Blick nur mit Müh und Not stand und vergaß glatt zu atmen. Reagan setzte sich auf und das einst so selige Lächeln, welches ihre Lippen geziert hatte, verblasste Sekunde um Sekunde.

»Du hast die Tür schon wieder geknallt, Kian. Wir werden hier bald noch rausgeschmissen«, fuhr sie ihn an und nun schwenkte sein verschleierter Blick in ihre Richtung.

»Halt die Klappe, Rea!«, knurrte er sie wütend an, bevor er erneut zum Reden ansetzte. »Was hast du hier verloren?«, hakte er mit schwerer Zunge nach, drehte den Kopf zurück in meine Richtung und gab mir das Gefühl, mitten im Auge eines Sturms zu stehen.

»Ich –«

»Ich habe sie eingeladen«, fiel Reagan mir ins Wort, stand auf und ging auf Kian zu. Es juckte mich in den Fingern, sie am Saum ihres Shirts zurückzuziehen, denn Kian schien mir gerade einer tickenden Zeitbombe zu gleichen. Ein falsches Wort oder eine falsche Bewegung würden ausreichen, um ihn die Luft gehen zu lassen. Ich kannte dieses Verhalten von Mason. Er blickte über ihre Schulter hinweg in meine Richtung und funkelte mich zornig an.

»Ich sagte dir, dass du dich von ihr fernhalten sollst, Alexis!«, zischte er.

»Kian, sieh mich an«, sprach Reagan ruhig auf ihn ein. Er reagierte nicht, deswegen legte sie eine Hand an seine Wange und drehte sein Gesicht bestimmt in ihre Richtung. »Du hörst mir jetzt genau zu«, sagte sie betont langsam und sprach erst weiter, als er seine bösen Augen auf Reagans Wenigkeit richtete. »Ich habe sie eingeladen, weil wir Freunde sind. Außerdem hattest du mal wieder nichts Besseres zu tun, als dich volllaufen zu lassen!«, fauchte sie leise. »Du kannst gerade nicht klar denken, also verschwinde und schlaf deinen verdammten Rausch aus.«

»Ich kann sehr wohl klar denken, Rea«, herrschte er sie schroff an, legte die Hände an ihre schmalen Handgelenke und befreite sich aus ihrem Griff. »Ich will, dass sie verschwindet. Jetzt sofort«, verlangte er mit bedrohlich ruhiger Stimme.

Nun war es Reagan, die seine Hände abschüttelte. »Und ich will, dass du aufhörst, dich an den Rand der Besinnungslosigkeit zu trinken. Aber scheinbar bekommen wir heute beide nicht, was wir wollen, nicht wahr?«

»Sie soll verschwinden, Rea«, wiederholte er sich, so als hätte er Reagans Worte gar nicht mitbekommen oder schlichtweg einfach überhört. »Was auch immer das hier werden soll«, fügte er leise knurrend hinzu, »ich bin nicht damit einverstanden, Reagan, und wenn du dir nicht bald eine neue Lösung ausdenkst, werde ich persönlich zu A–«

»Kian!«, stieß Reagan warnend aus, doch Kian schien in seiner Wut gefangen. In seinen dunklen Augen loderte ein Höllenfeuer und seine Hände waren zu Fäusten geballt. Die Lederjacke, die er trug, spannte sich um seine Muskeln und ich befürchtete, dass er sich jeden Moment auf mich stürzen würde. Wäre meine Angst nicht so greifbar, hätte ich Reagan gefragt, was er mit diesen Worten gemeint hatte. Wäre sie nicht so greifbar, würde ich auch für mich selbst einstehen, mich verteidigen und mehr Selbstbewusstsein zeigen. Doch alles in mir war in höchster Alarmbereitschaft und ich brachte keinen einzigen Ton hervor.

»Schwimmst du gerade wieder auf die andere Seite, Rea?« Er durchbohrte sie mit seinen schwarzen Augen. »Was ist? Hast du schon genug von mir?«, durchlöcherte er sie mit Fragen und verzog die Lippen urplötzlich zu einem teuflischen Grinsen.

Reagan blieb unbeeindruckt und hielt seinem diabolischen Blick tapfer stand.

»Wie wäre es, wenn ich dich am Sonntag in die Kirche begleite?« Er pausierte, wartete ihre Reaktion ab und fuhr dann fort. »Ich glaube, wir sollten dem Beichtstuhl einen kleinen Besuch abstatten, meinst du nicht auch? O Herr, vergib mir, denn ich habe gesün–«

Seine Worte wurden durch die schallende Ohrfeige abgeschnitten, die Reagan ihm soeben verpasst hatte. Kians Kopf flog zur Seite und er verharrte einen Moment regungslos in dieser Position.

»Verschwinde!«, zischte sie ihm leise entgegen und ihr ganzer Körper stand unter Strom, während sie die Hand, die Kian in die Schranken gewiesen hatte, fest an ihre Brust presste, als hätte sie Schmerzen. »*¡Lárgate*!«, knallte sie ihm zornig an den Kopf, als er sich immer noch nicht von der Stelle gerührt hatte. Plötzlich ging ein kleiner Ruck durch seinen Körper. Sein verschleierter Blick fixierte Reagan, ehe er sie grob zur Seite schob, durch den Flur ging und nur wenige Sekunden später die nächste Tür ins Schloss knallte. Die gesamte Wohnung erzitterte für einen winzigen Augenblick. Im nächsten Moment senkte sich eine erdrückende Stille wie eine dicke Decke auf uns herab und erst jetzt spürte ich, dass ich nahezu die gesamte Zeit den Atem angehalten hatte. Ich holte bebend Luft und sah zu Reagan, die regungslos an Ort und Stelle stand, den Rücken zu mir gedreht, und wie Espenlaub zitterte.

»Reagan?«, fragte ich vorsichtig, doch sie reagierte nicht.

Ich stand langsam auf, näherte mich ihr und legte eine Hand auf ihre Schulter. Sie zuckte zusammen, drehte sich zu mir um und fiel mir zum zweiten Mal an diesem Abend um den Hals. Diesmal nicht vor Freude, sondern vor tiefliegender Verzweiflung.

Ihre Finger krallten sich in den Stoff meines Pullovers und als das erste Schluchzen ihren Körper beben ließ, versuchte ich die Alarmglocken in meinem Kopf zum Schweigen zu bringen, meine Angst für einen Moment in den Hintergrund zu schieben und so viel Schutz wie möglich in die Umarmung zu stecken.

»Es … es tut mir leid, was hier gerade passiert ist«, erklang ihre abgedämpfte Stimme, da sie ihr Gesicht an meiner Schulter vergraben hatte.

»Du musst dich nicht entschuldigen«, beruhigte ich sie sanft und ließ eine Hand in regelmäßigen Zügen ihr Rückgrat auf und ab gleiten. Meine Finger fuhren jeden einzelnen Wirbel nach – bedächtig und konzentriert. Und je länger ich dieser Tätigkeit nachkam, desto ruhiger wurde Reagan. Das Zittern hatte nachgelassen und als sie sich langsam aus der Umarmung löste, wischte sie verlegen die Tränen von ihren fleckigen Wangen.

»Kann ich mit zu dir? Nur für diese eine Nacht?«, fragte sie leise nach und ich musste nicht einmal eine Sekunde überlegen, bevor ich ihr eine Antwort gab.

»Natürlich, Reagan.«

Eine knappe Viertelstunde später trat ich mit Reagan in meine Wohnung, schaltete eine kleine Lampe neben der Tür an und zog meine Schuhe aus.

»Ich werde dir die Couch fertig machen«, ließ ich sie wissen und warf einen kleinen Blick in ihre Richtung. Ihre Augen waren immer noch rot und geschwollen von den Tränen, die sie vergossen hatte, und es schimmerte so unendlich viel Traurigkeit in ihnen, dass es mir im Herzen wehtat – es tat weh, weil ich genau wusste, was sie durchmachte. Kian und Mason hatten eins gemein: Dort, wo ihr Herz sein sollte, war nichts. Bloß Dunkelheit.

»Ich … ich mache die Couch fertig«, wiederholte ich stockend, ging ins Wohnzimmer und warf alle überflüssigen Kissen auf den Boden, ehe ich die Sitzfläche auszog und die Lehne umklappte, um genügend Platz zum Schlafen zu schaffen. Schließlich lief ich in mein Schlafzimmer, holte eine zweite Decke und ein Kissen und ging zurück. Reagan stand nach wie vor an der Eingangstür und hatte sich nicht vom Fleck bewegt.

»Brauchst du noch etwas?«, fragte ich sie behutsam und ihr gläserner Blick flog in meine Richtung.

»Hast du was gesagt?«, hakte sie zerstreut nach und schien soeben aus dem Gefängnis ihrer Gedanken ausgebrochen zu sein.

»Ich fragte, ob du noch etwas brauchst?«, wiederholte ich mich geduldig.

»Ich denke nicht. Danke, dass ich hier übernachten darf.« Ihre Stimme brach und sie schluckte schwer. »Tut mir leid, dass ich solche Umstände bereite«, ergänzte sie aufgewühlt und ich schüttelte sofort den Kopf.

»Du bereitest keine Umstände. Außerdem bist du hier immer willkommen, vergiss das nicht.«

Sie nickte zaghaft, stellte ihre Tasche ab und zog ihre Schuhe aus. Als sie damit begann, ihre Jeans zu öffnen, drehte ich mich rasch um und wollte schweigsam den Rückzug antreten, um in mein Schlafzimmer zu gehen, doch bevor ich auch nur daran denken konnte, den Raum zu verlassen, hielt mich Reagans zarte Stimme davon ab.

»Alexis?«

»Ja?« Ich drehte mich langsam zu ihr um.

»Kannst du noch etwas hierbleiben?«, fragte sie zögerlich und mein Herz stolperte.

»Sicher«, erwiderte ich leise und gesellte mich zu Reagan, die es sich bereits unter der Decke bequem gemacht hatte.

Ich setzte mich verkrampft auf die äußerste Kante der Couch und sah Reagan an, die unversehens die Decke anhob und mit der flachen Hand neben sich klopfte.

»Komm schon, ich beiße nicht.«

»Ich weiß nicht, ob –«

»Bitte, Alexis. Ich kann und möchte jetzt nicht allein sein ...«, stieß sie verzweifelt aus.

Kians Worte schossen wie Kanonenkugeln durch meinen Kopf und auch meine ureigene Angst vor Nähe meldete sich. Ich war dank Reagans stürmischen Umarmungen bereits an meine Grenzen gekommen, aber diese Situation überschritt alles, was ich zu vermeiden versuchte.

Je länger ich zögerte, desto schwermütiger wurde der Ausdruck in ihren Augen.

Du bist stark und du wirst das schaffen. Das ist Reagan. Nicht Mason. Reagan, sprach mein Gewissen zu mir und ich atmete einmal tief ein, ehe ich mich mit klopfendem Herzen neben sie unter die Decke legte und darauf achtete, einen kleinen Abstand zwischen uns zu lassen.

»Wieso hast du gezögert?«, fragte sie vorsichtig nach. »Etwa wegen Kians Worten?«

Ich wandte meinen Kopf in ihre Richtung. »Welche Worte meinst du, Reagan? Er hat einiges von sich gegeben. Einiges, was ich nicht verstanden habe. Wofür sollst du dir eine neue Lösung ausdenken? Was hat er damit gemeint?«, bombardierte ich sie mit Fragen und das erste Mal, seit ich Reagan kannte, wirkte sie überrumpelt.

»Er war betrunken und zugedröhnt, Alexis. In diesem Zustand gibt er einiges von sich, was keinen Sinn ergibt«, erklärte sie, bevor sie das Thema zurück in die Richtung lenkte, auf die sie hinauswollte. »Doch ich meine seine letzten Worte«, murmelte sie leise und drehte sich auf die Seite, damit sie mir genau in die Augen schauen konnte. »Er hat mich skrupellos vor dir geoutet. Ich ... ich stehe sowohl auf Männer als auch auf Frauen, Alexis. Und er ist der Einzige, der es weiß und der somit etwas gegen mich in der Hand hat, um mich ins offene Messer laufen zu lassen.« Sie pausierte und wirkte plötzlich noch verzweifelter, als ich es für möglich gehalten hätte. »Da du es jetzt nun auch weißt, hoffe ich, dass du es für dich behältst. Versprichst du mir das, Alexis?«

»Aber wieso schämst du dich dafür?«, hinterfragte ich irritiert und ihre Augen trübten sich.

»Ich schäme mich nicht, Alexis … Ich versuche bloß, das Verhältnis zu meiner Familie zu wahren. Meine Eltern stammen aus einem kleinen Dorf in Veracruz, Mexiko, und sind streng gläubig«, begann sie und nun verstand ich Kians Anspielung auf die Kirche, die Reagan offenbar jeden Sonntag vorbildlich besuchte.

»Sie verstehen diese Art von Liebe einfach nicht. Und sie wollen sie auch nicht verstehen. In unserem Dorf ist Homosexualität eine Sünde, Alexis. Etwas Abstoßendes, Abscheuliches und Unnormales. Dort wird so etwas nicht toleriert und ich würde meine Eltern verlieren, wenn Kian etwas davon ans Tageslicht sickern lassen würde. Dieses Versteckspiel macht keinen Spaß, aber es erhält mir meine Familie, verstehst du?«, fügte sie mit tieftrauriger Stimme hinzu und senkte den Blick, um die Tränen zu verbergen, die ihr soeben in die Augen stiegen.

»Ich werde dich deswegen nicht verurteilen, Reagan, hörst du? Kian war betrunken. Er wollte dich bloß provozieren«, versuchte ich sie zu beruhigen und hätte am liebsten die Hand ausgestreckt, um die Tränen aufzufangen, die ihr über die Wangen rollten und auf das Kissen tropften. »Es ist doch vollkommen gleich, auf wen du stehst.«

»Ist es das?« Sie hob den Blick wieder an und nicht versiegte Tränen glitzerten im Schein der kleinen Lampe in ihren langen Wimpern.

»Natürlich ist es das.«

Sie sah mir eine Zeit lang nachdenklich in die Augen und als sie näher rückte, blieb mir beinahe das Herz stehen. Sie war mir so nah, dass ich ihren warmen Atem auf meinen Lippen spüren konnte. Alles in mir zog sich vor Unbehagen zusammen.

»Und was ist mit dir?«, fragte sie zart, während sie ihre Augen andächtig über mein Gesicht gleiten ließ, welches unter ihrem Blick immer wärmer zu werden schien.

»Was soll mit mir sein?«, forschte ich nach und schluckte schwer, um das ausgedörrte Gefühl in meinen Hals zu verscheuchen, und hoffte, dass sich meine Stimme nicht so schwach anhörte, wie ich mich fühlte.

»Hast du jemals eine Frau geküsst? So, wie du einen Mann küssen würdest?«

»Nein. Abgesehen von einem One-Night-Stand gab es nur Mason.«

»Und du hast nie darüber nachgedacht, Neues auszuprobieren?« Ihre samtweiche Stimme umschmeichelte meine Seele und mein Herz pochte so laut gegen meinen Brustkorb, dass ich befürchtete, Reagan könnte es hören.

»Ich ...«, ich räusperte mich leise und setzte erneut an. »Ich habe nie darüber nachgedacht.« Keine Lüge, aber auch nicht ganz die Wahrheit. Jetzt in diesem Moment dachte ich sehr wohl darüber nach. Ich wollte wissen, wie es sich anfühlte, von Reagans zarten Lippen geküsst zu werden. Dennoch war alles in mir in höchster Alarmbereitschaft. Etwas in meinem Inneren, und ich tippte stark auf meinen Verstand, schien sich vor Angst zu krümmen und die Hände über dem Kopf zusammenzuschlagen. Das hier war zu viel. Reagan war mir zu nah. Und ungeachtet dessen sehnte sich ein anderer Teil in mir nach Nähe – nach menschlicher Nähe, wie ich sie seit drei Jahren nicht mehr verspürt hatte.

»Und denkst du jetzt gerade darüber nach?« Ihre Augen scannten jeden Winkel meines Gesichtes und ich bemühte mich, ihrem intensiven Blick standzuhalten.

»Möglicherweise«, hauchte ich leise und ignorierte den inneren Angstschrei in mir, als ihre Finger eine Haarsträhne aus meinem Gesicht strichen und hinter mein Ohr klemmten. Von da aus wanderte ihr Zeigefinger über die pochende Sehne an meinem Hals – langsam, andächtig, quälend. Ich hielt es nicht aus und stoppte ihre Hand kurz vor meinem Schlüsselbein.

»Ich dachte wir sind nur Freunde, Reagan.«

»Und ich, als gute Freundin, möchte sicherstellen, dass du genau weißt, wie es sich anfühlt, eine Frau zu küssen. Was ist schon dabei?«, hakte sie sanft nach. Für sie schien es tatsächlich etwas Selbstverständliches zu sein.

»Ich ... ich weiß nicht, ob das richtig ist«, sprach ich meine Bedenken also offen aus. »Außerdem kennen wir uns erst seit einem Monat, Reagan.«

»Das wirst du erst wissen, wenn du es ausprobiert hast. Und ein Monat, Alexis, ist in unserem Zeitalter ein Rekord. Manche Menschen kennen sich nur wenige Stunden, bevor sie miteinander schlafen. Dieser eine Kuss wird das Unschuldigste sein, was ich jemals tun werde.«

»Was ist mit Kian?«

»Er hatte seinen Spaß. Und zwar zur Genüge. Wieso darf er seinen Spaß haben und wir nicht?«

Sie befreite ihre Hand aus meinem Griff und schob sie in meinen Nacken. Mein Herz raste. Angst, vermischt mit Neugier und Verlangen, flutete meinen Körper.

Sie kam mir noch ein Stück näher und nun konnte ich ihre Wärme und ihren Herzschlag durch all unsere Kleidung spüren.

»Du hast Angst«, stellte sie leise fest und stützte sich auf einem Arm etwas auf, sodass ihr Gesicht nun über meinem schwebte. »Wieso?«

»Ich habe Angst vor Nähe ... Angst davor, mich fallen zu lassen und die Kontrolle zu verlieren. Und überhaupt, Reagan, weiß ich wirklich nicht, was ich von dem Ganzen hier denken soll. Du hast einen Freund ... Soll das hier eine Art Experiment werden?«

»Das, was ich dir vor ein paar Wochen gesagt habe, war ernst gemeint, Alexis. Du brauchst keine Angst zu haben, wenn ich in deiner Nähe bin, okay?« Ihre Finger wanderten von meinem Nacken zu meiner Wange. »Wenn du das hier nicht möchtest, dann sage es mir. Ich möchte dich zu nichts zwingen. Und experimentiert nicht jeder mindestens einmal in seinem Leben?«, fragte sie und als ihr Daumen sanfte Kreise auf meiner Wange zog, hielt ich den Atem an. »Alexis«, sagte sie erneut. »Wenn du es nicht willst, dann –«

»Doch«, stieß ich aus und war überrascht, wie sehr ich mich nach diesem Kuss verzehrte. »Ich möchte es, Reagan. Sehr sogar.« Sie hatte recht. Ich konnte erst wissen, ob meine verwirrenden Gefühle etwas mit Reagan zu tun hatten, wenn ich sie küsste. Bevor ich noch etwas erwidern oder hinzufügen konnte, geschah alles ganz schnell. Plötzlich spürte ich Reagans warme Lippen auf meinen. Ihre Hände umrahmten mein Gesicht, hielten mich fest und ließen meinen Puls in die Höhe schießen.

Meine Augen fielen wie von allein zu und ein Feuerwerk aus Emotionen explodierte in meinem Körper. Der Kuss war unschuldig, zurückhaltend und sanft. Ihre Lippen erkundeten meine mit solch einer Hingabe, dass ich meine Ängste wie auf Knopfdruck vergaß. Der einst so zurückhaltende Kuss fing nach und nach Feuer. Ich teilte meine Lippen, um ihrer Zunge Einlass zu gewähren, und konnte nicht recht glauben, was hier gerade geschah. Ich küsste eine Frau und verdammt, es fühlte sich besser an, als ich mir hätte vorstellen können. Diesmal fiel ich nicht. Ich prallte nicht auf dem Boden der Hölle auf. Nein. Diesmal nicht. Ich schwebte und fühlte mich so schwerelos wie noch nie.

O Herr, vergib mir, denn ich habe gesündigt.

Kapitel 8

Du hast mir nie erzählt, wie du herausgefunden hast, dass du auf Männer stehst, oder?«, fragte ich Hudson nachdenklich, während ich ihm dabei half, neu gelieferte Platten alphabetisch in die Regale zu sortieren.

»Oh, das war ganz einfach«, eröffnete er mir, fing an zu grinsen und zeigte auf sein bestes Stück. »Er hat es mir verraten.«

Ich verzog das Gesicht, konnte ein Lachen aber nicht unterdrücken. »Ich meine es ernst, Hudson.«

»Ich meine es auch ernst, Alexis. Ich habe nichts empfunden, wenn ich mit Frauen zusammen war. *Nichts*«, betonte er und schien plötzlich in Erinnerungen zu schwelgen. Das Grinsen auf seinem Gesicht wich einem verträumten Lächeln und er vergaß glatt, seiner Arbeit nachzugehen. »Also habe ich mich ausprobiert, wie jeder andere Teenager es auch gemacht hat. Ich habe schnell gemerkt, dass ich mehr fühlte, wenn ich mit Männern zusammen war. An Elijah wirst du dich wahrscheinlich noch erinnern können«, erzählte er mir und ich nickte, während ich gedanklich sieben Jahre in der Zeit zurückreiste und mich an Hudsons ersten Schwarm zurückerinnerte, der ihn aufgrund seines Studiums verlassen hatte und nach Amerika gezogen war. »Ich habe gedacht, meine wahre Liebe gefunden zu haben … Dann kam Connecticut und alles war vorbei. Als ich Chester kennenlernte, bekam ich das erste Mal zu spüren, wie sich wahre Liebe wirklich anfühlt …«

Er lächelte in sich hinein und wog eine Platte der *Talking Heads* in den Händen.

»Ich lernte ihn vor fünf Jahren kennen und seitdem gehört mein Herz zu ihm, auch wenn wir nicht mehr zusammen sind«, erzählte er, betrachtete die Platte in seinen Händen nachdenklich, eher er sie an ihren richtigen Platz stellte.

»Wo habt ihr euch kennengelernt?«, erkundigte ich mich neugierig.

»In derselben Bar, in der wir beide uns wiedergetroffen haben«, entgegnete er. »Er war einer der Live-Acts und ... und ich kann mich noch erinnern, wie er dachte, ich fände seine Musik fürchterlich, weil ich der einzige Mensch in dieser Bar war, der nicht in Applaus ausgebrochen ist.« Er griff nach der nächsten Platte und erzählte weiter. »Doch ich war wie paralysiert. Sein Auftritt hatte etwas in mir geweckt, was ich verloren geglaubt hatte. Nach der Trennung von Elijah glaubte ich, nie wieder glücklich zu werden. Ich war einfach zu geschockt, um zu applaudieren, weil ich gespürt habe, dass meine Quelle des Glücks genau vor mir stand ... Es klingt kitschig und das war es vielleicht auch, aber ich habe es geschafft, meinen Seelenverwandten in ihm zu finden.«

»Und was ist dann passiert?« Ich lauschte ihm gebannt und bereute es immer mehr, Hudson für Mason fallen gelassen zu haben. Seine Seele war so rein wie klares Wasser und ich hatte sie aufgegeben, um mit einem Menschen zusammen zu sein, der weder ein Herz noch eine Seele besaß.

Hudson verzog die Lippen zu einem Grinsen.

»Was dann passiert ist? Wir sind hinter Charlies Bar gelandet und haben rumgemacht wie frisch verliebte Teenager.«

Ich stutzte und riss die Augenbrauen in die Höhe. »Hudson Tate!«, rief ich in falschem Schock, schüttelte dann den Kopf und lachte. »So hätte ich dich niemals eingeschätzt.«

»O, es wird noch besser, Alexis. Nur drei Tage später haben wir die Bar nach einem seiner Auftritte frühzeitig verlassen, um bedeutungslosen Sex zu haben. Zumindest dachte ich mir, dass er genauso bedeutungslos werden würde, wie es für einen One-Night-Stand nun mal üblich ist. Aber diese Nacht war ... anders. Sie war nahezu magisch und ab diesem Zeitpunkt war ich ihm verfallen.« Das Lächeln auf seinen Lippen rutschte kaum merklich ab und er konzentrierte sich wieder auf die Platten in den Kisten, die vor uns auf dem schwarz-weiß karierten Boden standen. Als er eine weitere Platte aus dem Karton zog, lachte er auf und schüttelte verblüfft den Kopf.

»Diesen Song hat er bei seinem allerersten Auftritt hier in Sydney gesungen«, erzählte er, zog die Platte aus ihrer Hülle und ging zu dem Plattenspieler in der Mitte des Ladens, der still darauf wartete, benutzt zu werden.

Hudson hob den Tonarm behutsam hoch, legte die Platte auf und setzte die Nadel ab. Nur wenige Sekunden später ertönte Bruce Springsteens *Dancing In The Dark* und sein Lächeln wurde breiter.

Er kam um den Plattenspieler herum, machte eine halbe Verbeugung und hielt mir eine Hand hin.

»Erweist du mir die Ehre?«

»Nichts lieber als das«, erwiderte ich amüsiert, ergriff seine Hand und lachte auf, als er mich in den Tanz zog. Die Musik schallte durch den gesamten Laden, Hudson und ich mittendrin. Er wirbelte mich herum und ich ließ mich von ihm leiten. Dieser Tanz war fernab von perfekt – unbeholfen, chaotisch und frei von Vorgaben. Doch ich lachte so viel wie schon lange nicht mehr, fühlte die Musik und fragte mich urplötzlich, wann ich mich das letzte Mal so losgelöst, von allem so frei und voller Freude gefühlt hatte. Wir tanzten uns einen Weg durch den gesamten Laden, scherten uns nicht darum, was die Leute auf der Straße dachten, die am Schaufenster vorbeigingen und teils amüsierte, teils verwirrte Blicke durch die Scheiben warfen. Denn was sie sahen, war pure Freude. Zwei Seelen, die dem chaotischen, monotonen Alltag entflohen und für einen winzigen Augenblick keine Sorgen hatten.

Der Song neigte sich dem Ende und wir mussten uns wohl oder übel damit abfinden, dass unsere perfekte kleine Blase, in der wir uns vier Minuten lang befunden hatten, platzte, als sich die Nadel von der Platte löste und Ruhe einkehrte. Alles was man nun hörte, war das leise Ticken der Uhr über dem Kassentresen und unsere schweren Atemzüge. Hudson stützte sich sichtlich erschöpft an einem der vielen Regale ab und schien für einen kurzen Augenblick nach Luft zu ringen.

»Alles in Ordnung, Hudson?«, hakte ich beunruhigt nach und er nickte rasch, als ich Anstalten machte, zu ihm zu kommen.

»Das legt sich gleich wieder, mach dir keinen Kopf«, murmelte er leise, holte einmal tief Luft und schenkte mir ein beruhigendes Lächeln, als ich ihn weiterhin prüfend musterte. Obwohl er noch etwas blass um die Nase war, schien er wieder fast der Alte zu sein.

»Ich hatte schon lange nicht mehr so einen Spaß«, gestand ich und strich mir eine Haarsträhne aus dem Gesicht, die sich bei unserem wilden Tanz aus meinem Zopf gelöst hatte.

»Umso besser, dass wir uns nun endlich wiederhaben. Bei mir kannst du dir immer eine Portion Spaß abholen«, sagte er, ging anschließend zu dem Plattenspieler und hob die Platte behutsam hoch, um sie dann zurück in die Hülle zu schieben. Nachdem er sie im Regal einsortiert hatte, klingelte das Glöckchen an der Ladentür und kündigte einen neuen Kunden an.

»Wenn man vom Teufel spricht«, scherzte Hudson, durchquerte den Laden und fiel einem jungen Mann in die Arme, der ihn mit einem herzlichen Lächeln auf den Lippen in Empfang nahm und seine muskulösen Arme um Hudsons schmalen Körper schlang.

»Ich hoffe, du hast nur Gutes über mich erzählt«, erwiderte er, während er sich langsam von Hudson löste, ihn eine Armlänge von sich hielt und aufmerksam musterte, so, als müsste er sich vergewissern, dass nichts an ihm fehlte.

»Du bist ganz blass, Huds«, merkte er ernst an, doch Hudson wand sich rasch aus seinem Griff, entkam seinem prüfenden Blick und drehte sich zu mir.

»Darf ich vorstellen? Der einzig wahre Chester Duncan, meine Damen und Herren«, rief Hudson und Chester, der offenbar merkte, dass er mit seinen Worten nichts erreichen würde, spielte gehorsam mit und führte grinsend eine Verbeugung aus, die mir ein herzliches Lachen entlockte.

»Freut mich sehr. Ich habe bisher nur Gutes über dich gehört. Alexis Gilbert«, stellte ich mich lächelnd vor, schloss mich Hudsons kleiner Inszenierung an und vollführte eine klassische Verbeugung, die mir bei Madame Rousseau nicht so locker von der Hand ging wie in diesem Moment.

»Ah, die Ballerina«, erwiderte Chester mit einem schiefen Grinsen auf den Lippen und zwinkerte mir verschwörerisch zu. »Von dir habe ich bereits viel gehört. Ich hoffe, das Geschenk ist bei deiner Freundin gut angekommen.«

Fast hätte ich widersprochen und zum gefühlt hundertsten Mal darauf plädiert, dass Reagan und ich nichts weiter als Freunde waren. Doch stimmte das jetzt überhaupt noch? Unser Kuss war alles andere als unschuldig gewesen und seitdem war ich so verwirrt wie nie zuvor. Einerseits machten mir diese neuen Gefühle Angst. Denn sie hatten bewiesen, dass ich mich offenbar auch zu Frauen hingezogen fühlte. Eine Tatsache, über die ich mir nie Gedanken gemacht hatte, da sich meine dumme, naive Welt damals nur um Mason gedreht hatte. Doch andererseits machten mich diese Gefühle auch neugierig. Reagans Kuss hatte verdeutlicht, dass es aufregend war, die Lippen einer Frau zu küssen – die Sanftheit zu spüren. Ein Gefühl, welches ich bei Mason nie empfunden hatte. Seine Küsse waren fordernd gewesen. Rau, grob und ohne eine Spur von Zärtlichkeit.

»Ja«, sagte ich hastig, um Chester nicht so lange auf eine Antwort warten zu lassen. »Ja, sie hat sich gefreut. Sehr sogar«, fügte ich hinzu und versuchte, meine überaus chaotischen Gedanken in den Griff zu bekommen.

»Ich lasse euch zwei jetzt mal allein. Mein Kurs geht in einer halben Stunde los«, sagte ich, bevor Chester oder Hudson noch etwas erwidern konnten.

»Schaust du heute Abend in der Bar vorbei? Chester hat einen Auftritt«, rief Hudson mir noch hinterher und ich blickte über die Schulter hinweg zu ihm.

»Klar, ich werde da sein«, beteuerte ich, winkte den beiden noch ein letztes Mal zu und verließ den kleinen Laden.

Nachdem ich wie eine Irre zur Uni gerast war, stolperte ich mal wieder als Letzte in Madame Rousseaus Unterricht, was sie mit einem missbilligenden Blick quittierte. Diesmal aber behielt sie ihre Meinung für sich. Ich stellte meine Tasche rasch an die Seite, gesellte mich zu meinen Kommilitoninnen und hörte Madame Rousseaus üblicher Rede zu, die sie vor jeder Stunde hielt. Madame selbst war wieder in ihre Rolle des Drill Sergeants aus der Army gerutscht. Sie lief im stetigen Schritt auf und ab. Das Klappern ihrer Absätze hallte wie das Geräusch einer tickenden Zeitbombe durch den Saal.

»Wie Sie wissen, stehen Ihre Prüfungen kurz bevor«, begann sie, wechselte die Richtung und führte ihren langsamen Gang fort. »Diese Prüfung wird entscheiden, ob Sie das Zeug zur Tänzerin haben und zusätzlich …« Sie machte eine dramatische Kunstpause, verschränkte die Arme hinter dem Rücken und taxierte jede Tänzerin in diesem Raum mit ihrem stechenden Blick. Bei mir blieb sie einige Sekunden länger hängen, bevor sie ihren kleinen Marsch von links nach rechts und wieder zurück fortsetzte. »… wird das Bestehen dieser Prüfung Ihr Ticket zum Erfolg. Natürlich wird es nicht jede von Ihnen in die Compagnie schaffen. Das ist der Traum einer jeden Ballerina und nur wenige erreichen die Spitze. Deswegen denken Sie bitte daran, dass ein Bestehen der Prüfung nicht automatisch bedeutet, in der Compagnie aufgenommen zu werden«, fügte sie scharf hinzu. »Dennoch werden Sie die Chance bekommen, sich einmal wie eine Primaballerina fühlen zu dürfen.« Eine weitere Pause. Anspannung und freudiges Warten auf die folgenden Worte hingen in der Luft. »Ihre Prüfung wird auf der Bühne des Opernhauses stattfinden. Der Prüfungsausschuss wird aus ausgewählten Mitgliedern der Compagnie des Australian Ballet bestehen, unter anderem aus dem Ballettmeister Carlos Costa, dem Choreographen Frederick Ashton, der Tänzerin aus dem Corps de Ballet Margot Dupont und der Solotänzerin Isabel Gilbert.«

Einige schnappten nach Luft und bekamen runde Augen. Auch mein Herz machte bei dieser kleinen Randinformationen einen Salto und schlug danach umso schneller weiter. Die Bühne des Opernhauses war mein Ziel und, seit ich denken konnte, mein größter Traum. Einzig und allein die Tatsache, dass meine Mum im Ausschuss saß, dämpfte meine Vorfreude ab.

»Doch bis dahin …«, riss Madame Rousseaus strenge Stimme uns alle aus unserer Träumerei heraus, »… müssen Sie noch hart trainieren. Ich werde Sie alle nun alphabetisch aufrufen und Ihnen mitteilen, welches Stück Ihre Prüfung wird. Dabei kann es sich um romantische, klassische oder moderne Ballettstücke handeln.« Während sie ans Ende des Raumes schritt, um ihr Klemmbrett zu holen, brach Unruhe aus und das Getuschel zwischen meinen Kommilitoninnen schwoll an. Nur ich blieb still und bekam es mit der Angst zu tun. Was, wenn ich versagte? Was, wenn alle recht behielten? Was, wenn ich wirklich nicht das Zeug zur Tänzerin hatte? Was, wenn …

»Aufgepasst, meine Damen!«, brachte Madame Rousseau das anhaltende Gemurmel zum Stillstand und sah uns der Reihe nach streng an. Spannung lag in der Luft und offenbar schien nun jede Einzelne von uns zu beten, ein Stück zu bekommen, welches anspruchsvoll genug war, um bei der Compagnie zu punkten, aber gleichzeitig auch nicht zu komplex war, um im Training unterzugehen.

»Burch, Giselle», rief sie den ersten Namen laut auf und besagte Tänzerin versteifte sich im Bruchteil einer Sekunde.

»Sie tanzen eine beliebige Szene aus dem Stück *La Sylphide*.

Bolton, Olivia. *Don Quijote*.

Daviz, Leah. *Der Feuervogel*.

Fox, Sasha. *Die Roten Schuhe*.«

Man hörte hier und da ein leises erleichtertes Aufatmen. *Die Roten Schuhe* war neben vielen bekannten Stücken wie *Carmen, Cinderella*, *Der Nusskna-*

cker und natürlich dem *Schwanensee* kein einfaches Stück, doch Sasha wirkte keinesfalls beunruhigt. Sie lächelte ein siegessicheres Lächeln und bedankte sich bei Madame Rousseau, indem sie eine schwach angedeutete Révérence ausführte.

»Gilbert, Alexis«, rief sie nun herrisch und mein Blick flog in ihre Richtung. Sie taxierte mich ganz genau, warf schließlich einen flüchtigen Blick auf ihr Klemmbrett und sah mir dann wieder fest in die Augen. »*Schwanensee.*«

Ich nickte benommen, spürte die Blicke der anderen auf meiner steifen Gestalt und bekam nur noch am Rande wahr, wie Madame Rousseau fortfuhr.

Schwanensee, hallte es wie ein niemals endendes Echo in meinem Kopf nach und ich fragte mich unwillkürlich, ob diese Entscheidung von Madame Rousseaus Seite aus eine Bestrafung oder doch eher eine Chance für mich darstellen sollte. Ich tendierte zur Bestrafung. Immerhin war *Schwanensee* ein überaus komplexes und anspruchsvolles Stück, welches einem jahrelanges und vor allem knochenhartes Training abverlangte.

»Velazquez, Marcia. *Coppélia*«, rief sie zu guter Letzt, ließ ihren Blick erneut über die Gruppe wandern und schien offensichtlich auf Protest zu warten. Als niemand von uns auch nur einen Mucks von sich gab, nickte sie knapp und fuhr fort.

»Jetzt, wo Sie wissen, welches Stück Ihnen zugeteilt wurde, erwarte ich von Ihnen ein selbstständiges Training. Neben den Gruppenstunden sind Sie nun auf sich allein gestellt. Ich werde Ihnen nicht vorsagen, welche Choreografie Sie lernen sollen. Eine schlechte Prüfung wird mangelhaftes Training entlarven, also strengen Sie sich an«, informierte sie uns ernst. »Und jetzt wärmen Sie sich auf. *Allez*!« Sie klatschte auffordernd in die Hände und wie auf Kommando verteilten wir uns auf die Ballettstangen.

Die zwei Stunden vergingen schneller als gedacht und als ich mit geschulterter Tasche den Ballettsaal verließ, machte mein Herz einen kleinen Satz in die Höhe. Reagan wartete hinter der großen Flügeltür auf mich und stieß sich von der Wand ab, als sie mich erblickte.

»Hey, Tanzmäuschen«, begrüßte sie mich grinsend und zog mich in eine Umarmung.

»Hey, hast du hier drin nicht Hausverbot?«, hakte ich nach und ließ die Umarmung zu einem abrupten Ende kommen, indem ich mich schneller als gewollt von ihr löste.

Seit der Nacht, in der wir uns geküsst hatten, hatte ich Reagan nicht mehr gesehen und in diesem Moment verzehrte sich alles in mir nach dem Gefühl, welches sie mit dem Kuss in mir geweckt hatte.

»Ach was«, winkte sie lässig ab. »Die alte, verbitterte Lady kann mich –«

»Was kann ich?«, erklang Madame Rousseaus schneidende Stimme hinter uns und ich gab Reagan stumm zu verstehen, dass sie nun besser schweigen sollte. »Wenn Sie nicht auf meine Worte hören, Miss Pérez, dann vielleicht auf die des Dekans?«

Als Reagan die Augen verdrehte, wirbelte ich hastig zu Madame Rousseau herum. Wenn sie eins nicht leiden konnte, dann war es fehlender Respekt.

»Wir sind schon weg, Madame. Verzeihung.« Ich entriss mich ihrem funkelnden Blick, schnappte mir Reagans Hand und zog sie die menschenleere Galerie bis zur Tür entlang.

Kaum standen wir draußen, stieß sie ein Lachen aus und schüttelte den Kopf. »Ist sie etwa immer so?«

»Immer«, beteuerte ich, steuerte mit Reagan schließlich den Parkplatz an und kramte in meiner Tasche nach einer Zigarette, die ich im Anschluss anzündete und einen tiefen Zug nahm.

»Konntest du eigentlich in Ruhe mit Kian reden?«, wechselte ich das Thema und obwohl ich nichts von Kian wissen wollte, so wollte ich dennoch sichergehen, dass Reagan keine Probleme mit ihm hatte. Vielleicht würde es mir helfen, mit der Gesamtsituation fertig zu werden. Solange Reagan und Kian ein Paar waren, musste ich meine neu aufgeblühten Gefühle für Reagan mit der Schlummertaste abwürgen.

»Er hat sich bei mir entschuldigt. So wie nach jedem seiner verdammten Ausrutscher«, erzählte sie mir verstimmt. »Aber ich weiß, dass es beim nächsten Mal nicht besser wird. Diese Entschuldigungen sind nichts weiter als leere Hüllen.«

»Wieso tust du dir das an, Reagan?«, fragte ich leise und ihre Miene verdunkelte sich schlagartig.

»Ich weiß es nicht«, murmelte sie und wir kamen neben Coops zum Stehen. Der Parkplatz war um diese Zeit schon so gut wie leer und die Dämmerung brach über Sydney herein. Der Himmel leuchtete in den wärmsten Tönen der Farbpalette und die erdrückende Hitze des Tages wich einer angenehm abkühlenden Temperatur.

»Manchmal glaube ich … dass ich nur mit ihm zusammen bin, um nicht alleine zu sein«, gestand sie ehrlich und lehnte sich erschöpft gegen die Karosserie meines Autos. Sie ließ den Kopf hängen und wirkte plötzlich so verzweifelt, dass ich sie am liebsten in den Arm genommen hätte. Ich kannte diese verzweifelten Gefühle nur zu gut.

»Selbst wenn du dich entscheidest, ihn zu verlassen, Reagan, dann hast du immer noch mich«, sprach ich sanft auf sie ein. Das Lächeln, welches auf ihren Lippen erschien, kam von Herzen. Doch der traurige und beinahe reuevolle Blick in ihren Augen blieb bestehen. Etwas beschäftigte sie, doch bevor ich nachhaken konnte, kam sie mir zuvor.

»Was hast du heute noch vor?«, fragte sie plötzlich und schien bewusst vom Thema Kian ablenken zu wollen.

»Ich werde meinen Abend in der Bar verbringen, von der ich dir erzählt habe«, eröffnete ich, aschte meine Zigarette ab und nahm einen letzten Zug, bevor ich sie mit der Spitze meines Schuhs auf dem staubigen Boden ausdrückte. »Hudsons Ex Chester tritt dort als Live-Act auf. Möchtest du vielleicht mitkommen?«, fragte ich offen heraus und sie nickte.

»Alkohol und schwule, singende Männer sind genau das, was ich jetzt brauche.«

Kapitel 9

Die Bar war an diesem Abend noch voller als an dem Tag, an dem ich zum ersten Mal hier gewesen war. Die Luft war geschwängert von Rauch, Alkohol und Parfüm. Hudson hatte vorgesorgt und uns einen Tisch direkt vor der Bühne freigehalten. Reagan und ich ließen uns in der Sitznische nieder und er grinste von einem Ohr zum anderen, als er den Blick zwischen uns hin und her wandern ließ.

Ich warf ihm einen warnenden Blick zu. Selbst ohne Worte konnte ich erahnen, dass er in die komplett falsche Richtung dachte.

»Du musst Reagan sein. Ich bin Hudson Tate, aber du kannst mich auch einfach Huds nennen«, stellte er sich eifrig vor und Reagan schenkte ihm ein Lächeln, als sie nach seiner Hand griff.

»Hi, freut mich sehr«, erwiderte sie und blickte sich dann suchend nach der Theke um. »Ich gehe mir etwas zu trinken holen, bekommt ihr auch etwas?«, hakte sie nach und ich nickte.

»Ein Cosmopolitan für mich.«

»Ich habe schon etwas, danke«, winkte Hudson ab und hob sein Eisteeglas an.

»Okay, dann bis gleich«, sagte sie, warf mir ein Lächeln zu, welches mein Herz zum Schmelzen brachte, und ging dann zur Theke, an der Charlie alle Hände voll zu tun hatte, die Drinks ihrer Gäste vorzubereiten.

»Du stehst ja doch auf sie«, bemerkte Hudson und ich riss meinen Blick von Reagans Gestalt los, um ihn anzusehen.

»Hudson, das Thema hatten wir doch schon«, rügte ich ihn, doch er grinste mich wissend an und lehnte sich auf der rot gepolsterten Bank zurück.

»Und wieso glaube ich dir das nicht?«

»Ich weiß es nicht«, antwortete ich schulterzuckend. »Vielleicht bist du einfach schwer zu überzeugen«, brummte ich und er lachte auf.

»Da könntest du recht haben. Aber wenn du mich wirklich überzeugen willst, Alexis, dann schau mir in die Augen und sag mir, dass es dir egal ist, dass Reagan hier alle Blicke auf sich zieht und gerade angeflirtet wird«, verlangte er schmunzelnd, nippte an seinem Eistee und verfolgte mit amüsiertem Blick, wie mein Kopf in Richtung Theke wirbelte.

Er hatte recht. Eine junge, rothaarige und vor allem überaus attraktive Frau hatte Reagan in ein Gespräch verwickelt und ich spannte den Kiefer an, drehte mich zurück zu Hudson und zuckte mit gespielter Lässigkeit die Schultern.

»Ist mir egal. Wir sind nur Freunde. Wie oft muss ich dir das eigentlich noch sagen?« Ich bemühte mich, nicht mehr über die Schulter hinweg zur Theke zu schauen, und konzentrierte mich ganz auf Hudson, der sein Glas abstellte und den Kopf auf einer Hand abstützte.

»Freunde sehen sich nicht so an, wie ihr zwei euch eben angesehen habt«, beteuerte er und ich seufzte leise auf. Wo blieb Reagan mit meinem Cosmopolitan? Langsam, aber sicher benötigte ich ganz dringend Alkohol, um dieses Gespräch weiterzuführen.

»Vielleicht haben wir uns geküsst. Aber das war nur ein Experiment«, platzte es aus mir heraus und Hudson riss überrascht die Augen auf.

»Ihr habt euch geküsst?«, rief er aufgeregt und ich gab ihm mit einer flehenden Handgeste zu verstehen, leiser zu sein.

»Es war nur ein kleiner, bedeutungsloser Kuss, Hudson. Ein … ein Experiment. Mehr nicht.«

»Alexis …«, seufzte er, doch ich schüttelte den Kopf, als ich Reagan im Augenwinkel erkannte. Sie steuerte mit zwei Drinks in der Hand unseren Tisch an und scherte sich nicht um die Blicke vereinzelter Frauen und Männer, die ihr folgten. Kaum hatte sie sich neben mich gesetzt und die Drinks abgestellt, schob sie mir eine Serviette entgegen.

»Für dich, Tanzmäuschen«, eröffnete sie mir mit einem verschwörerischen Grinsen.

»Eine Serviette?«, hakte ich perplex nach und sie grinste nur noch breiter, als sie das Stück Papier aufklappte.

Meine Augen erfassten die Ziffern, die ganz eindeutig eine Handynummer ergaben, und ich ahnte bereits das Schlimmste.

»Jetzt, wo du genau weißt, wie es ist, eine Frau zu küssen, kannst du dich mühelos ausprobieren«, eröffnete sie mir und mein Blick kreuzte sich mit dem von Hudson, der hinter vorgehaltener Hand ein überaus breites Grinsen verbarg.

»Und wenn ich das gar nicht möchte?« Meine Stimme klang forscher als gewollt und Reagan zog verblüfft die Augenbrauen in die Höhe.

»Küsse ich etwa so schlecht?«

»Nein ... ich ...«, ich brach ab, unfähig, überhaupt einen ordentlichen Satz zustande zu bringen. Wie sollte ich Reagan bloß erklären, dass ich mich nicht mit irgendeiner dahergelaufenen Frau ausprobieren wollte, sondern nur mit ihr? Und wo zum Teufel war meine Schlagfertigkeit abgeblieben? Reagan machte mich schwach und zuletzt hatte ich bei Mason so empfunden.

»Überlege es dir einfach«, ergriff Reagan erneut das Wort. »Sie heißt Marlowe und studiert an der Sydney University angewandte Wissenschaft. Außerdem ist sie Single, genau wie du, und schien sehr interessiert zu sein«, fügte sie hinzu.

»Reagan, ich –«

»Überlege es dir«, wiederholte sie sich sanft. »Nur weil du jetzt ihre Nummer hast, bist du nicht dazu verpflichtet, sie auch anzurufen«, sprach sie auf mich ein, ehe sie den Kopf in Richtung Bühne drehte und mich mit den lauten Gedanken in meinem Kopf allein ließ. Das Licht in der Bar wich einer stimmungsvollen Beleuchtung und Charlie betrat die Bühne. Sie klopfte mit einem Finger probeweise auf das Mikrofon.

»Ist das Ding an?«

Im selben Augenblick ließ eine Rückkopplung des Mikros alle Besucher zusammenfahren und Gelächter erfüllte die Luft. Charlie warf sich das lange Haar über die Schulter, als wäre nichts weiter passiert und ließ ihren Blick durch die randvolle Bar gleiten.

»Es ist großartig, so viele von euch hier zu sehen. Scheinbar war es eine sehr gute Entscheidung, den guten Chester Duncan noch mal zu uns einzuladen.«

Jubel brach aus und der lauteste von allen war Hudson.

»Ich werde euch nicht weiter auf die Folter spannen. Genießt die Show«, rief sie und die Gäste in der Bar pfiffen und applaudierten, als Chester in einem schneeweißen Smoking und funkelnden Schuhen auf die Bühne und anschließend ans Mikrofon trat.

»Einige kennen mich schon, andere vielleicht noch nicht. Ich bin Chester Duncan und komme ursprünglich aus Newcastle. Es freut mich sehr, heute Abend noch mal hier in Sydney zu sein. Ein großes Danke geht an Charlie, die es mir ermöglicht hat«, er schenkte Charlie ein herzliches Lächeln, bevor er weitersprach. »Diesen Song widme ich einer ganz besonderen Person. Huds …«, er machte eine Pause und schaute zu Hudson, der das glücklichste Lächeln der Welt auf den Lippen zur Schau stellte, »… meine bessere Hälfte. Dieser Song ist für dich.«

Chester gab Charlie ein kleines Handzeichen und Trompetenklänge leiteten Tom Jones' Song *It's Not Unusual* ein. Chester bewegte sich geschmeidig im Takt der Musik und als er zu singen begann, brach erneuter Jubel aus. Seine Stimme war perfekt für den Song geeignet – warm, stark und zum Verlieben schön. Nun konnte ich nachvollziehen, dass Hudson sich im Bruchteil einer Sekunde in Chester und seiner Stimme verloren hatte. Mitten im Song kam er von der Bühne, der Scheinwerfer folgte ihm und er steuerte unseren Tisch an. Chester blieb vor mir stehen, sang seinen Song mit Leichtigkeit weiter und zog mich an der Hand aus der Sitznische, nur um mich danach sofort in eine Drehung zu leiten. Ein Grinsen breitete sich auf meinen Lippen aus und zurück auf der Bühne tanzten wir im Takt der Musik. Ich vergaß alles um mich herum, ließ mich von der Musik, Chester und seiner wunderbaren Stimme führen. Seine warme Hand hielt meine fest und ich vollführte eine zweite Drehung. Schließlich wurde ich von ihm leidenschaftlich zurückgezogen, schlang einen Arm um seinen Nacken, lehnte mich nach hinten und führte ein Bein in die Höhe, bevor Chester mich zurück nach oben zog. Schließlich tanzte ich mit ihm zusammen die letzten Takte der Musik, bis sein Song zum Ende kam und wir uns strahlend in die Arme fielen. Alle Anwesenden brachen in ohrenbetäubenden Jubel und Applaus aus. Chester und ich verbeugten uns lachend, kletterten gemeinsam von der Bühne und fanden zurück in unsere Sitznische, in der Hudson und Reagan bereits auf uns warteten.

»Das war unglaublich«, ergriff Hudson sofort das Wort und wandte sich dann Chester zu. »Du schaffst es wohl immer noch, alle liebeskrank zu machen.«

»Ich habe dich noch nie in Aktion gesehen, Tanzmäuschen. Das war richtig heiß«, raunte Reagan mir zu und obwohl bei diesen Worten alles in mir verrücktspielte, schob ich es dem Alkohol zu, den Reagan intus hatte. Ihr Glas war nahezu leer und ihre Wangen ganz rosa.

»Das war ein ganz unschuldiger Tanz«, erwiderte ich schmunzelnd und nippte an meinem Cosmo. Die kühle Flüssigkeit kam mir gelegen und ich nahm gleich noch einen Schluck.

»Das nennst du unschuldig? Dann frage ich mich, wie es aussieht, wenn du richtig tanzt.« Sie rückte ein kleines Stück näher und grinste mich breit an. »Denn dieser Hüftschwung ist alles andere als unschuldig, Tanzmäuschen«, fügte sie hinzu und mein Herz donnerte unaufhörlich gegen meinen Brustkorb.

»Ich glaube, der Alkohol steigt dir zu Kopf, Reagan«, merkte ich teils ernst, teils amüsiert an. »Hudson, wie viel hat sie getrunken?«, fügte ich fragend hinzu und er blickte auf ihr leeres Glas.

»Nicht mehr als dieses Glas. Aber nimm ihr diese Worte nicht krumm, Alexis. Du hast hier drin heute wahrscheinlich jeder Frau den Kopf verdreht«, informierte er mich belustigt und blickte im Anschluss Chester an. »Und du, mein Lieber, hast hoffentlich genug Kondome für eine ganze Nacht dabei. Denn irgendeiner wird sich heute bestimmt noch auf dich stürzen«, scherzte er und Chester lachte auf.

»Hör auf, Huds. Unser One-Night-Stand damals war eine einmalige Sache für mich. Wenn wir noch zusammen wären, dann wärst du der Einzige, mit dem ich heute Nacht im Bett verschwinden würde«, beteuerte er und plötzlich funkelten Hudsons Augen frech auf.

»Wieso tust du es nicht?«

»Das werden wir nicht hier klären. Kommst du mit zur Bar? Ich brauche Flankenschutz«, wechselte Chester sofort das Thema und zog Hudson aus der Sitznische, bevor dieser protestieren konnte. Nun waren Reagan und ich allein. Die leise Musik im Hintergrund vermischte sich mit dem Stimmengewirr der anwesenden Gäste und als ich ihre Hand auf meinem Oberschenkel bemerkte, schüttelte ich schwach den Kopf.

»Was tust du da? Lass den Scheiß, Reagan«, murmelte ich und sah sie an. Ihre Augen funkelten mindestens genauso frech wie die von Hudson und ich war mir noch nicht sicher, ob mir die betrunkene Reagan so geheuer war.

»Weißt du was, Tanzmäuschen?«

»Nein, was denn?«, hakte ich geduldig nach und Reagan begann mit ihrem Zeigefinger Muster auf meinem Oberschenkel zu zeichnen.

»Ich glaube, ich möchte dich für meine Vernissage fotografieren«, eröffnete sie, klemmte mir eine meiner pinken Haarsträhnen hinters Ohr und tat das, was sie auch schon in der Nacht getan hatte, als wir uns geküsst hatten. Sie ließ ihren Zeigefinger langsam meinen Hals hinab wandern, zeichnete mein Schlüsselbein nach und näherte ihre Lippen meinem Ohr.

»Ich möchte dich fotografieren, während du tanzt«, raunte sie und obwohl es um uns herum laut war, hörte ich jedes ihrer Worte klar und deutlich. Ich spürte, wie sich ihre Lippen zu einem Grinsen verzogen, als sie eine Hand auf die Kamera legte, die auf dem Tisch ruhte, und die Reagan wie einen Schatz scheinbar überall hin mitzunehmen schien. Mein Atem ging flach und mein Herzschlag verdoppelte sich.

»Und das alles am liebsten nackt«, ergänzte sie mit samtweicher Stimme. Mein Herz machte einen gewaltigen Satz in die Höhe.

»Was flüstert ihr zwei denn da?« Hudson und Chester waren zurückgekehrt und ich fuhr so heftig zusammen, dass Hudson die Augenbrauen hochzog und wissend schmunzelte.

»Oh, ich habe ihr nur erzählt, dass ich sie am liebste–«

»Nichts. Sie hat mir nichts erzählt«, unterbrach ich Reagan abrupt und stürzte den Rest meines Cosmos mit einem Schluck hinunter, um die Hitze in meinem Körper zu verscheuchen. Reagan machte mich nicht nur willensschwach, sondern auch noch verlegen. Ich verstand nicht, wieso ich in ihrer Gegenwart plötzlich so prüde und verklemmt war. Ob es daran lag, dass sie gerade hemmungslos mit mir flirtete, obwohl sie einen Freund hatte? Einen Freund, der mich ganz offensichtlich hasste und nicht in Reagans Nähe wissen wollte.

»Nichts, also?«, hakte Hudson nach und wechselte einen vielsagenden Blick mit Chester, der ihn leicht mit der Schulter anstupste.

»Hör auf so neugierig zu sein, Huds. Vielleicht sollten wir die Drinks hier leer machen, den beiden etwas Privatsphäre lassen und uns auf den Weg machen.«

»Eigentlich –« Reagan wurde erneut unterbrochen, diesmal von ihrem Handy, welches auf der polierten Tischplatte ruhte. Auf dem hell beleuchteten Display prangte Kians Name und sie seufzte leise auf.

»Da muss ich ran. Entschuldigt mich kurz.« Mit diesen Worten hatte sie sich ihr Handy geschnappt, stand auf und steuerte den Ausgang der Bar an.

Aufgewühlt kramte ich in meiner Tasche nach einer Zigarette und einem Feuerzeug, um meine Nerven zu beruhigen, doch bevor ich auch nur ansatzweise daran denken konnte, die Zigarette zwischen meine Lippen zu klemmen und anzuzünden, ergriff Chester das Wort.

»Hudson verträgt den Qualm nicht.«

Mein Blick glitt zu Hudson. Sein lockeres Grinsen schrumpfte in sich zusammen und er konnte nur mit Mühe Chesters mahnendem Blick standhalten.

»Ist schon okay, Ches.«

»Nein. Du gehst viel zu locker damit um«, rügte er Hudson.

Dieser verdrehte die Augen und seufzte schwer auf. »Hör nicht auf ihn, Alexis. Alle hier drin rauchen.«

Ich schaute verwirrt zwischen den beiden hin und her und spürte Chesters Blick ganz besonders auf mir. Er flehte mich stumm an, diese Zigarette nicht in Hudsons Gegenwart zu rauchen, und als ich mich in seinen blauen Augen verfing, konnte ich nicht anders, als klein beizugeben.

»Ist schon in Ordnung«, winkte ich ab, steckte die Zigarette zurück in die Schachtel und blickte in dem Moment wieder auf, als Reagan sich einen Weg zurück zu unserem Tisch erkämpfte. Sie wirkte verstimmt und auf einen Schlag vollkommen nüchtern, als sie sich neben mir auf die weichen Polster fallen ließ.

»Ist alles okay mit dir und Kian?«, hakte ich leise nach und sie nickte zerstreut.

»Er ist ein Kontrollfreak, wenn ich ohne ihn unterwegs bin. Und es klang, als wäre er nicht allein. Brody ist wahrscheinlich bei ihm. Aber …«, sie pausierte, blickte auf ihre Hände und strahlte solch eine innere Zerrissenheit aus, dass ich eine Hand leicht auf ihren Arm legte.

»Aber was?«, forderte ich sie sanft zum Weitersprechen auf.

»Kann ich noch mal eine Nacht bei dir bleiben?«, fragte sie hoffnungsvoll und obwohl ich wusste, dass es ein Fehler war, dem zuzusagen, nickte ich wie von allein.

»Klar. Die Couch gehört dir.«

»Alexis? Chester und ich würden noch eine Runde gehen. Wollt ihr mitkommen?«, fragte Hudson, der bereits seine Jacke anzog und uns fragend musterte.

»Wie wär's? Lust auf einen nächtlichen Spaziergang?«, fragte ich Reagan, die es schaffte, ein kleines Lächeln auf ihr verspanntes Gesicht zu zaubern, und nickte.

»Das klingt großartig.«

Wir schlenderten eine ganze Zeit lang durch das nächtliche Sydney, bis das Rauschen des Wassers irgendwann an unsere Ohren drang. Ich lief so nah neben Reagan, dass ich ihre Hand hätte nehmen können, doch zwang mich dazu, es sein zu lassen. Chester und Hudson hingegen schienen in ihrem Freundschaftspakt deutlich andere Regeln zu haben. Sie liefen dicht nebeneinander, die Hand des jeweils anderen fest umschlungen, redeten und lachten leise miteinander. Hin und wieder kamen sich ihre Gesichter so nah, dass ich glaubte, sie würden sich jeden Moment küssen. Was genau zwischen den beiden lief, konnte ich nicht wissen. Doch es war offensichtlich, dass es mehr als bloß Freundschaft zwischen zwei Ex-Partnern war.

»So etwas vermisse ich«, durchbrach Reagan die Stille, die zwischen uns hing, und betrachtete Chester und Hudson, die sich wie ein frisch verliebtes Pärchen verhielten, mit traurig funkelnden Augen.

»Was meinst du?«, forschte ich nach und verlangsamte meinen Schritt ein wenig, damit wir uns etwas abgrenzen konnten, um ungestört reden zu können.

»Das, was die beiden haben«, erläuterte Reagan. »Hand in Hand durch die Straßen zu spazieren. Einen unschuldigen, vollkommenen und romantischen Moment erleben.«

»Hast du solche Momente mit Kian nicht?«

Sie stieß ein tonloses Lachen aus. »Hast du ihn dir mal angesehen, Alexis? Wörter wie *unschuldig* oder *Romantik* existieren in seiner Welt nicht«, klärte sie mich auf und schien in Erinnerungen zu schwelgen.

»Als ich ihn kennengelernt habe, da war er noch zuvorkommend und nett zu mir. Er hat mir das Gefühl gegeben, etwas Besonderes für ihn zu sein ... ja, vielleicht sogar seine große Liebe.« Sie lächelte traurig, als sie sich an die Zeit zurückzuerinnern schien. »Aber als er gemerkt hat, dass ich ihm vollkommen verfallen war, hörte er auf, seiner Rolle als Freund gerecht zu werden. Seitdem habe ich nie wieder von ihm gehört, dass er mich liebt«, erzählte sie, wurde dann aber von Hudsons aufgeregter Stimme übertönt.

»Schaut euch diese Aussicht an«, rief er und strahlte über das ganze Gesicht. Wir waren am Blues Point Reserve angekommen und vor uns erstreckte sich Sydney in seiner ganzen, imponierenden Schönheit. Hudson und Chester liefen eine steinerne Treppe hinunter, die zu einem flachen Aussichtspunkt führte. Wir folgten den beiden, die sofort auf Erkundungstour gingen. Reagan und ich blieben nahe der Treppe, setzten uns auf eine der aufgewärmten Steinstufen und blickten still auf die Szenerie vor unseren Augen. Hudson war zu Recht begeistert gewesen. Von diesem Punkt konnte man alles sehen. Links erstreckte sich der Norden Sydneys wie der *Luna Park* und das kleine Viertel mit dem verrückten Namen Kirribilli. Rechts ragte meine persönliche Edelsteinstadt in den dunklen, wolkenverhangenen Himmel. Die gläsernen Gebäude funkelten selbst ohne natürliches Licht. Verbunden wurden diese zwei nahezu verschiedenen Welten durch die Harbour Bridge, die uns genau gegenüber lag. Von meiner Dachterrasse sah sie winzig aus, doch nun ragte sie gewaltig vor uns in die Höhe und spiegelte sich als funkelnde Verzerrung im pechschwarzen Wasser des Darling Harbour.

»Manchmal wünschte ich mir, ich würde ganz oben in einem dieser Gebäude leben. Abgeschottet vom Rest der Welt«, murmelte Reagan und schaute in Richtung Downtown Sydney.

»Diese funkelnden Edelsteintürme täuschen, Reagan«, erwiderte ich matt. »Von außen sehen sie erstaunlich aus. Aber im Inneren ist von diesem Zauber nichts mehr zu finden.«

»Woher weißt du das?«

Ich spürte ihren fragenden Blick auf mir und schaute weiterhin in die Ferne. Dorthin, wo ich mein altes Zuhause vermutete.

»Ich bin dort aufgewachsen«, gestand ich und seufzte leise auf. Doch bevor ich weiterreden oder Reagan etwas erwidern konnte, hörte ich Chester laut und verzweifelt nach uns rufen.

»Alexis! Reagan!«, rief seine körperlose Stimme aus weiter Ferne. »Ruft einen Krankenwagen«, fügte er hinzu und wir kamen rasch auf die Beine, folgten seiner Stimme und erblickten Chester, der den leichenblassen Hudson fest in den Armen hielt und leise auf ihn einsprach.

»Er bekommt keine Luft mehr. Ruft einen Krankenwagen«, wiederholte er sich panisch und ich kramte mit zitternden Händen nach meinem Handy, während Reagan zu Chester stürzte, um Hilfestellung zu leisten. Ich riss den Blick von Hudson los, wählte mit bebenden Fingern die drei Nullen für den Notruf und presste mir das Handy ans Ohr. Nach nicht mal einem Freizeichen wurde mein Anruf angenommen.

»Notrufzentrale, New South Wales. Wie kann ich Ihnen helfen?«, drang eine männliche Stimme zu mir durch und ich blickte über die Schulter zurück zu Hudson, der sich kaum noch auf den Beinen halten konnte und von einem gewaltigen Hustenreiz durchgeschüttelt wurde.

»Hallo? Ist jemand dran? Hier ist die Notrufzentrale. Wenn das ein Scherz sein soll –«

»Nein, tut mir leid«, beeilte ich mich zu sagen und ging noch ein Stück abseits, um dem schrecklichen Anblick zu entkommen. »Wir brauchen einen Krankenwagen. Am besten so schnell wie möglich. Mein Freund … er bekommt keine Luft mehr. Wir befinden uns am Aussichtspunkt am Blues Point Reserve.«

»Ein Krankenwagen ist unterwegs, Miss«, informierte mich der Mann. »Leisten Sie solange so gut es geht Hilfestellung. Achten Sie darauf, dass die Atemwege durch eine aufrechte Haltung frei sind«, erklärte er mir langsam und ich nickte, bis ich merkte, dass er mich gar nicht sehen konnte.

»Okay, wir tun unser Bestes. Vielen Dank«, murmelte ich gehetzt, legte auf und lief zurück zu Reagan und Chester, die Hudson stützten. »Ein Krankenwagen ist auf dem Weg. Wie … wie konnte das denn passieren?«, hinterfragte ich aufgewühlt und konnte Hudson kaum anschauen. Er war blass und konnte die Augen nur mit Müh und Not offenhalten. Jeder Hustenreiz und jedes Einatmen hörte sich an, als hätte er eine Schlinge um den Hals, die ihm die Luftröhre zerquetschte.

»Ich weiß es nicht«, kam es von Chester. »Ich weiß nur, dass er schon immer eine schwache Lunge hatte und sich nicht überanstrengen darf.«

»Meiner Lunge geht es prächtig«, presste Hudson unter Anstrengung hervor, bevor er sich mit einer Hand an den Hals fasste, so, als wollte er die unsichtbare Schlinge, die seine Atmung blockierte, mit bloßer Hand zerreißen.

»Hör auf zu sprechen und konzentriere dich nur aufs Atmen, Huds«, sprach Chester ernst auf ihn ein.

Der Tanz, schoss es mir unwillkürlich durch den Kopf und ich hatte plötzlich wieder klar vor Augen, wie Hudson heute Vormittag bereits angestrengt nach Luft geschnappt hatte. Meine Gedanken wurden durch Sirenengeheul unterbrochen. Nur wenige Sekunden später waren vier Männer vom Rettungsdienst mit einer Patientenliege am Aussichtspunkt.

Ich drehte mich weg, weil ich nicht mitansehen konnte, wie sie Hudson auf die Liege hievten und in den Rettungswagen manövrierten. Der einst so perfekte Abend hatte sich blitzschnell in ein Desaster verwandelt und ich kämpfte gegen die Tränen, die sich anbahnen wollten. Schon viele Male in meinem Leben hatte ich gegen Angst kämpfen müssen. Doch die Angst, die mich nun erfasst hatte, war neu. Sie ging tiefer als alles, was ich je gefühlt hatte, und sie fraß sich wie ein giftiger Parasit durch meinen Körper. Es war die Angst, das zu verlieren, was ich erst neu gewonnen hatte – die Hoffnung, vielleicht doch noch mal glücklich zu werden. Freunde zu finden, die mir die schönen Seiten des Lebens zeigten. Doch ich hätte wissen müssen, dass so etwas wie Glück und Hoffnung nicht für mich vorbestimmt waren.

Kapitel 10

In dieser Nacht lag ich hellwach und wälzte mich bereits seit Stunden hin und her. Das Licht der Straßenlaternen vor meinem Fenster sickerte durch einen winzigen Spalt meiner zugezogenen dunklen Vorhänge und beschrieb einen kleinen orange schimmernden Lichtstreifen auf meinem Fußboden. Durch mein offenes Fenster drang das Geräusch des sanften Windes, der sich einen Weg durch die Bäume am Straßenrand bahnte. Ab und an zerriss ein einsames Hundebellen die sonst so friedliche Ruhe. Eine friedliche Ruhe, die nur da draußen herrschte. In meinem Inneren wütete ein Sturm, der eine absolute Schneise der Verwüstung hinterließ. Es waren nicht nur die Gedanken an Hudson, die mich quälten. Nein. Vielmehr quälte mich der Gedanke, dass mich bloß eine dünne Holztür und ein kleiner Flur von Reagan trennte, die im Wohnzimmer auf der Couch schlief. Ein großer Teil in mir sehnte sich nach ihrer wohltuenden Nähe. Ich sehnte mich danach, ihrer sanften, melodischen Stimme zu lauschen und in ihr zu versinken. Nur für einen kleinen Moment wollte ich das Gefühl haben, dass alles okay war.

Ich seufzte leise auf, starrte meine Decke an und hatte den nach Luft ringenden Hudson vor Augen. Meine Erinnerungen, die ich mit seiner reinen Seele verband, blitzten vor meinem inneren Auge auf und mein Herz zog sich vor Schmerz zusammen. Er war der letzte, der es verdient hatte, nun im Krankenhaus zu liegen.

Ich setzte mich auf, schlug die Decke von meinem Körper und strich mir mit einer fahrigen Handbewegung widerspenstige Haarsträhnen aus der Stirn. Plötzlich vernahm ich durch meine geschlossene Tür das Geräusch der knarzenden Dielen und hielt mitten in der Bewegung inne. Mein Blick schoss zur Tür, die nur den Bruchteil einer Sekunde später einen kleinen Spalt aufging und Reagan offenbarte, die einen vorsichtigen Blick durch den winzigen Spalt wagte. Als sie sah, dass ich wach war, drückte sie die Tür noch ein kleines Stück weiter auf.

»Darf ich reinkommen?«, fragte sie leise nach und ich nickte. Reagan schlüpfte flink durch die Tür, ließ sie hinter sich ins Schloss fallen. Währenddessen raffte ich die Decke vor meinem entblößten Körper, der bloß in Unterwäsche steckte, zusammen und beobachtete, wie Reagan mit zögerlichen Schritten mein Schlafzimmer durchquerte.

»Ich bekomme ihn nicht aus meinem Kopf«, sagte sie, nachdem sie sich mit Abstand zu mir auf der Matratze niedergelassen hatte. Ihre Nähe machte sich in Form meines rasenden Herzens bemerkbar, doch ich versuchte mich gänzlich auf ihre Worte zu konzentrieren.

»Hudson?«

Sie nickte und ich senkte betroffen den Blick. »Geht mir auch so.«

»Darf ich vielleicht hier bei dir schlafen, Alexis?« Ihre Stimme klang vorsichtig und zaghaft und ich nickte, wenn auch widerstrebend. Ich wusste, dass das, was wir hier taten, nicht richtig war. Reagan war in einer Beziehung und ich verwirrt, was meine Gefühle anging. Trotzdem machte ich ihr Platz, hielt die Decke auf, die ich bis eben noch fest um mich geschlungen hatte und schluckte schwer, als ihr Blick über meinen Körper wanderte. Fast glaube ich, ihn spüren zu können, und verfluchte mich, nicht wenigstens ein Shirt übergezogen zu haben.

»Glaubst du, es geht ihm bald wieder besser?«, hakte sie rasch nach, um von der Spannung abzulenken, die zwischen uns beiden fast schon spürbar in der Luft hing.

Ich zuckte ratlos mit den Schultern und seufzte leise auf. »Das kann ich dir nicht sagen. Aber ich hoffe es«, erwiderte ich, legte mich langsam zurück auf den Rücken und versuchte zu ignorieren, dass die Decke mich nicht mehr wie ein riesiger Kokon umhüllte. Reagan blieb zuerst etwas zögerlich auf der Kante des Bettes sitzen, bis sie sich neben mich legte. Eine ganze Weile lagen wir schweigsam nebeneinander und betrachteten die dunkle Decke, an der ab und an ein Schatten entlang tanzte, wenn vereinzelt Autos durch die ruhige Straße fuhren. Beinahe glaubte ich, sie wäre eingeschlafen. Ihr ruhiger Atem vermischte sich mit dem Rauschen des Windes in den Bäumen, doch als ich meinen Kopf minimal in ihre Richtung drehte, kreuzten sich unsere Blicke. Plötzlich schwirrten mir ihre Worte aus der Bar durch den Kopf. Obwohl

Chesters Auftritt keine fünf Stunden her war, fühlte es sich an, als wären bereits Tage vergangen.

»Hast du eben eigentlich mit mir geflirtet?«, hakte ich nach, um der erdrückenden Stimmung zu entkommen, und ihre Lippen verzogen sich zu einem leichten Grinsen.

»Vielleicht ein kleines bisschen«, gestand sie ehrlich und entlockte mir ein Schmunzeln. »Aber meine Worte waren ernst gemeint, Alexis. Ich würde dich gerne für meine Vernissage fotografieren«, sagte sie, drehte sich auf die Seite und stützte sich auf einem Arm ab, um mich besser ansehen zu können. »Dein Tanz hat mich inspiriert.«

»Aber wieso denn nackt?«, hinterfragte ich irritiert und drehte mich ebenfalls auf die Seite. Nun lagen wir uns genau gegenüber und mein Herz donnerte so unkontrolliert gegen meinen Brustkorb, dass ich befürchtete, Reagan könnte es womöglich hören.

Ihr Grinsen wurde breiter. »Du hast den Körper einer Tänzerin. Ich habe noch nie eine Tänzerin fotografiert und außerdem …«, sie machte eine kleine Pause, ließ ihren Zeigefinger hauchzart über meinen Arm gleiten und verfolgte mit ihren Augen die Spur, die ihr Finger auf meiner hellen Haut beschrieb, »… habe ich mich auf die Aktfotografie spezialisiert. Der menschliche Körper ist so viel mehr als nur ein Objekt in den Augen vieler Männer und Frauen. Das richtige Licht und der richtige Moment können ein ästhetisches Meisterwerk schaffen«, erzählte sie mir und beim Klang ihrer warmen Stimme, kombiniert mit ihren sanften Berührungen an meinem Arm, durchfuhr mich ein wohliger Schauer.

»Ich … ich werde es mir überlegen«, murmelte ich und zog im selben Moment meinen Arm weg. Etwas in mir sträubte sich, die Gefühle zu akzeptieren, die Reagan in mir auslöste, und meine ganz persönliche Angst vor Nähe meldete sich mit einer penetranten Dringlichkeit.

Reagan musterte mich genau und obwohl es dunkel war und ich nur ihre schemenhaften Umrisse ausmachen konnte, begann ich unter ihrem intensiven Blick immer nervöser zu werden.

»Wieso schaust du mich so an?«

»Ich werde aus dir nicht schlau, Alexis«, sagte sie.

»Was meinst du?«, forschte ich nach. Irritation färbte meinen Tonfall.

»Auf den ersten Blick wirkst du wie ein Mensch, dem man nichts anhaben kann und der mit dem Kopf am liebsten durch die Wand rennen würde«, begann sie ruhig. »In diesen Momenten wirkst du einschüchternd und so unnahbar. Man sieht dich an und weiß nicht, was in deinem Inneren vor sich geht. Doch dann gibt es Momente, in denen bist du das komplette Gegenteil. In diesen Momenten entblößt du deine Seele mit all ihren Ängsten. Du ziehst dich zurück, wirst zu einem Geheimnis, welches niemand kennt. Und dieses Verhalten passiert immer dann, wenn ich dir zu nah komme«, erzählte sie leise und während ich ihr zuhörte, blickte ich verkrampft zur Decke hinauf. Sie kannte mich gerade mal einen Monat und hatte mich bereits durchschaut.

»Ich frage mich, ob es an mir liegt ...«, fuhr sie nachdenklich fort. »Liegt es daran, dass ich eine Frau und kein Mann bin? Oder –«

»Es liegt nicht an dir, Reagan«, beruhigte ich sie sofort und drehte meinen Kopf zurück in ihre Richtung. Die Lichtreflexion eines vorbeifahrenden Autos erhellte für den Bruchteil einer Sekunde ihr Gesicht und der kleine, goldene Ring an ihrer Nase funkelte auf. In dieser kurzen Zeit erkannte ich die Zweifel in ihren dunklen Augen.

»Es liegt nicht an dir«, wiederholte ich mich leise.

»Woran liegt es dann? Ich habe das Gefühl, meine Anwesenheit ist dir unangenehm. Nicht mal die kleinste Berührung scheinst du zulassen zu können. Liegt es an dem Kuss? Bin ich damit zu weit gegangen?«, fragte sie verzweifelt und am liebsten hätte ich eine lautstarke Bestätigung in die Welt gebrüllt. Doch ich wollte Reagans Verzweiflung nicht vertiefen, weswegen ich mich für eine ruhigere Variante entschied.

»Reagan«, begann ich langsam. »Es liegt nicht an dir. Bitte glaub mir das. Deine Anwesenheit ist mir alles andere als unangenehm. Doch mit dem Kuss könntest du vielleicht recht haben«, gestand ich. »Wir sind Freunde, Reagan. Und außerdem hast du Kian«, fügte ich hinzu und sie stieß einen tiefen, kraftlosen Seufzer aus.

»Du hast ja recht. Und ich weiß auch nicht, was ich mir in dem Moment gedacht habe. Ich glaube ... ich habe mich einfach nach Zärtlichkeit gesehnt«, murmelte sie beinahe beschämt. Meine Augen, die sich mittlerweile an die Dunkelheit gewöhnt hatten, fixierten sie und nahmen die betrübte Miene auf ihrem schönen Gesicht wahr. »Es tut mir leid, dass ich dich dafür ausgenutzt ... und deine Angst ignoriert habe. Es tut mir leid, dass ich dich zu etwas gedrängt habe, was du vielleicht gar nicht wolltest. Und es tut mir leid, dass ich dir eine erste Erfahrung genommen habe, um meine Einsamkeit zu stillen. Ich –«

Reagans Worte brachten jäh ab, als ich mich kopflos dafür entschied, die Lücke zwischen uns zu vernichten und meine Lippen ungestüm auf ihre zu drücken.

O Gott, was tust du da?, verfluchte mich mein Gewissen, doch darauf hatte ich keine Antwort. Ich hatte keinen blassen Schimmer, was ich hier tat, und alles in mir schrie und kreischte protestierend auf. Die Alarmglocken schrillten und alles brach in unübersichtliches Chaos aus. Reagan bekam von meiner inneren Kampfszenerie nichts mit und gewann nach nur wenigen Momenten die Kontrolle über den Kuss. Sie drückte mich dominierend in die weichen Kissen, kletterte über mich und küsste mich leidenschaftlich. Meine Finger verankerten sich verzweifelt im Stoff ihres Shirts und lose Strähnen, die sich aus ihrem Zopf gelöst hatten, kitzelten meine nackten Schultern.

Das hier war in jeglicher Hinsicht falsch. Nicht weil sie eine Frau, sondern weil sie in einer Beziehung war. Doch wieso fühlte es sich dann so richtig an? Es war, als hätte ich jemanden gefunden, nach dem ich nie gesucht hatte – jemanden, der mich so akzeptierte, wie ich war. Jemanden, der mir das Gefühl gab, gesehen, gehört … ja, sogar geliebt zu werden, und wenn auch nur freundschaftlich. In einem Monat hatte ich mehr Liebe als in den letzten sechs Jahren erfahren.

Dennoch musste ich dem ganzen einen Schlussstrich setzen. Kians vernichtender Blick und seine gesamte bedrohliche Präsenz tauchten vor meinem inneren Auge auf. Ich löste mich von Reagan, drehte den Kopf weg und schob sie im selben Augenblick behutsam von meinem Körper. Im nächsten Moment rückte ich von ihr ab und fuhr mir überfordert durch mein offenes Haar.

»Es tut mir leid, ich weiß nicht, was in mich gefahren ist, Reagan«, murmelte ich gehetzt und konzentrierte mich darauf, meinen rasenden Herzschlag unter Kontrolle zu bekommen. Mein Herz hämmerte wie ein Presslufthammer gegen meinen Brustkorb, so, als würde es sich nach der Wärme verzehren, die Reagan mit jeder Faser ihres Körpers ausstrahlte. Ich fühlte mich wie der leichtsinnige Ikarus, der hoch in die Lüfte gestiegen war und sich aufgrund seines Übermuts an der Sonne verbrannt hatte. Reagan war der Inbegriff meiner eigenen Sonne. Ich hatte mich an ihr verbrannt und nun fiel ich. Und wenn ich meine Gefühle nicht langsam in den Griff bekommen würde, dann würde ich mich immer und immer wieder an ihr verbrennen.

»Ich wollte nicht –«

»Ist schon okay, Alexis«, unterbrach sie mich sanft und unsere Blicke kreuzten sich. Sie schien keineswegs verärgert zu sein. Ganz im Gegenteil. Ihre Augen strahlten solch eine Offenheit und Ehrlichkeit aus, dass ich es mir erlaubte, meinen wild rasenden Herzschlag und die Schuldgefühle in mir zu bändigen.

»Du hast mir keine erste Erfahrung genommen«, informierte ich sie leise. »Ich hätte mir keinen besseren ersten Kuss mit einer Frau vorstellen können«, gestand ich und ein kleines Grinsen zerrte an ihren Mundwinkeln.

»Es war mir eine Ehre.«

»Wirst du Kian davon erzählen?«, hakte ich nach und sie schüttelte im selben Augenblick den Kopf.

»Nein. Er muss nicht alles wissen, Alexis. Mach dir keine Gedanken, in Ordnung?«, antwortete sie. »Das hier bleibt einfach unser kleines Geheimnis.«

»Na schön«, gab ich mich geschlagen, schwieg einen Moment und begann dann erneut zu reden. »Und was hat es mit der Unbekannten aus der Bar auf sich?«

Reagans Grinsen wurde breiter. »Marlowe?«, forschte sie nach. »Na was wohl, Tanzmäuschen? Schreib ihr und lade sie auf ein Date ein.«

»Ich weiß aber nicht, ob –«

»Alexis«, unterbrach Reagan mich sofort. »Wie lange bist du nun schon allein? Drei Jahre. Drei Jahre sind eine verdammt lange Zeit und niemand hat es verdient, allein zu sein, hörst du? Versuch es einfach. Lerne sie kennen und dann kannst du immer noch entscheiden, ob sie gut zu dir passt oder nicht«, sprach sie auf mich ein und obwohl mich ihr ganzer Plan immer noch nicht überzeugen konnte, nickte ich widerwillig. Reagan hatte somit zweifellos bewiesen, dass wir nichts weiter als Freunde waren. Ihr Herz gehörte Kian und das musste ich akzeptieren. Das Beste war es also, dem Ganzen lächelnd zuzustimmen, obwohl es mich innerlich zerfraß.

Nach einer viel zu kurzen Nacht parkte ich Coops auf dem Parkplatz des Royal North Shore Hospitals, einem modernen grau-gelben Kastenbau in St. Leonards, in dem Hudson untergebracht worden war. Kaum war ich ausgestiegen, steuerte Chester zielstrebig meine Richtung an. Bereits beim Parken hatte ich ihn unruhig vor dem Haupteingang hin und her tigern sehen.

»Danke, dass du gekommen bist, Alexis.« Er klang ausgelaugt und als er mich plötzlich in eine Umarmung zog, schien es mir, als würde ich als Rettungsanker fungieren. Er umklammerte mich nahezu hilflos, von Verzweiflung erfüllt, und trotz meiner Abneigung gegen Nähe überwand ich meine Angst, erwiderte die Umarmung und spürte einen dicken Kloß im Hals, als sich Chesters Kehle ein schwaches Schluchzen entrang.

»Hast du die Nacht hier verbracht?«, hakte ich besorgt nach, löste mich von ihm und musterte ihn prüfend. Er trug noch immer das Outfit seines Auftrittes. Einzig und allein das weiße Jackett fehlte. Sein weißes Hemd, welches zerknittert und bis zum Ansatz seiner Brust aufgeknöpft war, deutete darauf hin, dass er es die ganze Nacht getragen hatte. Das haselnussbraune Haar hing ihm wild in die Stirn und in seinen ozeanblauen Augen spiegelte sich die Angst und der Schmerz, welche ich innerlich mindestens genauso intensiv verspürte.

»Ja, ich bin hiergeblieben, obwohl die Ärzte mich mehr als einmal rausschmeißen wollten. Doch ich konnte ihn in diesem Zustand nicht alleine lassen … Er ist die einzige Familie, die ich noch habe, und das bin ich für ihn auch.«

Ich nickte verständnisvoll und blickte über seine Schulter hinweg zum Eingang des Krankenhauses. Ärzte, Besucher und Patienten passierten die gläserne Schiebetür im Sekundentakt. Die Zeit schritt voran und trotzdem hatte ich das Gefühl, sie wäre stehengeblieben. Der Knoten in meinem Magen machte sich bemerkbar und Furcht vor dem, was mir bevorstehen würde, wenn ich Hudsons Krankenzimmer betrat, flutete meinen gesamten Körper.

»Geht es ihm gut?«

Chester schien nach den richtigen Worten zu suchen und ich konnte wunderbar mitansehen, wie er mich in Watte zu packen versuchte.

»Er ist ein Kämpfer. Bald wird es ihm sicher wieder besser gehen«, murmelte er und wischte sich eine einsame Träne von der Wange, die sich bei diesen Worten einen Weg aus seinem Augenwinkel gebahnt hatte.

»Wo ist Reagan?«, hakte er nach gleich darauf nach und ließ seinen glasigen Blick über den Parkplatz schweifen, so, als könnte sie jeden Moment aus dem Nichts auftauchen.

»Ich habe sie auf dem Weg hierher zu Hause abgesetzt. Ihr Freund ist durchgedreht, weil sie letzte Nacht bei mir war.«

»Ich dachte, ihr zwei –«

»Nein«, blockte ich ihn sofort ab. »Wir sind nur Freunde«, ergänzte ich knapp und nickte schließlich Richtung Eingang. »Lass uns zu ihm gehen.«

Wir liefen schweigsam nebeneinander durch die hellen Flure zu Hudsons Zimmer – passierten Arzthelfer, Patienten und Besucher. Krankenhäuser waren mir immer paradox vorgekommen. Wie konnte ein Ort gleichzeitig der Himmel und die Hölle sein? Wie konnte er den Menschen Hoffnung schenken und sie ihnen auch genauso schnell wieder aus den Händen reißen? Einer Seele Leben schenken und der anderen Seele das Leben nehmen? Menschen zum Lachen und andere wiederum zum Weinen bringen? Wie konnte ein Ort, der so viel Gutes enthielt, genauso viel Schlechtes enthalten?

»Da wären wir«, riss Chester mich aus meinen Gedanken. Wir standen vor einer blassgelben Tür, neben der ein Plastikschild angebracht worden war.

Hudson Tate, stand dort in fein säuberlicher Schrift und allein bei dem Anblick dieses kleinen Schildes schwoll der Kloß in meinem Hals auf seine doppelte Größe an.

Ich nahm einen tiefen Atemzug, drückte die Klinke herunter und betrat mit Chester im Schlepptau den lichtdurchfluteten Raum. Ein bodentiefes, breites Fenster bot Hudson einen Ausblick auf den Gore Hill Friedhof, der mit seiner riesigen Grünfläche und den Palmen fast schon paradiesisch aussah, doch es juckte mich in den Fingern, die Vorhänge zuzureißen, damit er diesen Anblick nicht länger ertragen musste.

Hudson selbst schien sich jedoch nicht für die Aussicht zu interessieren. Sein müder Blick schwankte in die Richtung der Zimmertür, als er hörte, wie sie ins Schloss fiel. Unsere Blicke kreuzten sich und während auf seinem Gesicht ein schwaches Lächeln erschien, musste ich mich zusammenreißen, nicht in Tränen auszubrechen.

»Hey, Huds. Wie geht es dir?«, hakte ich vorsichtig nach und ging langsam auf sein Bett zu. Er wirkte in dem breiten Gestell zwischen all den Schläuchen, Kabeln und Maschinen unfassbar klein und dünn und mein Herz zog sich vor Schmerz zusammen.

»Ich hatte definitiv schon bessere Tage«, erwiderte er mit rauer Stimme und ich brachte unter Tränen ein gequältes Lächeln zustande.

»Du hast uns allen einen ordentlichen Schrecken eingejagt, Hudson Tate«, scherzte ich, konnte die gespielt fröhliche Fassade aber nicht länger aufrecht halten. Sein Anblick riss diese Fassade wie eine Abrissbirne ein und die Tränen begannen ohne Halt über meine Wangen zu fließen.

»O nein, Alexis. Ich ertrinke noch, wenn du jetzt auch anfängst zu weinen. Ches hat bereits gute Arbeit geleistet«, murmelte er erschöpft, doch das freche Funkeln in seinen Augen, welches mich so sehr an den Hudson erinnerte, der irgendwo in dieser schwachen, blassen Hülle steckte, ließ mich Hoffnung schöpfen, dass Chester vielleicht recht behielt. Hudson war schon immer in der Lage gewesen, dem Leben und all seinen Tücken die Stirn zu bieten. Also versuchte ich mich zusammenzureißen, wischte mir mit dem Ärmel meines Hoodies über das tränennasse Gesicht und senkte den Blick.

»Tut mir leid.«

»Das muss es nicht.« Er versuchte zu lachen, doch aus diesem Lachen wurde ganz schnell ein Husten. Sofort war Chester an seiner Seite, legte sanft eine Hand auf Hudsons Brust und die andere auf seinen Rücken, um ihn in eine aufrechte Position zu bringen.

»Versuch ruhig zu atmen, Huds«, murmelte er auf ihn ein und nach wenigen Minuten bekam Hudson seinen Husten unter Kontrolle. Sein Kopf sank erschöpft gegen Chesters Brust und als dieser ihm einen Kuss auf die Stirn hauchte, wandte ich mich ab und blickte konzentriert aus dem Fenster. Aus einem unerfindlichen Grund war diese unschuldige Geste so intim, dass ich mich vollkommen fehl am Platz fühlte.

»Hat der Arzt dir schon eine Diagnose nennen können?«, fragte Chester schließlich und als ich meine Aufmerksamkeit zurück auf Hudson lenkte, schaute er stumm auf die gelb gepunktete Decke und schien ganz offensichtlich nach Worten zu suchen, die uns nicht den Boden unter den Füßen wegreißen würden.

»Hudson?« Chesters Stimme kippte und Hudsons Blick flog in seine Richtung. Schmerz schimmerte in seinen tiefbraunen Augen – solch ein verzweifelter Schmerz, dass mein Herzschlag aus dem Takt geriet. Es schlug erst kräftig und in schnellem Rhythmus gegen meinen Brustkorb, ehe es ins Stolpern geriet.

»Die Tests waren eindeutig«, murmelte er, bevor seine Stimme ebenfalls brach. »Er ist zurück, Ches … Ich hatte einen Rückfall«, fügte er mit schmerzverzerrter Stimme hinzu.

Chester wich vom Bett zurück, als hätte Hudson ihn geohrfeigt. Er schüttelte den Kopf, raufte sich die Haare und ballte schließlich die Hände zu Fäusten, so, als wäre er drauf und dran, dem Arzt, der Hudsons Tests durchgeführt hatte, eine zu verpassen.

»Was … was meinst du, Hudson?«, fragte ich verunsichert nach und fürchtete mich vor dem, was er mir gleich sagen würde.

»Ich habe es dir nie erzählt, weil ich nicht wollte, dass du mich mit Samthandschuhen anpackst«, begann er stockend. Eine Träne kullerte über seine Wange, tropfte auf die Bettdecke und hinterließ einen kreisrunden dunklen Fleck. »Jeder, den ich in mein Leben gelassen habe, hat mich behandelt, als wäre ich aus Glas. Und als ich dich damals kennenlernte, wollte ich einfach nur Hudson sein … nur Hudson und nicht der kranke, einsame Junge, der ich war. Ich habe nie in Erwägung gezogen, mit dem Thema anzufangen, da ich geglaubt habe, es sei vorüber … Ich sei geheilt.«

Chesters Schluchzen ertönte vom anderen Ende des Raumes und langsam, aber sicher bekam ich es mit der Angst zu tun.

»Hudson, was –«

»Die Diagnose ist Lungenkrebs«, murmelte er und der Boden unter meinen Füßen begann zu schwanken, sodass ich mich mit zitternden Knien auf den Sessel neben seinem Bett sinken ließ.

»Schon wieder …«

Kapitel 11

Die Fahrt vom Krankenhaus zur Uni bekam ich kaum mit. Es schien, als würde ich mich in einer Art Trancezustand befinden, und alles was ich tat, passierte automatisch.

Die Diagnose ist Lungenkrebs … hallte Hudsons Stimme durch meinen Kopf und riss das dunkle Loch in meiner Brust immer weiter auseinander. Erneut verschleierten Tränen meine Sicht und ich blinzelte sie hastig weg, um die Straße vor meinen Augen weiterhin erkennen zu können.

Nach weiteren zehn Minuten hatte ich auf dem Uniparkplatz geparkt, warf einen prüfenden Blick auf die Uhr hinter meinem Lenkrad und erlaubte mir, einen kurzen Moment regungslos an Ort und Stelle zu verharren. Mein Blick glitt ziellos durch meine Frontscheibe und meine Aufmerksamkeit fand erst wieder in die Gegenwart zurück, als mein Handy auf dem Beifahrersitz mit einem hellen Glockenton eine neue Nachricht ankündigte. Ich griff nach dem Gerät, sah Reagans Namen, der mir entgegenleuchtete, und entsperrte den Bildschirm, um ihre Nachricht zu lesen.

Wann ist dein Training zu Ende, Tanzmäuschen?

In zwei Stunden, tippte ich und sendete die Nachricht ab. Anschließend schmiss ich das Handy in meine Tasche, stieg aus und schloss mein Auto ab. Ein zweiter Blick auf meine Uhr ließ mir das Herz eine Etage tiefer rutschen. Madame Rousseaus Kurs hatte vor fünf Minuten begonnen.

Ich überquerte den Campus im Laufschritt und begegnete keiner Menschenseele. Samstags genoss jeder andere Student seine Freizeit, während Madame Rousseau uns mit Pliés und Attituden quälte.

Ich stieß die Flügeltür zur Tanzfakultät auf, huschte in die weiträumige Umkleide und zog mich in Windeseile um. Schließlich durchquerte ich die Galerie, spähte eine Sekunde durch die gläserne Scheibe der schneeweißen

Flügeltür, bevor ich sie mit der Schulter aufdrückte und in den Ballettsaal trat. Die Tür fiel hinter mir lautstark ins Schloss und Madame Rousseau gab dem Pianisten ein knappes Handzeichen, sodass er unmittelbar danach das Stück, welches er gespielt hatte, abbrach. Ruhe kehrte in den Saal, meine Kommilitoninnen stellten ihre Bewegungen ein und Madame Rousseaus Blick schnellte in meine Richtung.

»Miss Gilbert, wenn Sie noch einmal zu spät zu meinem Unterricht erscheinen, wird das Konsequenzen mit sich bringen«, fuhr sie mich an und ich schmiss meine Tasche an den Rand, bevor ich mich, ohne ein Wort zu erwidern, an eine freie Ballettstange stellte.

»Haben Sie mich verstanden?«, horchte sie scharf nach und obwohl sich alles in mir dagegen sträubte, verzog ich die Lippen zu einem kühlen Lächeln.

»Natürlich, Madame.«

Sie schenkte mir noch einen letzten zurechtweisenden Blick, ehe sie dem Pianisten ein erneutes Handzeichen gab und mit dem Unterricht fortfuhr. Ich folgte ihren Anweisungen, führte makellose Développés, Grand Pliés und Tendus aus und versuchte mich so gut wie möglich auf die Schrittfolge zu konzentrieren.

»Zum Schluss der Aufwärmübungen eine Kombination aus einem Passé und Battement développé en croix, meine Damen«, rief Madame Rousseau in die Runde.

Ich zog den Fuß meines Spielbeines in einer flüssigen Bewegung bis ans Knie, streckte es nach vorne aus, führte es zurück ins Passé und wiederholte die Kombination sowohl zur Seite als auch nach hinten und schließlich ein weiteres Mal zur Seite. Wir kamen zeitgleich in eine Balance, wechselten in ein einfaches Plié und drehten uns einmal in die entgegengesetzte Richtung, um die gesamte Schrittfolge zu wiederholen. Nach einer fünfminütigen Pause räumten wir die Ballettstangen zur Seite, um die gesamte Fläche des Saales für einen Akt aus einem beliebigen Ballett zu nutzen, welches Madame Rousseau für jede Stunde vorbereitete. Als wir uns verteilt hatten und in die vierte Position kamen, stimme der Pianist das *1.Inferno: Andante Amoroso* aus Dantes Symphonie und dem dazugehörigen Stück *Die roten Schuhe* an.

Der Takt setzte ein und wir kamen unter Madame Rousseaus stechendem Blick in Bewegung. Die Choreo zu diesem Stück war mir bekannt und ich wusste, dass ich sie sogar blind tanzen könnte. Als kleines Kind waren *Die roten Schuhe* immer mein liebstes Ballettstück gewesen. Doch heute schien alles verhext. Ich verpasste die vorgegebenen Takte des Pianisten und das Makellose aus der Aufwärmphase war wie weggeblasen. Je mehr die Zeit voranschritt, desto unsauberer und halbherziger führte ich die Schritte aus.

»Miss Gilbert, langweilt Sie mein Unterricht?«, rief Madame Rousseau fragend über die Musik hinweg und ich versuchte mich erneut auf die Schritte und den Klang des Flügels zu konzentrieren. Die Melodie nahm zu, wurde schneller und innerlich stellte ich mich auf die drei Fouettés ein, die gleich folgen würden. Um Schwung zu bekommen, beugte ich meine Knie für ein Plié und zog das Spielbein schließlich geschmeidig in ein Passé, um dann in ein Fouetté zu wechseln. Aber meine Konzentration schwand immer mehr. Gedanklich befand ich mich bei Hudson, wie er blass und einsam im Krankenhausbett seines Einzelzimmers lag und entweder den sterilen Raum oder einen verdammten Friedhof anstarren konnte. Chesters Schluchzen hallte dabei wie ein Echo in meinen Ohren wider.

Die Diagnose ist Lungenkrebs …

Die Diagnose ist –

»Miss Gilbert! Sie sind nicht im Takt«, kritisierte Madame Rousseau, doch es schien mir schier unmöglich, zurück in den Rhythmus der anderen Tänzerinnen zu finden. Vor meinem inneren Auge sah ich nur noch Hudson. Die Klänge des Flügels und Madame Rousseaus Anweisungen vermischten sich zu einem stetigen Brummen in meinem Kopf, welches abrupt nachließ, als ich mit einer meiner Kommilitoninnen kollidierte und eine Kettenreaktion des puren Chaos auslöste. Mein Zusammenprall mit Marcia führte dazu, dass ich in die eine Richtung zu Boden stürzte und sie in die andere Richtung. Keine der anderen Tänzerinnen war darauf vorbereitet gewesen, sodass Olivia, Sashas beste Freundin, über Marcia fiel und sich verzweifelt an Sasha festkrallte, die gleich darauf mit zu Boden ging. Die restlichen Tänzerinnen kamen stolpernd zum Stillstand und plötzlich lagen alle Augenpaare auf mir.

»Verdammt, kannst du nicht aufpassen, Gilbert?«, fuhr Marcia mich giftig an.

Es schien, als würde mein Körper von allein handeln, als ich mich hastig aufrappelte, mit tränenverschleierter Sicht in Richtung Ausgang hastete und Madame Rousseaus Warnungen, mich von dem Unterricht auszuschließen, wenn ich es wagen würde, nun die Stunde zu verlassen, gekonnt ignorierte.

Ich schnappte mir meine Tasche, stürzte aus dem Raum und lief die Galerie entlang, um anschließend in der Umkleide zu verschwinden.

Ich ließ mich auf einer der Holzbänke nieder, kämpfte mich aus den Spitzenschuhen und starrte wie paralysiert den zerkratzen Parkettboden an. Tränen rannen stumm über meine Wangen und der Schmerz, den mein Herz ausstrahlte, war so groß, dass ich mich am liebsten zu einer kleinen Kugel zusammengerollt hätte. Innerhalb eines Wimpernschlags konnte sich das Leben verändern. Diese Erkenntnis hatte ich bereits früh feststellen müssen. Innerhalb eines Wimpernschlags konnten Beziehungen kaputtgehen, falsche Entscheidungen getroffen werden oder Hoffnungen wie Seifenblasen zerplatzen. Man konnte Menschen verlieren – Freundschaften. Und obwohl Hudson nicht fort war, fühlte es sich an, als hätte ich ihn bereits verloren. In den vielen Jahren, die ich ihn nun schon kannte, auch wenn wir lange Zeit getrennt gewesen waren, hatte er einen gewaltigen Platz in meinem Herzen eingenommen. Nun hatte dieser Teil einen Riss abbekommen, der mit jeder Sekunde, die verging, immer größer wurde.

Keine fünf Minuten später wurde die Tür zur Umkleidekabine aufgestoßen und meine Kommilitoninnen betraten den Raum. Einige warfen mir kritisierende und anklagende Blicke zu, andere wiederum behandelten mich wie Luft. Hastig wischte ich mir die Tränen von den Wangen und senkte den Blick ab.

»Ich soll dir von Madame Rousseau mitteilen, dass du in der nächsten Stunde stumme Zuschauerin sein wirst«, informierte Sasha mich knapp. »Vielleicht siehst du dann, wie es richtig gemacht wird. Bei deiner schwachen und ausdruckslosen Technik wäre mir auch zum Heulen zumute«, fügte sie hinzu, während sie ihren Zopf löste und das Haar wie ein goldener Wasserfall über ihren Rücken fiel.

»Ein Einfaches ›Du setzt die nächste Stunde aus‹ hätte mir bereits gereicht, Sasha«, brummte ich, hob den Blick wieder an und bekam urplötzlich einen trockenen Hals. Reagans kleines Experiment, herauszufinden, ob ich etwas für Frauen übrighatte, machte mir in diesem Moment aus einem unerfindlichen Grund zu schaffen. Ich hatte meine Kommilitoninnen noch nie aus den Augen einer Frau, die auf Frauen stand, betrachtet und fühlte mich im Bruchteil einer Sekunde überfordert mit all der nackten Haut. Keine der

Tänzerinnen scherte sich darum, sich diskret umzuziehen. Sie entledigten sich entspannt ihrer Tanzkleidung, tauschten Sport-BHs gegen Spitzenunterwäsche aus und plauderten nebenbei über ihre Soli für die Prüfungen oder ganz banalen Kram wie Make-up, Männer und Shopping.

Mein Blick huschte zu Sasha, die ebenfalls bloß in knallroter Unterwäsche vor dem Spiegel stand, ihr Make-up auffrischte und sich nebenbei mit Olivia unterhielt, das Gespräch jedoch einstellte, als sich unsere Blicke im Spiegel trafen.

»Hast du ein Problem, Gilbert?«, fuhr sie mich an und ich blinzelte, nur um festzustellen, dass ich sie unentwegt angestarrt und nun die Aufmerksamkeit aller Anwesenden hatte.

»Ich habe kein Problem«, erwiderte ich knapp, tauschte mein hellrosa Top gegen einen weißen Hoodie und stopfte meinen Ballettrock in meine Tasche, bevor ich in meine Jeans schlüpfte.

»Ach nein?«, hakte Sasha scharf nach, drehte sich um und verschränkte die Arme vor der Brust. »Und wieso schaust du mich dann an, als würdest du mir jeden Moment an die Wäsche gehen wollen?«

Meine Wangen wurden warm, doch ich überspielte das Gefühl von Scham mit einem abfälligen Schnauben. »Glaub mir, Sasha. Du bist nicht mein Typ. Ich stehe nicht auf Silikon und Extensions.«

Sie riss empört den Mund auf, hatte sich jedoch schnell wieder unter Kontrolle und verzog die Lippen zu einem gehässigen Grinsen. »Auf was stehst du dann?«, forschte sie nach, stemmte eine Hand in die Hüfte und drehte mit der anderen eine ihrer goldblonden Haarsträhnen ein. »Latinas, die förmlich nach dem Ghetto riechen? Scheinst Heimweh zu haben, nicht wahr?«, konterte sie abwertend und mein Körper spannte sich von jetzt auf gleich an. Mir war bewusst, dass Sasha nur wild spekulierte. Sie kannte weder mich noch meine Mum. Sie kannte nur das, was sie sah. Tattoos und bunte Haare fielen für sie schon in die Kategorie Ghetto. Wie sollte es auch anders sein? Sasha war … perfekt. Sie kam aus gutem Hause, verkehrte in den Kreisen der Reichen und Schönen und hatte höchstwahrscheinlich nur Diplomaten in ihrem Bett. Wenn sie und auch jede andere Tänzerin in diesem Raum wüsste, dass Isabel Gilbert, die Sensation der Compagnie, meine Mum war, müsste ich mir die abwertenden Blicke und Kommentare nicht gefallen lassen. Doch ich war nicht Sasha. Ich hatte mich nicht mit dem Erfolg meiner Eltern geschmückt.

»Was hast du gerade gesagt?«, hakte ich kühl nach. Mich konnte sie meinetwegen in den Dreck ziehen, doch Reagan hatte es nicht verdient.

»Du hast mich schon verstanden«, erwiderte sie und das teuflische Grinsen, welches an ihren Mundwinkeln zerrte, machte mich immer rasender. »Glaubst du wirklich, niemand hätte gemerkt, wie du dieser Latina vor zwei Tagen um den Hals gefallen bist?« Sie rümpfte ihre Nase und musterte mich, als wäre ich ein Haufen Abfall. »Was ist los, Alexis? Hast du etwa die Seiten gewechselt?«

»Das geht dich einen Scheiß an, Sasha«, knurrte ich und konzentrierte mich darauf, die Wut in mir zu zügeln. Sie kam und ging. Wie eine Welle im Ozean. Doch sobald die Flut eintreten würde, wusste ich, dass es vorbei war. »Es hat dich nicht zu interessieren, mit wem ich Zeit verbringe, oder auf wen ich stehe. Du weißt absolut nichts von mir«, ergänzte ich beherrscht, stand auf und wollte meine Tasche schultern, um zu gehen, bevor die Wut in mir explodierte und ein zweites Chaos an diesem Tag anrichtete, doch Sashas Stimme hielt mich auf.

»Ich weiß, dass du nicht zu uns passt, Alexis. Und die Compagnie wird dich ablehnen, bevor du auch nur einen Schritt auf die Bühne machen kannst«, sprach sie auf mich ein und ich drehte mich langsam zu ihr um. Ich spannte den Kiefer fest an und hielt ihrem stechenden Blick stand.

»Und nun weiß hier drin auch jede, dass du auf Frauen stehst, was nicht nur unnatürlich, sondern auch noch abscheulich ist«, zischte sie abfällig und ich schluckte schwer.

Ruhig bleiben, Gilbert, rief ich mir ins Gewissen und umklammerte den Henkel meiner Tasche, bis meine Fingerknöchel weiß hervortraten.

»Ich weiß nicht, wie es euch geht«, rief Sasha und ließ ihre eisblauen Augen durch den Raum schweifen. »Aber ich möchte mir die Umkleide nicht mit einer verdammten Lesbe teilen!«

Mehr brauchte es nicht, um meine Sicherung durchbrennen zu lassen. »Wie hast du mich gerade genannt?«

Sashas Blick bohrte sich wieder in meinen und als sie einen Schritt auf mich zumachte, ballte ich die Hände zu Fäusten.

»Ich habe dich eine verdammte Lesbe genannt«, wiederholte sie sich langsam. »Denn das ist, was du bist. Eine abscheuliche, verdammte –«

Weiter kam sie nicht, denn da hatte meine Faust sie bereits im Gesicht getroffen. In der gesamten Umkleide brach Chaos aus und Sashas spitzer Schrei vermischte sich mit den erschrockenen Ausrufen der anderen Tänzerinnen.

»Hast du den Verstand verloren, Alexis?«, brüllte sie mich an, doch die Wut in mir war so groß, dass ich ihre Worte gar nicht wahrnahm und blindlings ein zweites Mal zuschlug. Sie hatte die Seite in mir zum Vorschein gebracht, die Mason erschaffen hatte. Die schlechte Seite, die unüberlegt handelte und kaum zu stoppen war.

Sasha ging nach diesem zweiten Schlag kreischend zu Boden und hielt sich eine Hand vor ihr Gesicht. Dunkelrotes Blut quoll zwischen ihren Fingern hindurch, lief ihren sonnengebräunten Arm hinab und tropfte in regelmäßigen Abständen auf den Boden. Sie brach in Tränen aus, als ihr Blick auf die roten Rinnsale fiel.

»Du bist doch irre!«, schrie sie mich unter Tränen an und rutschte unbeholfen, fast schon ängstlich, zurück, als ich einen Schritt auf sie zutrat.

»Vielleicht bin ich das, Sasha. Und ich schwöre dir, wenn du mich noch einmal eine verdammte Lesbe nennst, drehe ich dir deinen verfluchten Hals um, hörst du?«, fauchte ich sie an und war drauf und dran, mich ein drittes Mal auf sie zu stürzen, aber jemand hielt mich im selben Augenblick davon ab. Der Widerstand ließ mich zu der Person herumfahren, die ihre Finger fest in meinen Hoodie verankert hatte, um mich zurückzuhalten.

»Hör auf, Alexis. Das ist es nicht wert«, sprach Reagans warnende Stimme auf mich ein und wie auf Knopfdruck kam ich zurück in der Realität an – die Realität, in der Sasha wimmernd und schluchzend auf dem Boden kauerte, verzweifelt versuchte, den unaufhaltsamen Blutfluss zu stoppen, und von allen Seiten mit Handtüchern, besorgten Blicken und leisen, beruhigenden Worten belagert wurde. Die Realität, in der mir bewusst wurde, welchen Fehler ich gerade begangen hatte, und ich kaum reagierte, als Reagan mich sanft aus dem Raum schob.

»Ich wollte nicht –«

»Sie hat dich provoziert, Alexis. Wenn ich richtig zuschlagen könnte, hätte ich womöglich auch so reagiert«, sprach sie auf mich ein, doch ihre Worte beruhigten mich nicht. Dieser Fehltritt würde Konsequenzen nach sich ziehen. Konsequenzen, die kein gutes Ende brachten.

»Ich muss mich bei ihr entschuldigen«, murmelte ich aufgewühlt und wollte zurück ins Gebäude laufen, aber diese Rechnung hatte ich nicht mit Reagan gemacht.

Sie hielt mich eisern fest und schüttelte den Kopf. »Das ist keine gute Idee. Du kannst dich ein anderes Mal entschuldigen. Jetzt solltest du dich erst mal komplett beruhigen. Und außerdem …«, sie pausierte, nahm meine verletzte Hand sanft in ihre und besah sich besorgt die aufgeplatzten Fingerknöchel, »… muss deine Hand behandelt werden.«

Ich sah auf meine Hand hinunter und wurde mir jetzt erst wirklich der Schmerzen bewusst. Sie pulsierten durch meinen kompletten rechten Arm und ich konnte mir nicht erklären, ob das mein oder Sashas Blut war, welches meine Haut rot färbte.

Ich ließ mich erschöpft auf einer Bank vor der Fakultät nieder und traute mich kaum, in Reagans Gesicht zu schauen. Schuld und Schamgefühle übermannten mich und ließen mich den Blick senken.

»Es tut mir leid, dass du das mitbekommen musstest. Eigentlich bin ich nicht so.«

Reagan ließ sich neben mir nieder, zog ein sauberes Taschentuch aus ihrer Tasche und tupfte überschüssiges Blut von meinen Knöcheln. Die stechenden Schmerzen, die mich dabei durchfuhren, ignorierte ich komplett.

»Glaubst du, ich kenne so was nicht?«, hakte sie nach und ich runzelte irritiert die Stirn. »Es gab Zeiten, da ist Kian ständig mit neuen Verletzungen nach Hause gekommen. Man könnte fast meinen, ich bin ein Profi im Platzwundenbehandeln«, scherzte sie, doch ich konnte nur matt lächeln. Ich wollte unter keinen Umständen wie Kian sein und noch viel weniger wollte ich wie Mason sein, der genauso schlimm wie Kian gewesen war. Irgendwann hatte ich aufgehört mitzuzählen, wenn er mit einer neuen Wunde nach Hause gekommen war.

»Es tut mir trotzdem leid, Reagan«, sagte ich beharrlich und versuchte, die Gedanken an Mason und Kian abzuschütteln.

»Mach dir jetzt erst mal keine Gedanken mehr«, beruhigte sie mich sanft. »Und vergiss, was sie dir da drinnen an den Kopf geworfen hat.«

»Hast du es mitbekommen?«, erkundigte ich mich und aufgrund des Schattens, der ihr für einen kurzen Moment über das Gesicht huschte, hatte ich die Antwort auf meine Frage.

»Es wird immer Menschen geben, die es nicht verstehen werden«, begann sie und ich nickte, während ich Mason vor Augen hatte, der die Flaggen vor Charlies Bar in Brand gesteckt hatte. Ich fragte mich, wieso ich nie gehandelt hatte. Ich hätte merken müssen, dass er ein schlechter Mensch war. Und ein intoleranter Mensch obendrein.

»Und was die Menschen nicht verstehen, mögen sie nicht. So einfach sind wir gestrickt. Wir werden ausfallend, herablassend und in manchen Fällen sogar handgreiflich, wenn uns gewisse Dinge nicht klar sind.«

»Ist es denn nicht traurig, dass manche Menschen die Liebe immer noch nicht verstehen?«

Reagan Lippen verzogen sich zu einem leisen Lächeln. »O, ich bin mir sicher, dass sie verstehen, wie die Liebe funktioniert. Was sie nicht verstehen wollen, ist, dass die Liebe mehr als nur eine Farbe hat. Sie ist bunt, verstehst du? So bunt wie ein verdammter Regenbogen. Und dennoch wird es auf ewig Menschen geben, die ihre Augen verschließen und die Farben nicht in ihr graues, eintöniges Leben lassen.«

»Mason hat es nie verstanden. Weder die Liebe noch ihre Vielfältigkeit«, antwortete ich leise.

Reagan drehte ihren Kopf in meine Richtung und forderte mich stumm auf weiterzureden. In ihren Augen funkelte Interesse und ich sprach beherrscht weiter, denn jeder Gedanke an Mason schürte den Hass in mir, den ich empfand, wenn ich an ihn dachte.

»Er hat alles gehasst, was er nicht verstanden hat«, fügte ich hinzu und senkte den Blick. »Und an einem Abend hat er Charlies Bar in Brand gesteckt. Er hat unschuldige Menschen gefährdet ... und bewiesen, dass in ihm kein Funken Liebe schlummert.«

Ich brach ab, überwältigt von den Erinnerungen, die mein Gedächtnis fluteten und mich gedanklich zu jenem Tag zurückkatapultieren, an dem Mason mit einem buchstäblichen Beweis der Liebe puren Hass verkörpert hatte.

Lane Cove, Sydney

5 Jahre Zuvor

»Babe, wir gehen ins Marquees. *Zieh dich an«, rief Mason aus dem Schlafzimmer. Es war keine Frage, ob ich mitkam, sondern eine eindeutige Aufforderung. Ich rollte mich schwerfällig von der einen Seite der Couch auf die andere. Der Fernseher flimmerte und tauchte den diffus beleuchteten Raum in ein gespenstisches Blau.*

»Ich bin müde, Mase. Kann ich nicht hierbleiben?« Ich wusste, dass ich mich gerade wie ein schmollendes Kind anhörte, doch heute war mir wirklich nicht nach Feiern, Alkohol und Drogen zumute. Ich wollte bloß hierbleiben, mich vom Fernseher berieseln lassen und meine Ruhe haben. Doch diese Rechnung hatte ich nicht mit Mason gemacht, der soeben aus dem Schlafzimmer kam, ins Wohnzimmer trat und die Decke, die meinen müden Körper umhüllte, mit einem Ruck wegzog. Ich funkelte ihn wortlos an und lieferte mir mit ihm ein stummes Blickduell.

»Ich sagte, zieh dich an, Alexis. Wir gehen ins Marquees *und du wirst mitkommen. Keine Widerrede. Habe ich mich klar ausgedrückt?«*

»Mason …«, fing ich wieder an, doch seine eisigen blauen Augen blitzten gefährlich auf und ich kam widerwillig auf die Beine. Seinen stechenden Blick spürte ich dabei jede Sekunde auf mir. Ich merkte, dass eine Diskussion mit ihm zu nichts als Streit führen würde, also nickte ich kaum merklich. Machte mich wieder kleiner, als ich eigentlich war, nur um ihn nicht zur Weißglut zu treiben.

»Ich habe schon verstanden. Gib mir fünf Minuten«, murmelte ich leise, huschte an ihm vorbei ins Schlafzimmer und ließ die Tür ins Schloss fallen.

Seufzend trat ich an den großen Kleiderschrank, ging nahezu apathisch meine Kleidersammlung durch und griff wahllos nach einem trägerlosen schwarzen Kleid, welches meine kurzen Shorts und das Tanktop in wenigen Minuten ersetzte. Prüfend blickte ich in den mannshohen Spiegel und betrachtete meine

Erscheinung. Das Kleid war kurz. Zu kurz. Und es betonte jede noch so kleine Kurve an meinem Körper. Doch ich wusste, dass es Mason gefallen würde. Also behielt ich es an, um zu einer falschen Version meiner selbst zu werden, die Mason gefiel, mein wahres Ich jedoch vollkommen unterdrückte. Mein dunkles, langes Haar fiel wie ein fließender Wasserfall über meine Schultern und das frische Tattoo auf meinem Unterarm, welches meine sonst so unbefleckte Haut nun zierte, schimmerte im trüben Schein der Nachttischlampe.

»Alexis, die fünf Minuten sind vorbei«, ertönte es vor der Tür und ich löste mich von meinem Spiegelbild, ehe ich in schwarze Pumps schlüpfte und nach einer passenden Tasche griff.

»Ich komme schon«, erwiderte ich, verließ das Schlafzimmer und ging zu Mason, der bereits an der Tür auf mich wartete und ungeduldig mit dem Autoschlüssel in seinen Händen spielte.

Als er mich erblickte, stellte er all seine Bewegungen ein und ließ seinen Blick hungrig über den Teil meines Körpers gleiten, der nicht von dem Kleid bedeckt war. Schneller, als ich reagieren konnte, hatte ich bereits die Wand im Rücken und Mason dicht vor mir. Seine eisig blauen Augen verschlangen jeden Zentimeter meiner Haut und als er seine Lippen quälend langsam über meinen Hals gleiten ließ, kroch mir eine unangenehme Gänsehaut über den Rücken.

»Dieses Kleid steht dir hervorragend«, raunte er nah an meinem Ohr, während seine Hände anstandslos alles berührten, was ihm in den Weg kam. Als ich eine Hand am Saum des Kleides spürte, die den Stoff hochzog, um an der Innenseite meiner Schenkel zu berühren, drückte ich ihn hastig von mir und zerrte den dünnen Stoff nach unten. Es brauchte nicht viel, um mehr preiszugeben, als mir lieb war, und ich fühlte mich immer unwohler in meiner Haut. Dennoch setzte ich mein antrainiertes Pokerface auf, verzog die Lippen zu einem aufgesetzten Lächeln, beugte mich vor und hauchte ihm einen Kuss auf die glattrasierte Wange.

»Das können wir auf später verschieben, Mase. Lass uns lieber los.«

»Ich werde darauf zurückkommen, Alexis«, hauchte er dicht an meinem Ohr, ließ seine Hände ein letztes Mal über meine Brüste gleiten und löste sich dann widerwillig von mir. »Wir müssen noch Ace und Maddox holen«, informierte er mich, während wir das Loft verließen und die Treppen hinunter gingen. Etwas in mir hoffte ständig aufs Neue, allein etwas mit Mason machen zu können. Nicht weil ich unbedingt allein mit ihm sein wollte, sondern weil die

Gefahr, dass er etwas anstellen könnte, deutlich geringer war, wenn keiner seiner Leute dabei war. Diese Hoffnung erlosch soeben wie eine brennende Fackel, die ins Wasser geworfen wurde. Meine nicht vorhandene Freude auf diese Nacht sank noch ein Stück tiefer und ich schluckte schwer.

»Ace und Maddox bringen nur Ärger, Mase. Können wir nicht allein –«

»Die beiden werden mitkommen, Alexis«, unterbrach er mich ruppig, drückte die Haustür auf und trat mit mir in die lauwarme Nachtluft Sydneys. Sein dunkelroter Dodge Charger, parkte unmittelbar vor der Tür und alles in mir sträubte sich dagegen, in dieses Auto zu steigen.

»Wieso muss ich mitkommen, Mason?«, jammerte ich und startete einen neuen Versuch, zurück in meine sicheren vier Wände zu flüchten. Ich blieb neben der Beifahrertür stehen, ohne auch nur auf den Gedanken zu kommen, die Tür zu öffnen.

Sein lodernder Blick schoss über das Dach hinweg zu mir und mein Selbstbewusstsein zog sich in Windeseile zurück.

»Ich möchte dich halt dabeihaben, Alexis. Wieso stellst du dich gerade so an? Sonst kommst du auch immer, ohne zu meckern, mit. Jetzt steig verdammt noch mal ein. Ich möchte hier keine Wurzeln schlagen.«

Eine gute halbe Stunde später war das Innere des Autos von Qualm erfüllt. Ace und Maddox reichten sich auf der Rückbank seit geschlagenen fünfzehn Minuten einen Joint hin und her, der ab und zu auch seinen Weg zu Mason fand. Meine Unruhe wuchs. Wenn Mason bekifft war, war er weder entspannt noch gut drauf. Er wurde unberechenbar.

»Wo zum Teufel fährst du lang, Mase?«, hakte Maddox von der Rückbank nach. »Mann, wir sind mitten im Schwuchtelviertel.«

Mein Blick wanderte nach draußen und ich musste feststellen, dass Maddox recht behielt. Bunte Regenbogenflaggen zierten die Häuserfassaden und ebenso bunte Menschen flanierten durch die Straßen – wirkten glücklich und zufrieden. Als könnte ihnen nichts und niemand auf dieser Welt etwas anhaben. Niemand, außer vielleicht die drei Menschen, die mit mir in diesem Auto saßen. Mein Herz zog sich auf eine unangenehme Art und Weise zusammen. Etwas sagte mir, dass Ace und Maddox auf dem besten Weg waren, Mason zu einer erneuten schlechten Tat zu drängen. Wie immer, wenn er mit ihnen unterwegs war.

Mir fiel auf, dass alle dort draußen die queere Bar The Imperial *ansteuerten.*

Die großen Regenbogenfahnen und das kunterbunte Lichterspiel an der Fassade schienen die Leute anzuziehen wie das Licht die Motten.

»Fahr langsamer, Mase. Lass uns den Schwuchteln mal ein bisschen Feuer unter dem Hintern machen«, kam es von Ace und ich warf einen kurzen Blick zu Mason, der die Lippen zu einem teuflischen Grinsen verzog und das Tempo drosselte.

»Lass den Scheiß, Mason«, verlangte ich mit dünner Stimme, doch entweder hörte er mich nicht oder er ignorierte meine Bitte gekonnt.

»Zünde das Ding an und dann raus damit«, sagte er, ehe er das Handschuhfach durchwühlte und nach einem Stück Papier griff, welches mir äußerst bekannt vorkam. Es war ein Brief, den ich Mason vor einigen Monaten nach einem heftigen Streit geschrieben hatte. Ein Brief, der all meine Gefühle für ihn enthielt.

»Mason …«, murmelte ich verletzt und er hielt einen Moment inne, als er erkannte, wonach er gegriffen hatte. Fast glaubte ich, er würde einen Rückzieher machen, doch als er den Brief mit einer einzigen Handbewegung zusammendrückte, schien mein Herz in zwei Teile zu brechen.

»Ich brauche kein Stück Papier, um zu wissen, wie sehr du mich liebst, Babe«, kommentierte er sein herzloses Handeln und drückte Maddox den zerknitterten Brief in die Hand.

»Gib mir die Flasche, Ace. Dann werden wir die Hütte mit einem kleinen Molli aufheizen«, rief Maddox und bei der Vorfreude in seiner Stimme wurde mir übel. Wenige Sekunden später hörte ich das Feuerzeug klicken. Obwohl ich wusste, dass meine Chance, sie von diesem kopflosen Vorhaben abzuhalten, gleich null war, versuchte ich ihnen trotzdem Vernunft einzureden.

»Hört auf mit dem Scheiß. Ihr könntet jemanden verletzen. Mason, wieso –«

»Halt die Klappe, Alexis, und schau aus dem Fenster. Das da draußen ist Abschaum. Nichts weiter. Hörst du?«, herrschte er mich an und ich konnte nicht glauben, was er gerade von sich gab. »Alles, was du hier siehst, von den beschissenen Regenbögen bis hin zu diesen gottlosen Freaks, ist alles verdammter Abschaum. Also tu nicht so, als würde dir etwas an diesem Pack liegen.«

»Es sind Menschen, Mason. Und sie haben euch nichts getan, also lasst den Scheiß bitte sein«, fuhr ich ihn an, doch da war es bereits zu spät. Maddox ließ das Fenster hinunter und Mason rollte in Schrittgeschwindigkeit an der Bar vorbei.

»Ey, Schwuchtel, ich habe hier was für dich«, rief Maddox laut und ein schwarzer Mann mit funkelndem Lidschatten und einem ebenso funkelnden Kostüm drehte sich zum Auto. Offenbar gehörte ihm die Bar, denn bis vor wenigen Sekunden hatte er alle eintretenden Gäste mit einem warmen Lächeln begrüßt. Dieses Lächeln erlosch jedoch rasch, als er die Glasflasche und das brennende Stück Papier sah, welches im Flaschenhals steckte und großen Schaden anrichten würde, wenn es mit dem Alkohol in der Flasche in Berührung kam. Die Flasche flog im hohen Bogen aus dem Auto und schoss wie ein unheilbringender Komet in Richtung Bar. Entsetzt sah ich dabei zu, wie Maddox sein Ziel genau traf und Ace ein glucksendes »Volltreffer, Mann!« von sich gab. Die Flasche prallte gegen die Fassade der Bar, zersprang klirrend in tausend kleine Teile und das Feuer, welches nun entstand, erfasste sowohl die riesige Flagge über den Köpfen der Menschen als auch die kleinen Fahnen, die an den Fensterbänken des Gebäudes flatterten.

»Fahr, Mase! Fahr schon, verdammte Scheiße, bevor die Cops hier aufkreuzen«, rief Ace und Mason trat so energisch aufs Gaspedal, dass die Reifen des Chargers komplett durchdrehten und das Auto quietschend davonschoss. Alles, was ich in der Hast noch sehen konnte, waren unschuldige Menschen, die mit Panik in den Augen das Weite suchten, um dem Feuer zu entkommen. Orangerote Flammen, die in den Nachthimmel züngelten und alles erfassten, was in Reichweite war. Doch die Blicke des schwarzen Mannes, der voller Entsetzen mit ansah, wie seine Bar in Flammen aufging, brach mir das Herz. In dieser Nacht war Mason zu weit gegangen. In dieser Nacht hatte er mir bewiesen, dass kein Funken Menschlichkeit in seinem herzlosen Körper steckte. Und in dieser Nacht war ich mir meiner Angst ihm gegenüber zum ersten Mal so richtig bewusst geworden.

Er war skrupellos.

Böse.

Teuflisch.

Tödlich.

Kapitel 12

Als ich an diesem Vormittag in Hudsons Zimmer trat, stockte mir unwillkürlich der Atem. Ich hatte geglaubt, dass die Woche, die er hier bereits drin war, Wunder bewirken würde. Doch nichts dergleichen war der Fall. Er wirkte noch dünner und zerbrechlicher, seine Haut war so weiß wie die Vorhänge an der riesigen Fensterfront und das einst so fröhliche Funkeln in seinen Augen war komplett erloschen. Kaum war ich eingetreten, riss er den Blick vom Fenster los und dreht den Kopf in meine Richtung. Auf seinem Gesicht erschien die Andeutung eines schwachen Lächelns. Sämtliche Bewegungen schienen ihm Energie und Kraft zu rauben.

»Hey, Huds. Wie geht es dir?«, wollte ich mit sanftem Tonfall wissen, ließ die Tür ins Schloss fallen und bewegte mich durch den großen Raum auf ihn zu. Das Einzelzimmer, welches er bekommen hatte, war so sporadisch eingerichtet, dass er restlos verloren wirkte. Abgesehen von seinem Bett, unzähligen Geräten, die an ihn angeschlossen waren, und einer Sitzmöglichkeit für Besucher, die aus einem Tisch, einer Couch und zwei Sesseln bestand, war der Raum leer. In einer Ecke des Zimmers kämpfte eine halb vertrocknete Pflanze um ihr Leben.

»Ich fühle mich wie Barry«, begann er und ich runzelte irritiert die Stirn.

»Wie Barry?«

Er nickte in Richtung der Pflanze. »Sie war ein Geschenk von Chester. Ich habe sie Barry getauft«, erzählte er mir mit schwacher Stimme. »Leider fehlt mir die Kraft aufzustehen, um ihn zu gießen. Er wird sterben. Und deswegen fühle ich mich wie Barry.«

Mein Herz zog sich bei diesen Worten vor Schmerzen zusammen und ich schüttelte brüsk den Kopf. »Das … das wird nicht passieren, Hudson«, widersprach ich knapp und griff nach dem Wasserbecher neben Hudsons

Bett, um das darin vorhandene Wasser auf die vertrocknete Erde zu gießen, bevor ich mich auf der Kante seines Bettes niederließ. »Er wird nicht sterben. Und du genauso wenig, hörst du?« Ich konnte nicht verhindern, dass meine Stimme anklagend klang.

»Alexis …«

»Nein«, blockte ich ihn sofort ab. »Du wirst wieder gesund, Hudson. Außerdem bist du in einem der besten Krankenhäuser Sydneys. Du wirst das schaffen«, sprach ich auf ihn ein und versuchte, im Insgeheimen auch mich mit diesen Worten zu überzeugen. Er würde es schaffen. Er *musste* es schaffen.

»Sieh mich doch an, Alexis«, stieß er mit rauer Stimme aus und ich lenkte meinen Blick widerwillig in sein blasses Gesicht. Seine trüben Augen wirkten abgestumpft – als hätte er sämtliche Hoffnung bereits aufgegeben. »In ein paar Wochen … vielleicht aber auch erst in ein paar Monaten, ist meine Zeit abgelaufen«, sagte er knapp, ehe er aus dem Fenster Richtung des Gore Hill Friedhofes blickte. »Dann werde ich denen da unten Gesellschaft leisten.«

Ich erhob mich, ging um sein Bett herum und riss die Vorhänge mit einer einzigen Handbewegung energisch zusammen. Das Sonnenlicht wurde im Bruchteil einer Sekunde von den Vorhängen verschluckt, und der dicke Stoff verlieh dem Raum fast eine gemütliche Atmosphäre. Fast.

Schließlich ließ ich meinen Blick aufgewühlt durch das gesamte Zimmer gleiten, um alles zu entfernen, was Hudson an den Tod erinnerte. Doch hier war nichts mehr – nichts außer der Tatsache, dass Hudsons Krankheit wie ein böser Geist durch den Raum schwebte. Unsichtbar. Und dennoch so präsent wie ein blinkendes Reklameschild in Neonfarben.

»Wo ist Chester?«, fragte ich nach, um dem Todesthema aus dem Weg zu gehen. Doch kaum saß ich wieder, spürte ich, dass ich die falsche Frage gestellt hatte. Hudsons Augen strahlten unvermittelt so viel Traurigkeit und Wut zur gleichen Zeit aus, dass ich unbehaglich schluckte.

»Er war seit drei Tagen nicht mehr da«, antwortete er, senkte den Blick auf seine Bettdecke und starrte die Nadel an, die in seinem Handrücken steckte und mit dem Tropf zu seiner Rechten verbunden war.

»Huds –«

»Ist schon okay«, würgte er mich knapp ab, richtete seine matten braunen Augen wieder auf mich und zwang sich zu einem halbherzigen Lächeln. »Ich habe ihn angelogen«, stieß er aus. »Er hat mich mehrmals gefragt, wie es mir geht. Und ich habe ihn angelogen, weil ich ständig sagte, mir würde es gut gehen. Wahrscheinlich hasst er mich und kommt deswegen nicht mehr«, schlussfolgerte er und ich schüttelte kaum merklich den Kopf.

»Das glaube ich nicht, Huds.«

Gerade als Hudson zum Sprechen ansetzen wollte, klopfte es zaghaft. Die Tür ging einen kleinen Spalt auf und zum Vorschein kam Chester. Sein Lächeln wich einem zerknirschten Ausdruck, je länger Hudson ihn schweigsam anstarrte, als wäre er ein Trugbild seiner Fantasie. Nachdem die Tür ins Schloss gefallen war, purzelten die Worte wie ein Wasserfall aus seinem Mund.

»Es tut mir leid, Huds. Ich wollte dich besuchen kommen, ehrlich. Aber ich hatte keine Zeit.«

»Keine Zeit?«, echote Hudson und mein Blick flog beunruhigt zu dem Herzmonitor an seinem Bett. Sein Puls schoss sekündlich in die Höhe und das regelmäßige, ruhige Piepsen seines Herzschlages verdoppelte sich.

»Jetzt schau mich nicht so an und beruhige dich«, beeilte Chester sich zu sagen, kam zum Bett und griff nach Hudsons Hand, obwohl dieser sichtlich in Rage war. »Ich wollte dich überraschen.«

»Womit? Damit, dass du dich drei Tage nicht blicken lässt, mir eine Pflanze zum Sterben hierlässt und dann hier auftauchst, als wäre es das Normalste auf dieser gottverdammten Welt?«, fuhr er ihn an und Chester zuckte zusammen, als hätte Hudson ihm einen Hieb verpasst.

»Hudson«, warnte ich ihn leise und er presste die Lippen stur zusammen, ohne noch ein weiteres Wort von sich zu geben. Chester ließ verunsichert seine Hand los, kramte in seiner Jackentasche, zog einen Schlüssel hervor, welchen er gleich darauf klimpernd in die Höhe hielt.

»Ich bin umgezogen, Huds.«

Hudson beäugte den Schlüssel misstrauisch. »Und wohin? War dir Newcastle nicht weit weg genug?«

»Das ist der Punkt«, sagte Chester und ließ sich von Hudsons verstimmter Laune nicht aus der Ruhe bringen. »Newcastle war mir *zu* weit weg. Ich habe mir hier in Sydney etwas gesucht, um genau zu sein ein Loft in Northwood, in der Nähe von Charlies Bar und vom Krankenhaus. Es ist groß genug für uns beide, Huds. Also wenn das alles hier vorbei ist, dann –«

»Vorbei?«, hakte Hudson nach. Das wütende Funkeln in seinen Augen war zwar verebbt, doch ersetzt wurde es durch tiefe Traurigkeit, die er mit jeder Faser seines Körpers auszustrahlen schien.

»Ja ... ich meine ... wenn du hier endlich wieder raus kannst«, stammelte Chester hörbar verunsichert.

Hudson ließ seinen Blick langsam zwischen Chester und mir hin und her gleiten, bevor er zum Reden ansetzte. »Wieso ignoriert ihr beide eigentlich eine ganz offensichtliche Tatsache?«, forschte er tonlos nach und bevor wir überhaupt über eine Antwort nachdenken konnten, sprach er weiter. »Meine Tage sind gezählt. Einer nach dem anderen.«

Chester schüttelte energisch den Kopf. »Wo ist mein optimistischer Huds hin?«, hinterfragte er mit bebender Stimme.

Hudsons trübe braune Augen musterten erst Chester und dann mich. Er schien seine folgenden Worte mit Bedacht zu wählen, damit sie uns nicht allzu sehr verletzen würden.

»Ich habe heute Morgen die letzten Testergebnisse bekommen«, begann er leise. »Der Arzt hat es T4N4R2 genannt, was so viel bedeutet wie: Schreib deine Grabrede, Tate, denn es ist bald so weit. Mein Lungenkrebs befindet sich im Endstadium, meine Heilungschancen sind nicht mehr vorhanden und vielleicht könnt ihr nun verstehen, dass sich mein Optimismus in Luft aufgelöst hat.«

Für einen kurzen Moment herrschte betroffenes Schweigen. Der Kloß in meinem Hals schwoll an und auch in Chesters Augen glänzten Tränen.

»Es ist Zeit für die Harbour Bridge, Ches«, fuhr Hudson leise fort. Als hätte er eine Waffe auf Chester gerichtet, spannte sich dieser im Bruchteil einer Sekunde an und riss den Blick in die Höhe. Trauer färbte seine Augen dunkel und er wich mehrere Schritte zurück.

»Nein«, blockte er fast schon panisch ab. »Nein, auf keinen Fall, Hudson.« Im nächsten Moment stieß er eine unverständliche Entschuldigung aus und stürzte blindlings aus dem Zimmer. Die Tür fiel knallend ins Schloss und Hudson blickte verzweifelt in Richtung Tür. Ich spürte, dass alles in ihm aufstehen und nach Chester sehen wollte. Doch seine Lunge hatte ihn in unsichtbare Ketten gelegt und ans Bett gefesselt.

»Ich schaue nach ihm«, murmelte ich, beugte mich zu ihm runter und drückte ihm einen sanften Kuss auf die Wange. »Bleib stark, Huds. Ich weiß, dass du es schaffen wirst.« Schließlich griff ich nach meiner Tasche, lief aus dem Raum und prallte gegen Chester, der unmittelbar vor der Tür stand und hastig die Tränen wegwischte, die ihm über die Wangen liefen.

» Was ist denn los, Chester?«, fragte ich leise, schloss die Tür und zog ihn ein Stück zur Seite. Er ließ sich erschöpft auf den Boden sinken. Den Rücken lehnte er gegen die Wand. Ich ließ mich neben ihm nieder und gab ihm die Zeit, die er brauchte, um selbst zu Wort zu kommen.

»Die Harbour Bridge ist sein größter Traum und sein letzter Wunsch«, eröffnete er mir. »Als wir noch zusammen waren, haben wir gemeinsam eine Bucketlist für ihn geschrieben. Dinge, die er tun möchte, bevor er stirbt. Zu diesem Zeitpunkt dachten wir, er hätte noch ewig Zeit. Deswegen ist der Aussichtspunkt auf der Harbour Bridge auch der letzte Punkt auf seiner Liste.« Er machte eine kleine Pause, fuhr sich mit zitternden Händen durch die Haare und sah mich mit Tränen in den Augen an.

»Die Harbour Bridge ist für ihn dasselbe wie eine Henkersmahlzeit für einen Menschen im Todestrakt. Er wird sterben, Alexis. Und wir können nichts dagegen tun.«

***

»Alexis, wo bist du nur mit deinen Gedanken?«, hakte meine Mum hitzig nach, während sie die Musik ausschaltete und mich mit strengen Blicken musterte. Ich hatte mich nun schon eine Stunde lang mit Aufwärmübungen rumgeschlagen, doch gedanklich hing ich bei Hudson und der Tatsache fest, dass niemand von uns wusste, wann es so weit sein würde, bis er uns verließ.

»Tut mir leid, auf Anfang«, murmelte ich, doch die Musik ging nicht an.

»Ich bin immer noch deine Mutter, Alexis. Rede mit mir. Ich merke doch, dass dir etwas auf dem Herzen liegt«, erwiderte sie.

Ich seufzte schwer auf, ließ die Ballettstange los und trat an die riesige Fensterfront. Meine Augen erfassten das gewaltige Stahlgerüst der Harbour Bridge, die eine Verbindung zu einer scheinbar vollkommen individuellen und lebhafteren Seite von Sydney schuf.

Die Harbour Bridge ist für ihn dasselbe wie eine Henkersmahlzeit für einen Menschen im Todestrakt.

Der Kloß in meinem Hals schwoll an.

Er wird sterben, Alexis.

Meine Sicht verschwamm.

Und wir können nichts dagegen tun.

Bevor die Tränen einen Weg nach draußen finden konnten, schluckte ich sie weitestgehend runter, drehte mich zu meiner Mum um und schüttelte kaum merklich den Kopf. »Du würdest es ohnehin nicht verstehen«, sagte ich knapp, ging zurück zur Ballettstange und kam zurück in die erste Position. »Können wir bitte weitermachen?«

»Nicht, bevor du mir sagst, was mit dir los ist. Du wirst nicht besser werden, wenn du dich nicht fokussierst, Alexis«, rügte sie mich und ich umklammerte die glatte Stange verkrampft.

»Ich werde meinen Fokus auch nicht finden können, wenn du nicht aufhörst, mich diesem verdammten Verhör zu unterziehen«, konterte ich gereizt und sie verschränkte die Arme vor der Brust, während sie mich eines missfälligen Blickes strafte. Die Tür zum Studio schwang auf, bevor meine Mum etwas auf meinen kleinen Ausbruch erwidern konnte, und mein Dad ließ seinen Blick prüfend durch den großzügigen Raum schweifen. Als er mich erblickte, tauchte ein strahlendes Lächeln auf seinem Gesicht auf.

»Habe ich doch richtig gehört«, rief er gut gelaunt, durchquerte den Raum und zog mich in eine feste Umarmung. »Wie schön, dass du da bist, Alexis«, begrüßte er mich mit warmer Stimme.

Für einen winzigen Moment erlaubte ich es mir, den Groll auf meine Mum und die Gedanken an Hudson in den Hintergrund zu schieben.

»Hey, Dad«, erwiderte ich mit einem Lächeln auf den Lippen und löste mich wenig später wieder von ihm.

»William, wir sind mitten im Training«, merkte Mum knapp an, sodass mein Dad unverzüglich beschwichtigend die Hände anhob, wie um die aufkommenden Wogen zu glätten, die meine Mum mit ihrer herrischen Stimmung verbreitete.

»Kein Grund zur Panik, Isabel. Ich wollte mich nur vergewissern, ob hier oben alles okay ist.«

»Natürlich.«

»Alles bestens«, sprach ich zeitgleich mit meiner Mum aus.

Mein Dad lockerte seine Krawatte und schenkte uns beiden noch ein herzliches Lächeln. »Es ist großartig, dass du hier bist, Alexis«, wiederholte er sich. »Wie wäre es zur Feier des Tages mit einem Abendessen im *Manta*

Restaurant? Ich lade euch ein.«

»Sie hat einen Ernährungs-«

»Isabel«, unterbrach er sie sanft, sodass meine Mum weitere Worte sofort im Keim erstickte. »Wir sind das erste Mal seit drei langen Jahren wieder als Familie zusammen. Und ich bin nur für eine Woche in der Stadt, bevor ich nach Perth muss. Darf ich euch also bitte zum Essen einladen?«

»Dad ... Das ist eine tolle Idee, aber ich ... ich bin heute Abend verabredet, also –«

»Und ich muss ins Opernhaus«, fügte meine Mum hinzu. »Oder hast du vergessen, dass die Compagnie in zwei Monaten wieder auf Tournee geht?«

»Na schön, in Ordnung«, seufzte er leise, ließ sich von unseren Ausreden aber nicht beirren. »Dann werde ich uns jetzt etwas kochen und wir essen hier gemeinsam. Danach könnt ihr machen, was ihr wollt. Aber auf dieses eine gemeinsame Essen bestehe ich.«

Eine gute Stunde später verließen wir das Studio und begaben uns eine Etage tiefer. Ein köstlicher Duft schwebte durch die Räume, benebelte meine Sinne und ließ meinen Magen laut aufknurren. Meine Beine leiteten mich fast wie von selbst in den Salon, in dem ein großer gläserner Tisch in der Mitte des Raumes thronte. Viel hatte sich hier in diesen drei Jahren nicht verändert. Es war alles noch genauso groß, genauso prunkvoll und genauso penibel aufgeräumt, wie ich es in Erinnerung hatte. Vor der großen Fensterfront stand noch immer der schneeweiße Flügel, welchen ich als kleines Kind nahezu malträtiert hatte, indem ich ohne jegliches Taktgefühl auf die schwarz-weißen Tasten schlug, wohlwissend, dass es meine Mum wahnsinnig machen würde. Ich schüttelte die Erinnerung ab und ließ mich an dem reich gedeckten Tisch nieder. Beim Anblick des zarten Lachsfleischs, der dampfenden Kartoffeln und des satten, grünen Brokkoli auf meinem Teller lief mir das Wasser im Mund zusammen. Ich sah über den Tisch hinweg zu meinem Dad, der mich sanft anlächelte und sein Rotweinglas leicht anhob.

»Dein Lieblingsessen. Ich hoffe, es schmeckt.«

Wir aßen seit keinen fünf Minuten, als mein Handy zu vibrieren begann. Ich warf einen verstohlenen Blick auf das Gerät in meinem Schoß und las hastig die Nachricht durch, die Reagan mir geschrieben hatte.

Kian und ich schmeißen heute eine kleine Party. Verleg dein Date mit Marlowe hierher. Das wird bestimmt lustig, schrieb sie.

Mit lustig meinst du, Kian zu beweisen, dass zwischen uns nichts läuft und gleichzeitig zu versuchen, mein erstes wahres Date mit einer Frau zu überstehen, während ich seine Killerblicke im Nacken hängen habe?, tippte ich als Antwort.

»Alexis?«

»Mh?« Ich riss den Blick in die Höhe und sah über den Tisch hinweg zu meinem Dad, der mich geduldig musterte.

»Ich fragte, mit wem du dich heute Abend triffst.«

»Kennst du nicht«, würgte ich ihn ab, schob einen Bissen Lachs in meinen Mund und kaute bedächtig, um weitere Antworten in die Länge zu ziehen.

»Ich hoffe nur, dass du nicht wieder an so einen Verbrecher geraten bist, Alexis«, klinkte meine Mum sich in das Gespräch ein und warf mir von ihrem Platz aus einen prüfenden Blick zu. »Weiß er, dass du tanzt? Und dass dein Fokus nun eher auf dem Training als auf einem Mann liegen sollte?«, hakte sie weiter nach und ich unterdrückte den Drang, die Augen zu verdrehen.

»Sicher«, erwiderte ich lahm, unwissend, ob ich erwähnen sollte, dass mein Fokus gar nicht auf einem Mann lag.

Auf meinem Schoß vibrierte es erneut und ich senkte den Blick.

Klingt doch super lustig. Mach dir keinen Kopf wegen Kian. Er wird mit seinen Leuten beschäftigt sein. Wann kommst du her? Hast du Marlowe schon Bescheid gegeben?, lautete die nächste Nachricht von Reagan und tief in meinem Inneren, da sträubte sich alles dagegen, Marlowe zu schreiben. Ich wollte den Abend mit Reagan verbringen, doch dieser Zug war höchstwahrscheinlich abgefahren, weswegen ich Marlowe widerwillig den neuen Ablauf des Abends übermittelte.

»Übrigens, Alexis«, durchschnitt Mums scharfe Stimme die Stille, die im Salon herrschte.

Ich lenkte meinen Blick widerwillig in ihre Richtung.

»Der Dekan hat mich kontaktiert«, eröffnete sie mir und mein Herz setzte einen winzigen Schlag aus. »Wir sollen morgen früh um Punkt zehn Uhr in seinem Büro sein. Sasha Fox und ihre Mutter werden uns Gesellschaft leisten. Möchtest du uns vielleicht etwas dazu sagen?«, forschte sie nach und musterte mich mit einem so durchdringenden Blick, dass ich unbehaglich schluckte. Den Vorfall mit Sasha hatte ich so gut wie vergessen. Einzig und allein meine verletzte Hand erinnerte mich daran, wie kopflos und dumm ich gehandelt hatte.

»Wir hatten eine kleine Meinungsverschiedenheit, mehr nicht«, blockte ich ab und meine Mum zog eine ihrer perfekt geformten Augenbrauen in die Höhe. Die Skepsis in ihrem Blick sprach Bände. Immerhin kannte sie meine schlechte Seite nur allzu gut und als ihre funkelnden Augen für den Bruchteil einer Sekunde zu meinen aufgeplatzten Fingerknöcheln wanderten, ließ ich die Hand schnell unter der Tischplatte verschwinden.

»Hast du wieder Kontakt mit diesem Charlton-Jungen?«

Die Frage brachte mich so stark aus dem Konzept, dass ich mehrmals blinzelte und dann heftig mit dem Kopf schüttelte. »Nein, Mum. Du weißt ganz genau, dass er im Parramatta einsitzt. Ich hatte seit drei Jahren keinen Kontakt mehr zu ihm.«

Sie schürzte die Lippen, so, als zweifelte sie partout an meinen Worten, nippte an ihrem Wasserglas und warf meinem Dad schließlich einen kleinen Blick zu, der ihn stumm aufforderte, das Wort zu ergreifen.

»Wir machen uns nur Sorgen um dich, Alexis. Immerhin war er kein guter Umgang«, merkte er betroffen an und ich glaubte, mich verhört zu haben.

Meine Gabel blieb auf halbem Weg zu meinem Mund in der Luft hängen. »Ihr macht euch Sorgen?«, echote ich belustigt und schüttelte ungläubig den Kopf. »Ich glaube, ihr wollt mich verarschen!«

»Alexis!«, zischte meine Mum, doch ich schenkte ihr nur einen giftigen Blick, bevor ich ungefiltert weitersprach. »Ich war dir drei Jahre lang egal«, fuhr ich sie an. »Und du hast mich wie Luft behandelt. Schlimmer noch. Du hast mich behandelt, als würde ich in deinem Universum nicht existieren. Jetzt wollt ihr mir weismachen, dass du dich um mich sorgst?«, fauchte ich wütend, fixierte meine Mum und sah zufrieden dabei zu, wie ihre eiskalte Maske zu schmelzen begann. Ich knallte die Gabel auf den gläsernen Tisch und schob meinen Stuhl geräuschvoll zurück. Eine Tat, die meine Mum abgrundtief hasste, aus Angst, der teure Parkettboden könnte zerkratzen. Und auch jetzt zuckte sie sichtlich zusammen, als das schabende Geräusch durch den stillen Salon hallte.

»Alexis, bitte setze dich wieder«, ertönte die ruhige Stimme meines Dads, doch ich schüttelte erschöpft den Kopf.

»Tut mir leid, Dad, aber ich werde jetzt gehen. Ich kann nicht hier sitzen und so tun, als wäre alles perfekt. Das ist es nicht. Und es wird nie wieder so sein.«

Ich schob mein Handy in die Hosentasche und war im Begriff, in die Eingangshalle zu gehen, als mich Mums Stimme zum Stehenbleiben zwang.

»Wenn du jetzt gehst, Alexis, brauchst du nicht mehr wiederkommen.«

»Isabel ...«, stieß mein Dad warnend aus, doch meine Mum sprach ungehalten weiter.

»Geh. Aber sobald die Tür hinter dir ins Schloss fällt, wirst du auf dich allein gestellt sein. Endgültig.«

Ich verweilte im Türrahmen, starrte in den offenen Wohnbereich und schluckte schwer, als ich meine Kindheit wie in einem Zeitraffer an mir vorbeiziehen sah.

Ich sah mein kleines Ich in einem nagelneuen Ballerinakostüm durch das Penthouse tanzen. Ich sah meine Mum und meinen Dad, wie sie fröhlich lachend auf der großen Couch saßen und mir zujubelten. Geburtstage, Weihnachtsfeste und Familienfeiern vereinten sich vor meinem inneren Auge zu wundervollen Erinnerungen, eingehüllt in einen goldenen Schleier, der ihnen etwas Kostbares und Magisches verlieh.

Doch dann zerriss die Realität diesen nahezu magischen Schleier aus den schönsten Erinnerungen. Plötzlich sah ich nur noch den abwertenden Blick meiner Mum vor mir und hörte ihre Stimme, die mir sagte, dass ich niemals gut genug für das Ballett sein würde. Der goldene Schleier verwandelte sich unverzüglich in grauen Dunst. Gelächter wurde zu Geschrei. Liebe wurde zu Hass. Himmel wurde zur Hölle.

Diese Familie ist nicht mehr zu retten.

Deinetwegen, Alexis.

Sie ist nicht meine Tochter.

Die Worte meiner Mum hallten durch meinen Kopf und ich löste mich aus meiner Starre. Ohne mich noch einmal zu meinen Eltern umzudrehen, steuerte ich die Haustür an. Ich verließ das Penthouse und als die Tür hinter mir ins Schloss fiel, hallte der Knall wie ein todbringender Pistolenschuss in meinen Ohren wider – ein Schuss, der das Band zu meiner Mum ein für alle Mal durchtrennt hatte.

Kapitel 13

Da seid ihr ja endlich, kommt rein«, begrüßte Reagan uns erfreut und trat einen Schritt zur Seite, damit Marlowe und ich eintreten konnten. Die Party in der kleinen Wohnung war bereits in vollem Gange. Einige der Gäste tanzten an einer kleinen freien Stelle zu der Musik, andere wiederum standen, mit roten Plastikbechern in den Händen, in kleinen Grüppchen zusammen und unterhielten sich angeregt. Meine Augen wanderten rastlos durch den Raum und als ich Kian erblickte, der mit seinen Leuten beinahe die gesamte Couch beschlagnahmt hatte, stockte mir der Atem. Als hätte er das Stolpern meines Herzens genau gehört, trafen seine dunklen Augen direkt auf meine und fixierten mich. Sein entspannter Gesichtsausdruck wich einer starren Maske. Ein übler Sturm braute sich in seinen Augen zusammen und als er sich von der Couch erhob, musste ich mich regelrecht zwingen, nicht blindlings aus der Wohnung zu stürzen. Kian bahnte sich einen Weg durch die Gäste, blieb dicht hinter Reagan stehen und legte besitzergreifend eine Hand um ihre schmale Taille.

»Was für eine nette Überraschung, Alexis. Ich wusste nicht, dass du auch kommen würdest«, merkte er an. Seine Stimme triefte vor geheuchelter Nettigkeit und sein Griff um Reagans Taille verstärkte sich, sodass sie gezwungen war, einen Schritt zurückzutreten, und nun mit dem Rücken an seiner breiten Brust lehnte.

»Reagan hat mich eingeladen«, antwortete ich, drehte mich dann halb zu Marlowe um, die bisher noch kein Wort gesagt hatte, und griff instinktiv nach ihrer Hand. »Sie dachte, es wäre nett, wenn ich mein Date mit Marlowe hierher verlege. Das stört dich doch nicht, oder?«, fragte ich mutiger, als ich mich fühlte.

Kians Blick huschte zwischen mir und Marlowe hin und her, bevor er den

Kiefer fest anspannte. »Rea, wir müssen reden. Jetzt«, knurrte er leise und bevor Reagan überhaupt reagieren konnte, schob er sie bereits in Richtung Schlafzimmer. Wenige Sekunden später hörte man das Knallen der Tür, obwohl die Musik hier drin am Dröhnen war. Dass sich die Nachbarn aus dieser ruhigen Ecke Sydneys noch nicht beschwert hatten, glich einem Wunder.

»Sind wir hier wirklich willkommen?«, hakte Marlowe nach und ich drehte mich zu ihr um. Ihre rehbraunen Augen musterten mich prüfend und mit einem gewissen Funken Unruhe.

»Ich habe das Gefühl, dass er das hier …«, sie hob unsere ineinander verschränkten Hände kurz an, »… nicht wirklich akzeptiert.«

»Mit dem Gefühl könntest du nicht ganz unrecht haben«, erwiderte ich, ließ den Blick ein zweites Mal durch den Raum schweifen und blieb letztendlich an Kians Freunden hängen, die alle mindestens genau so düster und böse wirkten wie Kian selbst. Einzig und allein sein Freund Brody, den ich noch aus *Pino's Pizzeria* kannte, passte nicht in diese Gruppe aus Möchtegern-Badboys rein. Sein vornehmes Aussehen – die faltenfreie Chino, das klassische Button-Down-Hemd und die ledernen Slipper an seinen Füßen – boten einen starken Kontrast zu den verwaschenen Jeans, den Lederjacken, Bikerstiefeln, Bandshirts und Tattoos, die der Rest der Gruppe zur Schau stellte. Wie auf Knopfdruck wandten sich alle Köpfe in meine Richtung und die abwertenden, finsteren Blicke trafen mich wie Pfeile.

Ich entkam diesem nonverbalen Angriff, indem ich Marlowe einen Raum weiter in die Küche zog und die Tür anlehnte. Auf der schmalen Arbeitsfläche stand eine ganze Bandbreite an Alkohol und Softgetränken zur Verfügung und ich schnappte mir zwei der roten Plastikbecher, die aufgestapelt und griffbereit auf der kleinen Kücheninsel neben zahlreichem Fingerfood und Schüsseln befüllt mit Chips standen.

»Möchtest du auch etwas?«

»Überrasche mich«, erwiderte Marlowe, ehe sie sich auf die schwarz glänzende Arbeitsfläche zog und die Beine entspannt runterbaumeln ließ.

»Stimmt es, dass das hier dein erstes Date mit einer Frau ist?«, forschte sie interessiert nach, sodass ich mich im Bruchteil einer Sekunde versteifte und die Ginflasche vor meiner Nase anstarrte, als wäre sie es gewesen, die diesen Fakt munter ausgeplaudert hatte.

»Ja, es stimmt. Ist das ein Problem?«, fragte ich und konnte nicht verhindern, dass meine Stimme einen scharfen Unterton annahm. Schließlich riss ich den Blick von der Flasche los und schaute zu Marlowe, die mich amüsiert angrinste.

»Das ist kein Problem. Entspann dich.«

Ich wandte mich wieder von ihr ab, griff nach der Ginflasche und befüllte beide Becher bis zur Hälfte mit der hochprozentigen Flüssigkeit. In den Untiefen meines Gewissens meldete sich ein kleines Stimmchen, welches mir meinen verdammten Ernährungsplan und die harte Trainingsphase vorhielt. Ich versuchte, es so gut es ging zu ignorieren, griff dennoch nach dem Tonic Water und befüllte die andere Hälfte meines Bechers mit dem Wasser.

Plötzlich schoben sich Marlowes Finger in mein Sichtfeld, die meine verletzte Hand umfassten und zart über die malträtierten Fingerknöchel fuhren. Die Ringe an ihren Fingern fühlten sich kalt auf meiner Haut an und mein Blick schoss zu ihrer Hand.

»Was ist da passiert?«

»Ich habe mich gestoßen«, wimmelte ich sie ab.

»Gestoßen?«, hinterfragte sie kritisch, ehe sie ihre Finger über meine Hand hinweg den Arm hinaufgleiten ließ und ihre Augen auf ein Tattoo an meinem Oberarm heftete, welches sie mit dem Zeigefinger kaum merklich nachzeichnete. Ihre Berührung war so zart wie die einer Feder.

»Da steht Engel«, sagte sie und verzog die Lippen wieder zu einem Grinsen. »Ziemlich paradox, oder nicht?«

»Wieso?«

»Welcher Engel prügelt sich?«

Mein Blick kreuzte sich mit ihrem und ihre unschuldigen hellen Augen, die von langen, dichten Wimpern umrahmt waren, musterten mich eingehend.

»Ich habe mich nicht –«

»Du kannst mir nichts vormachen. Ich habe drei ältere Brüder und weiß genau, worauf solche Verletzungen hindeuten, Alexis«, unterbrach sie mich und nur einen Augenblick später ging die Tür zur Küche auf. Reagan rauschte verstreut in die Küche, blieb jedoch abrupt stehen, als sie Marlowe und mich erblickte. Ihr Blick flackerte innerhalb eines Wimpernschlags zu Marlowes Hand an meinem Arm und fast glaubte ich, einen Schatten über ihr schönes Gesicht huschen zu sehen. Doch vielleicht hatte mir das Licht auch bloß einen Streich gespielt, denn im nächsten Moment pinselte sie ein Lächeln auf ihre Lippen.

»Amüsiert ihr euch?«, fragte sie, bevor sie neben mir die Kühlschranktür aufzog und zwei Bierflaschen hervorholte.

»Ist alles okay, Reagan?«, hakte ich beunruhigt nach, ohne auf ihre Frage einzugehen. Die roten Flecken auf ihren Wangen und die glänzenden Augen verrieten, dass sie geweint hatte, und ich spähte über ihre Schulter durch den Türspalt. Kian setzte sich mit verbissener Miene zurück zu seinen Leuten und schien sich nicht im Entferntesten dafür zu interessieren, dass er Reagan als emotionales Wrack zurückgelassen hatte.

»Es ist alles bestens, Alexis. Mach dir keinen Kopf und genieße den Abend.« Mit diesen Worten drehte sie sich um und verließ die Küche. Mein Blick folgte ihr und obwohl Marlowe neben mir saß und ich mich eigentlich nur auf sie konzentrieren wollte, spürte ich einen verräterischen Stich in der Magengegend, als Reagan auf Kians Schoß Platz nahm und ihm das zweite Bier reichte.

»Lass uns tanzen«, stieß ich rasch aus, kippte den Inhalt meines Bechers in einem Rutsch hinunter und genoss das brennende Gefühl des Alkohols, der sich einen Weg durch meinen Körper bahnte. Ich zog Marlowe von der Arbeitsfläche aus der Küche hinaus und mischte mich mit ihr unter die tanzenden Gäste. Hayley Kiyokos *Curious* drang aus den Lautsprechern und während ich Marlowe in einen engen Tanz zog, den sie mit einem anzüglichen Grinsen quittierte, wagte ich einen winzigen Blick in Reagans Richtung. Sie wandte ertappt den Blick ab, nippte an ihrem Bier und folgte mit desinteressierter Miene dem Gespräch der Jungs.

Ich versuchte mich zwanghaft erneut auf Marlowe zu konzentrieren, schaltete meine Gedanken ab und ließ mich vom Takt der Musik führen. Marlowe schlang ihre schlanken Arme um meinen Nacken, zog mich näher und ließ ihre Hüften im Rhythmus der Musik kreisen. Meine Hände fanden den Weg an ihre Taille, während ich mich ihren fließenden Bewegungen anpasste. Doch es fühlte sich schlichtweg falsch an. Es lag nicht an Marlowe. Mit den rotbraunen Haaren, die in sanften Wellen ihr Gesicht mit den hohen Wangenknochen, den geschwungenen Lippen und den frech funkelnden Augen umrahmten, machte sie Reagan und wahrscheinlich jeder anderen Frau in dieser Wohnung Konkurrenz. Ihr schlanker Körper kam meinem immer näher und der Druck in meiner Brust nahm zu. In meiner Wunschvorstellung war es Reagan, die nun auf engstem Raum mit mir tanzte, ihre Hüften an meiner kreisen ließ und ihr Gesicht meinem näherte. Ich stutzte, riss mich grob aus meinem Wunschdenken und musste mit Schrecken feststellen, dass mich kein Zentimeter mehr von Marlowes Lippen trennte. Bevor sie die Lücke schließen konnte, drehte ich meinen Kopf zur Seite und spürte ihre Lippen stattdessen dicht an meinem Ohr.

»Was ist los, Alexis? Bist du nicht für Spaß zu haben?«

Ich verkrampfte mich und brachte ein kaum merkliches Kopfschütteln zustande. Zeitgleich versuchte ich Abstand zwischen uns zu bringen, um dem zunehmenden Druck in meiner Brust, den ich der ungewollten Körpernähe zu verdanken hatte, entkommen zu können.

»Das ist unser erstes Date, Marlowe«, begann ich zögerlich und konnte wunderbar mitansehen, wie das Grinsen auf ihren Lippen schrumpfte. »Ich möchte einfach nichts überstürzen«, fügte ich hinzu und wartete eine Antwort ab.

Doch Marlowe antwortete nicht sofort. Nein. Sie drehte den Kopf über die Schulter hinweg zu Reagan, schien eins und eins zusammenzuzählen und drehte sich schließlich wieder zu mir um. »Es liegt an ihr, hab ich recht?«

Meine Gesichtszüge entgleisten mir und das schien für Marlowe Antwort genug zu sein. Sie hob abwehrend beide Hände an, drückte sich an mir vorbei und steuerte die Haustür an, ohne mich noch eines Blickes zu würdigen.

»Marlowe?«, rief ich und schaffte es, meine Beine in Bewegung zu setzen. Ich fing sie ab, als sie gerade im Begriff war, die Tür aufzureißen, und hielt sie am Oberarm fest. »Wo gehst du hin?«

»Ich verschwinde, Alexis«, knallte sie mir an den Kopf. »Denn es ist offensichtlich, dass du auf sie stehst, und ich werde nicht bleiben, um für dich den Lückenfüller zu spielen«, fügte sie wütend hinzu, sodass ich schwer schluckte und nach den richtigen Worten suchte, die sie vielleicht zum Bleiben überreden könnten. Doch es schien, als hätte sich mein Sprachzentrum von mir verabschiedet, und deswegen konnte ich nur stumm dabei zusehen, wie sie mir einen letzten enttäuschten Blick zuwarf und anschließend die Wohnung verließ. Für den Bruchteil einer Sekunde verweilte ich an Ort und Stelle, starrte die Tür an, durch die Marlowe soeben verschwunden war, und spielte mit dem Gedanken, ihr zu folgen. Jeder andere Mensch, der sein erstes Date nach so einem Desaster retten wollte, wäre ihr gefolgt. Doch ich tat es nicht. Stattdessen drehte ich mich um und bereute es im selben Moment. Reagan hing an Kians Lippen, als würde es kein Morgen mehr geben. Seine tätowierten Hände wanderten ruhelos über ihren Körper, der in einem kurzen, roten Kleid steckte. In meinem Magen machte sich ein dumpfer Schmerz bemerkbar, der mir das Gefühl gab, als würde Gift in ihm brodeln. Doch ich wusste seit Jahren mit Schmerz umzugehen. Meine Beine trugen mich automatisch zurück in die kleine diffus beleuchtete Küche, in der ich auf Brody traf. Er stand an der Küchenzeile, füllte sein Scotchglas mit Bedacht auf und hob den Blick, als er merkte, dass er nicht mehr allein war. Unverzüglich verzogen sich seine Lippen zu einem süffisanten Grinsen und mir lief es eiskalt den Rücken hinunter.

»Nette Show, die du eben abgeliefert hast.«

»Wir haben nur getanzt«, erwiderte ich knapp, griff nach einem neuen Becher und kippte Gin hinein. Diesmal ließ ich das Tonic Water bewusst stehen, setzte den Becher an und trank die bittere Flüssigkeit in einem Zug aus. Das Brennen, welches der Gin hinter sich herzog, wanderte von meiner Kehle geradewegs in meinen Magen und betäubte alles, was ihm in den Weg kam.

»Und wo ist deine heiße Tanzpartnerin?« Brody war um die kleine Kücheninsel gekommen und lehnte sich dicht neben mir gegen die Arbeitsfläche, sodass mich eine Wolke seines herben Aftershaves umhüllte. Er ließ seine Augen suchend über die Gäste wandern, die im Wohnzimmer eng an eng tanzten.

»Sie ist weg«, erwiderte ich kurz angebunden und machte einen kleinen Schritt zur Seite.

»Weg?«, wiederholte er fragend, schwenkte sein Glas in kleinen kreisenden Bewegungen und trank die bernsteinfarbene Flüssigkeit schließlich mit einem Zug aus.

»Ja, sie ist gegangen, weil …« Ich hielt inne, verengte die Augen zu zwei schmalen Schlitzen und beäugte ihn misstrauisch. »Eigentlich hat es dich gar nicht zu interessieren, weshalb sie gegangen ist.«

Ich wandte mich von ihm ab, griff erneut nach der Ginflasche und befüllte meinen Becher ein drittes Mal. Meine Aufmerksamkeit war der geöffneten Tür zugewandt, um Brody zu entkommen. Doch zeitgleich kreuzte sich mein

Blick mit dem von Kian, der im Wohnzimmer eine freie Sicht auf die Küche hatte und scheinbar durch mich hindurch stumm mit Brody zu kommunizieren schien. In seinen Augen lag ein Ausdruck, der mir nicht geheuer war und meinen inneren Alarm ausschlagen ließ. Als ich testweise zwei Schritte in Richtung Tür machte, trat Brody in mein Sichtfeld und lehnte sich betont entspannt gegen die Tür, bis diese ins Schloss fiel.

»Was soll der Scheiß?«, knurrte ich leise, funkelte ihn an und musste mich bemühen, ihm sein verdammtes Grinsen nicht aus dem Gesicht zu schlagen.

»Ich habe gesehen, wie du Rea angeschaut hast. Alexis, richtig?« hakte er nach und ich presste die Lippen zu einer schmalen Linie zusammen. »Ich an deiner Stelle würde mir diese Gedanken schnell aus dem Kopf schlagen. Kian ist nicht für solche Späße zu haben«, informierte er mich ruhig und dennoch schien er mich ganz bewusst provozieren zu wollen.

»Soll ich dir etwas verraten?«, stellte ich die Gegenfrage, ohne auf seine vorherigen Worte einzugehen. »Ich bin nicht für *solche* Späße zu haben«, zischte ich und machte eine ausschweifende Handbewegung, die ihn und mich einschloss.

»Wir unterhalten uns nur. Das macht man so auf Partys.«

»Ich möchte mich nicht mit dir unterhalten«, gab ich ihm knapp zu verstehen. Das Grinsen auf seinem Gesicht wurde größer, als er einen Schritt zur Seite trat, um mich vorbeizulassen. Ich funkelte ihn giftig an, griff an ihm vorbei nach dem Türknauf und wollte die Tür aufziehen. Doch egal, wie sehr ich auch an dem kleinen Messingknauf rüttelte: Die Tür blieb verschlossen.

»Mach die verdammte Tür auf«, fuhr ich ihn an.

»Das kann ich nicht.«

»Und wieso nicht?« Mein Geduldsfaden wurde dünner und ich wirbelte zu ihm herum.

»Die Tür klemmt ab und zu mal, wenn man sie komplett schließt.« Er erzählte mir diesen winzigen, aber schwerwiegenden Fakt mit solch einer Gelassenheit, dass die Wut in mir Stärke gewann.

Ich wandte mich von ihm ab, knallte den Becher auf die Theke der Kücheninsel und musste mich beherrschen, ihm nicht auf der Stelle den Hals umzudrehen. »Und wieso, zum Teufel, hast du sie dann ins Schloss fallen lassen?«

»Entspann dich. Früher oder später wird schon jemand hier reinkommen wollen und dann kannst du verschwinden. Aber so lange musst du es wohl oder übel mit mir aushalten.«

Er lehnte sich wieder grinsend gegen die Arbeitsfläche, wühlte einen kurzen Moment in seiner Hosentasche und zog einige Sekunden später triumphierend einen Joint und ein Feuerzeug hervor. Den Joint klemmte er sich zwischen die Lippen, ließ das Feuerzeug klicken und hielt die Flamme schließlich nah an das braune Papier, bis es bei einem tiefen Atemzug seinerseits rotglühend aufleuchtete. Der beißende Geruch nach Gras drang mir in die Nase, als er den Qualm entspannt ausstieß und den Joint plötzlich in meine Richtung hielt.

»Hier, Tiger. Vielleicht entspannt dich das ein bisschen.«

»Ich kiffe nicht«, blockte ich knapp ab, zog mich auf die kühle Platte der Kücheninsel und nahm einen großen Schluck aus meinem Becher. Langsam, aber sicher spürte ich die wohlige Wärme, die sich in meinem Körper ausbreitete und das Gefühl von Schmerz fast komplett eindämmte.

»Bist du dir sicher, dass du nicht möchtest?«, forschte Brody nach. »Ich glaube, du hast Entspannung dringend nötig«, fügte er hinzu und nachdem er ein zweites Mal an dem Joint gezogen hatte, hielt er ihn erneut in meine Richtung.

Ich beäugte den braunen Glimmstängel einen Moment, während die Gedanken in meinem Kopf wie Presslufthammer auf mich einhämmerten. Zum einen war da Hudson, der mir einfach nicht mehr aus dem Sinn gehen wollte, Reagan gesellte sich mit Kian hinzu, die kaputte Beziehung zu meiner Mum goss Benzin ins Feuer und zu guter Letzt folgte Marlowes wutentbrannte Flucht, die meinen Abend auch nicht verbessert hatte. Ehe ich reagieren konnte, was mein Körper tat, hatte ich Brody den Joint bereits abgenommen, zog an ihm und behielt den bitteren Qualm für wenige Sekunden in meinem Mund, bevor ich ihn langsam ausstieß.

»Möchtest du noch etwas trinken?«, fragte er mich, bevor er nach der Scotchflasche griff.

»Hast du vor, mich willenlos zu machen?«, stellte ich die Gegenfrage und beobachtete ihn dabei, wie er sein Scotchglas auffüllte. Die braune Flüssigkeit funkelte wie Bernstein.

»Nein. Aber du wirkst, als hättest du einen beschissenen Tag hinter dir. Ich kenne solche Tage. Und die lassen sich am besten mit Alkohol vergessen.« Mit diesen Worten prostete er mir zu und kippte den Scotch runter. »Mit

Mason an deiner Seite warst du für mehr Spaß zu haben. Wie geht es ihm eigentlich?«

Mein Körper versteifte sich, als mein Blick in seine Richtung zuckte. Seine Augen hatten etwas Listiges. Wie die Augen einer verdammt giftigen Schlange. Ich funkelte ihn misstrauisch an. »Du kennst Mason?«

Er stieß ein Schnauben aus. »Natürlich. Mason hat sich durch seine kopflosen Aktionen einen Namen gemacht. Und selbst jetzt, drei Jahre später, sitzt er hinter Gittern und bringt Adriel weiterhin zur Weißglut.«

Innerhalb einer Sekunde wurde mir elend schlecht und mein Magen drehte sich einmal um die eigene Achse. Ich hatte gehofft, nie wieder mit Adriel und den illegalen Machenschaften seiner Truppe in Berührung zu kommen. Mason hatte immer noch eine offene Rechnung bei ihm und die Angst in mir, mit in diese Sache hineingezogen zu werden, explodierte förmlich. Ich rutschte unbeholfen von der Theke und steuerte zielsicher die weiße, hölzerne Tür an.

»Lass mich jetzt verdammt noch mal sofort hier raus, Brody!«, fuhr ich ihn an und rüttelte an dem Türknauf. Im selben Moment schien jemand auf der anderen Seite dieselbe Intention gehabt zu haben, denn die Tür flog nur wenige Sekunden später auf und ich stolperte mehrere Schritte zurück, sodass Brody mich rechtzeitig auffing, damit ich nicht mit der harten Kante der Kücheninsel kollidierte. Reagan trat mit Kian im Schlepptau in die Küche und ließ ihren Blick fahrig über meine Erscheinung wandern, ehe ihr Blick in Brodys Richtung schoss.

»Was hast du getan?«, hakte sie beherrscht nach und er hob kapitulierend beide Hände an. Die Zeit, in der er mich losließ, nutzte ich, um einen gesunden Abstand zwischen ihn und mich zu bringen.

»Überhaupt nichts, Rea. Wir haben nur ein bisschen geplaudert und alte Erinnerungen aufgefrischt.«

Ihre dunklen Augen fixierten ihn, bevor sie sich wieder an mich wandte. »Ist alles in Ordnung bei dir, Alexis?« Ihre sanfte Stimme umschmeichelte meine Seele und ich nickte kaum merklich.

»Ja, mach dir keinen Kopf, Reagan. Aber ich glaube, ich gehe nach Hause. Mein Tag war lang und –«

»Brody wird dich nach Hause fahren lassen. Er hat einen Fahrer, der für ihn bereitsteht«, unterbrach Kian mich knapp und ich erstickte weitere

Worte im Keim.

»Ich kann sie –«, begann Reagan, doch Kian brachte sie mit einem einzigen Blick zum Schweigen.

»Wir haben uns auf etwas geeinigt, Reagan. Brodys Chauffeur wird sie fahren. Außerdem hast du getrunken. In dem Zustand fährst du nirgendwo mehr hin.«

Reagan nickte kaum merklich und sah mich schließlich wieder an. »Melde dich bei mir, sobald du zu Hause bist, okay? Und du«, sie wandte sich Brody zu, »du wirst dafür sorgen, dass sie unversehrt zu Hause ankommt, verstanden?«

»Du kannst dich auf mich verlassen, Rea.«

Widerwillig ließ ich mich von Brody aus der Wohnung führen und je länger ich mir unser Gespräch durch den Kopf gehen ließ, desto schneller wurde mir klar, dass ich Brody in der Pizzeria nicht das erste Mal gesehen hatte. Er war, ebenso wie Kian und Mason, ein Teil von Adriels Truppe und ich erinnerte mich noch genau an den Tag, an dem Mason ihn gnadenlos angelogen und uns somit in Ungnade gezogen hatte.

Crows Nest, Sydney

3 Jahre Zuvor

»Mason, können wir langsam nach Hause?«, hakte ich so leise nach, dass nur er es verstehen konnte und nicht etwa die vier anderen Kerle, die allesamt um den ovalen Tisch verteilt saßen und konzentriert auf die Karten in ihren Händen starrten. Höchstwahrscheinlich nahmen sie mich ohnehin nicht wahr, doch ich wollte nicht riskieren, auf dem Radar eines dieser muskelbepackten Kerle zu erscheinen. In der Mitte des Tisches stapelten sich unzählige Geldscheine, Pokerchips und Drogen, soweit das Auge reichte. Das diffuse Licht im Raum verlieh der Situation etwas Bedrohliches und ich fühlte mich sekündlich immer unwohler, je länger wir in diesem versteckten Hinterzimmer des Blackjacks*, einem Casino in der Nachbarschaft, saßen. Es hatte keinen guten Ruf. Vielmehr war das* Blackjack *ein Hotspot für Korruption, Drogenhandel, Schmuggelware und ganz beliebt: illegale Pokerspiele um mehr als bloß einen Hundertdollarschein.*

»Geduld, Babe. Ich gewinne gerade«, antwortete er gelassen und verzog die Lippen zu einem süffisanten Grinsen, als einer seiner Spielpartner höhnisch schnaubte.

»Träum weiter, Charlton.«

»O ja, ich träume weiter, Jones. Und zwar von eurem Geld in meinen Taschen«, konterte Mason. Schließlich schob er einen weiteren Geldstapel in die Mitte und ließ zwei Wörter fallen, die allen Anwesenden innerhalb eines Wimpernschlags das antrainierte Pokerface vom Gesicht wischten.

»All in.«

»Mason«, zischte ich leise und ließ den Blick fahrig über den Rest der Kerle gleiten, die erst auf den Center-Pot schauten und schließlich Mason anfunkelten, ehe sie ihre Karten von Wut geleitet auf den Tisch knallten.

»Ich bin raus«, knurrte der Erste.

»Ich ebenfalls«, kam es von dem Nächsten und kurz darauf zog der Dritte nach.

»Auge um Auge, Jones«, sprach Mason zu seinem Gegenüber, ein durch und durch tätowierter Kerl namens Kian, der ihn aus seinen seelenlosen schwarzen Augen anstarrte und das Grinsen auf seinen Lippen breiter werden ließ.

»Auge um Auge, Charlton.«

Mein Blick glitt zum Center-Pot, in dem mittlerweile knapp zwanzigtausend Dollar in Scheinen lagen. Ob Masons Eltern wussten, dass er soeben ihr Geld verspielte? Wahrscheinlich nicht.

Die Spannung im Raum war beinahe mit Händen zu greifen, als Mason seine Karten aufdeckte. »Royal Flush.«

Diese zwei Worten löschten das siegessichere Grinsen auf Kians Lippen aus, als er ungläubig Masons Karten anstarrte und nicht zu glauben schien, was er gerade sah.

»Das kann niemals sein«, knurrte er leise und knallte seine Karten so hart auf den Tisch, dass die Pokerchips zitterten und selbst die drei breitgebauten Kerle, die dem Spiel angespannt folgten, zusammenzuckten. Einzig und allein der wesentlich schmalere, blonde Kerl in solch einem eleganten Aufzug, dass er optisch nicht mal ansatzweise in diese Runde passte, und der wie ein Schatten in der Ecke stand und das Spiel mit Adleraugen beobachtete, blieb gelassen. Er war Adriels Goldjunge, stets darauf bedacht, alles zu kontrollieren und im Blick zu behalten, was mit Geld zu tun hatte.

»Du hast nicht fair gespielt.«

»Ich habe genauso fair gespielt wie jeder andere an diesem Tisch auch. Akzeptier es einfach, Kian«, erwiderte Mason und Kian presste den Kiefer so fest zusammen, dass sich die Knochen unter seiner Haut messerscharf abzeichneten.

»Ich glaube dir nicht. Ein Royal Flush ist nahezu unmöglich.«

»Babe, sag ihm, dass ich fair gespielt habe.«

Kians giftiger Blick schoss nun in meine Richtung und ich schluckte schwer, bevor ich kaum merklich nickte. »Er sagt die Wahrheit. Ich habe das ganze Spiel mitbekommen und er hat sich an die Regeln gehalten«, presste ich hervor und machte einen Schritt zurück, als Kian so abrupt aufstand, dass der Stuhl, auf dem er zuvor gesessen hatte, scheppernd auf den zerkratzen Holzboden krachte.

»Das war verfluchtes Glück, Charlton. Nichts weiter als verfluchtes Glück«, zischte er erbost, bevor er sich seine Lederjacke schnappte, das Hinterzimmer

verließ und die Tür ins Schloss knallte.

»Glückwunsch, Mann. Jetzt kannst du endlich deine Schulden bei Adriel abzahlen. Er hängt mir seit Wochen damit im Nacken«, merkte der Schatten an, bevor er ins diffuse Licht der nackten Glühbirne über unseren Köpfen trat und Mason aus stechend blauen Augen fixierte – mahnend, ja, fast schon zurechtweisend. Wie jemand, der genau wusste, was er zu tun hatte, um einen mächtigen Drogenbaron bei Laune zu halten.

Masons Stimmung kippte und er funkelte den piekfeinen Kerl mit dem provokanten Zug um die Lippen bösartig an.

»Halt die Klappe, Cunnigham, und kümmere dich um deinen Scheiß. Adriel und ich haben die Sache längst geklärt«, fauchte er ihn an, packte das Geld zusammen und stieß mich dann grob in Richtung Tür, als wäre ich eine Lumpenpuppe und kein Mensch. »Wir verschwinden, Alexis.«

Nur wenige Minuten später brauste Mason mit halsbrecherischer Geschwindigkeit durch die leeren Straßen. Das Radio schwieg und seine Anspannung beunruhigte mich.

»Ich dachte, du wärst deine Schulden los, Mason«, merkte ich, mutig wie ich war, an und befürchtete, dass er jeden Moment wie eine Handgranate explodierte.

»Das hat dich nichts anzugehen, Alexis. Brody wollte sich wahrscheinlich nur aufspielen«, knurrte er, umklammerte das Lenkrad seines Dodge Chargers nur noch mehr und drückte das Gaspedal durch. Wir konnten von Glück sprechen, dass um diese unmenschliche Uhrzeit nur noch die Wenigsten auf der Straße waren. Mason scherte sich weder um Verkehrsregeln noch um Ampeln, die uns rot leuchtend davor warnten weiterzufahren, wenn wir niemanden zu Tode fahren wollten.

»Doch, es geht mich etwas an, Mason. Denn früher oder später werden sich deine verdammten Probleme auch auf mich übertragen und ich möchte kein Teil deiner illegalen Machenschaften sein«, fauchte ich.

»Dann verschwinde doch einfach, Alexis«, fuhr er mich laut an, sodass ich kaum merklich zusammenzuckte und die Lippen zu einer schmalen Linie zusammenpresste. »Geh und zieh wieder in deinen Elfenbeinpalast. Sei die vorbildliche Tochter, die sich deine Mutter wünscht. Geh und –«

»Hör verdammt noch mal auf!«, unterbrach ich ihn wütend und wischte

verstohlen eine Träne von meiner Wange, die sich im Bruchteil einer Sekunde in meinem Augenwinkel gebildet und losgelöst hatte. »Du weißt genau, dass ich nicht mehr zurück kann«, ergänzte ich matt und merkte, wie mein rasender Puls ruhiger wurde, als Mason das Tempo drosselte, um vor unserer Wohnung zum Stehen zu kommen.

»Dann halt die Klappe und freu dich. Wir haben zwanzigtausend Dollar, mit denen wir tun und lassen können, was wir wollen.«

Wir stiegen aus, betraten den dunklen Hausflur, erklommen schweigsam die knarzenden Treppen bis in die dritte Etage und standen nur wenige Minuten später in der Wohnung.

»Du kannst das Geld nicht hierlassen, Mase«, teilte ich ihm mit, während ich mich aus meiner Jacke kämpfte und die Schuhe von den Füßen schob. »Es muss irgendwo hin, wo es uns keine Probleme bereiten kann. Die Bank wäre ein Anfang«, ergänzte ich knapp. Als ich mich zu ihm drehte, bedachte er mich mit bösem Blick, der mich unbehaglich schlucken ließ.

»Sag mir nicht, was ich zu tun habe«, erwiderte er knapp, schleuderte seine Lederjacke auf die Couch und trat schließlich auf mich zu, nur um mich Sekunden später an der Taille zu sich zu ziehen.

»Ich finde, wir sollten unseren Sieg feiern, Babe. Was sagst du dazu?« Seine Stimme jagte mir einen unangenehmen Schauer über den Rücken und ich verkrampfte mich kaum merklich, als seine Hand fester zupackte und seine Lippen einen Weg zu der empfindlichen Stelle an meinem Hals fanden.

»Ich bin müde, Mason«, versuchte ich ihn von seinem Vorhaben, mich zu verführen, abzuhalten. Doch ich konnte mir diesen Versuch sparen. Vor mir stand Mason. Und Mason bekam alles, was er wollte, selbst wenn er es sich auf brutale Art und Weise holen musste.

»Deswegen gehen wir jetzt ins Bett, Alexis«, hauchte er dicht an meinem Ohr und ich spürte, wie er die Lippen zu einem Grinsen verzog. »Um zu schlafen.«

»Mase …«, versuchte ich es erneut, doch da drängte er mich bereits Richtung Schlafzimmer und drückte mich schließlich rücklings auf das Bett. Durch unsere Kleidung spürte ich sein unaufhaltsames Verlangen, als er seinen Körper dicht gegen meinen presste und seine Zunge über meinen Hals gleiten ließ.

»Mason, bitte … Ich bin nicht in Stimmung«, teilte ich ihm mit, doch er ignorierte meine Worte geflissentlich und zog den Reißverschluss an der Seite meines Kleides hinunter, sodass ich seine kalten, rauen Finger auf meiner Haut spürte.

Sein heißer Atem war dabei immer noch an meinem Hals und ich wand mich unter ihm, um etwas Abstand zwischen uns zu bringen.

»Überlass mir das, Babe. Und hör auf zu zappeln.«

Mein Kleid und mein Höschen machten Bekanntschaft mit dem Boden und mein Herzschlag ging so wild und ungezähmt, dass ich glaubte, er würde durch das gesamte Zimmer schallen. Doch der Rhythmus meiner Angst blieb verborgen – schon seit Jahren.

»Mason ...«, murmelte ich immer und immer wieder, doch es stachelte ihn bloß an. Seine Finger fanden den Verschluss meines BHs, der ebenso schnell auf dem Boden landete wie mein Kleid. Kaum war er fort, spürte ich seine Hände an meinen Brüsten. Grob und lieblos. Mir entfloh ein Keuchen, welches den Schmerzen zuzuschreiben waren, die er mit seinen Berührungen auslöste.

»Bitte, hör auf, Mason. Du tust mir weh.«

»Entspann dich, Babe, und hör auf, dich zu wehren. Ich weiß doch, dass du es auch willst«, knurrte er leise. Er ließ einen winzigen Moment von mir ab, ohne mich auch nur eine Sekunde aus den Augen zu lassen und entledigte sich in Windeseile seiner Kleidung.

»Mason, bitte ... Müssen wir das jetzt machen? Ich muss morgen früh zum Training und –«

»Halt die Klappe, Alexis«, raunte er fast schon genervt, beugte sich zu mir herunter und drückte seine Lippen auf meine, um meine Proteste zum Schweigen zu bringen. Als er sich löste, blickte er mir tief in die Augen.

»Du bist meine Freundin, also wirst du mir das geben, was ich möchte, verstanden? Hör auf, ständig zu jammern, und genieße es«, knurrte er leise und schien die Angst in meinem Gesicht, das Beben meines Körpers und das ruckartige Heben und Senken meiner Brust bewusst zu ignorieren. Er ließ seine eisigen Augen hungrig über meinen nackten Körper wandern, ehe er meine Handgelenke nahm, sie über meinem Kopf zusammenhielt und ohne Vorwarnung in mich eindrang, sodass ich den Kopf im selben Moment zur Seite drehte und einen erstickten, schmerzerfüllten Laut in meiner Armbeuge abzudämpfen versuchte.

Er sah nicht, dass sich eine verzweifelte Träne aus meinem Augenwinkel stahl. Mason war in seiner kaputten, bösen und dunklen Welt gefangen.

Er merkte nicht, dass ich bei jedem Stoß mehr schluchzte als stöhnte. Und wenn ich stöhnte, dann nur, weil diese Schmerzen fast noch grausamer waren als die Schmerzen, die mich beim Ballett quälten.

Er merkte nicht, wie sich seine gierigen Hände grob in meine Haut bohrten und ihre schmerzhaften Spuren hinterließen.

Denn Mason bekam alles, was er wollte – selbst, wenn er es sich auf brutale Art und Weise holen musste.

***

Am Morgen riss mich das penetrante Klingeln der Haustür aus meinem Schlaf. Ich drehte mich benommen zur Seite, um einen Blick auf den Wecker erhaschen zu können, und zuckte zusammen, als Schmerzen wie ein Blitz durch meinen Körper fuhren. Meine Beine quälten mich bei jeder noch so kleinen Bewegung und als ich einen Blick auf den friedlich schlafenden Mason warf, wurde mir kotzübel.

Er hatte es schon wieder getan. Obwohl er mir versprochen hatte, sanfter zu mir zu sein. Es klingelte erneut und ich kletterte unter Schmerzen aus dem Bett, warf mir hastig ein übergroßes Shirt von Mason über und lief zur Tür.

Als der unerwartete Besucher plötzlich begann, mit der Faust gegen das Holz der Haustür zu hämmern, feuerte ich ein bissiges »Ich komme ja schon« hervor und riss zeitgleich die Tür auf.

Ein weiterer bissiger Kommentar blieb mir im Hals stecken, als ich die zwei Officer vor meiner Nase stehen sah.

»Guten Morgen, Miss. Wohnt hier ein gewisser Mason Charlton?«, fragte einer der Cops höflich nach, eher er seinen Blick über meine Schulter hinweg durch die Wohnung gleiten ließ.

»Tut mir leid, Officer, aber ... aber gibt es ein Problem?«, hakte ich mit zittriger Stimme nach und umklammerte den Türgriff, als wäre er ein Rettungsanker.

Die matten, grauen Augen des Cops flogen zurück in meine Richtung. »Ich habe die anonymen Informationen bekommen, dass sich in dieser Wohnung sowohl illegal verdientes Geld als auch eine Waffe und Drogen befinden. Wir haben einen Durchsuchungsbefehl bekommen.«

Während der ältere Officer mit mir sprach, verschaffte sich der Jüngere Zutritt zu unserer Wohnung, um sie zu durchsuchen. Mir blieb keine Zeit zu reagieren, also ließ ich es widerwillig geschehen.

Er musterte mich genauer, ließ seine trüben Augen über meine Erscheinung wandern und deutete schließlich mit einem Kopfnicken auf meine Handgelenke. »Haben Sie sich verletzt?«

»Wie bitte?« Ich folgte seinem Blick und entdeckte Spuren der vergangenen Nacht an meinen Handgelenken und an den Oberarmen. Blutergüsse, die wie schwarze Omen meine helle Haut zierten und die grausame Wahrheit preisgaben. Ich schluckte schwer und bereute es, bloß dieses Shirt übergezogen zu haben. »Eine Sportverletzung«, murmelte ich kaum hörbar und senkte den Blick.

»Welchen Sport betreiben Sie, wenn ich so frei sein darf, Sie das zu fragen?« Seine Stimme nahm einen ernsten Unterton an.

»Ich ... ich tanze Ballett und –«

»Miss ...«, unterbrach mich der Cop geduldig. Er nahm mir meine schwache Ausrede nicht ab, was ich ihm nicht mal verübeln konnte. »Ich bitte Sie darum, die Wahrheit zu sagen.«

Da war sie, meine Chance aus der Hölle zu entkommen. »Ich ...«

»Wurden Sie körperlich misshandelt, ja oder nein?«, sprach er das Offensichtliche geradeheraus aus und mein Blick schoss in sein Gesicht – ich sah die Ernsthaftigkeit in seinen Augen und war drauf und dran, diese Tatsache zu bestätigen, doch etwas in mir weigerte sich. Ich hörte, wie die Schlafzimmertür knallend ins Schloss fiel und spürte mein Herz augenblicklich absacken, meinen Puls vor aufkommender Unruhe jedoch rasend schnell in die Höhe schießen. Fast war es so, als würde Masons bloße Anwesenheit die Höllenqualen von letzter Nacht wieder heraufbeschwören, sodass ich instinktiv meine Handgelenke umfasste, die grün und blau schimmerten.

»Babe? Wer ist an der –« Mason kam angezogen aus dem Schlafzimmer und blieb wie angewurzelt stehen, als er zuerst den Cop in unserem Wohnzimmer erblickte, der die zwei dicken Geldbündel in der Hand hielt, die Mason letzte Nacht bloß achtlos auf die Polster der Couch geschmissen hatte, und schluckte schwer, als seine Augen zu dem Cop wanderten, der mich und meine offensichtlichen Verletzungen fest im Visier hatte.

»Gibt's ein Problem, Officer?«, fragte er gelassen nach und setzte sein einstudiertes Pokerface auf.

»Mason Charlton?«

»Der bin ich.«

Der Officer nickte knapp, drückte sich an mir vorbei und zog Handschellen hervor. Mein Herz rutschte noch ein Stück weiter in die Tiefe und auch Mason trat einen kleinen Schritt zurück, die Augen stets auf die klirrenden Handschellen gerichtet.

»Ich verhafte Sie hiermit wegen Besitzes von illegal verdientem Geld, Drogenhandel und einer unregistrierten Waffe«, sein Blick glitt in meine Richtung, als er Mason die Handschellen anlegte und hinzufügte: »Hinzu kommt der Verdacht auf Körperverletzung und sexuellen Missbrauchs.«

Masons undurchdringliche Miene begann langsam zu bröckeln, als die Handschellen scharf einrasteten und seine Bewegungsfreiheit gleich null setzten. »Da muss ein Fehler vorliegen, Officer. Ich bin unschuldig«, protestierte Mason aufgebracht.

»Lügen werden Sie nicht retten, Mister Charlton. Wo in dieser Wohnung befindet sich die Waffe?«

Mason schwieg verbissen und funkelte den Officer herausfordernd an. Dieser legte eine Hand fast schon gelassen auf den Holster an seinem Gürtel und ließ Mason nicht aus dem Blick – lieferte sich mit ihm ein stummes Blickduell.

»Ich frage Sie noch einmal. Wo –«

»Im Schlafzimmer«, fauchte er schließlich bissig, als er zu merken schien, dass diese Situation ausweglos war. »In der obersten Schublade der Kommode.«

Der jüngere Cop machte sich auf die Suche nach der besagten Waffe und kam wenige Minuten später wieder. Er war fündig geworden und meine Welt begann sich zu drehen. Mason hatte all die Monate, wenn nicht sogar Jahre, eine illegale Waffe in unserem Schlafzimmer versteckt. Die dunkle Welt, in der ich lebte, wurde augenblicklich noch dunkler und bedrohlicher.

»Sie haben das Recht zu schweigen, Mister Charlton. Alles, was Sie sagen, kann und wird vor Gericht gegen Sie verwendet werden. Sie haben das Recht, zu jeder Vernehmung einen Verteidiger hinzuzuziehen. Wenn Sie sich keinen Verteidiger leisten können, wird Ihnen einer gestellt. Verstehen Sie diese Rechte?«

»Scheiße«, fluchte Mason lautstark und der Officer wiederholte seine Frage ruhig.

»Mister Charlton, haben Sie die Rechte verstanden, die ich Ihnen soeben mitgeteilt habe?«

»Verdammt, ja. Ich habe sie verstanden«, fuhr Mason ihn ungehalten an, ehe sein Blick in meine Richtung flog. »Steh da nicht so rum, Alexis, und tu

verdammt noch mal etwas!«

»Mason ...«

»Sag ihm, dass ich unschuldig bin!«

Während ich dabei zusah, wie Mason abgeführt wurde, schossen mir gemeinsame Erinnerungen durch den Kopf. Unser erstes Date, bei dem er mich zum Essen eingeladen und mir das Gefühl gegeben hatte, seine einzig wahre große Liebe zu sein, unser Roadtrip entlang der Goldküste, bei dem wir uns so unglaublich frei gefühlt hatten.

Doch plötzlich verblassten diese Erinnerungen und verloren ihren Glanz. Ersetzt wurden sie durch neue Bilder. Mason, der einen unschuldigen Menschen windelweich prügelte, weil er zu wenig Geld für eine Drogenlieferung hatte, Mason, wie er im Hinterzimmer des Blackjacks illegale Geschäfte mit Kian und seinen Leuten machte, Mason, wie er mit Ace und Maddox die queere Bar in der Nachbarschaft in Brand gesteckt hatte und zwar mit einem Brief, in dem ich ihm mein gesamtes Herz bloßgelegt hatte.

Mason war alles andere als unschuldig.

Ich erwachte aus meiner tranceartigen Starre und schüttelte kaum merklich den Kopf.

»Alexis!«, brüllte er mich wieder an und ich schüttelte wieder den Kopf. Diesmal stärker.

»Ich kann nicht, Mase«, erwiderte ich leise und erkannte, wie seine Züge erstarrten, als meine Worte bei ihm ankamen.

»Verarsch mich nicht, Alexis. Was heißt hier ›Ich kann nicht‹? Sag ihm, verdammt noch mal, dass ich nichts von dem getan habe.«

»Miss, Sie können vor Gericht aussagen. Ich werde ihn nun mit auf das Revier nehmen«, informierte mich der Officer und mein Kopf nickte fast von allein.

»Okay, Officer ...«

»Alexis ... Babe, tu mir das nicht an. Du weißt, dass ich unschuldig bin«, versuchte Mason es ein weiteres Mal, doch ich konnte ihn nicht mehr ansehen, geschweige denn für ihn lügen.

Stunden nachdem Mason abgeführt worden war, saß ich zusammengekauert auf der Couch und ließ meinen Tränen seit einer halben Ewigkeit freien Lauf. Mason war fort und ein Teil von mir war so erleichtert, dass er daran zu zerbrechen drohte. Dennoch fühlte ein anderer Teil – der Teil, der immer noch einen

Funken Liebe für ihn und seine pechschwarze Seele übrig hatte – eine gewisse Leere.

In der erdrückenden Stille, die mich seit Stunden umgab, klang das Schrillen der Klingel unnatürlich laut und ich zuckte so heftig zusammen, dass mein Herz einen kleinen Schlag aussetzte.

Ich wischte mir die Tränen von den Wangen, kämpfte mich unbeholfen aus der Decke und schlich zur Haustür.

Ich zog die Tür bloß einen Spalt breit auf und musste den Kopf leicht in den Nacken legen, um dem Mann, der vor mir stand, ins Gesicht blicken zu können.

»Mason ist nicht da«, spuckte ich mit kratziger Stimme aus und wollte die Tür bereits wieder schließen, doch da schob sich ein schlanker, lederner Schuh durch den schmalen Türspalt, um das Zufallen der Tür zu verhindern.

*»*Lo sé*«, ertönte eine tiefe Stimme und das Herz in meiner Brust blieb für den Bruchteil einer Sekunde stehen, ehe es umso heftiger und mit doppelter Geschwindigkeit gegen meinen Brustkorb donnerte, als wollte es vor dem düsteren, fremden Mann fliehen und nie wieder zurückkehren.*

»Immerhin habe ich für seine Festnahme gesorgt. Lässt du mich rein, Pequeña*?«*

Der Unbekannte wartete keine Antwort ab, sondern drückte die Tür eigenständig auf und schob seinen großen, breitgebauten Körper in die Wohnung.

Ich machte instinktiv mehrere Schritte zurück und musterte ihn misstrauisch. »Wer sind Sie?«

Die Tür fiel ins Schloss und nun ließ er seine dunklen, wachsamen Augen über mein Erscheinungsbild wandern. »Mason hat mich nie erwähnt?«, stellte er die Gegenfrage. »Ich bin Adriel.«

Mein Herz sackte ab und ich schluckte schwer. Das war er also. Der berühmt-berüchtigte Drogenboss Adriel Sánches, der sich möglichst im Verborgenen aufhielt. Doch nun stand er hier inmitten meiner kleinen, unscheinbaren Wohnung und füllte mit seiner imposanten Dominanz den ganzen Raum aus.

»Es tut mir leid, dass du mitansehen musstest, wie er abgeführt wurde«, sprach er weiter und machte einen Schritt auf mich zu. »Aber er hat die Regeln missachtet, gelogen, und das kann ich nicht durchgehen lassen. Das verstehst du sicherlich.«

»Wie viel hat er dir geschuldet?«, fragte ich befangen nach, ohne auf seine vorherigen Worte einzugehen. Mason hatte immerhin noch nie etwas von

Regeln gehalten.

»Zwanzigtausend.«

Mein Atem stockte und ich schluckte den bitteren Geschmack in meinem Mund tapfer hinunter. Nun verstand ich, weshalb Brody ihn auf seine Schulden angesprochen hatte. All das wäre nie passiert, wenn Mason nicht so stur gewesen wäre. Doch nun war er fort, das Geld von den Cops beschlagnahmt und ich in einer Situation, in der ich niemals hatte landen wollen.

»Machst du sowas mit jedem deiner Leute? Lässt du sie einfach verhaften, obwohl sie Menschen in ihrem Leben haben, die sie lieben?«, bombardierte ich ihn mit Fragen und spürte Wut in mir aufsteigen. Er hatte mir Mason genommen. Einfach so und ohne mit der Wimper zu zucken.

»Liebe«, echote er und verzog die Lippen zu einem amüsierten Lächeln. »Liebe, Pequeña, spielt hier keine Rolle. Hier geht es ausschließlich ums Geschäft. Und außerdem …« Er brach ab, verkleinerte den Abstand zwischen uns und packte mich dort, wo Mason seine Spuren hinterlassen hatte. Ich zuckte vor Schmerzen zusammen und funkelte ihn an. Er begutachtete die Blutergüsse auf meiner hellen Haut und schüttelte kaum merklich den Kopf. »Das ist keine Liebe.«

Ich entzog ihm ruckartig meinen Arm und zeigte auf die Tür. »Verschwinde sofort aus meiner Wohnung.«

Er hob kapitulierend beide Hände hoch, schwenkte die imaginäre weiße Fahne und verzog die Lippen zu einem Lächeln, welches mich rasend machte. »Du wirst merken, dass ich dir einen Gefallen getan habe«, sagte er, während er sich auf dem Absatz umdrehte und zurück zur Tür ging. »Mason hat Fehler gemacht. Und wer in unserem Geschäft Fehler macht, muss dafür bezahlen«, ergänzte er ruhig, zog die Tür auf und drehte sich ein letztes Mal zu mir um.

»Adiós, Pequeña. Vielleicht sehen wir uns noch mal wieder.«

»Verschwinde«, wiederholte ich knapp.

Die Tür fiel ins Schloss und ich war allein – allein in dem Strudel meiner Gedanken, der mich Stück für Stück in einen niemals endenden Abgrund zog.

Kapitel 14

Sonnenlicht kitzelte meine Nase und ich zog die Decke über meinen Kopf, um das helle Licht, welches mich aus meinem wohligen Schlaf reißen wollte, auszusperren. Doch etwas war anders. Die Bettdecke fühlte sich zu seidig an. Die Matratze deutlich zu weich. Und die Ruhe, die herrschte, ließ mich letztendlich langsam die Augen öffnen. In der Regel riss mich das anhaltende Rauschen des Verkehrs oder das Hupen der Autos und Fähren aus dem Schlaf. Jetzt drang jedoch nur das Zwitschern von Vögeln und das leise Rauschen des Windes und des Meeres zu mir durch. Ich setzte mich schlaftrunken auf, fuhr mir mit einer Hand müde durch mein zerzaustes Haar und erst, als sich meine Augen gänzlich an die Umgebung gewöhnt hatten, erstarrte ich mitten in der Bewegung. Das hier war nicht mein Schlafzimmer. Eine unangenehme Gänsehaut kroch mein Rückgrat hinab und ich ließ meinen Blick fahrig durch das fremde Zimmer gleiten. Der braune, gebohnerte Holzboden war auf Hochglanz poliert, sodass sich die edlen Möbelstücke darin spiegelten. Cremefarbene Gardinen flatterten im sanften Luftzug der geöffneten, bodentiefen Fenster und an der Decke hing ein riesiger Kronleuchter, in dem sich das Sonnenlicht brach und goldene Funken auf die hellen stuckverzierten Wände projizierte. Träumte ich bloß verdammt realistisch? Ich versuchte, den Abend in meinem Kopf revuepassieren zu lassen und erinnerte mich an Marlowes wütenden Abgang, wie auch an Reagan und Kian. Doch danach klaffte ein riesiges Loch an der Stelle, wo eigentlich der restliche Verlauf des Abends sein sollte. Eine schemenhafte Bewegung in meinem Augenwinkel ließ mich ruckartig den Kopf zur Seite drehen.

Das darf nicht wahr sein …, dachte ich mir verzweifelt und blickte zu Brody, der nichts von meinem inneren Chaos mitbekam, da er seelenruhig schlief.

Sein nackter, definierter Oberkörper hob und senkte sich bei jedem seiner tiefen Atemzüge gleichmäßig. Mein Herz setzte einen gewaltigen Schlag aus, bevor es unkontrolliert gegen meinen Brustkorb hämmerte. Ein Blick unter die Decke offenbarte mir, dass ich nichts mehr außer meiner hauchdünnen Unterwäsche trug, die weit mehr preisgab, als mir lieb war.

Ich kämpfte mich aus der Bettdecke, stürzte zu einer angelehnten Tür, hinter der sich ein Badezimmer verbarg, und knallte sie ins Schloss. Bevor ich wusste, was geschah, hing ich bereits über der Toilettenschüssel und würgte alles hervor, was sich in meinem flauen Magen befand. Erst, als alles den Weg nach draußen gefunden hatte und mein Magen sich nur noch schmerzhaft zusammenkrampfte, schaffte ich es, mich auf die Beine zu hieven und zum Waschbecken zu schleichen. Ein Blick in den Spiegel verriet mir, dass ich zum Fürchten aussah. Meine Haut war kalkweiß, die Lippen spröde und aufgerissen, als hätte ich seit Tagen nichts mehr getrunken, und meine Mascara zeichnete dunkle Ränder unter meinen blutunterlaufenen Augen ab. Hinzu kamen nun meine Tränen, die sich einen Weg über meine blassen Wangen bahnten.

Was zum Teufel war letzte Nacht geschehen? Ich starrte mein Spiegelbild aus glasigen Augen an, als könnte es mir alle Fragen beantworten, die ruhelos durch meinen hämmernden Schädel kreisten. Meine Augen wanderten langsam über meinen Körper und unwillkürlich fragte ich mich, wie weit Brody wohl gegangen war. Hatte er meine Unzurechnungsfähigkeit ausgenutzt? Meine Wehrlosigkeit? Der Kloß in meinem Hals schwoll aufs Doppelte an und Schmerz breitete sich wie ein außer Kontrolle geratener Buschbrand in meinem Inneren aus. Ich schluchzte erstickt auf und ließ meinen verschleierten Blick ein zweites Mal fahrig über meinen Körper gleiten, um nach Anzeichen zu suchen, die darauf hindeuteten, dass er sich an mir vergangen hatte. Ich sah nichts. Und dennoch fühlte ich mich benutzt und verdorben. Urplötzlich tauchte vor meinem inneren Auge ein Bild auf – ein verschwommenes Fragment einer vergessen geglaubten Erinnerung. Es glich diesem hier fast exakt. Nur stand ich in dieser Erinnerung in einem heruntergekommenen Badezimmer eines Motels und betrachtete schluchzend meinen nackten Körper in dem zersprungenen Spiegel, an dem Mason deutliche Spuren hinterlassen hatte – Spuren einer Nacht, an die ich mich nicht erinnerte.

Ich riss mich von diesem schrecklichen Bild los und befand mich wieder in der Realität: Der Realität, in der mein Körper augenscheinlich unversehrt, mein Inneres jedoch bis ins Mark gebrochen war. Mit zitternden Händen drehte ich den Wasserhahn auf, spritzte mir eiskaltes Wasser ins Gesicht und trocknete es schließlich mit einem samtweichen Baumwollhandtuch ab.

Als ich zurück in Brodys Schlafzimmer trat, unterdrückte ich ein erleichtertes Aufatmen. Trotz des Lärms, den ich gemacht hatte, war er nicht aufgewacht und schlief friedlich weiter. Ich zog mein Kleid an, hängte mir meine Tasche über die Schulter und schlüpfte in meine hohen Schuhe. Mit einem letzten, leeren Blick auf Brody, der mir beinahe eine neue Welle der Übelkeit bescherte, verließ ich das Zimmer.

»Wo geht's hin, Miss?«, fragte Brodys Chauffeur gelassen nach und während ich mich anschnallte, senkte ich den Blick, damit er meine geröteten Augen nicht sah.

»Lane Cove West, Hawthorne Avenue«, gab ich ihm zu verstehen und starrte aus dem Fenster, als das Auto, in dem wir gestern hergekommen waren, geräuschlos losrollte. Nicht selten spürte ich den Blick des Fahrers im Rückspiegel und hatte plötzlich das Gefühl, vollkommen unpassend gekleidet zu sein. Mein Kleid kam mir mit einem Mal unglaublich kurz und freizügig vor, sodass ich den Ausschnitt höher zog und den Saum verbissen über meine Beine zerrte. Zeitgleich fischte ich mein Handy aus der Tasche, auf das ich nicht mehr geschaut hatte, seit ich das Penthouse meiner Eltern verlassen hatte. Es explodierte vor Nachrichten, die in den letzten zwölf Stunden eingetrudelt waren. Chesters Nachricht war die erste, die mir ins Auge stach, und während ich sie las, schaffte ich es sogar, ein erfreutes Lächeln auf meine Lippen zu zaubern.

Huds darf nach Hause. Er wird mit mir im Loft wohnen, welches ich in Northwood gemietet habe. Kelly Esplanades, Hausnummer 7. Komm vorbei, wann immer dir danach ist, Alexis.

Schließlich öffnete ich Hudsons Nachricht. Er hatte mir ein Selfie von sich und Chester geschickt. Beide lächelten glücklich in die Kamera, darunter hatte er *Home Sweet Home* geschrieben. Meine Mundwinkel hoben sich noch ein kleines Stück an, als ich in das Eingabefeld tippte und eine Antwort schrieb.

Ich bin froh, dass du endlich zu Hause bist, Huds. Ich komme vorbei, sobald ich Zeit habe.

Ich schloss den Chat und tippte widerwillig auf die Nachrichten, die meine Mum mir geschrieben hatte. Einige waren noch von gestern Abend, doch die Nachricht, die sich in diesem Moment herauskristallisierte und eine Welle aus Panik durch meinen Körper sandte, war die aktuellste.

Alexis, wo zum Teufel bist du? Wenn du nicht langsam im Büro des Dekans auftauchst, wird das Konsequenzen mit sich ziehen!

Mein Blick zuckte zur Uhr in der linken oberen Ecke meines Displays und ich spürte, wie mein Herzschlag aus dem Takt geriet und mein Magen absackte. Das Gespräch mit Sasha und dem Dekan hatte vor einer Viertelstunde begonnen.

Ich riss den Blick in die Höhe und baute Augenkontakt zum Fahrer auf. »Vergessen Sie Lane Cove. Ich muss dringend zur Macquarie-Universität.«

Er nickte knapp, setzte den Blinker und änderte seine Route. Hastig schickte ich meiner Mum eine Nachricht.

Ich bin auf dem Weg.

Während ich versuchte, mich zu beruhigen und nicht daran zu denken, dass mich die Fahrt von North Bondi bis zur Universität eine halbe Stunde Fahrtzeit kostete, öffnete ich zu guter Letzt Reagans Chat.

Bist du gut zu Hause angekommen?

Alexis?

Langsam mach ich mir Sorgen. Du hast dich vor einer Stunde mit Brody auf den Weg gemacht. Bist du zu Hause?

Alexis, antworte mir bitte! Ich komme um vor Sorgen!

Verdammt, Alexis.

Diesmal tippte ich nicht auf das Eingabefeld, sondern suchte ihren Namen in meinen Kontakten, um sie anzurufen. Das monotone Tuten des Freizeichens dröhnte mir in den Ohren und der schmerzhafte Druck in meinem Kopf, der sich anfühlte, als wäre er in Watte gepackt, schwoll an.

»Reagan, ich bin es«, sprach ich sofort aus, als sie den Anruf entgegengenommen hatte. »Mach dir keine Sorgen, mir geht es gut.« Keine Lüge, aber auch nicht ganz die Wahrheit.

»Du hast mir echt einen Schrecken eingejagt, Tanzmäuschen. Hat Brody dich zu Hause abgesetzt?«, forschte sie nach und ich schluckte schwer.

Allein der Gedanke daran, dass ich nahezu nackt in seinem Bett aufgewacht war, brachte meinen Magen zum Rebellieren. Ich konzentrierte mich auf eine ruhige Atmung und beobachtete die vorbeiziehenden Bürokomplexe Sydneys.

»Nein, Reagan. Nein, hat er nicht«, sagte ich schließlich ehrlich. »Ich bin heute Morgen in seinem Bett aufgewacht und … und ich habe keine Ahnung, was zum Teufel passiert ist. Weder gestern Abend noch letzte Nacht. Ich kann mich an nichts mehr erinnern«, schluchzte ich leise, um den Fahrer nicht auf mich aufmerksam zu machen. Doch dieses Auto war nicht groß, das Radio schwieg und der Motor war so leise, dass er unweigerlich jedes verdammte Wort mitbekam. Obwohl er mir scheinbar das Gefühl geben wollte, nicht zuzuhören, zuckte sein Blick mehr als einmal in den Rückspiegel.

»Ich weiß nicht, was passiert ist«, wiederholte ich mich verzweifelt und hätte mich vor Schmerzen am liebsten zu einer kleinen Kugel zusammengerollt.

»Beruhige dich, Alexis. Wo bist du? Ich komme sofort zu dir«, sagte sie ruhig, doch Anspannung, wenn nicht sogar unterdrückte Wut färbten ihren sonst so sanften Tonfall.

»Ich bin auf dem Weg zur Uni«, informierte ich sie mit brüchiger Stimme. »Der Dekan möchte über den Vorfall mit Sasha sprechen.«

»In Ordnung. Ich mache mich gleich auf den Weg zur Uni und warte auf dich«, gab sie mir zu verstehen. »Danach werden wir uns Brody und Kian vorknöpfen.«

Kaum hatte mich der Chauffeur auf dem Campus abgesetzt, stieg ich aus und blickte dem schwarz glänzenden Rolls Royce hinterher, als dieser nur wenige Sekunden, nachdem die Tür ins Schloss gefallen war, die Auffahrt hinunterrollte und schließlich aus meiner Sicht verschwand, als er um eine Straßenecke bog. Ich blieb unschlüssig auf dem Kiesweg zum Gebäude des Dekans stehen und starrte den alten Backsteinbau mit aufkeimender Unruhe an. Ich wusste nicht, was mich nun erwarten würde, und als ich einen Fuß vor den anderen setzte und dem Gebäude somit näherkam, schnürte sich meine Kehle immer weiter zu. Mit zitternden Händen drückte ich die gewaltige Flügeltür auf, betrat die Eingangshalle und steuerte eine Treppe an, die zu meiner rechten und meiner linken Seite ins nächste Geschoss führte. Das Geräusch meiner

Absätze hallte laut und gespenstisch wie das Ticken meiner persönlichen Zeitbombe von den hohen Wänden wider.

Nachdem ich die breite Eichenholztreppe und eine lange Galerie hinter mir gelassen hatte, stand ich vor der großen Flügeltür des Büros vom Dekan. Ich hielt einen winzigen Moment inne, starrte die Maserung auf dem Holz an und hätte am liebsten auf der Stelle wieder kehrt gemacht. Aber meine Beine gehorchten mir nicht. Sie bewegten sich gegen meinen Willen vorwärts und mein Verstand, der nun die Kontrolle über meinen Körper zu haben schien, brachte mich dazu, den Türknauf zu umschließen und die Tür aufzudrücken.

Wie auf Kommando drehten sich die Köpfe aller Anwesenden in meine Richtung. Der Blick meiner Mum sprach Bände. Sie ließ ihre stechend grünen Augen über mein absolut schreckliches Erscheinungsbild wandern, zählte eins und eins zusammen und presste die Lippen zu einer schmalen Linie aufeinander, bevor sie den Blick abwandte und verkrampft aus dem breiten Fenster hinter dem Schreibtisch des Dekans starrte. Auch Sasha und ihre Mum musterten mich mit kritischen Mienen.

»Verzeihen Sie die Ver–«

Der Dekan erstickte meinen aufkommenden Redeschwall mit einer knappen Handgeste. »Setzen Sie sich, Miss Gilbert. Wir sind ohnehin schon spät dran und ich habe nicht den ganzen Tag Zeit.«

Ich ließ mich zögerlich auf dem Sessel neben meiner Mum nieder, umklammerte meine Tasche und bereitete mich innerlich auf meine Strafpredigt vor. Die Furcht, meinem Traum durch diesen kopflosen und undurchdachten Fauxpas einen Dämpfer verpasst zu haben, wuchs.

»Nun gut«, der Dekan räusperte sich, ließ sich auf seinem Sessel nieder und blickte uns der Reihe nach an. »Da wir nun vollzählig sind, bitte ich um eine Erklärung, was um Himmels willen passiert ist.«

Mein Blick zuckte zu Sasha. Ihre gebrochene Nase lag unter einem breiten, weißen Pflaster und der Bluterguss hatte sich bis unter ihre funkensprühenden Augen gezogen.

Zeitgleich, wie Sasha »Sie ist einfach auf mich losgegangen!« fauchte, feuerte ich ein »Sie hat mich provoziert!« heraus und der Dekan hob beschwichtigend beide Hände an.

»Eine nach der anderen, wenn ich bitten darf.«

»Ich habe nichts getan, Mister Beaumont«, setzte Sasha erneut an.

»Nichts getan?« Meine Stimme schrammte haarscharf an einem verächtlichen Schnauben vorbei. »Das ist nicht wahr. Sie hat mich provoziert und wollte die gesamte Gruppe gegen mich aufbringen!«

»Stimmt das, Miss Fox?« Der Dekan richtete seine trüben, braunen Augen wieder in Sashas Richtung.

»Sasha würde so etwas nie tun. Sie ist in gutem Hause aufgewachsen und weiß, wie man sich zu verhalten hat«, schaltete sich ihre Mum plötzlich in das Gespräch ein.

»Und Sie glauben, meine Tochter ist nicht in gutem Hause aufgewachsen?«, zischte meine Mum und richtete sich auf.

»Ich –«

»Meine Damen«, äußerte sich Dekan Beaumont ruhig, doch ihm war anzusehen, dass er mit seiner Geduld kämpfte. »Beschränken wir dieses Gespräch doch bitte auf das Wesentliche«, fügte er hinzu und musterte mich schließlich. »Miss Gilbert, Sie sagten, Miss Fox habe sie provoziert. Was hat Sie so in Rage versetzt, dass Sie ihr die Nase gebrochen haben?«

»Ich wollte ihr die verdammte Nase nicht brechen«, brummte ich und ignorierte das gezischte »Alexis, achte auf deine Ausdrucksweise« meiner Mum.

»Das beantwortet nicht meine Frage, Miss Gilbert. Hat Miss Fox Sie nun provoziert oder nicht?«

»Sie … sie hat –« Ich brach ab, drehte den Kopf zu Sasha, die mich unheilvoll anfunkelte, und warf schließlich einen Blick zu meiner Mum, die mich immer noch keines Blickes würdigte. Mir wurde bewusst, dass sie mir in dieser Situation nicht helfen würde. Sie war nur hier, weil sie es musste, und nicht, um mich zu unterstützen. Für meine Mum war ich in diesem Moment die reinste Enttäuschung, genau wie vor einigen Jahren, als ich noch an Masons Seite war. Jede Faser ihres Körpers strahlte Verachtung aus und ich war mir sicher, dass sie den Verstand verlieren würde, wenn sie den wahren Grund der Auseinandersetzung mit Sasha erfuhr.

»Nein … hat sie nicht«, murmelte ich und versuchte den bitteren Geschmack zu verdrängen, den diese Lüge mit sich brachte.

»Das bedeutet, Sie haben Miss Fox grundlos die Nase gebrochen?«

Mein verbissenes Schweigen reichte ihm offensichtlich als Antwort, denn er seufzte leise auf, erhob sich von seinem Sessel und strich seinen rostfarbenen Anzug glatt.

»Sie wissen, dass ich dieses Verhalten hier unter keinen Umständen toleriere, Miss Gilbert«, begann er und ich senkte den Blick, enttäuscht, dass ich zu feige war, um für mich einzustehen. »Es tut mir leid, aber ich werde Sie wohl oder übel aus Madame Rousseaus Kurs ausschließen müssen. Das bedeutet, dass Sie den Kurs wiederholen werden. Im nächsten Semester.«

Ich riss den Kopf in die Höhe und starrte den Dekan mit aufkeimender Unruhe an. »Im nächsten Semester? Und was ist mit der Prüfung in wenigen Wochen? Danach hätte ich das Studium beendet.«

»Die Prüfung wird stattfinden, aber nicht für Sie.«

»Aber –«

Er hob eine Hand und stoppte meinen Protestversuch. »Ich glaube, ich habe mich klar ausgedrückt, Miss Gilbert«, sprach er ernst aus. »Dieses Verhalten darf und kann ich nicht ungestraft davonkommen lassen, das verstehen Sie doch sicherlich. Sie werden also ein halbes Jahr anhängen müssen.«

Irgendwo tief in meinem Inneren musste ich diese Entscheidung akzeptieren. Immerhin hatte ich die Steine, die mir im Weg lagen, selbst zu verschulden. Trotzdem tobte das Teufelchen in mir vor Zorn, verfluchte meine Schwäche und sorgte dafür, dass ich mich noch elender fühle, als ich es ohnehin schon tat.

Ich blickte hilfesuchend zu meiner Mum, doch sie schenkte mir weiterhin keine Beachtung, erhob sich von ihrem Sessel und nickte dem Dekan knapp zu.

»Ich danke Ihnen für Ihre Zeit,Mister Beaumont. Verzeihen Sie bitte vielmals diese Umstände. Ich hoffe wirklich sehr, dass solch eine Situation nie wieder zustande kommt.« Mit diesen Worten drehte sie sich um und verließ das Büro.

Für einen kurzen Moment verweilte ich wie paralysiert im Sessel, spürte Sashas Blick auf mir und versuchte das dumpfe Gefühl der Enttäuschung in mir zu unterdrücken. Das laute Klappern der Absätze meiner Mum wurde leiser, je weiter sie sich vom Büro entfernte.

Innerhalb eines Wimpernschlags hauchte ich meinem Körper wieder Leben ein, stemmte mich aus dem Sessel und folgte meiner Mum mit hastigen Schritten, bis ich sie am Absatz der Treppe endlich eingeholt hatte. »Wieso zum Teufel hast du nichts gesagt, Mum?«, hakte ich aufgebracht nach und folgte ihr die breite Treppe hinunter, die zurück in die Eingangshalle führte. »Wieso hast du dich nicht für mich eingesetzt?«

Sie durchquerte die Eingangshalle, drückte die schweren Flügeltüren auf und trat nach draußen. Das strahlende Sonnenlicht attackierte meinen schmerzenden Kopf wie zig Million kleine Nadeln und ich kniff die Augen zu, während ich den Arm meiner Mum zu fassen bekam.

»Mum!«, rief ich aufgebracht und diesmal wirbelte sie zu mir herum.

»Du kannst froh sein, dass der Dekan dich nicht exmatrikuliert hat, Alexis!«, fauchte sie und ich taumelte einen Schritt zurück. »Was fällt dir ein, Sasha Fox die Nase zu brechen? Du weißt ganz genau, dass ihre Eltern hohe Tiere sind. Sie hätten dir genauso gut eine Anzeige wegen Körperverletzung an den Hals hetzen können, ist dir das bewusst?«, fuhr sie mich zornig an. »Mit einem Vorstrafenregister kannst du deine Karriere als Tänzerin vergessen!« Sie befreite sich aus meinem Griff, lief die steinernen Stufen hinunter und blieb widerwillig stehen, als ich wieder zu sprechen begann.

»Ich habe es nicht mit Absicht getan«, rief ich verzweifelt. »Hörst du, Mum? Ich habe es nicht –«

»Spare dir deine Ausreden, Alexis. Ich möchte davon nichts hören«, unterbrach sie mich ruppig und blickte schließlich für einen kurzen Moment über meine Schulter hinweg zu einem Punkt hinter mir. Im Bruchteil einer Sekunde hatte sie ihr professionelles Pokerface aufgesetzt und das lodernde Höllenfeuer in ihren Augen wich einem kleinen Flämmchen. Ich folgte ihrem Blick und schluckte schwer, als ich Reagan am Gebäude des Dekans lehnen sah. Sie rauchte eine Zigarette und tat so, als wäre sie schwer mit ihrem Handy beschäftigt. Der Blick meiner Mum flog zurück in meine Richtung, bevor sie die Stufen, die sie bereits heruntergegangen war, wieder erklomm.

»Du bist die reinste Enttäuschung«, zischte sie leise, sodass nur ich ihre Worte hören konnte. »Ich kann nicht fassen, dass ich dafür gesorgt habe, dass du nicht exmatrikuliert wirst.« Sie musterte mich, als wäre ich eine Fremde für sie und rümpfte angewidert die Nase, als ihr der abgestandene Geruch von Gras, Alkohol und Zigarettenrauch in die Nase stieg. »Ich habe wirklich geglaubt, dass du dich verändert hast, Alexis. Aber ich habe mich wohl getäuscht. Du bist noch immer dasselbe dumme, naive Flittchen, welches du warst, als du etwas mit diesem Verbrecher zu tun hattest«, fauchte sie leise. »Du trinkst dich immer noch an den Rand der Besinnungslosigkeit, zerstörst deinen Körper mit Drogen und wachst in fremden Betten auf.«

Wut, vermischt mit Scham, trieben mir Tränen in die Augen. »Mum, ich –«

»Ich will nichts mehr von dir hören«, unterbrach sie mich knapp, schenkte mir einen letzten verachtenden Blick und machte schließlich auf dem Absatz kehrt.

Ich blickte ihrer schlanken Gestalt so lange nach, bis ich eine Hand auf der Schulter spürte – leicht wie eine Feder, und dennoch hatte ich das Gefühl, von einem zentnerschweren Gewicht zu Boden gedrückt zu werden. Ich drehte mich langsam in Reagans Richtung um und erkannte den tiefen Sorgenschimmer in ihren dunklen Augen.

»Alexis …«, murmelte sie leise und just in diesem Moment brachen meine Dämme. Der Kloß in meinem Hals schwoll auf die Größe einer Melone an und im Bruchteil einer Sekunde flossen die Tränen ohne Halt über meine Wangen. Nach all den Strapazen, die in den letzten Wochen geschehen waren, konnte ich nicht länger das taffe, gefühlskalte Mädchen spielen, welches ich vorgab zu sein. Schmerzen überrollten mich wie gnadenlose, hohe Brecher, die alles in vernichtende Tiefen zogen, und als Reagan mich sanft in ihre Arme nahm, war es um mich geschehen. Ein Schluchzen schüttelte meinen geschwächten Körper durch, während ich mich hilflos am Stoff von Reagans Shirt festkrallte.

»Verdammt, Alexis, was ist geschehen?«, fragte sie vorsichtig nach und schob mich eine Armlänge von sich, um in mein Gesicht schauen zu können. Eine meiner Tränen fing sie sanft mit dem Daumen auf, wischte sie weg und ließ ihre Hand schließlich behutsam auf meiner Wange liegen.

Und als ich in ihre wunderschönen, braunen Augen schaute, die mich voller Mitgefühl und Schmerz musterten, wurde mir bewusst, was gerade geschah. Ich verliebte mich in sie. Ich verliebte mich in einen Menschen, den ich nicht haben konnte. Ich verliebte mich, obwohl ich mein Herz nie wieder in Gefahr bringen wollte. Ich verliebte mich, weil sie neben Hudson der einzige Mensch in meinem Leben geworden war, der mir das Gefühl gab, etwas wert zu sein. Und obwohl ich genau wusste, dass diese Gefühle nichts als Schmerz für mich und meine Seele bedeuteten, konnte ich gar nicht anders, als mich bedingungslos und unwiderruflich in diesen vollkommenen und unschuldigen Menschen vor mir zu verlieben.

»Alexis?« Reagan schnipste vor meinem Gesicht herum, bis ich blinzelte, zurück in die Realität fand und sofort den Blick abwandte.

»Ich … ich wurde vom Kurs ausgeschlossen und muss ihn nächstes Semester wiederholen«, klärte ich sie kurz auf, wischte die Tränen mit einer fahrigen Handbewegung von meinen Wangen und schämte mich dafür, in ihrer Gegenwart so schwach geworden zu sein. »Sasha ist ohne Strafe davongekommen.«

»Wieso?« Reagan wirkte irritiert und ich konnte es ihr nicht einmal verübeln.

»Ich habe die Schuld auf mich genommen«, gestand ich ehrlich. »Es hätte nichts gebracht, zu diskutieren. Sashas Eltern haben einfach zu viel Einfluss auf den Dekan«, murmelte ich verbittert und blinzelte weitere Tränen fort, als Sasha im Schlepptau ihrer Mum aus dem Gebäude trat. Unsere Blicke kreuzten sich und bevor sie sich ihre riesige Designersonnenbrille aufsetzte, um den Großteil des Pflasters und der Blutergüsse zu kaschieren, bedachte sie mich eines schadenfrohen Blickes, der mich beinahe wieder rotsehen ließ. Doch bevor erneuter Notstand in meinem Körper ausbrechen konnte, hatte Reagan sich bereits meine Hand geschnappt und zerrte mich in die entgegengesetzte Richtung des Campus in Richtung des Parkplatzes.

»Sie ist es nicht wert, Alexis. Vielleicht kannst du nochmal mit dem Dekan sprechen. Allein«, betonte sie. »Versuch, ihn umzustimmen, oder erzähle ihm wenigstens die Wahrheit.«

Ich schnaubte tonlos. »Die Wahrheit, Reagan? Die Wahrheit ist, dass mir niemand glauben wird. Sasha Fox ist … die perfekte Studentin, Tänzerin und Tochter. Fehlerlos. Mir wird niemand glauben«, sagte ich beharrlich und blieb schließlich skeptisch stehen, als Reagan einen riesigen, dunkelrot schimmernden Dodge Ram aufschloss.

»Ist das deiner?«, fragte ich nach, erleichtert, für einen kurzen Moment dem Gefängnis meiner quälenden Gedanken entkommen zu können.

»Nein, er gehört Kian«, erklärte sie und mit einem Ruck waren meine inneren Dämonen wieder an Ort und Stelle, verriegelten mit höhnisch verzerrten Mienen die Gittertür meines Gefängnisses. Mit dem Gedanken an Kian kamen auch die Gedanken an Brody zurück. Reagan schien sofort zu merken, was mich beschäftigte, und legte beruhigend eine Hand auf meinen Arm.

»Wir fahren jetzt zu mir und werden mit Kian reden. Vielleicht kann er Brody etwas Vernunft und Respekt einprügeln.«

Kapitel 15

Eine gute halbe Stunde später betraten wir Reagans Wohnung, in der ich mir sofort die mittlerweile unbequemen High Heels von den Füßen schob. Fast zeitgleich mit dem Zufallen der Haustür trat Kian ins Wohnzimmer, mit nichts weiter als einem Handtuch bekleidet, das er sich um die Hüfte gewickelt hatte. Er taxierte zuerst Reagan, bis sein Blick über ihre Schulter hinweg zu mir wanderte.

»Was zum Teufel hast du hier schon wieder verloren?«, knurrte er bedrohlich ruhig. Seine breiten Schultern spannten sich auf Kommando an und das riesige Tattoo, welches sich über seinen gesamten Oberkörper erstreckte, schien unter seinen kräftigen Atemzügen zum Leben zu erwachen. Die schwarzen Linien hoben und senkten sich mit jeder Bewegung seines Körpers.

Reagan ergriff sofort das Wort, trat einen kleinen Schritt auf ihn zu und stemmte die Hände in die Hüften.

»Weißt du, weshalb Brody sie nicht zu Hause abgesetzt hat?«, fragte sie, ohne um den heißen Brei herum zu reden, und Kian richtete seine seelenlosen schwarzen Augen auf Reagans zarte Gestalt.

»Nein.«

»Hat er dir gesagt, was er vorhat?«

»Nein«, wiederholte er sich und etwas an seinem Ton gefiel mir ganz und gar nicht. Er schien mehr zu wissen, als er gerade von sich gab, was auch Reagan zu bemerken schien.

»Kian«, begann sie erneut und lieferte sich mit ihm ein hitziges Blickduell. »Sag mir verdammt noch mal die Wahrheit. Brody hat sie vielleicht … er –« Reagan brach ab und ich senkte den Blick. Das, was sie zu sagen versuchte, konnte und wollte ich nicht mal in meinen Gedanken aussprechen.

»Was, Reagan? Glaubst du wirklich, er hätte sich an ihr vergangen?«, sprach Kian ungefiltert das aus, was Reagan nicht über die Lippen gekommen war. »Er hat ihr nichts getan.«

»Woher willst du das wissen?«, rutschte es nun aus mir heraus. »Ich kann mich an nichts mehr erinnern und –«

»Brody wäre niemals so kopflos und würde sich an dir vergehen, Alexis. Vielleicht würde er es wollen, doch er tut es nicht, weil er genau weiß, dass er dann einen Kopf kleiner ist.«

»Aber –«

»Du gehörst Mason, schon vergessen?«

Mein Magen drehte sich um und Wut flutete meinen Körper. »Ich gehöre niemandem«, zischte ich.

»Und dennoch hast du zu ihm gehört. Adriels Regeln sind einfach. Nicht auffallen, pünktlich abliefern, nicht hinter Gittern landen und Respekt vor den Frauen haben, die zu einem von uns gehören.«

»Das beantwortet immer noch nicht meine Frage, Kian«, mischte Reagan sich ein und funkelte ihn an. »Wieso hat er sie nicht zu Hause abgesetzt?«

»Verdammt, Reagan«, fuhr er sie gereizt an. »Wir haben nach einer neuen Lösung gesucht, denn du scheinst vom Weg abgekommen zu sein.« Reagan versteifte sich, doch Kian sprach ungehalten weiter. »Du hast eine einzige Aufgabe und verlierst sie aufgrund deiner verflucht blauäugigen Art komplett aus den Augen. Ich wollte die Sache ankurbeln, um sie endlich wieder loszuwerden. Aber Brody hat sie mit seinem Joint, der sie eigentlich nur lockerer machen sollte, komplett außer Gefecht gesetzt. Er hat sie mit zu sich genommen, um aufzupassen, dass sie nicht an ihrem eigenen Mageninhalt erstickt, wenn ihr die Kombination aus Alkohol und der gestreckten Scheiße von Adriel auf den Magen geschlagen hätte.«

Seine Worte trafen mich wie Patronen einer abgefeuerten Waffe und ich riss den Blick hoch, nur um ihm geradewegs in die hasserfüllten schwarzen Augen zu schauen. Auch Reagan zog scharf die Luft ein.

»Du bist wirklich das Allerletzte, Kian!«

Seine Miene wurde noch dunkler und schneller, als Reagan reagieren konnte, hatte er sie bereits grob am Arm gepackt und zog sie so dicht an sich heran, dass seine Nasenspitze ihre berührte. Trotzdem hörte ich die geknurrten Worte, die seinen Mund verließen.

»Pass auf, wie du mit mir sprichst, Rea. Ich kann nichts dafür, dass du zu unfähig bist, deine Gefühle im Zaum zu behalten.«

»Lass mich los«, entgegnete sie bloß verbissen, doch das ließ ihn offenbar nur fester zupacken. Reagan presste die Lippen zu einem schmalen Strich zusammen und funkelte ihn unheilbringend an.

»Du tust ihr weh. Lass sie verdammt noch mal los«, schaltete ich mich ein. Meine Stimme klang deutlich ruhiger, als ich mich fühlte. Selbst als seine finsteren Augen in meine Richtung blickten, knickte ich nicht ein, sondern zwang meinen Körper, die Ruhe zu bewahren.

»Halt dich da raus, Alexis. Sie ist immer noch meine Freundin, verstanden?«

»Nicht mehr lange, wenn du so weitermachst«, fauchte Reagan, befreite sich mit einer ruckartigen Bewegung aus seinem Griff und rieb sich mit schmerzverzerrtem Gesicht die Stelle, die seine riesige Hand unnachgiebig festgehalten hatte.

»Was zum Teufel redest du da?«, fuhr er sie an, doch da hatte sie sich bereits von ihm abgewandt und schaute hilflos in meine Richtung.

»Es tut mir leid, Alexis. Ich wusste nichts von der ganzen Sache. Hätte ich gewusst, was die beiden geplant haben, hätte ich dir geraten, dein Date an einen sichereren Ort zu verlegen.«

»Ist schon in Ordnung, Reagan«, beruhigte ich sie, obwohl mir die Geheimniskrämerei immer mehr zusetzte. Welche Aufgabe hatte Reagan zu bewältigten, was wollten Kian und Brody unbedingt aus mir herausquetschen und wieso zum Teufel schien mich Mason plötzlich wieder wie ein dunkler Schatten zu verfolgen?

»Wartest du einen Moment hier? Ich ... ich würde mit zu dir kommen, wenn es okay ist.«

»Natürlich, Reagan.«

Sie drehte sich um, beachtete Kian nicht weiter und verschwand in ihrem Schlafzimmer. Mein Mut verließ mich mit dem Zufallen der dünnen Holztür. Sie hatte mich tatsächlich mit Kian allein gelassen und alles in mir wollte kehrt machen und flüchten.

»Du möchtest mir also weiterhin meine Freundin ausspannen, sehe ich das richtig?«, hakte Kian nach und ich schluckte schwer, als er einen kleinen Schritt auf mich zuging.

»Nein. Wie oft soll ich dir noch sagen, dass wir nur befreundet sind?«, stellte ich die Gegenfrage und verfluchte mich für meine zitternde Stimme.

»Du kannst es mir so oft sagen, wie du möchtest, Alexis. Trotzdem werde ich dir niemals glauben, denn ich sehe, was hier abgeht. Ich sehe, wie du Reagan anschaust, und ich rate dir, ganz schnell damit aufzuhören«, sprach er bedrohlich leise auf mich ein und mit jedem Satz, den er sprach, kam er mir näher, bis ich den herben Duft seines Duschgels riechen konnte und den Kopf minimal in den Nacken legen musste, um ihm ins Gesicht schauen zu können. Sein Kiefer war fest angespannt, die Muskeln unter seiner tätowierten Haut traten eisern hervor und in seinen dunklen Augen tobte ein unheilverkündender Sturm. Erst als Reagan mit ihrer gepackten Tasche um die Ecke kam, beruhigte sich mein aufgewühltes Inneres wieder. In meiner Welt, die von Chaos und Dunkelheit, von nicht ruhenden Gedanken, Ängsten und Zweifeln geprägt wurde, verkörperte Reagan meine Ruhe und Hoffnung auf bessere Zeiten.

»Wir gehen, Alexis.«

»Reagan, du wirst jetzt nicht einfach verschwinden«, warnte Kian sie ernst, doch sie griff stur nach dem Wohnungsschlüssel und zog die Tür auf.

»Ich ertrage deine Nähe gerade nicht. Wieso gehst du so dermaßen fürchterlich mit ihr um, Kian?«, herrschte sie ihn an. »Sie hat dir verdammt noch mal nichts getan.«

»Nichts getan?«, wiederholte er aufgebracht und stieß ein abwertendes Schnauben aus. »Du willst mich doch verarschen, Rea. Sie ist einfach so in unser Leben geplatzt und nun geht alles kaputt. So war das nicht geplant!«

Dieser Seitenhieb saß. Ich schlüpfte hastig in meine Schuhe und drückte mich an Reagan vorbei auf den dämmrigen Flur.

»Ich warte unten auf dich«, murmelte ich hastig, bevor ich die Treppen hinuntereilte und außer Atem in die lauwarme Nachmittagsluft stürzte.

Du bist eine Schande für die Familie.

Du bereitest nur Probleme.

Unsere Familie ist kaputt. Und sie ist nicht mehr zu retten. Deinetwegen.

Deinetwegen.

Deinetwegen.

Sie ist kaputt.

Sie ist einfach so in unser Leben geplatzt und nun geht alles kaputt.

Es ist alles meine Schuld.

Es …

»Alexis?«, riss Reagan mich aus meinen vernichtenden Gedanken und als ich blinzelte, rollten einsame Tränen über meine Wangen.

»Alexis …«, wiederholte sie. Sanfter. Mitfühlender. Mit wenigen Schritten war sie bei mir angelangt, musterte mich mit wachsamem Blick und hob zögerlich eine Hand, um mir die Tränen von den Wangen zu wischen. »Was ist los?«

»Kian hat recht«, gab ich leise wieder, schluckte schwer und wischte mir nun energisch mit dem Handrücken über die Wangen. »Ich mache alles kaputt. Du solltest bei ihm bleiben. Ich werde schon irgendwie alleine klarkommen.«

Die Mauer in mir, hinter der ich mein Herz und meine Gefühle versteckte, zog sich Stein für Stein auf. Bei der Kühle meines Tonfalls wich Reagan minimal zurück und der verletzte Schimmer in ihren Augen traf mich mitten ins Herz. Innerlich wusste ich, dass ich in diesem Moment nicht fair zu ihr war. Doch lieber zog ich nun einen Schlussstrich, als sie weiter mit in mein persönliches Verderben zu reißen.

»Ich möchte aber nicht hierbleiben«, murmelte sie betroffen.

Meine frisch aufgezogene Mauer begann zu wackeln. »Reagan … Ich bitte dich.«

Sie schüttelte stur den Kopf, umklammerte ihre Tasche nur fester und blickte mir herausfordernd in die Augen. »Wieso?«

»Weil …« Ich hielt inne, senkte den Blick und versuchte, meine schrecklichen Gedanken im Zaum zu halten. Doch sie überfielen mich wie Aasgeier einen Kadaver – rissen mir Stück für Stück mein Herz auseinander.

Du bereitest nur Probleme …

Du hast unsere Familie kaputtgemacht …

Du bist eine Schande …

»Ich bin nicht gut genug für dich … Das merke ich Tag für Tag«, setzte ich erneut an. »Du hast etwas Besseres als einen Menschen verdient, der alles in seinem Umfeld kaputtmacht«, sprach ich aus und mied ihren Blick, den ich ganz genau auf mir spüren konnte. »Seit Jahren befinde ich mich in einem Strudel, der mich immer mehr ins Verderben reißt. Ich habe meine Familie zerstört. Sogar mich selbst, und das alles nur, weil ich einen Menschen in mein Leben gelassen habe, ihn geliebt habe und geglaubt habe, ihm vertrauen zu können. Und du, Reagan … du hast etwas Besseres verdient. Etwas Besseres als … als mich.«

»Und du glaubst, Kian ist die bessere Wahl für mich?«

Beim Klang ihrer tonlosen Stimme lenkte ich meinen Blick nun doch in ihre Richtung und zuckte fast schon verzweifelt mit den Schultern. »Ich weiß es nicht … Du bist mit ihm zusammen und das bereits seit drei Jahren. Drei Jahre sind keine kurze Zeit, Reagan. Ich möchte nicht der Grund sein, dass du dich von ihm abwendest.«

»Soll ich dir etwas verraten, Alexis? Du hast mich in den vier Monaten, die wir uns nun schon kennen, deutlich besser behandelt als Kian«, sagte sie ernst. »Ich … ich fühle mich bei dir wohl, okay? Und ich werde jetzt nicht da hoch gehen und bei ihm bleiben, weil ich bei dir sein möchte, Alexis. Nur bei dir.«

***

Als die Nacht bereits hereinbrach und der Himmel ein Farbenspiel aus azurblauen und purpurroten Tönen zur Schau stellte, Sydney besonders hell funkelte und sich das vereinzelte Kreischen der Möwen mit dem Rauschen des Meeres vermischte, saßen Reagan, Chester, Hudson und ich auf meiner kleinen Dachterrasse und schwiegen uns betroffen an.

»Es tut mir leid, Leute«, murmelte Hudson nach einer Weile reumütig und ließ seine sanften braunen Augen über unsere traurigen Gesichter gleiten.

Vor nicht einmal zwanzig Minuten hatte er uns mitgeteilt, dass er bereits Tickets für das Besteigen der Harbour Bridge besorgt hatte – seine Henkersmahlzeit. Bei dem ganzen Stress mit meiner Mum, Sasha und Kian hatte ich es mir erlaubt, Hudson für einen winzigen Moment in Sicherheit zu wiegen.

Doch dieser Moment löste sich in Luft auf und hinterließ nichts als die brutale Wahrheit. Ich musste mich von meinem besten Freund verabschieden – meinem Fels in der Brandung. Für immer.

»Wann geht es los?«, fragte ich leise und blickte zuerst Hudson und schließlich Chester an. Eine Träne löste sich aus seinen glasigen Augen, die er sofort wegwischte und sich räusperte.

»Nächsten Monat ist es so weit«, antwortete er an Hudsons Stelle. Mein Herz zog sich zusammen und als würde Reagan meine Schmerzen spüren, schob sich ihre warme, weiche Hand plötzlich in meine. Ich senkte den Blick auf unsere verschlungenen Finger, sah schließlich in ihr Gesicht und spürte, wie der Geist eines traurigen Lächelns an meinen Mundwinkeln zupfte. Im selben Augenblick spürte ich die aufsteigenden Tränen und gab mir nicht mal mehr Mühe, sie zu verstecken.

»Wieso können wir nicht mehr Zeit haben?«, hakte ich gebrochen nach, blickte hinüber zu Hudson und betrachtete seine blasse, dünne Gestalt im Schein der Lichterketten, die über meiner Dachterrasse im sanften Wind baumelten. »Ich habe das Gefühl, keine Zeit mit dir gehabt zu haben, Huds … Sie wurde mir einfach so aus den Händen gerissen.«

»Zeit war in meinem Leben schon immer etwas Kostbares.« Er hielt inne, drehte seinen Kopf zu Chester und verzog die Lippen zu einem tieftraurigen Lächeln. Schließlich blickte er uns der Reihe nach an. Die Ruhe, die er ausstrahlte, faszinierte mich.

»Doch ich wusste sie immer gut zu nutzen«, fuhr er fort. »So wie jetzt. Ich verbringe meine Zeit mit Menschen, die mir viel bedeuten, die mich lieben und von denen ich weiß, dass sie mich nicht vergessen werden, wenn es Zeit für mich wird zu gehen.«

Ein Schluchzen entfloh meiner Kehle und Reagan drückte beruhigend meine Hand. Auch Chester kämpfte mit den Tränen, fing Hudsons Blick auf und schien sich in seinen sanften Augen zu verlieren. Ich gab Reagan stumm zu verstehen, dass Hudson und Chester nun Zeit für sich brauchten, also rappelten wir uns auf und fanden über die Feuertreppe zurück in meine Wohnung.

Für einen kurzen Moment blieb ich wie eingefroren an Ort und Stelle stehen und starrte in den dunklen Raum hinein. Wie im Zeitraffer spielten sich meine gemeinsamen Momente mit Hudson ab und die Schnüre um meinen Hals zogen sich immer fester zusammen.

»Alexis …«, ertönte Reagans zarte Stimme hinter mir.

Ich drehte mich zu ihr um und suchte verzweifelt nach den richtigen Worten. »Er wird sterben …«, hauchte ich schmerzerfüllt. »Wieso er? Er hat es nicht verdient zu sterben … vor allem nicht so verdammt früh«, fügte ich hinzu und spürte, wie der Schmerz in mir gewaltiger wurde und mir beinahe die Luft zum Atmen nahm.

»Das Leben spielt, wie es will …«, sprach Reagan sachte aus und wischte die Tränen behutsam von meinen Wangen. »Wir können nicht mehr tun, als nun für ihn da zu sein, bis er …«

Sie verstummte und ließ die unheilbringenden Worte unausgesprochen im Raum stehen, wo sie eine solch schwere Last ausstrahlten, dass ich daran zu zerbrechen drohte.

Dennoch nickte ich ausgelaugt. »Du hast wahrscheinlich recht.«

Ehe Reagan etwas erwidern konnte, hörten wir Schritte auf der Feuertreppe. Hudson und Chester kletterten nacheinander ins Wohnzimmer, griffen nach der Hand des jeweils anderen, als sie vor uns standen, und blinzelten nicht versiegte Tränen fort.

»Wir machen uns auf den Weg. Danke, dass wir vorbeikommen durften, Alexis«, sagte Chester mit warmer Stimme und ich lächelte ihm schwach zu.

»Du brauchst mir nicht zu danken, Chester. Ihr seid hier immer willkommen.«

Stunden nachdem Hudson und Chester gegangen waren, lag ich hellwach in meinem Bett. Die Nacht war schon längst den frühen Morgenstunden gewichen und mein Blick wanderte bereits zum gefühlt hundertsten Mal ruhelos zu den roten Ziffern meines Weckers, die mir entgegenleuchteten.

2:30.

Schließlich hielt ich es unter meiner Decke nicht mehr aus, schlug sie zur Seite und schlich auf leisen Sohlen aus meinem Zimmer und durch den Flur, um Reagan nicht zu wecken, die seelenruhig auf der Couch schlief. Ich verharrte einen winzigen Moment in der Bewegung und musterte ihr schönes Gesicht, die langen Wimpern, die sanft auf ihren Wangen ruhten, und die geschwungenen Lippen, die leicht geöffnet waren. Ich riss mich schweren Herzens von ihr los, drückte das Fenster zur Dachterrasse auf und kletterte in den feinen, kühlen Regen hinaus. Anschließend erklomm ich die Metallstufen, die unter meinen nackten Füßen so kalt und nass waren, dass sie mir eine Gänsehaut über den Körper jagten. Mit wenigen Schritten war ich oben angekommen, ließ meinen Blick für einen kleinen Moment in die Ferne zu meiner Edelsteinstadt gleiten und dachte an meine Mum, die mich nun offiziell aus ihrem Leben katapultiert hatte.

Du bist die reinste Enttäuschung, Alexis …

Ich will nichts mehr von dir hören …

Ich schüttelte den Kopf, um ihre Stimme zu verbannen, griff nach den kühlen Metallstreben der Brüstung und ließ meinen Blick zum Opernhaus gleiten. Es lag wie die glänzende Perle einer Auster in der Dunkelheit, schimmerte in einem nahezu magischen elfenbeinfarbenen Ton und spiegelte sich in den pechschwarzen Wellen des Hafens wider. Die Regentropfen durchbrachen die Spiegelung lautlos und beständig.

Das Bestehen dieser Prüfung wird Ihr Ticket zum Erfolg.

Sie werden vor der Compagnie vortanzen.

Die Prüfung wird stattfinden, aber nicht für Sie, Miss Gilbert.

Nicht für Sie.

Die Compagnie wird dich ablehnen, bevor du auch nur einen Schritt auf die Bühne machen kannst.

Du bist keine Tänzerin …

Ich kniff die Augen zusammen, versuchte die gehässigen Stimmen meiner Mum, Sasha und von Dekan Beaumont zu ignorieren. Aber sie umkreisten mich wie Raubtiere, die nur noch den richtigen Zeitpunkt abwarteten, um ihrer bereits verletzten Beute den todbringenden Biss zu verpassen. Tränen der Wut, der Enttäuschung und des Schmerzes stiegen mir in die Augen, ehe mich ein ersticktes Schluchzen durchschüttelte. In diesem Moment wurde mir alles zu viel. Hudsons Tod, der wie ein Damoklesschwert über unseren Köpfen zu schweben schien, die Tatsache, dass ich nicht für mich selbst einstehen konnte und nun das Semester wiederholen musste, Mums verletzende Worte, die Auseinandersetzung mit Sasha, die niemals endende Angst vor Nähe, die Mason zu verschulden hatte, und das nahezu Schlimmste: meine Gefühle für Reagan, die alles andere als bloß erfunden waren und mich vollkommen hilflos zurückließen.

Als hätte sie meine Schmerzen und meine stummen, verzweifelten Schreie nach Hoffnung und Frieden gehört, vernahm ich plötzlich das leise Quietschen der Feuertreppe und schließlich Reagans weiche Stimme, die vom Wind in meine Richtung getragen wurde.

»Alexis?«

»Mir geht es gut, Reagan, geh wieder schlafen. Ich habe nur etwas frische Luft gebraucht«, murmelte ich leise und wischte die Tränen hastig von meinen Wangen. Meine Hände umklammerten erneut die stählerne Brüstung – als wäre sie der rettende Anker, der mich vor dem Ertrinken bewahrte. Doch im Insgeheimen war ich längst untergegangen und trieb haltlos in den rabenschwarzen, lichtlosen Tiefen des unendlichen Ozeans, der mich mit all seiner unnachgiebigen Kraft nach unten drängte und ein Auftauchen aus diesem Albtraum, den ich mein Leben nannte, nahezu unmöglich machte. Ich sank. Mit jedem Rückschlag sank ich. Immer tiefer. Bis ich plötzlich Reagans Wärme an meinem Rücken spürte. Ihre schlanken, tätowierten Arme schlangen sich um meinen Bauch – hielten mich fest. Ihre Wange ruhte auf meinem Rücken und mit einem Mal glaubte ich, wieder atmen zu können. Nicht die Brüstung war meine Rettung vor dem Ertrinken – Reagan war es.

Kapitel 16

»Wie geht es dir, Huds?«, fragte ich sofort, nachdem ich ins Loft getreten war, in dem er und Chester wohnten. Der offene, geräumige Wohnbereich, in dem ich mich befand, bot durch eine komplette Fensterfront in Richtung Südwesten einen perfekten Ausblick auf Woodford Bay. Die winzigen Segelboote schaukelten wie kleine Nussschalen auf dem glitzernden Wasser.

»Mir geht es gut, Alexis, mach dir keinen Kopf«, erwiderte er mit einem schiefen Lächeln, welches ich nicht erwidern konnte. Denn als ich ihn anblickte, konnte ich beim besten Willen nicht glauben, dass es ihm gut ging. Seine Haut war leichenblass, das braune Haar stumpf und glanzlos. Unter seinen Augen lagen dunkle Ringe, als hätte er seit Tagen nicht mehr geschlafen, und seine Wangen wirkten eingefallen und knochig.

»Hudson ...«, begann ich, doch er winkte direkt ab.

»Ich meine es ernst. Mir geht es gut, auch wenn ich nicht danach aussehe. Möchtest du etwas essen oder trinken?«, wechselte er sofort das Thema und marschierte bereits in die Küche, die unmittelbar neben dem offenen Wohnbereich lag und nur durch eine Kücheninsel vom restlichen Raum getrennt wurde.

Ich seufzte leise auf, folgte ihm und ließ mich auf einem der hohen Barhocker an der Kücheninsel nieder.

»Ich ... ich glaube, ich brauche etwas Starkes«, murmelte ich und Hudson hielt in der Bewegung inne, bevor er sich zu mir umdrehte.

»Was ist los?«, hakte er direkt nach und ich tat auf unwissend.

»Ich weiß nicht, was du meinst, Huds.«

»Irgendetwas stimmt nicht. Das spüre ich«, sagte er, lehnte sich gegen die dunkel glänzende Küchenzeile und verschränkte die Arme vor der Brust.

»Außerdem hattest du einen Ernährungsplan, wenn ich mich recht entsinne. War Alkohol nicht ausdrücklich verboten in deiner Trainingsphase?«, forschte er nach und ich verdrehte die Augen.

»Du hörst dich wie meine Mum an. Außerdem wurde ich von der Prüfung ausgeschlossen und diesen Ernährungsplan habe ich seit Anbeginn seiner Zeit nicht beachtet. Also kann ich das Training nun auch getrost ausfallen lassen«, klärte ich ihn auf und versuchte, dabei so gleichgültig wie möglich zu klingen. Innerlich zerbrach ich jedoch daran und spürte, wie mir mein lang ersehnter Traum brutal aus der Hand gerissen wurde.

»Was ist passiert?« Er stützte sich mit den Unterarmen auf der Kücheninsel ab und betrachtete mich eingehend. Sein prüfender Blick schien mir geradewegs bis auf den Grund meiner Seele blicken zu wollen und ich rutschte unbehaglich auf dem hohen Hocker hin und her.

»Nichts Weltbewegendes, Huds … Können wir über etwas anderes sprechen? Zum Beispiel über dich und Chester?«, schlug ich vor.

Nun war er es, der den Rückzug antrat und meinen Blick mied. »Da gibt es nichts zu besprechen«, blockte er ab und ich zog eine Augenbraue hoch.

»Nichts zu besprechen?«, echote ich tadelnd. »Ihr habt euch mit Blicken verschlungen und ich bin mir ziemlich sicher, dass ihr euch geküsst habt, Hudson Tate. Habe ich recht?«

Er hob kapitulierend beide Hände an, was mir bewies, dass ich ins Schwarze getroffen hatte. »Es war ein Akt der Verzweiflung. Nicht mehr und nicht weniger. Zwischen Ches und mir läuft nichts. Zumindest nicht so viel wie zwischen dir und Reagan, nicht wahr?« Er warf mir einen herausfordernden Blick zu, der mich die Lippen fest zusammenpressen ließ.

Touché, Hudson Tate.

Es fühlte sich an, als hätte er mir einen Eimer Eiswasser übergekippt. Seit Reagan wieder bei Kian war, fühlte ich mich einsamer als je zuvor und diese Einsamkeit führte dazu, dass meine Gefühle Tag für Tag nur stärker wurden.

»Zwischen uns läuft nichts«, versuchte ich ihn abzuwimmeln.

»Alexis«, seufzte er und ich zuckte kaum merklich mit den Schultern. Es war gleichgültig, was ich fühlte.

»Sie hat Kian«, betonte ich. »Und das wird auch so bleiben, Hudson. Meine Gefühle … existieren nicht, okay?«

»Sie existieren sehr wohl. Hör auf, dich selbst zu belügen. Das ist –«

»Ich kann nun mal nicht anders, verstehst du das nicht?«, unterbrach ich ihn verzweifelt. »Ich … ich bin in einen Menschen verliebt, der so unerreichbar wie der verfluchte Mond ist.«

Trotz meiner misslichen Lage verzog Hudson die Lippen zu einem wissenden Grinsen.

Ich ließ die Schultern hängen und blickte ihn abwartend an. »Was ist nun schon wieder los, Huds?«

»Du hast zum ersten Mal zugegeben, dass du in sie verliebt bist«, schwärmte er verträumt und stützte das Kinn in den Handflächen ab, während er selig lächelte. »Und der Mond, Alexis, ist nicht unerreichbar. Das haben die Amerikaner bereits bewiesen. Also …«, er pausierte, kam um die Kücheninsel herum zu mir und legte mir eine Hand auf die Schulter, »… hör auf, an diesen Gefühlen zu zweifeln.«

»Weißt du was, Hudson Tate?« Ich legte meinen Kopf auf seiner Schulter ab und sog seinen vertrauten, herben Duft ein, der eine Wohltat für meine verwundete Seele war.

»Nein, was denn?«

»Du klingst wie ein verdammter Glückskeks.«

»Jeder Mensch liebt Glückskekse«, erwiderte er grinsend und drückte mir einen dicken Kuss auf die Wange, den ich mit einem liebevollen Lächeln quittierte.

»Du hast recht. Und weißt du, was ich noch mehr liebe?«

»Du wirst es mir bestimmt gleich sagen.«

»Alkohol, Huds. Und zwar so stark wie möglich«, teilte ich ihm mit einem süßen Lächeln auf den Lippen mit. Obwohl er resigniert aufseufzte und offensichtlich tausend Gründe hätte, um mich umzustimmen, ging er zu einem der Küchenschränke, zog eine Flasche Chardonnay und gleich darauf ein passendes Weinglas hervor.

»Das ist alles, was wir haben.«

»Alles ist besser als gar nichts.«

Mit der Flasche und dem Glas bewaffnet gingen wir ins angrenzende Wohnzimmer und ließen uns auf der großen Couch nieder. Ich kuschelte mich teils an Hudson und teils in den Berg aus Kissen, öffnete die Flasche und goss das Glas voll.

»Alexis?«

»Mh?« Ich nippte an meinem Glas und sah Hudson schließlich an.

»Wieso wurdest du aus deinem Kurs geschmissen?«, fragte er erneut und diesmal spürte ich, dass ich der Wahrheit nicht weiter aus dem Weg gehen konnte und vor allem auch nicht wollte. Immerhin saß Hudson neben mir.

»Ich habe mich geprügelt«, murmelte ich beschämt und Hudson versuchte sichtlich, ein breites Grinsen hinter vorgehaltener Hand zu verbergen.

»Du hast was?«

»Da ist dieses Mädchen in meinem Kurs ... Sasha Fox«, begann ich und nahm noch einen großen Schluck des Weins, bevor ich weitersprach. »Sie hat mich in der Umkleide blöd angemacht, Reagan in den Dreck gezogen und mich zusätzlich eine ... eine verdammte Lesbe genannt. Ich hatte das Gefühl, nicht nur mich, sondern auch Reagan in Schutz nehmen zu müssen.«

Hudson schwieg einen kurzen Moment, richtete den Blick auf die riesige Fensterfront und beobachtete die vielen Boote. Er schien in seinen Erinnerungen gefangen zu sein und ein dumpfes Gefühl machte sich in meiner Magengegend breit.

»Ich wollte dich nicht an Miles erinnern, Huds ... Es tut mir leid«, sprach ich reuevoll aus und nahm seine Hand in meine. Ich konnte mich noch zu gut an den Tag erinnern, an dem Hudson vom Schulrüpel Miles Davis beinahe ins Jenseits geprügelt worden war, weil er nicht verstehen wollte, das Hudson auf Männer stand. Einzig und allein die winzige, beinahe unscheinbare Narbe an seiner Wange erinnerte an den von Hass und Intoleranz geleiteten Angriff auf seine Person. Er riss den Blick widerwillig von den Booten los und schenkte mir ein beruhigendes Lächeln.

»Ist schon okay, Alexis. Die Sache mit Miles konnte ich weitestgehend verarbeiten. Das hätte ich nicht gekonnt, wenn du nicht gewesen wärst.«

»Es war mir eine Ehre, Hudson Tate.« Ich erwiderte sein Lächeln, legte den Kopf auf seiner Schulter ab und zeichnete mit einem Finger gedankenverloren den glatten Rand des Glases nach.

»Hast du Reagan eigentlich von deinen Gefühlen erzählt?«, hakte Hudson nach einer Weile der vollkommenen Stille nach und ich lachte tonlos auf.

»Natürlich nicht. Ich würde mich bloß zum Narren machen.«

»Das ist Unsinn, Alexis. Sag ihr, was du fühlst.«

»Nein, denn weißt du, was ich glaube, Hudson? Ich glaube, dass es hoffnungslos ist«, sprach ich auf ihn ein, setzte mich auf und umklammerte das

Glas mit beiden Händen. »Ich glaube, es ist das Einfachste, wenn ich diese Gefühle einfach vergesse und so weitermache wie immer. Allein. Denn ich bin einfach nicht dafür gemacht zu fühlen ... oder zu lieben. Es ist hoffnungslos«, wiederholte ich betrübt.

»Und ich glaube, dass du nicht ehrlich zu dir bist«, widersprach er mir ernst. »Aber soll ich dir etwas verraten, Alexis? Hier zu sitzen, deine Gefühle mit flüssigem Gift zu betäuben und abzustreiten, dass du ein innerliches Wrack bist, hilft dir nicht«, sprach er auf mich ein und deutete mit einem vagen Kopfnicken auf mein Glas. »Ertränke die Dämonen ruhig. Aber du wirst feststellen, dass die Biester zäh sind. Sie werden wiederkommen. Immer und immer wieder.«

»Du bist ein Meister darin, Leute aufzumuntern, Hudson Tate«, brummte ich und stellte das Glas auf der gläsernen Tischplatte vor der Couch ab.

»Ich bin einfach nur ehrlich. Das Leben ist kurz, Alexis. Diese kurze Zeit sollten wir nutzen, um ehrlich zu sein – zu sich selbst und vor allem zu anderen. Lass dir das von jemandem sagen, der jahrelang eine Lüge gelebt und erst zu seinem Glück gefunden hat, nachdem die Wahrheit raus war.«

»Und was, wenn die Lüge einfach leichter zu leben ist?«, hinterfragte ich leise.

»Vielleicht ist sie leichter zu leben, aber sie wird dich früher oder später vollkommen kaputtmachen. Glaube mir, Alexis. Ich kenne das Gefühl nur zu gut und ich wünsche es niemandem.«

Ich wusste, dass er recht hatte. Das Leben war kurz. Und in dieser kurzen Zeit wollte ich es mir erlauben, glücklich zu sein. Doch das konnte ich nur, wenn ich meinem inneren Dämon die Stirn bot – dem Dämon namens Mason Charlton.

»Versprich mir einfach, dass du es versuchen wirst, Alexis. Versuche, deinen Platz in dieser grausamen Welt zu finden. Versuche, ein Leben in Liebe zu leben, glücklich und vor allem ehrlich zu sein. Und versprich mir, dass du es ihr sagen wirst.«

»Ich verspreche es dir, Hudson Tate.«

***

Eine Woche war vergangen, seit ich Hudson einen Besuch abgestattet hatte. Und fast zwei Wochen waren vergangen, seit Reagan für wenige Tage bei mir gewohnt hatte. Hudsons Worte schwirrten wie ein aufgeregter Bienenschwarm durch meinen Kopf und ließen mir keine Ruhe mehr.

Ertränke die Dämonen ruhig. Aber du wirst feststellen, dass die Biester zäh sind. Sie werden wiederkommen. Immer und immer wieder.

Unruhig tigerte ich in meiner Wohnung auf und ab und schnappte mir letztendlich mit zitternden Händen meinen Autoschlüssel. Bevor mich meine Stimme der Vernunft von meinem Vorhaben abhalten konnte, verließ ich meine Wohnung, hastete zu meinem Auto und stieg ein.

Mein Herz raste, als wäre ich einen Marathon gerannt, als ich den Motor anließ und aus meiner Parklücke setzte. Meine Fahrt führte mich von Lane Cove West fast zwanzig Minuten in westliche Richtung. Kaum passierte ich die Ortsgrenze von Parramatta City, drosselte ich das Tempo und glaubte, keine Luft mehr zu bekommen. Der Druck in meiner Brust und die Angst, die diesem Knoten entsprang, quälte mich zutiefst. Niemals hätte ich auch nur ansatzweise geglaubt, diesen Ort aufsuchen zu müssen. Nach weiteren zehn Minuten, die ich wie eine Rentnerin durch die Straßen geschlichen war, setzte ich den Blinker und bog auf die New Street in North Parramatta ab. Genau in diesem Moment ertönte die mechanische Stimme meines Navigationsgeräts. *Sie haben Ihr Ziel erreicht.*

Ich parkte neben einer hoch aufragenden roten Mauer, ließ den Motor verstummen und blieb wie festgewachsen an Ort und Stelle sitzen. Als ich meine Hände vom Lenkrad löste, zitterten sie wie Espenlaub und mein Herz donnerte mittlerweile so fest gegen meinen Brustkorb, dass ich glaubte, es würde jeden Moment aus meinem Körper ausbrechen. Meine Augen glitten über die unnachgiebige Mauer zu meiner Rechten. Aufsichtstürme ragten an den Eckpunkten des Geländes in die Höhe und ein bedrohlich aussehender, scharfer Stacheldrahtzaun zog sich oberhalb der Mauer entlang. Ich nahm all meinen Mut zusammen, schnappte mir meine Tasche und mein Handy, zog den Schlüssel aus der Zündung und stieg aus. Nachdem ich Coops verriegelt hatte, trat ich auf den Bürgersteig und ging langsam auf einen Torbogen zu, der ins Innere des Parramatta Corretional Centres führte – der Ort, an dem Mason seine fünfjährige Strafe absaß. Ich folgte den Schildern bis zum Empfang, überquerte einen verlassenen Hof und blickte mit aufkeimender Unruhe in Richtung des kastenförmigen Baus mit den schmalen, rechteckigen Fenstern und den robusten Stahlgittern. Meine Beine erhöhten das Tempo beinahe von allein und nur eine Minute später drückte ich eine gläserne Tür auf und trat in den sporadisch eingerichteten Empfangsbereich. Zwei halb vertrocknete Palmen flankierten die Tür und ein abgetretener grauer Teppich führte bis zum Empfangstresen, der mit einer dicken Scheibe vom restlichen Raum abgegrenzt wurde. Zu meiner Linken befand sich ein Wartebereich, der aus drei alten Sesseln und einem zerkratzen Holztisch bestand. Ich ging schnurstracks auf den Tresen zu und die zwei Beamten, die sich gerade noch unterhalten hatten, stellten ihr Gespräch ein und musterten mich.

»Können wir Ihnen behilflich sein, Miss?«, hakte einer der beiden Beamten nach und ich nickte hastig.

»Ich … ich würde gerne Mason Charlton besuchen«, teilte ich ihnen mit und der Beamte hinter der Glasscheibe schob ein Notizbuch unter der Durchreiche hindurch.

»Tragen Sie bitte Ihren vollständigen Namen und das Datum hier ein.«

Ich kam seiner Aufforderung nach und nachdem ich all meine Wertsachen abgegeben hatte und abgetastet worden war, führte mich ein dritter Beamter in den Besucherbereich – ein großer Raum mit mehreren Tischen und Stuhlgruppen, die allesamt fest im Boden verankert waren. Der Beamte an meiner Seite deutete mit einem Kopfnicken auf einen freien Tisch.

»Setzen Sie sich und warten Sie einen Moment. Charlton wird soeben aus seiner Zelle geholt. Sobald er da ist, haben Sie eine Stunde, um mit ihm zu reden.«

»Danke, Sir.«

Er nickte mir knapp zu und ging zurück an seinen Platz, an dem er den gesamten Bereich im Blick hatte. Der Raum war nahezu komplett besetzt und die Emotionen, die in der Luft schwebten, beinahe mit Händen zu greifen. Freude, Furcht, Trauer. Es war alles dabei. Von mir ging hauptsächlich Furcht aus – große Furcht. Die Neonröhren, die den Raum in unnatürliches Licht tauchten, strahlten eine eisige Kälte aus und die Tatsache, dass die Wände fensterlos und trist waren, gab mir das Gefühl, ebenso gefangen wie Mason zu sein. Mein Blick flog zu einem Gitterkäfig, hinter dem leere Flure lagen, die zum Gefängnisblock führten. Genau dort tauchte nun ein Wärter auf, der einen Häftling am Oberarm fast schon zur Tür zerren musste, da dieser sich weigerte mitzukommen. Dieser Häftling war niemand anders als Mason und mein Herz machte einen schmerzhaften Abgang in die bodenlose Tiefe. Die gedämpften Unterhaltungen, die um mich herum herrschten, wurden von einem wütenden Knurren übertönt, welches lauter wurde, je näher es dem Raum kam.

»Verdammt, ich erwarte keinen Besuch!«, fauchte er außer sich und stemmte die Hacken in den Boden. »Ich kenne meine Rechte, Mann.«

»Klappe halten, Charlton«, brummte der Wärter ihn an, zog einen überfüllten Schlüsselbund hervor und schloss die vergitterte Tür auf. Masons Augen zuckten wild durch den Raum, als hätte er Sorge, dass ein ungebetener Gast aufgetaucht war. Die Angst in seinem Blick traf mich unerwartet und ich schluckte den Kloß in meinem Hals hinunter, als der Wärter meinen Tisch ansteuerte.

»Sie können mich nicht zwingen –« Mason verstummte abrupt, als er grob auf den mir gegenüberliegenden Stuhl gedrückt wurde. Die Handschellen, die scharf in seine Handgelenke schnitten, klirrten laut, als er seine Hände auf der glatten Tischplatte ablegte.

Wir lieferten uns ein stummes Blickduell. Unruhe meinerseits traf auf vollkommene Ungläubigkeit seinerseits. Ich versuchte, die tiefliegende Angst in mir verbissen zu ignorieren. Doch je länger ich in Masons vertrautes Gesicht schaute, desto fester wurde der eiskalte Griff der Klaue, die sich um mein Herz legte und zudrückte.

»Alexis …«, murmelte er überwältigt und das Metall der Handschellen schabte über den Tisch, als er meine Hände in seine nehmen wollte. Ruckartig zog ich meine Arme vom Tisch und wurde unter dem Blick seiner eisigen Augen immer ruheloser. Er musterte mich, als wäre ich eine Erscheinung in seinen Träumen. »Dir geht es gut«, merkte er an und die Erleichterung in seinem Tonfall machte mich rasend.

»Du willst mich doch verarschen, Mason«, presste ich hervor und seine Augen blitzten überrascht auf, bevor ein dunkler Schatten über sein Gesicht huschte.

»Was hat er dir angetan?«, hakte er knurrend nach und meine Wut wich Irritation.

»Wie bitte?«

»Adriel«, spuckte er aus und ich versteifte mich. »Was hat er dir getan, Alexis?«

»Gar nichts, Mason«, erwiderte ich langsam. »Wieso –«

»Ich habe die Regeln missachtet«, fiel er mir ins Wort. »Damals ... als ich Brody versichert habe, dass ich meine Schulden bei Adriel los bin. Immerhin ist er seine rechte Hand, wenn es um Geld geht. Er war es, der mich Adriel und schließlich auch den Cops ausgeliefert hat«, knurrte er erbost. Für einen Moment schwieg er, ließ mich die Informationen verdauen, die er mir soeben mitgeteilt hatte, und fuhr schließlich fort. »Adriel hat mich mehr als einmal in dem Loch hier besucht und sein letzter Besuch war mit der Drohung verbunden, die Menschen aufzusuchen, die mir etwas bedeuten. Ich hatte Angst, dass er dir –«

»Dass er mir etwas antut?«, beendete ich den Satz für ihn und musste ein spöttisches Schnauben unterdrücken. »Ich müsste dir etwas bedeuten, damit er mir etwas antut, Mason«, zischte ich und ballte die Hände unter dem Tisch zu Fäusten, als ich in sein irritiertes Gesicht sah.

»Aber du bedeutest mir etwas, Alexis! Das hast du immer.«

»Ich habe dir nie etwas bedeutet, Mason«, knallte ich ihm entgegen und musste mich zusammenreißen, ihn nicht zornig anzuschreien. »Ich war dir egal und du hast mich benutzt, um deinen verdammten Spaß zu haben.«

Langsam, aber sicher erkannte ich den altbekannten Sturm, der sich immer dann in seinen Augen aufgebraut hatte, wenn ich ihm gegenüber laut wurde.

»Pass auf, was du sagst«, knurrte er leise und ich konnte nicht anders, als ein tonloses Lachen von mir zu geben, den Blick abzuwenden und verbissen ins Nichts zu starren. Das war der Mason, den ich kannte. Nicht die angst- und sorgenerfüllte Kreatur, die mir die letzte Viertelstunde gegenübergesessen hatte.

»Sieh mich an, Alexis. Sieh mir in mein verdammtes Gesicht«, fauchte er und ich riss meinen Blick in die Höhe, um stur seinen funkelnden Augen standzuhalten. Ich konnte diesen Dämon nur besiegen, wenn ich meine Angst in den Griff bekam – wenn ich mich ihm stellte.

»Charlton, reiß dich zusammen«, bellte einer der Wärter und legte seine Hand dabei mahnend auf den Schlagstock, der an seinem Gürtel befestigt war.

Mason hob die Hände kapitulierend an, sodass die Handschellen an seinen Handgelenken klimperten, ehe er seine eiskalten blauen Augen zurück in mein Gesicht lenkte.

»Das, was du von dir gibst, Alexis, hat mich mit hier rein verfrachtet und meine Strafe verlängert, ist dir das klar?«, fuhr er mich beherrscht an.

»Nein, Mason. Du hast dich allein in dieses Loch verfrachtet«, widersprach ich ihm bissig. »Du ganz alleine bist für deine Fehler verantwortlich und ich lasse nicht zu, dass du mich in die gesamte Sache mit hineinziehst.«

»Sag schon, Alexis. Wieso zum Teufel bist du wirklich hier? Ich habe drei Jahre nichts von dir gehört und nun tauchst du einfach so auf. Wenn das alles hier nichts mit Adriel zu tun hat, womit dann?«, forschte er nach und fixierte mich mit seinem stechenden Blick.

»Ich ... möchte sicherstellen, dass du mich in Ruhe lassen wirst, wenn du hier rauskommst, Mason«, erzählte ich ihm. »Ich bin hier, um mit dir und meinen inneren Dämonen abzuschließen ... denn ich bin es leid, in Angst zu leben. Ich habe Angst davor, berührt zu werden. Angst, mich zu binden. Angst, zu lieben, und Angst, zu vertrauen. Das alles nur wegen dir«, stieß ich aus. »Du hast mich verdammt noch mal kaputtgemacht und dafür hasse ich dich abgrundtief, Mason.«

Ein Grinsen zupfte an seinen Mundwinkeln und es machte mich so rasend, dass ich mich auf meine Hände setzen musste, um mich nicht über den Tisch hinweg auf ihn zu stürzen und ihn zu erdrosseln.

»Wir zwei waren ein eingespieltes Team, Babe. Glaubst du nicht auch, dass dein Vorhaben etwas unüberlegt ist?« Er lehnte sich minimal vor und starrte mich aus seinen seelenlosen Augen an. »Muss ich dich erst daran erinnern, wie es sich anfühlt, mir zu gehören?«

Mein Magen drehte sich um und Übelkeit flutete meinen verkrampften Körper. Zeitgleich konnte ich seine festen Griffe an meinem Körper regelrecht spüren und registrierte das teuflische Grinsen auf seinen Lippen, als könnte er sehen, was in meinem Kopf vor sich ging.

»Ich bin nicht mehr dein Babe, Mason«, zischte ich grob und starrte ihm unverwandt ins Gesicht. »Ich habe jemanden kennengelernt ... und ich muss wissen, dass das hier ...«, ich machte eine Handbewegung, die ihn und mich einschloss, »... ein für alle Mal vorbei ist. Andernfalls kann ich Reagan nie sagen, was ich empfinde.«

Masons Augen verengten sich zu Schlitzen, als er mein Gesagtes zu verarbeiten schien. »Reagan?«, in seinem Gesicht regte sich etwas, doch der Ausdruck von Erstaunen war genauso schnell weg, wie er gekommen war. »Du ... du verlässt mich für eine verdammte Frau?«

In seinen Augen loderte ein Feuer und ich schluckte unbehaglich, als er sich anspannte. Er presste den Kiefer fest zusammen, ballte die Hände zu Fäusten und musterte mich, als wäre ich der Tod persönlich.

»Wegen einer verdammten *Frau*?«, fuhr er mich so lautstark an, dass sich einige Gespräche um uns herum einstellten.

»Mason«, fauchte ich gedämpft. »Geht das auch etwas leiser?«

»Du willst mich doch vollkommen verarschen, Alexis!«, brüllte er plötzlich und schien nur noch rot zu sehen.

»Charlton!«, mahnte ihn wieder einer der Wärter, doch Mason ignorierte ihn und sprang von Wut geleitet auf.

»Du traust dich hierher zu kommen, in ein Loch, in das auch du mich verfrachtet hast, um mir mitzuteilen, dass es dich auf die verschissene andere Seite gezogen hat? Für was, Alexis? Für eine Lüge?« Seine Stimme überschlug sich und ich glaubte, dem Teufel geradewegs in die Augen zu schauen. Das helle Blau seiner Augen hatte sich in einen dunklen, todbringenden Strudel verwandelt, der mich all meine Ängste, die ich mit ihm in Verbindung brachte, auf ein Neues durchleben ließ. Meine Selbstbeherrschung zog sich in Windeseile zurück und die Furcht, dass er sich jeden Moment auf mich stürzte, war so gewaltig, dass ich unkontrolliert zu zittern begann.

»Mason ... ich –«

»Verpiss dich, Alexis. Verpiss dich, bevor ich –« Weiter kam er nicht, denn da hatte ihn bereits ein Wärter überwältigt und drängte ihn auf den glänzenden Boden.

»Noch ein Wort, Charlton, und du wanderst in die Isolation, verstanden?«, fuhr er ihn an, aber Mason schien ihn bewusst zu ignorieren. Seine Aufmerksamkeit galt einzig und allein mir und sein Blick ließ mich nicht los, als ich mich erhob und mehrere Schritte zurückwich.

»Alexis, ich schwöre dir, dass du fällig bist, sobald –«

Der Schlagstock sauste mit voller Wucht auf seine Seite und schnitt ihm das Wort ab. Mason stöhnte schmerzerfüllt auf, doch sein funkensprühender Blick verfolgte mich bis zur Tür, die ich nun von Panik ergriffen anstrebte. Ich blickte ein letztes Mal über die Schulter zurück auf den wutentbrannten Mason, der auf die Beine gezerrt und in Richtung des Gitterkäfigs gedrängt wurde.

Als er seinen Kopf drehte, starrte er mir direkt in die Augen.

»Du wirst diese Entscheidung noch bereuen, Alexis. Du lebst eine verdammte Lüge und du wirst dir wünschen, nicht so dumm gewesen zu sein, wenn die Wahrheit ans Licht kommt.«

Kapitel 17

Masons Worte verfolgten mich auf Schritt und Tritt, ließen mich seit Tagen nicht mehr los und legten mein Herz in eiskalte Ketten. Ich hatte gehofft, meinen Dämon loszuwerden, doch nun war er umso präsenter, tobte wie ein Tsunami durch mein Inneres und hinterließ eine Schneise der vollkommenen Verwüstung. Verbissen versuchte ich meine Gedanken zu vertreiben, konzentrierte mich auf die Musik, die durch das Studio schallte und verlor mich im Tanz, der mich durch den gesamten Raum leitete und mich schwerelos fühlen ließ.

In diesem Moment vergaß ich Mason. Ich vergaß Hudson. Ich vergaß Reagan und ich vergaß sämtliche Probleme, die derzeit meinen Verstand belagerten. Jetzt in diesem Moment gab es nur mich, die Musik und die Freiheit, die ich verspürte, als ich mit Schwung aus einem Plié ins Passé ging und schließlich ins Fouetté wechselte. Ich tanzte mir einen Weg durchs Studio, fokussierte einen festen Punkt, um meine Balance zu bewahren und verlor mich in der kräftigen Drehung, die mit einem Mal jedoch abrupt unterbrochen wurde. Jemand hatte die Musik abgestellt und ich kam so grazil wie ein Elefant auf Schlittschuhen zum Stehen. Madame Rousseau stand in der Tür zum Studio und fixierte mich mit ihrem stechenden Blick.

»Miss Gilbert, ich habe gleich einen Kurs in diesem Studio, wenn Sie also –«

»Tut mir leid, Madame … ich dachte, das Studio wäre frei. Ich bin schon weg«, murmelte ich, eilte zu meiner Tasche und stopfte meine Wasserflasche wie auch mein Handtuch fahrig hinein, nur um so schnell wie möglich verschwinden zu können.

»Sie hätten sich also für den schwarzen Schwan entschieden?«, hakte Madame Rousseau plötzlich nach und ich hielt mitten in der Bewegung inne.

Meine Finger umklammerten den weichen Stoff meines Handtuchs und mein Blick zuckte in ihre Richtung.

»Verzeihung?«

»Ihr Solo«, half sie mir geduldig auf die Sprünge und musterte mich über den Rand ihrer filigranen goldenen Brille hinweg. »Akt 3 des *Schwanensees* ist Odile, dem schwarzen Schwan, gewidmet. Eigentlich ist das Fouettésolo Teilstück eines Pas de Deux«, erklärte sie mir, während sie in den Raum trat.

»Ich ... ich hätte aus dem Stück ein Solo gemacht«, antwortete ich knapp, tauschte meine Spitzenschuhe gegen meine Converse und schmiss sie ebenfalls in die Tasche, bevor ich den Reißverschluss mit einem Ruck zuzog und die Tasche schulterte. Ich war im Begriff zur Tür zu gehen, doch Madame Rousseaus Stimme hielt mich auf.

»Dürfte ich fragen wieso, Miss Gilbert?«

Ich blieb stehen, starrte die schneeweiße Tür an und senkte schließlich den Blick. Eine einfache Frage. Und dennoch ließ ich sie mir für einen kurzen Augenblick durch den Kopf gehen.

»Der schwarze Schwan ist ein Verstoßener. Und genauso fühle ich mich«, begann ich. »Verstoßen und allein. Somit kam dieses Solo gelegen. Es hilft mir, aus dieser Welt zu fliehen, und wenn es nur für einen Moment ist. Es ist dunkel und düster. Ein wahrer Unterschied zu Odettes Solo. Aber es spielt doch sowieso keine Rolle mehr, nicht wahr? Immerhin muss ich den Kurs wiederholen.«

Madame Rousseau setzte zum Reden an, schloss den Mund jedoch wieder und schüttelte kaum merklich den Kopf. Ich drehte mich um, lief zur Flügeltür und hatte die Klinke bereits in der Hand, als sie doch noch einmal zu sprechen begann.

»Sie hätten Chancen bei der Compagnie, wenn Sie dieses Solo tanzen, Miss Gilbert.«

»Meine Chancen haben sich in Luft aufgelöst. Das wissen Sie genauso gut wie ich«, erwiderte ich knapp und beendete das Gespräch, indem ich das Studio verließ. Mein Weg führte mich durch die dämmrige Galerie hinaus ins Freie. Ich trat in die abendlichen Sonnenstrahlen, die sich einen Weg über die Rasenflächen des Campus bahnten und die Blätter der umstehenden Bäume golden schimmern ließen.

Der ruhige Moment wurde durch einen hellen Glockenton meines Handys unterbrochen, der mir eine neue Mail ankündigte. Ich kramte es aus meiner Tasche hervor, öffnete die E-Mail-App und stellte meinen Schritt immer mehr ein, je länger meine Augen auf den Zeilen des Absenders klebten. Sie waren von meinem Vermieter, der mir mit der Information, dass ich im Verzug mit der Miete war, den Boden unter den Füßen fortriss. Seit ich in meinem kleinen, sicheren Hafen wohnte, der mir so wichtig geworden war, dass ich immer pünktlich gezahlt hatte, hatte ich nie etwas von ihm gehört. Ein mulmiges Gefühl machte sich in meiner Magengegend breit. Wie konnte ich im Verzug sein? Als mir langsam dämmerte, was geschehen sein konnte, setzte ich den Gang zum Parkplatz hastig fort, wühlte mit fahrigen Handgriffen in meiner Tasche, bekam den klimpernden Schlüsselbund zu fassen und schloss mein Auto auf. Die Tasche schmiss ich achtlos neben mich auf den Beifahrersitz. Kaum hatte ich den Parkplatz der Uni verlassen, steuerte ich Lane Cove West an und machte auf dem Weg eine Zwischenpause an einem freien Bankautomaten. Ich stieg aus und trat mit rasendem Herzen an den Automaten. Doch nur Sekunden, nachdem ich die Karte eingeführt hatte und einige Scheine Bargeld abheben wollte, wurden meine Befürchtungen zur Realität. Der Automat verweigerte meine Eingabe und spuckte statt Geld bloß zwei Wörter aus.

Konto gesperrt.

Ich stieß ein ungläubiges Lachen aus, zerrte die Karte aus dem Automaten und stieg wieder in mein Auto, ehe ich die Nummer meiner Mum wählte und darauf wartete, dass sie den Anruf entgegennahm.

»Alexis, ich bin mitten in der Probe«, ertönte ihre Stimme, nachdem sie den Anruf entgegengenommen hatte.

»Du hast mein Konto sperren lassen?«, forschte ich fassungslos nach, ohne auf ihre Worte einzugehen. »Mum, du hast dich bereiterklärt, mich finanziell zu unterstützen, solange ich im Studium bin ... Wie soll das nun funktionieren?«

»Du hast dich entschieden zu gehen, Alexis«, merkte sie gleichgültig an. »Du bist nun für dich und dein Leben verantwortlich.«

»Aber, Mum ...«

Das monotone Tuten der unterbrochenen Leitung wurde in meinen Ohren immer lauter und aggressiver, bis ich das Handy vom Ohr riss, auf den Beifahrersitz schmiss und mit aufkeimender Verzweiflung das Auto startete und losfuhr. Konnte es noch schlimmer werden?

***

An diesem Abend fuhr ich nicht nach Hause. Ich kurvte ziellos durch Sydney, nahm meine Umgebung kaum wahr und merkte erst, dass ich in einer ruhigen Straße geparkt hatte, als mein Handy neben mir auf dem Beifahrersitz zu klingeln begann. Ich griff nach dem Gerät und spürte, wie mein Herz einen freudigen Satz in die Luft machte, als ich Reagans Namen sah.

»Hey, Reagan«, murmelte ich ausgelaugt, als ich das Telefonat annahm.

»Kommst du rein oder möchtest du da unten Wurzeln schlagen?«, fragte sie und als ich irritiert aus dem Fenster blickte, musste ich feststellen, dass mich meine ziellose Fahrt bis nach Riverview vor Reagans Haustür gebracht hatte.

»Gib mir einen Moment, Reagan.« Mit diesen Worten legte ich auf und blieb weiterhin still im Auto sitzen.

Versprich mir, dass du es ihr sagen wirst, schossen mir Hudsons Worte wie Kanonenkugeln durch den Kopf und ich schluckte schwer, als ich mich an das Gespräch mit ihm erinnerte.

Du verlässt mich für eine verdammte Frau? Nun war es Masons Stimme, die wie ein böses Echo in meinem Kopf widerhallte und ich erinnerte mich lebhaft an den finsteren, rachsüchtigen Blick, mit dem er mich vor knapp fünf Tagen bedacht hatte, als er zurück in seine Zelle gebracht worden war.

Ich verspreche es dir, Hudson Tate.

Ich hatte es versprochen und Versprechen brach man nicht. Vor allem dann nicht, wenn die andere Person im Sterben lag. Ich stieg aus, wild entschlossen, Reagan zu sagen, was ich für sie empfand. Also überquerte ich die verlassene, dunkle Straße, stieg die steinernen Stufen bis zur Haustür hoch und war überrascht, als das Brummen der Tür ertönte, noch bevor ich die Klingel drücken konnte.

Hastig drückte ich die Tür mit der Schulter auf, schlüpfte in den kühlen, finsteren Hausflur und betätigte den Lichtschalter. Die Lampen an der Wand erwachten flackernd zum Leben und ich erklomm die knarzenden, alten Holzstufen, bis ich vor Reagan zum Stehen kam.

»Lange nicht mehr gesehen, Tanzmäuschen«, begrüßte sie mich mit einem zarten Lächeln auf den Lippen. Schließlich trat sie einen kleinen Schritt zur Seite. »Komm rein.«

»Danke«, murmelte ich leise, trat ein und blickte mich auf Kommando in der kleinen Wohnung nach Kian um. »Ist Kian gar nicht da?«, versuchte ich so beiläufig wie möglich zu fragen, legte meine Jacke und anschließend meine Schuhe ab.

Reagan schloss die Tür hinter mir, setzte sich dann auf die Couch und klopfte auf den freien Platz neben sich, auf dem ich mich mit etwas Abstand zu ihr niederließ. »Mach dir keinen Kopf, Alexis. Er ist unterwegs und so, wie ich ihn kenne, wird er heute auch nicht mehr wiederkommen«, seufzte sie und ich nickte kaum merklich, während ich den Blick absenkte und nervös mit meinen Fingern spielte.

»Ist alles in Ordnung?«, fragte sie gleich hinterher. »Du wirkst ... nachdenklich.«

Ich holte tief Luft, nur um meinen Blick anzuheben und ihn in Reagans Gesicht zu lenken. »Ich habe auch sehr viel nachgedacht in den letzten Wochen«, eröffnete ich ihr und bemerkte das verwirrte Funkeln in ihren wunderschönen dunklen Augen, die im warmen Schein der Stehlampe wie dunkle Murmeln schimmerten.

»Und worüber?«, hakte sie nach, kuschelte sich mehr in die Kissen, zog die Beine nah an ihren Körper und umschlang sie mit ihren Armen. Meine Augen zeichneten wie von selbst die dunklen Linien auf ihrer hellen Haut nach, während ich nach den richtigen Worten suchte.

»Über alles und nichts.«

»Klingt verwirrend.«

»Das ist es auch«, beteuerte ich, seufzte leise auf und war mir mit meinem Vorhaben plötzlich gar nicht mehr so sicher. Was, wenn ich unsere Freundschaft ruinierte? Was, wenn Reagan nicht mal ansatzweise so fühlte, wie ich es tat? Was, wenn dies nur ein verzweifelter Schrei ins ziellose Nichts war? Was, wenn ...

»Alexis?«, riss Reagan mich aus meinem quälenden Gedanken und es durchzuckte mich wie ein Blitzschlag, als sie sanft nach meinen Händen griff und sie fest in ihren hielt. Ihre Augen suchten in meinem Gesicht nach einer Antwort, die mehr über mein inneres Chaos verriet, als ich preisgab. »Was ist los? Rede mit mir«, flehte sie beinahe.

»Ich … ich weiß nicht, wo ich anfangen soll, Reagan«, erwiderte ich stockend und lenkte den Blick auf unsere verschlungenen Hände. Was, wenn sie doch dasselbe fühlte?

»Wie wäre es damit, wenn du am Anfang beginnst? Du weißt, dass du mir alles erzählen kannst, oder? Dafür sind Freunde schließlich da«, sprach sie sanft auf mich ein.

Freunde.

Fast glaubte ich, dass mein Herz einen Riss abbekommen hatte. Trotzdem nahm ich all meinen Mut zusammen und versuchte meine Worte zu sortieren.

»Ich habe dir nie erzählt, dass ich Angst vor der Liebe habe«, begann ich leise und blickte konzentriert auf ihre Hand, die meine immer noch festhielt. »Das war nicht immer so … es fing an, nachdem ich merkte, dass das, was ich mit Mason hatte, gar keine Liebe war. Es war toxisch. Zerstörerisch. Und alles andere als wunderschön.« Ich pausierte und konnte nicht verhindern, dass es mir eisig über den Rücken lief, als ich mich erneut an meinen Besuch im Gefängnis erinnerte.

Muss ich dich erst daran erinnern, wie es sich anfühlt, mir zu gehören?, hallte seine gefühlskalte Stimme durch meinen Kopf und ich entzog Reagan meine Hände. Erinnerungen an seine fürchterlichen Taten machten es mir in diesem Moment unmöglich jeglichen Körperkontakt zuzulassen. Ich blendete Reagan aus und zwang mich weiterzusprechen.

»Erst als ich realisiert habe, dass er weg ist, habe ich es geschafft, aus diesem Albtraum aufzuwachen. Doch ich musste recht schnell feststellen, dass Mason mich ruiniert hat. Er hat mir alles genommen, was mich daran glauben lässt, dass die Liebe schön sein kann.«

»Warst du deswegen so lange allein?«, hakte Reagan bedacht nach und ich nickte, ohne zu überlegen.

»Allein sein ist die einzige Lösung, wenn dein Vertrauen zu anderen einem eingetretenen Spiegel gleicht. Du könntest die Teile zwar wieder zusammensetzen, doch du weißt, dass der kleinste Hieb ausreicht, um alles wieder zu Bruch gehen zu lassen«, erklärte ich ihr und sie nickte leicht. Mitgefühl schimmerte in ihren Augen und mein Herz machte einen winzigen Hüpfer, als sie näher rückte.

»Und wie denkst du nun über die Liebe? Du warst drei Jahre allein«, sprach sie aus. »Hat es dich verändert?«

»Nein. Ich fürchte sie weiterhin. Denn wenn man liebt, muss man sich fallen lassen. Vertrauen ... Man verwandelt sich in eine Zielscheibe, die nur darauf wartet, vom nächsten todbringenden Pfeil abgeschossen zu werden.« Meine Stimme brach, doch ich versuchte mich zusammenzureißen. »Ich falle nicht gerne. Vor allem dann nicht, wenn ich nicht weiß, ob ich aufgefangen werde oder ob ich in eine bodenlose Tiefe stürze, aus der ich es allein nicht mehr herausschaffe.«

»Und du glaubst nicht, dass es jemanden geben könnte, der dich auffängt? Jemanden, der dir das Gefühl gibt, deine Liebe vollkommen wertzuschätzen?« Reagan musterte mich eingehend und während ich ihr in die Augen blickte, glaubte ich, dass sie mir in diesem verletzlichen Moment bis auf den Grund meiner vollkommen kaputten Seele schauen konnte und genau sah, was in mir vor sich ging.

»Da gibt es tatsächlich jemanden«, antwortete ich leise und schaffte es sogar, ein Lächeln auf meine Lippen zu zaubern. Es war kein Lächeln der glücklichen Art. Es war wehmütig und von Trauer erfüllt. »Doch es wird keine Zukunft haben. Und das, obwohl ich das erste Mal seit drei langen Jahren endlich wieder etwas anderes als Angst vor Nähe empfinde. Ich fühle mich wieder wie der frisch verliebte Teenager, der ich war, als Mason in mein Leben trat«, erzählte ich gedankenverloren und registrierte das sanfte Lächeln, welches auf Reagans Lippen erschien. Mein Herz geriet ins Stolpern. Es setzte einen Schlag aus, bevor es heftig gegen meinen Brustkorb donnerte.

»Und wer ist der Glückliche?«, hinterfragte Reagan neugierig und nun wusste ich, dass es an der Zeit war. Ich musste es ihr endlich sagen. Ich hatte es versprochen.

Das Lächeln auf meinen Lippen wurde kleiner, bis es schließlich ganz verschwand. »Vielleicht solltest du vorher noch wissen, dass ich vor einigen Tagen Mason besucht habe«, eröffnete ich ihr. Reagans Lächeln fror umgehend ein und fast glaubte ich, Furcht in ihren Augen aufblitzen zu sehen. Als sie blinzelte, war der Ausdruck verschwunden.

»Du ... du warst bei ihm?«

Ich nickte und senkte den Blick. »Ich wollte zu ihm, um mit ihm abzuschließen. Ich wollte meiner persönlichen Angst ins Gesicht blicken und ihr die Stirn bieten.«

»Aber?«, forschte Reagan angespannt nach.

»Als ich ihm erzählte, wieso ich bei ihm war, sagte er mir, dass ich eine Lüge leben würde. Er sagte, ich würde meine Entscheidung noch bereuen und … und vielleicht hat er recht«, murmelte ich. »Vielleicht hat er recht, aber ich kann nichts bereuen, ohne es vorher nicht wenigstens versucht zu haben, nicht wahr?«

Reagan nickte zögerlich und fast kam es mir vor, als fürchtete sie sich vor meinen nachfolgenden Worten.

»Du bist es, Reagan«, sagte ich also offen heraus und konnte ihrem Blick nur mit Müh und Not standhalten. »Ich … ich habe mich in dich verliebt und deswegen war ich bei ihm. Ich musste einfach sicherstellen, dass er keine Macht mehr über mich hat, um dir die Wahrheit sagen zu können.«

»Alexis … ich … weiß nicht, was ich sagen soll«, erwiderte sie stockend. Sie rückte ein Stück ab und fuhr sich überfordert durch das dunkle Haar, welches in sanften Wellen ihre Schultern umspielte. Der Schock stand ihr mitten ins Gesicht geschrieben und ich spürte, wie eine eisige Kälte durch meinen Körper sickerte, während ich fiel und fiel und fiel und darauf wartete, dass Reagan mich endlich auffangen würde.

Doch sie tat es nicht. Sie ließ mich fallen und sah sogar noch dabei zu, wie ich in die bodenlose Tiefe stürzte, die mir solch eine Angst bereitete.

»Ich dachte, du würdest mich auffangen, Reagan …«, murmelte ich gebrochen und konnte nur mit großer Bemühung die Tränen zurückhalten, die bereits darauf warteten, ausbrechen zu können.

Reagans Blick schoss in meine Richtung. Ihre glasigen Augen starrten mich beinahe panisch an und die Anspannung, die sie in diesem Moment ausstrahlte, traf mich mitten ins Herz. Nicht ich bereute meine Taten. Reagan war es, die in diesem Moment scheinbar alles bereute, was uns bis an diesen Punkt gebracht hatte.

»Du weißt, dass ich dich gernhabe, Alexis. Sehr sogar. Und ich wünschte, ich würde mich nicht in solch einem Zwiespalt befinden, denn sonst hätte ich dich aufgefangen. Aber ich kann es nicht. Es tut mir so unendlich leid …«

»Wieso?«, hakte ich verzweifelt nach und konnte beim besten Willen nicht verhindern, dass sich eine einsame Träne aus meinem Augenwinkel stahl.

Du wirst diese Entscheidung noch bereuen, Alexis.

Du lebst eine verdammte Lüge.

»Das kann ich nicht so einfach erklären … nur … nur zeigen«, erwiderte sie zerstreut und riss mich aus meinen zerstörerischen Gedanken heraus. Schließlich gab sie mir mit einer knappen Handgeste zu verstehen, dass ich warten sollte.

Reagan stand auf, flüchtete regelrecht aus dem Wohnzimmer und mein Herz brach, als die Tür zu ihrem Schlafzimmer leise ins Schloss fiel. Am liebsten hätte ich mich zusammengekrümmt, um den Schmerzen Einhalt zu gebieten, doch ich blieb wie paralysiert sitzen und starrte meine blasse Spiegelung in der Fensterscheibe neben der Couch an. Nach wenigen Minuten, die sich in meiner kaputten Welt wie Stunden gezogen hatten, kam Reagan zurück, setzte sich mit noch mehr Abstand als vorher neben mich und hielt eine dunkelrote, mit Samt überzogene kleine Schatulle in den Händen. Mein Atem geriet ins Stocken. Sie riss ihren Blick von mir los, bevor sie den Deckel der Schatulle aufschnappen ließ. Zum Vorschein kam ein feiner silberner Ring, der einen funkelnden Diamanten umfasste und im Schein der Lampe verheißungsvoll glitzerte. Mein Herz zerbrach nicht. Es explodierte in zig Million messerscharfe Splitter, die sich schmerzhaft in meine ramponierte Seele bohrten und sie bluten ließen. Ich starrte den Ring in der Schatulle entsetzt an, nicht fähig mich zu rühren, geschweige denn zu atmen.

»Der Ring ist ein Erbstück der Familie … er hat meiner *Abuela* gehört«, begann sie leise zu erzählen und fixierte den funkelnden Stein, als würde auf ihm eine Lösung für unser hoffnungsloses Problem stehen.

»Kian hat mir vor drei Tagen einen Antrag gemacht.«

Kapitel 18

Danke, dass du dir Zeit genommen hast«, begann ich, als mein Dad sich mir gegenüber niederließ. Er hatte einen Tisch im *Manta Restaurant* reserviert und die riesige Fensterfront zu unserer Rechten bot uns einen perfekten Blick auf den Hafen. Hier ankerte eine teure Yacht neben der anderen und das grelle Sonnenlicht wurde vom glitzernden Wasser und den strahlend weißen Booten reflektiert.

»Natürlich, Alexis. Ich habe immer Zeit für dich«, erwiderte er, nur um gleich darauf einen Blick auf sein Smartphone zu erhaschen, welches neben seiner Serviette lag, immerzu bereit, ihn aus diesem seltenen Vater-Tochter-Moment zu zerren. Meine Hoffnung, dass dieses Gespräch ein Erfolg werden würde, schwand innerhalb eines Wimpernschlags.

»Wirklich, Dad?«, stellte ich die Gegenfrage. »Denn ich habe das Gefühl, dass du dich hinter deiner Arbeit versteckst, um keine Verantwortung für Mums Verhalten mehr übernehmen zu müssen«, sprach ich offen heraus und siehe da, er blickte mir nun das erste Mal, seit er hier aufgetaucht war, offen ins Gesicht und runzelte irritiert die Stirn.

»Was redest du denn da?«

»Ich rede davon, dass jegliche Spur von dir gefehlt hat, als sie auf die Idee gekommen ist, mir das Konto zu sperren. Das Konto, mit dem ich meine verdammte Miete zahle, um ein Dach über dem Kopf zu haben. Dad, ich habe sechs Tage in der Woche Unterricht. Vorlesungen, Prüfungen und das Ballett, welches keine Rücksicht auf meine freie Zeit nimmt. Als ich auszog, hat Mum versprochen, mich zu unterstützen«, fügte ich aufgebracht hinzu, wurde jedoch unterbrochen, als ein Kellner an unseren Tisch trat und einen kleinen Notizblock hervorholte. Sofort biss ich mir auf die Zunge, zügelte meine innere Wut und pinselte ein höfliches Lächeln auf meine Lippen.

»Was darf ich den Herrschaften bringen?«, fragte er überfreundlich, während seine Augen von mir zu meinem Dad und wieder zurück wanderten.

»Für mich die gebackenen Austern«, bestellte mein Dad.

»Ich bekomme die vegetarischen Spaghetti mit Spinat und ein stilles Wasser«, teilte ich ihm mit und er notierte unsere Bestellungen flink, nickte einmal knapp und ließ den Kugelschreiber klicken.

»Darf es sonst noch etwas sein?«

Mein Dad tippte kurz auf die Karte. »Wären Sie so freundlich und könnten uns noch eine Flasche Stonier Reserve Pinot Noir bringen?«

Der Kellner nickte und notierte sich die Bestellung. »Kommt sofort, Sir.«

Mit diesen Worten verließ er unseren Tisch und mein einst so freundliches Lächeln fror umgehend ein.

»Also, hast du etwas dazu zu sagen?«, hakte ich nach, als der Kellner außer Sichtweite war.

»Alexis, du weißt, dass mir mein Job viel abverlangt und –«

»Verdammt, Dad«, unterbrach ich ihn beherrscht und er erstickte weitere Worte im Keim. »Jetzt komm mir nicht wieder mit der Arbeit. Ich weiß, wie viel du zu tun hast. Das lässt du mich immer wieder auf ein Neues spüren«, hielt ich ihm vor und ballte die Hände unter dem Tisch zu Fäusten, um meiner Wut Einhalt zu gebieten. »Schließlich bekomme ich nichts anderes von dir zu hören. Dennoch hatte ich auf deine Unterstützung gehofft!«

»Ihr Wein, Sir.« Der Kellner trat erneut an unseren Tisch, öffnete die Weinflasche mit einem leisen Ploppen des Korkens und goss jedem von uns etwas von der roten Flüssigkeit ins Glas. Gleich darauf tupfte er den Flaschenhals bedacht mit einer weißen Serviette ab und stellte sie zwischen uns auf den Tisch.

»Vielen Dank«, murmelte mein Dad und nickte ihm kurz zu. Der Kellner erwiderte das Nicken, zog sich zurück und mein Dad richtete seine Aufmerksamkeit wieder auf mich.

»Es tut mir leid, Alexis, ehrlich …«, sprach er zu mir und fuhr sich überfordert durch sein kurzes graues Haar – eine Geste, die er immer dann zutage brachte, wenn er mit einer Situation schlichtweg überfordert war.

»Ein ›Tut mir leid‹ wird nichts ungeschehen machen, Dad«, antwortete ich knapp und versuchte meine Stimme ruhig zu halten, um die anderen Gäste nicht auf uns aufmerksam zu machen. »Ein ›Tut mir leid‹ wird mir meinen Platz im Kurs nicht wiedergeben. Und ein ›Tut mir leid‹ wird mir auch nicht mein Konto entsperren.«

»Alexis …«, setzte mein Dad an, doch erneut wurden wir unterbrochen und ich seufzte leise auf. Der Kellner trat an unseren Tisch und stellte zwei dampfende Teller, die er bis vor wenigen Sekunden noch auf den Händen balanciert hatte, ab.

»Darf ich Ihnen sonst noch etwas bringen?«

»Danke. Das reicht uns erstmal«, winkte mein Dad direkt ab und der Kellner entfernte sich von unserem Tisch.

»Alexis«, fing mein Dad erneut an, griff nach seinem Besteck und musterte mich schließlich eingehend. »Ich stehe nicht in der Position, diese Geschehnisse rückgängig zu machen, auch wenn ich gerne etwas tun würde. Du weißt, dass deine Mum für dein Konto verantwortlich ist. Das hatten wir abgesprochen, bevor du nach Lane Cove gezogen bist. Und die Entscheidung des Dekans ist berechtigt. Dein Verhalten war inakzeptabel.«

Ich glaubte mich verhört zu haben und starrte meinen Dad verständnislos an. Sah zu, wie er seelenruhig eine Auster aufbrach und das gräuliche Muschelfleisch mit der Gabel aufspießte.

»Sieh es doch als Herausforderung, Alexis«, sprach er weiter, wischte sich den Mund mit einer Serviette ab und nippte an dem Weinglas. »Nutze die Chance, um härter zu trainieren, damit du im neuen Semester gut abschneidest. Komm aus deinem Schneckenhaus raus. Suche dir eine Mitbewohnerin. Oder einen Job. Oder vielleicht auch einfach beides«, schlug er vor und brach die nächste Muschel auf. Das Knacken der Schale hallte in meinen Ohren ums Hundertfache wider und nach einigen Minuten schweigsamer Stille, in der mein Dad sich mit seinen Austern und seinem Wein beschäftigt hatte, stieß ich ein ungläubiges Schnauben aus.

»Das meinst du nicht ernst, oder?«

Mein Dad hielt mitten in der Bewegung inne, blickte überrascht drein und schüttelte schließlich kurz den Kopf.

»Doch, Alexis, das meine ich sehr wohl ernst. Komm aus dir raus und lerne neue Leute kennen.«

»Ich kenne genug Leute«, konterte ich, drehte ein paar Nudeln auf und schob sie mir anschließend in den Mund.

»Und trotzdem bist du immer allein, wenn wir uns sehen.«

»Ich bin vielleicht allein, Dad, aber ganz sicher nicht einsam«, beteuerte ich. »Mir geht es bestens. Und ich habe Freunde, mit denen ich mich regelmäßig treffe. Möglicherweise hast du das Gefühl, dass ich allein bin, weil wir uns einfach zu selten sehen. Es ist kein Wunder, dass du keine Ahnung hast, was in meinem Leben vor sich geht, wenn –«

Das plötzliche Klingeln des Handys meines Dads riss mich skrupellos aus meinem kleinen Monolog und ich presste die Lippen zu einer schmalen Linie aufeinander. Ich sah schweigsam dabei zu, wie er kaum merklich zusammenzuckte, auf das aufleuchtende Display sah und seinen Stuhl zurückschob.

»Ich bin sofort wieder bei dir, Alexis. Das hier ist wichtig«, entschuldigte er sich zerknirscht, bevor er nach dem klingelnden Handy griff und das Restaurant mit schnellen Schritten verließ. Durch die Fensterfront konnte ich beobachten, wie er das Telefonat annahm und den Blick gen Hafen richtete.

Verstimmt stocherte ich in meinen Nudeln herum und je mehr die Zeit voranschritt, desto mehr verging mir der Appetit. Als ich nach zehn Minuten einen erneuten Blick aus dem Fenster wagte, sah ich meinen Dad auf und ab laufen, wild gestikulieren, schließlich blickte er einen kurzen Moment zum Restaurant, bevor er – scheinbar schlichtweg überfordert – nickte und auflegte.

Kaum war er hereingekommen und an den Tisch getreten, wusste ich, dass unser Essen vorbei war.

»Es tut mir so leid, Alexis. Ich muss dringend ins Büro, es ist –«

»Wirklich wichtig. Ich habe schon verstanden, Dad«, beendete ich seinen Satz tonlos und starrte die schneeweiße Tischdecke an.

»Es tut mir wirklich leid«, wiederholte er schuldvoll, während er sein Jackett überzog. »Ich muss mich um einen spontanen Flug nach Cairns kümmern, aber ich verspreche dir, dass ich es wiedergutmachen werde.«

Er zog sein Portemonnaie aus der Innenseite seines Jacketts und legte mir mit einem nachdrücklichen Blick eine seiner Kreditkarten vor die Nase.

»Was –«, begann ich, doch Dad kam mir zuvor.

»Das bleibt unter uns, Alexis. Das Essen geht auf mich und die Miete strecke ich dir vor. Ich werde nochmal mit deiner Mum sprechen, doch ich möchte auch, dass du endlich aus dir rauskommst. Kümmere dich um einen Job und eine Mitbewohnerin. Andernfalls wirst du diese Wohnung verlieren.«

***

Du wirst diese Wohnung verlieren.

Du wirst sie verlieren.

Dein sicherer Hafen wäre Geschichte, schoss es mir durchgehend durch den Kopf, als ich auf dem Uniparkplatz parkte, den Motor verstummen ließ und regungslos sitzen blieb, wohlwissend, dass meine Vorlesung in nicht mal zehn Minuten beginnen würde.

Komm aus dir raus, Alexis.

Mein Blick flog in Richtung des Beifahrersitzes, auf dem ein bunter Zettel auf meiner Tasche thronte. Auf diesem Zettel hatte ich sämtliche Eigenschaften aufgelistet, die mein zukünftiger Mitbewohner mitbringen sollte. Meine Nummer wie auch meine Adresse hatte ich an kleinen abreißbaren Papierstückchen am Ende des Blattes befestigt. Obwohl sich alles in mir dagegen wehrte, meinen sicheren Hafen zu teilen, hatte ich zu große Angst, ihn zu verlieren. Teilen war in diesem Fall also das kleinere Übel, als alles zu verlieren, was mir Sicherheit gab.

»Jetzt oder nie, Gilbert«, sprach ich mir selbst Mut zu, schnappte mir meine Tasche wie auch den Zettel und stieg aus.

Mein Weg führte mich geradewegs in die Eingangshalle der Uni, in der ein großes schwarzes Brett gleich neben der Eingangstür befestigt war. Ich schnappte mir eine Stecknadel, pinnte den knallgelben Zettel an eine freie Stelle und schüttelte kaum merklich den Kopf. Was zum Henker tat ich hier eigentlich? Ich war eine Einzelgängerin. Ein Mitbewohner war genau das, was ich unter keinen Umständen gebrauchen konnte.

»Du suchst dir einen Mitbewohner?«, ertönte Reagans Stimme hinter mir und ich versteifte mich innerhalb eines Wimpernschlags. Seit Tagen war ich ihr bereits aus dem Weg gegangen. Ich drehte mich langsam zu ihr um und spürte sofort, wie mich die Schmerzen meines gebrochenen Herzens heimsuchten.

»Eine Mitbewohnerin ... ja«, korrigierte ich sie und blickte unauffällig auf ihre Hände, die sich fest um ihre Kamera klammerten. Von dem funkelnden Ring, den ich noch klar vor Augen hatte, fehlte jegliche Spur. Dennoch ließ mich diese Tatsache nicht besser fühlen. Ganz im Gegenteil. Allein der Gedanke daran, dass Reagan diesen Ring besaß und nun so gut wie unerreichbar für mich geworden war, wies meine Gefühle ordentlich in die Schranken.

Reagan nickte knapp und spielte nervös an einigen Knöpfen ihrer Kamera. Etwas lag ihr auf dem Herzen. Das spürte ich und ich sah es an dem reuevoll funkelnden Ausdruck in ihren Augen.

»Also, ich ...«, begann sie zögerlich, doch ich ließ sie gar nicht erst zu Wort kommen.

»Reagan, ich muss ... ich muss zu meiner Vorlesung ... Tut mir leid, wir reden ein anderes Mal«, stammelte ich zerstreut, floh aus der Eingangshalle und rauschte um die Ecke, bevor sie mir antworten konnte. Mein Herz hämmerte auf dem Weg durch eine lichtdurchflutete Galerie wie ein Presslufthammer gegen meinen Brustkorb – als wolle es mir noch mal ganz genau vorhalten, wie stark es sich nach Reagan verzehrte.

Denk an etwas anderes.

Denk verdammt noch mal an etwas anderes.

Denk –

»Miss Gilbert?«

Ich stellte meinen Laufschritt umgehend ein, als ich Madame Rousseaus Stimme hinter mir ausmachen konnte. Sie kam mit energischen Schritten auf mich zu und ich stellte mich innerlich auf ihre Schimpftirade ein, weil ich ständig zu spät kam. Doch nichts dergleichen passierte.

Kaum war sie vor mir zum Stehen gekommen, musterte sie mich mit ihrem altbekannten strengen Blick und drückte mir einen Umschlag in die Hände. »Ich hoffe doch, Sie werden diese Chance nutzen. Lassen Sie es mich nicht bereuen, verstanden?«

Irritiert betrachtete ich den Umschlag in meinen Händen. »Verzeihen Sie, Madame, aber –«

»Danken Sie mir später«, fiel sie mir ins Wort und warf einen flüchtigen Blick auf die filigrane Uhr an ihrem schmalen Handgelenk. »Und jetzt gehen Sie. Haben Sie nicht eine Vorlesung? *Allez*«, scheuchte sie mich davon und meine Beine liefen wie von allein weiter in Richtung Hörsaal.

Kaum saß ich auf meinem Platz, riss ich den Umschlag auf und zog einen cremefarbenen Briefbogen hervor. Dass die Vorlesung für Tanzgeschichte bereits in vollem Gange war, ignorierte ich. Meine Augen klebten an den wenigen Zeilen vor meiner Nase, die ich immer und immer wieder las, bis sie vollends bei mir ankamen. Mein Herz machte vor Erleichterung einen riesigen Satz in die Höhe.

Miss Gilbert,

Hiermit teile ich Ihnen mit, dass Sie wieder an Madame Rousseaus Kurs teilnehmen dürfen. Sie bat mich darum, Ihnen noch eine Chance zu geben. Somit sind Sie zu den Prüfungen in weniger als vier Monaten zugelassen.

Vergessen Sie jedoch nicht, dass Ihr Fehlverhalten dokumentiert ist und ein weiterer Fehltritt zur Exmatrikulation führen kann. Ich hoffe, dass solche Umstände nicht mehr zustande kommen.

Nutzen Sie Ihre Chance. Ich wünsche Ihnen viel Erfolg für die Prüfungen.

Dekan Beaumont

***

Der restliche Tag verflog in Windeseile, so glücklich war ich über die Neuigkeiten, dass ich tatsächlich wieder zu den Prüfungen zugelassen war. Als ich meine Wohnung betrat, verspürte ich den Drang, die großartige Neuigkeit mit jemandem zu teilen. Übermütig zog ich mein Handy hervor, hielt aber plötzlich mitten in der Bewegung inne. Die Anspannung, die heute Mittag zwischen Reagan und mir geherrscht hatte, holte mich in Windeseile von meinem kleinen Höhenflug hinunter. Aus einem unerfindlichen Grund war Reagan die Einzige, mit der ich in diesem Moment reden wollte, doch falls ich sie mit meiner Liebeserklärung nicht von mir gestoßen hatte, dann spätestens heute in der Uni, als ich sie abgewürgt hatte und vor ihr geflohen war. Das überaus seltene Gefühl von Glück, welches ich die letzten Stunden verspürt hatte, verflüchtigte sich wie ein Schatten, dem die Sonne fehlte, um zu existieren. Ich schluckte den größer werdenden Kloß in meinem Hals hinunter und legte das Handy genau in dem Moment beiseite, als es an der Tür klingelte.

In der Zeit, in der ich verbissen versuchte, die Gedanken an Reagan aus meinem Kopf zu verbannen, ging ich in den Flur, warf einen winzigen Blick durch den Spion und zog schließlich die Tür auf.

Vor mir stand eine hochgewachsene, schlanke Person, die mir für einen Augenblick den Wind aus den Segeln nahm. Sie trug trotz der Wärme, die draußen herrschte, schwere Boots und eine schwarze Lederjacke. In der einen Hand hielt sie einen Rucksack und in der anderen Hand den knallgelben Zettel, den ich vor wenigen Stunden erst in der Uni ausgehängt hatte.

Bevor ich zum Reden ansetzen konnte, kam sie mir bereits zuvor und bei ihrer melodischen Stimme zuckte mein Blick in ihre unnatürlich hellblauen Augen.

»Du suchst eine Mitbewohnerin?«

»Sinn und Zweck dieser Sache war eigentlich, dass man sich bloß einen der Schnipsel mitnimmt und nicht den gesamten Zettel«, erklärte ich nüchtern und entlockte ihr somit ein schiefes Grinsen.

»Ich wollte meine Konkurrenz möglichst klein halten«, erklärte sie ihr Verhalten.

»Und erfüllst du auch meine Kriterien?«, forschte ich nach. Zeitgleich ließ ich meinen Blick ungeniert über ihre komplette Erscheinung wandern.

»Wollen wir dieses Gespräch wirklich zwischen Tür und Angel führen?«, stellte sie die Gegenfrage und ich seufzte leise auf, während ich zögerlich einen kleinen Schritt zur Seite trat, um sie hereinzulassen.

»Wie bist du überhaupt reingekommen?«, hinterfragte ich misstrauisch, als sie an mir vorbeiging. Ich ließ die Tür ins Schloss fallen, führte sie ins Wohnzimmer und bot ihr einen Platz auf meiner Couch an.

»Die Tür zur Straße stand offen«, informierte sie mich, stellte den Rucksack ab und ließ sich nieder. Mein Blick huschte zurück zu dem Zettel in ihren Händen und ich setzte mich mit Abstand zu ihr auf die Couch.

»Also ... meine Kriterien. Bist du damit einverstanden?«

Sie folgte meinem Blick, betrachtete eingehend die aufgeführten Punkte und verzog die Lippen zu einem kleinen Lächeln. »Du bist fast so spießig wie meine ...«, sie brach ab und setzte erneut zum Reden an. »Wie eine Freundin von mir. Sie ... sie macht auch ständig solche Listen.«

»Ich bin nicht spießig«, widersprach ich ihr knapp. »Nur vorsichtig. Vor allem, was meinen sicheren Hafen betrifft.«

»Deinen sicheren Hafen?«, echote sie irritiert und ich machte eine umschweifende Handbewegung, die einmal die gesamte Wohnung einschloss.

»Mein sicherer Hafen.«

»Ich verstehe.« Sie grinste und tippte auf den ersten Punkt meiner Liste. »Also, du verlangst ausdrücklich nach einer weiblichen Mitbewohnerin. Den Punkt können wir also schon mal abhaken, richtig?«, fragte sie ruhig und widmete sich den weiteren Punkten. »Ich werde die Hälfte der Miete zahlen und dir deinen Freiraum lassen. Noch etwas, was ich beachten muss?«, forschte sie interessiert nach.

Ich taute allmählich auf, entspannte meinen versteiften Körper. Sie schien wirklich interessiert zu sein und je schneller ich jemanden fand, desto seltener musste ich mich mit dieser Situation konfrontieren.

»Hier werden keine Partys veranstaltet. Alles, was ich hier drin möchte, ist Ruhe. Und alles, was ich nicht möchte, sind fremde Menschen«, zählte ich auf, bevor ich mich aufsetzte und sie prüfend musterte. »Gibt es etwas, was ich über dich wissen muss?«

»Ich studiere Musik an der Juilliard. Das Studium ist mit einem Semester im Ausland verbunden und ich brauche nun für ein halbes Jahr eine Wohnung. Deine Suche nach einer Mitbewohnerin kam also sehr gelegen.«

»Kommst du aus New York?«, forschte ich interessiert nach, doch sie schüttelte den Kopf.

»Ich komme aus einem kleinen, verschlafenen Nest in Georgia. New York ermöglicht es mir, meinen Traum zu verwirklichen und etwas aus meinem Leben zu machen.«

Ein winziges Lächeln stahl sich auf meine Lippen und ich nickte knapp. Jemandem mit großen Träumen wollte ich nicht im Weg stehen. Wenn sich meine schon nicht erfüllten, dann hoffentlich die einer anderen Person.

»Du hast mich überzeugt. Ein halbes Jahr ist in Ordnung«, beruhigte ich sie und somit wahrscheinlich auch mich. Vielleicht würde in einem halben Jahr alles wieder gut sein.

Der Ausdruck von purer Erleichterung trat in ihre hellen Augen und sie schenkte mir ein warmes Lächeln. »Ich bin übrigens Jaxx«, stellte sie sich mir vor und ich zog eine Augenbraue in die Höhe.

»Nur Jaxx?«

»Nur Jaxx«, erwiderte sie, was mich zuerst zögern, schließlich aber klein beigeben ließ.

»Na schön, Jaxx. Ich bin Alexis. Willkommen in deinem neuen Zuhause.«

Kapitel 19

»Seid ihr bereit?«, fragte Hudson leise nach und mein Kopf wirbelte in seine Richtung. Noch vor einer Sekunde hatte mein Blick auf dem stählernen Gerüst der Harbour Bridge geklebt, die vor uns gigantisch in die Höhe ragte. Ein Mitarbeiter der Attraktion hatte uns vor wenigen Minuten die Verhaltensregeln und die Sicherheitsanweisungen nahegebracht.

»Du fragst wirklich, ob wir für deine Henkersmahlzeit bereit sind, Hudson?«, fragte ich ihn bissiger als beabsichtigt und bereute meinen kleinen Aussetzer in dem Augenblick, in dem er meinen Mund verlassen hatte. »Tut mir leid … ich –«, setzte ich an, doch Hudson hob beschwichtigend beide Hände an.

»Ist schon in Ordnung, Alexis. Ich verstehe dich«, beruhigte er meine aufgewühlten Gefühle und schenkte mir ein sanftes Lächeln, welches ich halbherzig erwiderte. Wie zum Teufel konnte er so ruhig bleiben?

»Also … wollen wir?«, hakte er erneut nach. Seine trüben Augen glitten über Chester, Reagan und mich, ehe er nach Chesters Hand griff und ihn in Richtung Eingang der Treppe zog, die zum Aussichtspunkt führen würde.

»Stopp, gibt es hier nur diese Treppe nach oben?«, hakte Chester ernst nach und drehte sich zu dem Mitarbeiter um, der uns bis oben begleiten würde.

Er nickte knapp. »Ja, gibt es ein Problem?«

»Nein, es gibt kein –«, setzte Hudson hastig an, doch Chester fiel ihm ungehalten ins Wort.

»Gibt es eine Alternative?« Seine Stimme nahm einen verzweifelten Unterton an.

»Chester, es ist schon okay«, murmelte Hudson. In seiner Stimme schwang Unbehagen mit und es war ihm sichtlich unangenehm, dass er solche Umstände bereitete.

»Tut mir leid. Aber es gibt nur die Treppen. Bei so einer kleinen Gruppe können wir jedoch das Tempo anpassen.«

Chester seufzte leise auf und drehte sich zu Hudson, der peinlich berührt auf seine Schuhspitzen starrte.

»Schaffst du das, Huds?«, hakte er leise nach und Hudson lenkte seinen Blick in die besorgten blauen Augen von Chester.

»Natürlich, Ches. Ich ... ich muss es schaffen. Das hier ist mein letzter Wunsch. Den lasse ich mir nun nicht von meiner verdammten Lunge versauen.«

»Okay ... wir sind bereit«, gab Chester durch. »Sag Bescheid, wenn es nicht mehr geht, in Ordnung?«

Hudson nickte und somit setzten wir uns allesamt in Bewegung. Aus Sicherheitsgründen waren wir alle vier mit Gurten verbunden, die mit einem Geschirr um unsere Körper geschnallt waren. Chester befand sich hinter unserem Tour Guide und führte unsere kleine Gruppe somit an. Hudson lief dicht hinter ihm, danach kam ich und das Schlusslicht bildete Reagan, die trotz unserer Situation darauf bestanden hatte mitzukommen. Ich versuchte ihre Gegenwart so gut es ging auszublenden, doch als sie urplötzlich nach meiner Hand griff, machte mein Herz, der Verräter, einen gewaltigen Satz in die Höhe.

»Alles in Ordnung?«, forschte ich über meine Schulter hinweg nach und musterte sie nur so lange, wie es der Schmerz in mir zuließ.

»Ja ... ich habe nur ein klein wenig Höhenangst.«

Augenblicklich vergaß ich meinen Groll auf sie und drückte sanft ihre Hand, um ihr bewusst zu machen, dass sie nicht allein war und keine Angst zu haben brauchte. »Dir wird nichts passieren, versprochen.«

Wir erklommen Stufe um Stufe und je mehr die Höhe zunahm, desto stärker wurde der Wind, der erbarmungslos an unserer Kleidung zerrte. Reagan klammerte sich an meiner Hand fest und Hudson schien ebenfalls mit dem Widerstand des Windes zu kämpfen. Er blieb unvermittelt stehen, hielt sich mit einer Hand am Geländer der Treppe fest und zog mit der anderen Hand den Reißverschluss seiner Jacke auf, die eng an seinem Hals anlag.

»Geht es, Huds?«, hakte Chester besorgt nach und Hudson nickte hastig, auch wenn der gequälte Ausdruck auf seinem Gesicht das Gegenteil bewies.

»Wir können runter, wenn du es nicht schaffst.«

»Ich schaffe das«, keuchte er leise, blickte beinahe verzweifelt die unzähligen Stufen hoch und eine wilde Entschlossenheit huschte über seine verzerrte Miene. »Ich schaffe das«, wiederholte er mit fester Stimme und setzte sich wieder in Bewegung.

Chester stützte ihn auf dem Weg nach oben und auch ich warf immer wieder einen Blick über meine Schultern, um nach Reagan zu schauen. Obwohl ihr die Furcht vor der schwindelerregenden Höhe ins Gesicht geschrieben stand, blickte sie mit großen Augen durch die stählernen Streben auf die immer kleiner werdende Welt unter uns.

Mittlerweile waren wir so hoch, dass die Fähren unter uns auf dem glitzernden Wasser wie Kometen aussahen und uns ein perfekter Blick über Sydney geboten wurde. Unser Tempo nahm ab, je höher wir kamen, doch Hudson kletterte tapfer weiter. Eine gute Viertelstunde später hatten wir den Aussichtspunkt endlich erreicht, kamen allesamt schwer atmend zum Stehen und lenkten unsere Aufmerksamkeit für einen winzigen Moment auf die atemberaubende Aussicht, die wir von hier oben genießen durften. Der klare, wolkenlose Himmel ermöglichte uns eine meilenweite Sicht und trotz des Windes, der um einige Grad kühler als am Boden war, wärmte uns die pralle Sonne angenehm auf.

»Wir haben es geschafft«, verkündete unser Tour Guide feierlich und lächelte uns der Reihe nach an. »Sie haben nun gute zwanzig Minuten Zeit, um Erinnerungsfotos zu machen und die Aussicht zu genießen. Danach müssen wir wieder runter, damit die nächste Gruppe hoch kann«, informierte er uns.

»Wäre es möglich, dass Sie uns kurz allein lassen könnten?«, hakte Chester freundlich nach.

»Das verstößt leider gegen die Vorsch–«

»Bitte, Sir … nur ein paar Minuten. Es … es würde uns viel bedeuten, wenn wir die Zeit bekommen würden.«

Unser Tour Guide blickte uns der Reihe nach an, seufzte schließlich leise auf und nickte knapp.

»Na schön. Aber ich werde mich nicht weit entfernen. Die Gurte dürfen Sie hier oben kurz abnehmen, um mehr Bewegungsfreiheit zu haben, aber achten Sie auf die Windböen.« Mit diesen Worten ließ er uns allein und lehnte sich einige Meter abseits gegen das stählerne Gerüst.

Nachdem wir uns von den Gurten befreit hatten, drehte Hudson sich zu uns, schaute uns der Reihe nach an und schien nach den richtigen Worten zu suchen.

»Also ... Zeit, Abschied zu nehmen«, murmelte er und der Kloß in meinem Hals schwoll innerhalb weniger Millisekunden an. Bis vor wenigen Sekunden hatte mich die traumhaft schöne Aussicht erfolgreich ablenken können. Doch nun war die Trauer in mir so präsent, dass ich glaubte, an dem Kloß in meinem Hals zu ersticken.

»Hudson ...«, fing ich an, doch meine Stimme brach und ein Schluchzen drang aus meiner Kehle.

»Komm her«, verlange er sanft und das ließ ich mir nicht zweimal sagen. Mit wenigen Schritten war ich bei ihm, fiel ihm in die geöffneten Arme und vergrub den Kopf an seiner Halsbeuge. Heiße Tränen flossen ohne Halt über meine Wangen und ich krallte mich nahezu verzweifelt an seiner Jacke fest.

»Ich danke dir für alles, Alexis«, murmelte er dicht an meinem Ohr. »Ich habe es dir nie gesagt ... aber du hast mich damals gerettet. Ich weiß nicht, ob ich ohne dich überhaupt noch hier stehen würde.«

»Sag so etwas nicht, Huds«, schluchzte ich gedämpft.

»Es ist wahr ... ich war am Ende, Alexis. Bis du dich einfach zu mir gesetzt hast ... Du hast mich gesehen und mir das Gefühl gegeben, nicht der Freak zu sein, für den mich alle gehalten haben. Und das werde ich niemals vergessen.«

»Es war mir eine Ehre, dich zu retten, Hudson Tate«, ließ ich ihn mit brüchiger Stimme wissen, drehte meinen Kopf und drückte ihm einen Kuss auf die eingefallene Wange.

»Alles wird wieder gut, hörst du?«

Ich nickte und brachte ein tieftrauriges Lächeln zustande, während weitere Tränen meine Wangen hinunter kullerten. »Am Ende wird alles gut ...«, ergänzte ich.

»Du kannst dich noch an diese Nacht erinnern?«, hakte er überrascht nach.

»Natürlich, Huds. Es war unsere Nacht – die Nacht, in der ich meinen besten Freund gefunden habe. Meinen Seelenverwandten ...« Ich pausierte und fing eine seiner Tränen mit einem Finger auf. »Meinen Hudson Tate«, fügte ich traurig hinzu.

Tränen liefen ihm über die Wangen und er drückte mich ein weiteres Mal fest an sich. »Ich habe dich lieb, Alexis.«

»Und ich dich erst. Jetzt lass mich los, bevor ich noch an meinen Tränen ersticke«, murmelte ich scherzhaft, um der Situation wenigsten einen Bruchteil der schmerzhaften Ernsthaftigkeit zu nehmen. Er löste sich langsam von mir und wandte sich Reagan zu, die ihn mit einem traurigen Lächeln auf den Lippen ebenfalls in den Arm nahm.

»Schade, dass wir bloß so wenig Zeit hatten, Hudson. Ich hätte dich gerne noch besser kennengelernt.«

Ich wandte mich von der Szenerie ab, lehnte mich an die Brüstung der Brücke und blickte mit tränenverschleierter Sicht in die Ferne. Dennoch entging mir nicht, wie Hudson leise zu Reagan sprach, und mein Herz zog sich bei seinen Worten schmerzhaft zusammen.

»Pass für mich auf Alexis auf, okay? Du tust ihr gut.«

»Ich verspreche es dir, Hudson«, entgegnete sie mindestens genauso leise und dennoch trug der Wind jedes einzelne Wort in meine Richtung. Nur wenige Sekunden später trat Reagan neben mich und im Augenwinkel erkannte ich, wie sich Hudson und Chester fest in den Armen lagen.

Ich wischte mir die Tränen von den Wangen, schaffte es jedoch nicht, den Kloß in meinem Hals zu verscheuchen. Er steckte fest und erschwerte mir das Atmen.

Als ich meinen Blick minimal in Reagans Richtung lenkte, setzte mein Herz einen kleinen Schlag aus. Sie schaute mich mit solch einer Intensität in den Augen an, dass ich glaubte, sie könnte in mein Inneres schauen, in dem sich vor Trauer alles zusammenzog.

»Möchtest du mir von eurer gemeinsamen Nacht erzählen?«, fragte sie und schien unser ganz persönliches Gefühlsproblem bewusst in den Hintergrund zu rücken. Bei der bloßen Erinnerung an diese Nacht verzog ich die Lippen zu einem kümmerlichen Lächeln. Am liebsten wäre ich in Tränen ausgebrochen, aber es schien, als wären all meine Reserven bereits aufgebraucht.

»Es war ein Schulball auf der High School. Einmal im Jahr wurde dieses riesige Event geplant und so, wie es das grausame Leben in der High School abverlangt, bekam man erst einen Rang, wenn man einen namenhaften Tanzpartner aus einem der unzähligen Sportclubs hatte«, begann ich und verlor mich ganz in den Bildern, die vor meinem inneren Auge aufblitzten. »Ich hätte einen Sportler fragen können. Es gab einige. Und trotzdem habe ich mich für den stillen Jungen aus meinem Englischkurs entschieden, weil er immer so allein war ... und als wir dann auf dem Ball angekommen waren, ging alles den Bach runter. Wir waren das Gesprächsthema Nummer eins. Immerhin hatte ich einen vermeintlich Schwulen als Partner und aus einem unerfindlichen Grund dachten alle, sie könnten über Hudson herziehen und ihn beschimpfen ... Sogar meine beste Freundin Mari ist mir in den Rücken gefallen«, erzählte ich weiter, starrte die ferne Welt unter uns an schüttelte den Kopf. »Ich habe es nicht verstanden. Ich habe nicht verstanden, wieso alle solch einen Hass in sich getragen haben. Und das an einem Abend, an dem sich alles um Spaß und Freude drehen sollte. Ich habe mich unheimlich schuldig gefühlt, Huds diesen schrecklichen Menschen zum Fraß vorgeworfen zu haben. Deswegen haben wir den Ball verlassen und uns im Luna Park amüsiert. An diesem Abend habe ich den wahren Hudson kennengelernt. Aus dem ruhigen, misstrauischen Jungen wurde ein Mensch, den ich mir nicht mehr aus meinem Leben wegdenken konnte.«

»Also kennst du ihn seit –«

»Seit über sieben Jahren ... aber zwischenzeitlich haben wir den Kontakt verloren, da mein dummes, naives Ich zu sehr auf Mason fixiert war. Es ist bald bereits ein halbes Jahr her, seit ich ihn in Charlies Bar getroffen habe. An dem Abend, an dem du mir sagtest, dass ... dass ich niemals Angst zu haben brauche, wenn du in meiner Nähe bist«, beendete ich den Satz leise und traute mich kaum, in Reagans Gesicht zu schauen. Ob sie dieses Gespräch schon längst vergessen hatte?

»Und das meine ich immer noch so, Alexis ...«, murmelte sie und bewies mir, dass sie den Abend noch genauso in Erinnerung hatte wie ich.

»Aber es funktioniert nicht, Reagan«, stieß ich verzweifelt aus. »Ich komme fast um vor Angst. Ich fürchte mich davor, ihn zu verlieren. Ich fürchte mich vor der Zeit danach ... die verdammte Zukunft macht mir Angst.«

Reagan würde eine Zukunft mit Kian haben. Und meine Zukunft versprach mir Einsamkeit. So, wie es dem schwarzen Schwan vorbestimmt war.

»Die Zukunft ist noch weit weg, Alexis. Wie leben im Hier und Jetzt. Jetzt gerade, in diesem Moment, ist alles gut, nicht wahr?«

Ich nickte, nicht fähig, darauf etwas zu erwidern. Stattdessen durchbrach Hudson die angespannte Stille.

»Ich danke euch, dass ihr mit mir hier hochgekommen seid.«

»Das ist doch selbstverständlich, Huds«, beteuerte ich und sowohl Chester als auch Reagan nickten zustimmend.

»Bereit, wieder runterzugehen?«, hakte unser Tour Guide nach, der langsam wieder zu uns getreten war und uns der Reihe nach ansah. Hudson ließ seinen Blick ein letztes Mal wehmütig über Sydney gleiten. In seinen Augen lag tiefe Trauer und die Träne, die sich aus seinem Augenwinkel löste, als er den Blick von seinem Zuhause losriss, zerbrach mein Herz in zwei Hälften.

»Ja ... wir sind bereit«, murmelte er leise. Wir legten unsere Gurte an, liefen den Weg zurück, den wir vor zwanzig Minuten hochgekommen waren, und mussten akzeptieren, dass unsere gemeinsame Zeit mit Hudson ablief. Sekunde um Sekunde. Alles in mir wünschte sich, die Zeit bis zu dem Moment zurückdrehen zu können, als wirklich noch alles gut war. Als Hudson noch der Mensch war, von dem ich gehofft hatte, dass er mit mir alt werden würde. Ich sehnte mich an den Tag zurück, an dem ich Hudsons Worten noch so viel Glauben und Vertrauen geschenkt hatte – dass alles gut werden würde.

Downtown, Sydney

7 Jahre Zuvor

»Du siehst umwerfend aus, Alexis«, flötete meine Mum, die mich durch den mannshohen Spiegel mit funkelnden Augen musterte und die letzte Strähne meiner aufwendigen Hochsteckfrisur locker mit einer feinen, goldenen Spange feststeckte.

»Ist es nicht zu … viel, Mum?«, hakte ich unsicher nach und zupfte nervös an dem glänzenden Stoff des Kleids, welches wie ein Wasserfall aus flüssigem Gold bis knapp unter meine Knie reichte. Abgerundet wurde das Outfit von flachen, goldenen Sandalen und einem dezenten Make-up. Bei jedem Augenaufschlag schimmerten meine Lider in einem zarten Goldton. Meine Mum fand mich umwerfend. Ich glaubte, dass ich wie eine lebensgroße Oskartrophäe aussah.

»Nun schau nicht so kritisch, Liebes«, merkte sie an, ging ans andere Ende des Zimmers und wühlte in einer der unzähligen Tüten, die von unserer kleinen Shoppingtour übriggeblieben waren. »Zu guter Letzt noch das Blumengesteck«, sagte sie, holte eine samtig blaue Schatulle hervor und zog den Deckel ab. Zum Vorschein kam ein kleines, hübsches Gesteck mit einer einzelnen weißen Rose in der Mitte. Meine Mum holte es hervor, befestigte es an meinem Handgelenk und musterte mich schließlich von oben bis unten. Ein warmes Lächeln breitete sich auf ihrem Gesicht aus, als sie eine Hand sanft an meine Wange legte.

»Wunderschön.«

Ehe sie noch etwas sagen konnte, klingelte es, Mum stieß einen entzückten Laut aus und tänzelte aus meinem Schlafzimmer, um die Haustür zu öffnen.

Ich hingegen drehte mich nochmal in Richtung Spiegel und seufzte leise auf. Es war eindeutig zu viel. Doch nun war es zu spät, etwas zu ändern.

»Alexis, Liebes. Kommst du?«, rief meine Mum aus der Eingangshalle und ich holte einmal tief Luft, schnappte mir meine Tasche und marschierte aus meinem Zimmer.

Hudson hätte ich in seinem anthrazitfarbenen Anzug beinahe nicht wiedererkannt und ich nickte anerkennend. »Nicht schlecht, Hudson Tate«, begrüßte ich ihn mit einem neckischen Grinsen und entlockte seinem neutralen Gesichtsausdruck somit den Anflug eines Lächelns.

»Du siehst auch nicht schlecht aus«, erwiderte er, doch ich erkannte genau, wie seine Augen amüsiert funkelten und ein Grinsen an seinen Mundwinkeln zupfte.

»Nicht schlecht?«, echote meine Mum beinahe empört und schnalzte mit der Zunge. »Ihr beiden seht göttlich zusammen aus«, schwärmte sie und lotste uns anschließend vor ein aufwendiges Blumenarrangement kurz vor der Eingangstür.

»Ich möchte noch ein Foto machen. Rückt zusammen und … und lächelt doch bitte einmal«, wies sie an und als ich einen Blick in Hudsons Richtung warf, wirkte er genauso befangen wie ich. Dennoch pinselten wir uns beide ein Lächeln auf die Lippen, blickten in die Kamera und ließen Mum unzählige Fotos schießen.

»Mum, wir müssen jetzt wirklich langsam los«, merkte ich an. Sie senkte die Kamera, ließ ihre warm funkelnden Augen zwischen uns beiden hin und her wandern und nickte dann kurz.

»Du hast ja recht, Liebes. Dann los und amüsiert euch.«

Nachdem Hudsons Stiefvater Ray uns auf dem Parkplatz unserer High School abgesetzt hatte und davongefahren war, blieben wir unschlüssig stehen und beobachten die Schar aus aufgebrezelten Schülern, die das Innere des Gebäudes betraten.

»Schulbälle sind eigentlich nicht so mein Ding«, sprach ich nüchtern aus und blickte zu Hudson hoch, der mich beinahe um zwei Köpfe überragte. Da war es wieder. Das verschmitzte Grinsen, welches an seinen Mundwinkeln zerrte und Leben in sein sonst so neutrales Gesicht hauchte.

»Da sind wir schon zu zweit. Aber jetzt sind wir hier, also lass uns das Beste draus machen.«

Er hielt mir seine Hand hin, die ich mit einem Lächeln auf den Lippen nahm und gemeinsam mit ihm in Richtung Eingang lief. Ein gehässiger Kommentar ließ uns vor der gläsernen Doppeltür jedoch abrupt innenhalten.

»Alexis, du bist dir hoffentlich im Klaren, dass dein Date eine verdammte

Schwuchtel ist.«

Hudsons Hand verkrampfte sich augenblicklich in meiner und ich wirbelte zu der Stimme herum, die, wie sich schließlich rausstellte, zu Maris Date Miles Davis gehörte. Er hatte ein spöttisches Grinsen im Gesicht und genoss die Bestätigung, die er von seinen Freunden bekam.

Mein Blick glitt zu Mari, die wortlos neben Miles stand und das Szenario mit gleichgültigem Blick verfolgte.

»Willst du überhaupt nichts dazu sagen?«, fuhr ich sie an und erst jetzt richteten sich ihre laubgrünen Augen auf mein aufgebrachtes Gesicht.

»Was soll ich dazu sagen, Alexis? Er … er hat doch recht«, merkte sie an und die Truppe um Miles und Mari grölte auf ein Neues los.

»Lass uns rein gehen, Alexis, das hier bringt doch nichts«, murmelte Hudson neben mir, doch ich fixierte weiterhin Mari und schüttelte fassungslos den Kopf.

»Dass ausgerechnet du mir in den Rücken fällst, Mari, hätte ich niemals geglaubt«, stieß ich aus und wurde nur noch rasender, als sie mit den Schultern zuckte und zwischen Hudson und mir hin und her sah.

»Ich hätte auch niemals geglaubt, dass du dich auf Loser einlassen würdest. Ich habe dir von Anfang an gesagt, dass du dich zum Gespött der Schule machen wirst, wenn du mit ihm zum Ball gehst«, knallte sie mir unwirsch an den Kopf, doch bevor ich etwas darauf erwidern konnte, hatte Miles sie bereits weitergezogen.

»Lass uns hier nicht weiter unsere Zeit verschwenden, Mari«, spuckte er aus, bevor sie im Gebäude verschwanden und uns keines Blickes mehr würdigten.

In meiner Wut hatte ich nicht bemerkt, wie Hudson meine Hand losgelassen hatte und nun aufgewühlt auf und ab lief. Schließlich schüttelte er kaum merklich den Kopf, als hätte er soeben einen inneren Kampf ausgefochten, und kramte sein Handy aus der Jackettasche.

»Was hast du vor?«, hakte ich nach und beobachtete ihn dabei, wie er wild auf dem Handy tippte.

»Ich … ich rufe Ray an. Er soll mich abholen kommen. Geh du da rein und hab einen schönen Abend, ich –«

»Kommt gar nicht in Frage, Hudson Tate«, fiel ich ihm ins Wort und schnappte mir flink das Handy, als er auf meiner Höhe war. »Du wirst jetzt nicht einfach fahren. Hörst du?«

»Und was sollen wir dann tun? Da rein gehen und uns zum Gespött machen?

Denn das wird passieren, Alexis. Du hast es gerade doch mitbekommen«, merkte er bissig an und fuhr sich überfordert durch das kurze braune Haar. »Wieso zum Teufel hast du mich gefragt? Ich verstehe es nicht«, ergänzte er matt und stellte seinen unruhigen Laufschritt ein, woraufhin ich ihn sanft am Arm festhielt.

»Du machst mich mit deinem Auf-und-ab-Gerenne nervös«, informierte ich ihn knapp und ging schließlich auf seine Frage ein. »Und ich habe dich gefragt, weil ich es wollte, Hudson. Und vielleicht wollte ich auch wissen, wer hinter dieser abweisenden Fassade steckt. Ich wollte wissen, wie jemand, der so abweisend ist, so … so sanftmütig und nett wirken kann. Obwohl ich dich nicht kannte, wusste ich sofort, dass du ein gutes Herz hast. Jemand mit einem guten Herzen hat es nicht verdient, alleine zu sein«, erklärte ich ihm leise, blickte ihm in die Augen und erkannte den Schmerz, der in dem so tief erscheinenden Braun schimmerte. Etwas schien ihn bis aufs Äußerste zu quälen und ich nahm seine Hände in meine.

»Was ist los?«, forschte ich nach und suchte in seinem Gesicht nach einer Antwort. Doch er hatte wieder diese neutrale Maske aufgelegt, die keinerlei Emotionen zuließ.

»Die Leute haben recht, weißt du?«, begann er und wollte mir seine Hände entziehen, doch das ließ mich nur fester zupacken.

»Womit?«

»Damit, dass ich schwul bin, Alexis«, ließ er die Bombe platzen und traute sich nicht mal mehr, in mein Gesicht zu schauen. Er senkte den Blick, als würde er sich schämen und damit kämpfen, die Fassung zu bewahren. »Wirst du jetzt auch gehen und mich deswegen niedermachen? So wie alle anderen gottverdammten Kids an dieser Schule, nur weil sie mit dieser Art von Lebensstil nichts zu tun haben wollen.«

Mein Herz brach in zwei Hälften, als ich ihn da so stehen sah, komplett gebrochen und von Hoffnung auf Akzeptanz verlassen. »Ich werde nicht gehen, Hudson«, begann ich leise und zerrte somit seinen Blick zurück in meine Richtung. »Und niedermachen werde ich dich auch nicht.«

»Wieso sollte ich dir das glauben?«, hakte er misstrauisch nach und ließ seine Augen über meine Erscheinung wandern.

»Nun, ich stehe noch hier, oder nicht? Und ich verurteile dich nicht, Hudson. Du stehst auf Männer, na und? Wo liegt das Problem?«, hinterfragte ich und zog ihn anschließend in eine kleine Umarmung, die er steif erwiderte. »Ich

werde dich niemals verurteilen. Und jetzt lass uns von hier verschwinden«, schlug ich vor, löste mich von ihm und wollte bereits losmarschieren, doch der Widerstand zog mich zurück und ich drehte den Kopf zu Hudson, der an Ort und Stelle verweilte.

»Der Ball ist da drin«, sagte er und nickte in Richtung des Schulgebäudes.

»Ich weiß. Aber ich möchte dich nicht dieser Meute von gottverdammten Kids ausliefern, und deswegen werden wir jetzt unser Ding machen.«

»Unser Ding?«, echote er, bewegte sich jedoch langsam in meine Richtung und schaffte es nicht mehr, die verbissene Miene zu bewahren. Er taute allmählich auf und verzog die Lippen zu einem erwartungsvollen Lächeln.

»Ich habe an den Luna Park gedacht. Nur wir zwei. Scheiß auf den Ball da drinnen«, sprach ich aus und zog ihn in Richtung eines unvergesslichen Abends.

Eine halbe Stunde später spuckte uns ein Bus vor der breit grinsenden Grimasse aus, die den Eingang zum Luna Park bildete.

Als ich gerade mein Portemonnaie zücken wollte, um die Tickets zu kaufen, hielt mich Hudsons Hand auf meinem Arm davon ab.

»Ich hole die Tickets«, sagte er entschlossen und bevor ich protestieren konnte, hatte er dem Mitarbeiter hinter der gläsernen Scheibe bereits einen Fünfzigdollarschein unter die Durchreiche geschoben und bekam mit seinem Wechselgeld zwei Tickets zurück.

»Danke, aber das hättest du wirklich nicht tun müssen«, sprach ich aus, während er mir mein Ticket reichte und mit mir im Schlepptau den Vergnügungspark betrat. Musik beschallte uns von allen Richtungen und der Geruch von Zuckerwatte, gebrannten Mandeln und anderen süßen Köstlichkeiten benebelte unsere Sinne. Kaum standen wir inmitten dieser bunten, fröhlichen Umgebung, ging mein Herz auf und ein breites Lächeln stahl sich auf meine Lippen. Der Luna Park war schon immer der Ort gewesen, an dem ich mich selbst und meine Probleme vergessen konnte.

»Du hast mich vor der verfluchten Meute bewahrt und so nett wie du war noch nie jemand zu mir, Alexis. Glaub mir, das habe ich wirklich gerne gemacht«, beteuerte er, ehe er stehen blieb und sich kurz umschaute.

»Also, was kannst du empfehlen?«

»Warst du noch nie hier?«, stellte ich die Gegenfrage und bekam große Augen, als er den Kopf schüttelte.

»Meine Mum hält nichts von solchen Parks«, gab er mir knapp zu verstehen und blieb mit seinem Blick letztendlich an dem bunten Riesenrad mit seinen kleinen Gondeln im Vintage Look hängen. Seine Augen begannen zu funkeln und ich überlegte nicht lange, sondern griff nach seiner Hand und ging mit ihm auf das Riesenrad zu.

»Das Riesenrad habe ich am liebsten«, erzählte ich ihm und blickte das vierzig Meter hohe Stahlgerüst hoch. »Wenn man da oben sitzt und auf alles runterschauen kann, vergisst man seine eigenen Probleme einen kleinen Moment. Ich liebe dieses Gefühl«, murmelte ich leise und zog somit Hudsons Aufmerksamkeit auf mich.

»Es klingt, als würdest du dich oft in dieses Gefühl flüchten«, merkte er an und beobachtete mich aufmerksam. Als ich zu ihm aufsah und in seine sanften, warmen braunen Augen schaute, wusste ich, dass Hudson Tate der Mensch war, dem ich womöglich mein ganzes Leben anvertrauen könnte.

»Ja«, sagte ich schließlich und nickte knapp. »Ich flüchte mich oft in dieses Gefühl. Meine Mum …« Ich pausierte kurz und seufzte leise auf. »Ich bin Tänzerin«, begann ich erneut und lief ein kleines Stück mit Hudson weiter, als die Schlange, in der wir uns befanden, in Bewegung kam.

»Und meine Mum ist der Star der australischen Ballettcompagnie. Sie erhofft sich von mir, dass ich eines Tages genauso erfolgreich werde. Mein Traum ist es zwar, auf der Bühne des Opernhauses zu tanzen, doch es ist schwer, den Spaß an dem Ganzen zu bewahren, wenn meine Mum wie eine Furie hinter meinem Training her ist. Es grenzt an ein Wunder, dass sie mir heute einmal freigegeben hat. Andernfalls würde ich nun hinter der Ballettstange stehen«, erzählte ich meine Lebensgeschichte in Kurzform, während wir den Gondeln immer nähergekommen waren.

»Aus diesem Grund komme ich oft hierher, setze mich einfach in eine dieser bunten Gondeln und lasse meine Gedanken los. Ich liebe das Ballett, aber manchmal wünschte ich mir, ich hätte ein … ein normales Leben.«

»Ein normales Leben?«, echote Hudson beinahe amüsiert. Zeitgleich wurde uns von einem Mitarbeiter des Riesenrads die Tür zu einer hellblauen Gondel aufgehalten, in die wir nun einstiegen und uns nebeneinander auf die Bank im Inneren niederließen.

»Was ist schon normal auf dieser Welt?«, fragte er leise und lenkte seinen Blick durch die metallenen Stäbe an der Tür, um auf den bunt leuchtenden

Vergnügungspark zu schauen, der langsam unter uns versank.

»Ich vermute: gar nichts?«, stellte ich die Gegenfrage und er drehte den Kopf zurück in meine Richtung. Das Lächeln auf seinem Gesicht hatte einen harten Zug angenommen, als er nickte.

»Du hast vollkommen recht, Alexis. Gar nichts scheint normal zu sein. Nicht mal die verdammte Liebe.«

»Weiß deine Familie, dass du schwul bist?«, hakte ich vorsichtig nach und nun verflüchtigte sich sein Lächeln komplett.

»Nur mein Stiefbruder Maverick … immerhin hat er mich aus der Prügelei mit Miles gerettet und dann konnte ich ihm die Wahrheit nicht mehr verschweigen. Aber neben ihm bist du tatsächlich die Erste, der ich es aus freien Stücken erzählt habe, und ich weiß nicht mal wieso. Immerhin kennen wir uns so gut wie gar nicht«, sprach er aus, blickte mich an und studierte meine Gesichtszüge, als wäre ich ein Gemälde im Museum und er ein Kunstkritiker. »Und dennoch werde ich das Gefühl nicht los, dass ich dir alles anvertrauen kann. Sogar mein größtes Geheimnis.«

»Dieses Gefühl habe ich auch, Hudson Tate«, erwiderte ich lächelnd und erhaschte einen Blick über seine Schulter. »Schau, von hier oben kannst du alles sehen«, lenkte ich seine Aufmerksamkeit auf die funkelnde Außenwelt.

Er folgte meinem Blick und zog hörbar die Luft ein. »Wow«, flüsterte er begeistert und lehnte sich ein Stück vor, um nach unten zu schauen. »Ich kann verstehen, was du meinst. Hier oben erscheinen alle Probleme plötzlich so klein«, merkte er ehrfürchtig an und ließ seinen Blick anschließend über Sydney gleiten. Die Sonne war bereits untergegangen und nur noch als purpurfarbener Streifen am Horizont erkennbar. Ersetzt wurde ihr warmes Strahlen durch ein sattes Mitternachtsblau, welches ab und an von einer silbrigen Schleierwolke unterbrochen wurde.

Mittendrin ragte Downtown Sydney wie eine hell leuchtende Kristallstadt in den dunklen Himmel. Das Opernhaus schimmerte wie die glänzende Perle einer Auster und spiegelte sich wie ein gigantischer Mond im rabenschwarzen Wasser des Hafens.

»Es ist wunderschön«, sprach er leise aus und sah mich wieder an. »Danke, Alexis.«

»Es war mir eine Ehre, Hudson.«

Er nahm meine Hand in seine und blickte nachdenklich auf die weiße Rose an meinem Handgelenk. »Ich bin froh, dass du mich gefragt hast, ob ich mit dir zum Ball gehen möchte«, gestand er und schien vollends fokussiert auf die Rose zu sein, nur um mir nicht ins Gesicht schauen zu müssen. »Ich … ich habe eigentlich den Glauben daran, dass mich jemand akzeptiert, so wie ich bin, komplett aufgegeben«, fügte er hinzu und lenkte seine dunklen Augen endlich wieder in mein Gesicht. Die bunten Lichter des Riesenrads spiegelten sich in seinen Augen wider – ließen sie wie eine endlose Galaxie erscheinen.

»Bis zu dem Zeitpunkt, an dem du dich einfach mit an meinen Tisch gesetzt hast und dich nicht darum geschert hast, dass wir im Fokus der gottverdammten Meute waren.«

Er verzog die Lippen zu einem leisen Lächeln, welches ich erwiderte und kurz seine Hand drückte.

»Das hat mir bewiesen, dass alles gut wird. Selbst, wenn es sich für eine lange Zeit ganz fürchterlich anfühlt und du manchmal sogar glaubst, dass es nie wieder besser wird, musst du dir immer in den Kopf rufen, dass am Ende alles wieder gut wird.«

Kapitel 20

An diesem Tag hatten wir noch alles getan, wonach Hudson war. Wir waren lange am Bondi Beach spazieren gegangen und hatten eine abgeschiedene Ecke am Tamarama Beach gefunden, in der wir schweigend die Surfer beobachtet hatten, die jede Welle mit einer gewissen Eleganz und blinder Vertrautheit ritten. Nach unserem Besuch im Royal Botanic Garden hatten wir es uns nun auf den sonnengewärmten Stufen des Opernhauses bequem gemacht und genossen die letzten Sonnenstrahlen des Tages. Die gläsernen Bürokomplexe leuchteten im Schein der untergehenden Sonne wie Feuer und nach einer schweigsamen halben Stunde, während der wir uns auf den Stufen ausgeruht hatten, sprach Hudson das aus, was uns scheinbar allen durch den Kopf ging.

»Dieser Tag war perfekt«, sagte er und verzog die Lippen zu einem sanften Lächeln, als Chester ihm einen liebevollen Kuss auf die Wange drückte und nach seiner Hand griff.

»Wir sind froh, dass er dir gefallen hat, Huds.«

»Und wie wird es nun weitergehen?«, hakte ich verhalten nach. Hudson wurde immer schwächer und man sah ihm die Anstrengung des Tages deutlich an.

»Jetzt können wir nur noch abwarten, schätze ich. Doch es ist alles gut, Alexis. Vergiss das nicht, okay?«

»Ist es das wirklich, Hudson?« Ich konnte nicht verhindern, dass meine Stimme einen verzweifelten Unterton annahm.

»Heute war alles gut«, beteuerte er. »Und so wird es bleiben. Wir ... wir müssen nur fest daran glauben.«

»Er hat recht«, bestätigte Chester, ehe er aufstand und Hudson eine Hand reichte, um ihm hoch zu helfen. »Solange wir noch Zeit haben, sollten wir nicht daran denken, was die Zukunft bringt«, fügte er hinzu, bevor er sich Hudson zuwandte. »Und wir sollten langsam nach Hause, Huds. Der Tag war lang und anstrengend, du brauchst Ruhe.«

Hudson seufzte leise auf, griff nach Chesters Hand und ließ sich von ihm auf die Beine ziehen. »Na schön …«, murmelte er widerwillig, bevor er Reagan und mich ein letztes Mal in eine Umarmung zog. »Danke für diesen Tag. Ihr habt ihn zu etwas Besonderem gemacht.«

»Es war uns eine Ehre, Huds. Und jetzt ruhe dich aus. Du hast es dir verdient«, sprach ich sanft auf ihn ein, löste mich von ihm und lächelte Chester ein letztes Mal zu, bevor sich die beiden umdrehten und die Stufen der Oper hinter sich ließen, um ein freies Taxi anzusteuern.

Kaum waren sie in das Auto eingestiegen und davongefahren, kam die Anspannung zurück, die seit Wochen zwischen Reagan und mir schwebte. Ich riss meinen Blick von der Stelle los, an der Hudson und Chester verschwunden waren, und drehte den Kopf zu Reagan, die mich fest im Visier hatte. Ihre Hände, die unruhig an dem Gurt ihrer Kamera spielten, enttarnten ihre offensichtliche Nervosität.

»Ist eigentlich alles okay zwischen uns, Alexis?«, fragte sie plötzlich nach und ich ließ mir ihre Frage länger als gewollt durch den Kopf gehen, während ich den Blick auf die beleuchteten Kuppeln des Opernhauses richtete.

»Ich weiß es nicht, Reagan«, gestand ich ehrlich und zuckte verzweifelt mit den Schultern, um meinen Worten noch mehr Ausdruck zu verleihen. »Ich weiß es verdammt noch mal nicht. Ich wünschte, es wäre alles okay«, ergänzte ich leise und bemerkte den sorgenvollen Schimmer in ihren dunklen Augen. Sah, dass sie den Mund öffnen wollte, um eine Antwort zu formulieren.

»Können wir das bitte woanders klären?«, kam ich ihr zuvor.

»Kian und Brody sind zu Hause. Können wir zu dir?«

Allein beim Klang dieser Namen zog sich alles in mir zusammen und ich nickte, ehe ich mit Reagan im Schlepptau Coops ansteuerte.

Die Autofahrt war erfüllt von angespannter Stille, die kurze Fahrt bis nach Lane Cove zog sich unangenehm in die Länge und erst, als wir meine Wohnung betraten, löste Reagan das Schweigen zwischen uns auf.

»Wo ist deine Mitbewohnerin?«

»Sie ist unterwegs«, ließ ich sie knapp wissen, ehe ich mich auf der Couch niederließ und Reagan beobachtete, die steif neben der Tür verweilte. »Möchtest du da stehen bleiben?«

Sie setzte sich langsam in Bewegung und ließ sich letztendlich neben mir nieder. Ihre Augen wanderten ruhelos durch die gesamte Wohnung, doch niemals zu mir, und ich spürte die Anspannung und Nervosität, die von ihr ausging.

»Es tut mir leid, wenn ich dich mit etwas verärgert habe, Alexis«, begann sie und ich stieß ein tonloses Lachen aus.

»Du hast mich nicht verärgert, Reagan«, begann ich trocken. »Du hast mich fallen lassen. Und zwar in einem Moment, in dem ich wirklich von Herzen gehofft hatte, dass du mich auffangen würdest. Weil ich geglaubt hatte, diese Sicherheit bei dir zu finden«, ließ ich sie wissen und beherrschte mich, meine Stimme nicht allzu enttäuscht klingen zu lassen.

»Ich ... ich habe doch Kian«, stammelte sie und fuhr sich überfordert durch ihr brustlanges, dunkles Haar. »Und ich ... ich habe nicht damit gerechnet, dass du dich in mich verlieben würdest, Alexis. Ich dachte, wir wären nur Freunde.«

»Nur Freunde?«, echote ich kaum vernehmlich. »Nur Freunde schauen einander nicht an, wie wir es tun, Reagan. Nur Freunde geben einem nicht das Gefühl, geliebt zu werden. Nur Freunde küssen sich nicht so, wie wir es getan haben!« Meine Stimme wurde Wort für Wort lauter. Verzweifelter. Gebrochener. »Wenn wir ›nur Freunde‹ sind, Reagan, dann verrate mir doch bitte, wieso du mich geküsst hast, als wir uns kaum kannten. Verrate mir, wieso du mich in Charlies Bar angeflirtet hast, als würde Kian in deinem Universum nicht existieren. Verrate mir, wieso du mir das Gefühl gegeben hast, ich wäre mehr für dich als bloß eine verfluchte Freundin!«

Sie hob abwehrend die Hände an, um meinen wütenden Angriff abzuschirmen, und blickte so verzweifelt drein, dass das Engelchen in mir verbissen darauf plädierte, nicht so hart zu ihr zu sein. Doch das Teufelchen hatte die Macht an sich gerissen und feuerte die Wut in mir nur noch mehr an.

»Du hast ja recht, Alexis. Ich habe einen gewaltigen Fehler gemacht, indem ich zugelassen habe, dass ich dich zu nah an mich ranlasse, und das tut mir aufrichtig leid«, sprach sie auf mich ein. »Doch ich habe mich in deiner Nähe wohlgefühlt«, fügte sie hinzu und wischte sich eine Träne aus dem Augenwinkel. »Ich habe endlich wieder das Gefühl gehabt, beachtet zu werden … Kian gibt mir diese Gefühle nicht. Zumindest nicht mehr.«

»Liebst du ihn überhaupt, Reagan? Ich habe dich nicht ein Mal etwas Gutes über ihn sagen hören.«

Sie stutzte und schluckte schwer. »Natürlich liebe ich ihn.« Ihre Worte klangen schwach und unglaubwürdig.

»Wieso trägst du den Ring nicht?«, stellte ich ihr die nächste Frage und obwohl ich wusste, dass ich sie in diesem Moment vollkommen in die Bredouille trieb, musste ich es einfach wissen – ich musste wissen, ob ich noch Chancen hatte oder nach etwas strebte, was sich längst im ziellosen Nichts aufgelöst hatte.

»Ich …«, begann sie, pausierte und starrte ihre leere Hand an, so, als würde der Ring auf wundersame Weise auftauchen. »Ich muss mir die ganze Sache erst durch den Kopf gehen lassen … Er hat mich mit dem Antrag vollkommen überrumpelt«, gestand sie ehrlich.

»Reagan … er hasst mich aus tiefster Seele und versucht, mich seit einem halben Jahr von dir fernzuhalten. Was … was, wenn dieser Antrag bloß ein Vorwand war, mich endgültig aus dem Weg zu räumen? Vielleicht –«

»Nein«, unterbrach sie mich direkt und schüttelte mehrmals den Kopf. »Das glaube ich nicht«, murmelte sie, doch etwas sagte mir, dass sie an ihren eigenen Worten zweifelte. »Es wäre besser, wenn ich jetzt gehe, Alexis. Das hier … das hat doch keinen Sinn«, hauchte sie gebrochen und machte Anstalten aufzustehen, doch ich hielt sie rechtzeitig am Handgelenk fest und hinderte sie somit an ihrem Vorhaben, fluchtartig die Wohnung zu verlassen.

»Bitte geh nicht, Reagan … ich bitte dich«, flehte ich verzweifelt und ließ ihr Handgelenk los, um sanft nach ihrer Hand zu greifen. »Sieh mir in die Augen und sag mir, dass du Kian liebst. Sag es mir, Reagan, damit ich endlich aufhören kann, mir Hoffnungen zu machen. Bitte …«

»Alexis …« Der Ausdruck in ihrem Gesicht war erfüllt von tiefen Schmerzen.

»Sag es mir, Reagan. Liebst du ihn? Ja oder nein? Denn ich halte es nicht mehr aus, ständig enttäuscht zu werden. Ich halte es nicht mehr aus, immer und immer wieder dabei zusehen zu müssen, wie meine Hoffnungen wie verdammte Seifenblasen zerplatzen und sich in Luft auflösen.«

Sie zögerte, schien einen innerlichen Kampf auszufechten, von dem ich nichts mitbekam. Alles, was ich sah, war die tiefliegende Verzweiflung in ihren Augen.

»Ich … ich liebe ihn … aber …«, sie brach ab und wandte den Blick ab.

»Aber was, Reagan?«, hakte ich kraftlos nach.

»Aber ich habe mich auch in dich verliebt, Alexis«, ließ sie die Bombe platzen und mein Herz blieb beinahe stehen.

»Ist es das, was du hören wolltest, verdammt?«

Die Tränen flossen nun ohne Halt über ihre Wangen und ich verlor mich in den großen, traurigen Augen, die mich fast schon wütend musterten.

»Das ist auch der Grund, weshalb mich der Antrag so quält«, fuhr sie fort, ohne mir die Möglichkeit zu lassen, darauf zu reagieren. »Ich kann diesen Ring nicht tragen, weil ich immerzu an dich denken muss. Ich kann ihn nicht tragen, weil ich schwach geworden bin und mir eingestehen musste, dass ich etwas für dich empfinde, obwohl ich doch Kian an meiner Seite habe.«

»Reagan, ich –«

»Ist es das, was du hören wolltest?«, wiederholte sie ihre Frage energisch und ich ließ langsam ihre Hand los, ehe ich kaum merklich den Kopf schüttelte.

»Nicht … nicht so«, gestand ich traurig. Die unverkennbare Wut in ihren Augen zog mir den Boden unter den Füßen weg und ich schluckte schwer. Aus einem unerfindlichen Grund schien sie nicht sauer auf mich, sondern auf sich selbst zu sein. »Vielleicht solltest du doch gehen, Reagan. Du hast recht. Das hier ergibt keinen Sinn«, sprach ich betrübt aus.

Wir lieferten uns ein stummes Blickduell, die Zeit verstrich und mein Herz hämmerte mir bis zum Hals. Der Zorn in Reagans Blick schüchterte mich ein und je dunkler ihre Augen wurden, desto kräftiger wurde mein Puls.

»Möchtest du wirklich, dass ich nun gehe, Alexis?«, hakte sie langsam nach.

»Nein«, flüsterte ich und schüttelte zur Bekräftigung meiner Worte den Kopf. »Ich möchte, dass du bleibst, doch ich merke, dass du zu bereuen scheinst, Gefühle entwickelt zu haben. Es wäre also nur fair von mir, dir diese Last von den Schultern zu nehmen …«

In ihren Augen blitzten Schuldgefühle auf. »Du glaubst, du bist eine Last für mich?«

»Ja …«, hauchte ich traurig. »Denn ich scheine für jeden eine Last zu sein.

Ich zerstöre Dinge. Ich habe selbst unsere Freundschaft zerstört, weil ich so dumm war, mich in dich zu verlieben.«

»Und was, wenn ich bleibe? Was soll ich Kian sagen?« Der leise, zurückhaltende Ton in ihrer Stimme bot einen groben Kontrast zu der Wut, die sie vor wenigen Sekunden noch fest im Griff hatte.

»Sag ihm die Wahrheit, Reagan.«

Ihre Augen weiteten sich vor Schreck und sie schüttelte hastig den Kopf. »Das kann ich nicht.«

»Du kannst«, beruhigte ich sie sanft. »Ich kenne Kerle wie Kian ... Ich hatte mit so einem Kerl fast drei Jahre eine Beziehung«, sprach ich auf sie ein. »Und Reagan, bitte glaub mir, wenn ich sage, dass Kian genau wie Mason ist. Er trägt keinen Funken Liebe in sich. Er will dich nur besitzen und das würdest du merken, wenn du dir nicht einreden würdest, etwas für ihn zu empfinden.«

»Du hast Mason auch geliebt«, merkte Reagan nüchtern an und ich nickte.

»Ja, ich habe ihn geliebt und nicht gemerkt, dass er mich zerstört hat. Ich hatte Angst, ihn zu verlassen, doch war auch zu gebrochen, um zu bleiben. Also haben wir dieses kaputte, toxische Verhältnis weitergeführt und es Liebe genannt ...«, erzählte ich resigniert. »Ich möchte nur nicht, dass du denselben Fehler begehst, Reagan.«

Sie blickte mir stumm in die Augen. Nicht versiegte Tränen glitzerten in ihren dichten Wimpern. Plötzlich wich der verzweifelte Ausdruck in ihren Augen einer wilden Entschlossenheit und sie nickte kaum merklich. »Na schön ... ich werde ihm die Wahrheit sagen. Doch vorher möchte ich etwas anderes tun.«

Ich hatte keine Chance, den Mund aufzumachen und nachzufragen, denn da hatte sie den Abstand zwischen uns bereits vernichtet, schob ihre Hände in meinen Nacken und drückte ihre Lippen stürmisch auf meine.

Kapitel 21

Reagan hatte mich schneller, als ich reagieren konnte, rücklings auf die Couch gedrückt und küsste mich mit solch einer Leidenschaft, dass die Schmetterlinge in meinem Bauch auseinanderstoben und wild umherflatterten. Mir entfloh ein Seufzen, welches sie ausnutzte, um ihrer Zunge Einlass zu gewähren und den Kuss zu vertiefen. Meine Hände vergruben sich in ihren langen Haaren und ich spürte, wie ihre Finger mit dem Saum meines Shirts spielten, ehe sie unter dem dünnen Stoff verschwanden. Doch kaum spürte ich sie auf meiner nackten Haut, dauerte es keine Sekunde, bis Erinnerungen an Mason mich wie tödliche Patronen trafen. Statt Reagans zarter Berührungen spürte ich plötzlich den Schmerz, den Mason verursacht hatte, wenn er seine Finger besitzergreifend in meine Haut gebohrt hatte. Statt ihrer leidenschaftlichen Küsse spürte ich den festen Druck von Masons Lippen, die mich jedes Mal ohne jegliche Liebe an den empfindsamsten Stellen berührt hatten. Statt des einst so großen Verlangens nach mehr verspürte ich nun nichts weiter als Panik, die wie Eiswasser durch meine Adern floss und meinen Verstand in Ketten legte.

»Stopp, hör auf«, flehte ich leise und drehte den Kopf in die entgegengesetzte Richtung, um ihren Lippen zu entkommen. Reagan verwandelte sich vor meinen Augen in Mason und mir entfloh ein ängstliches Wimmern, als auf mir das Gewicht eines Körpers, der mich gefangen hielt, nicht leichter wurde. Meine Hände legten sich wie von selbst an ihre Schultern, um sie von mir zu drücken. Doch die Angst entzog mir all meine Kraft. Ich war in dem gleichen Albtraum gefangen, der mich auch schon vor drei Jahren gequält hatte.

»Hör auf ... hör bitte auf«, verlangte ich gebrochen und schluchzte unvermittelt panisch auf. »Ich will das nicht ... bitte –«

»Alexis?« Reagans besorgte Stimme riss mich ins Hier und Jetzt zurück. Die düsteren Erinnerungen, die meinen Verstand belagerten, zerplatzten dabei wie Seifenblasen – lösten sich ins Nichts auf. Tränen verschleierten meine Sicht und mein Atem ging aufgrund meiner zugeschnürten Kehle nur stoßweise.

»Es ist alles gut. Beruhige dich, Alexis«, sprach Reagan sanft auf mich ein, doch es schien, als wäre ich in der bösen Welt, die Mason beherrschte, vollends gefangen. Jede Berührung fühlte sich plötzlich bedrohlich an und ich schlug Reagans Hände von mir, die mir zärtlich eine lose Haarsträhne aus dem Gesicht streichen wollten.

»Fass mich nicht an«, presste ich erstickt hervor, schob sie nun mit aller Kraft von mir hinunter und rutschte unbeholfen bis ans Ende meiner Couch. Mein Herz pochte mir bis zum Hals und obwohl ich meine Tränen in den Griff bekam, fühlte es sich an, als würde das Band um meine Kehle immer enger werden.

»Alexis, es ist alles gut«, wiederholte sich Reagan vorsichtig und rutschte unbeholfen ein kleines Stück näher – langsam und zurückhaltend, als würde sie sich einem verängstigen Tier nähern. »Ich ... ich tue dir nicht weh«, ergänzte sie beinahe hilflos, da ihre Worte einfach nicht bei mir ankommen wollten.

Hör auf, dich zu wehren, Alexis ..., schallte es bösartig durch meinen Kopf.

»Hätte ich gewusst, dass du es nicht willst, wäre ich niemals so weit gegangen.«

Ich weiß doch, dass du es willst ..., sprach dieselbe knurrende Stimme zu mir.

»Alexis?«

Ich schloss die Augen, um die bösen Stimmen aus meinem Kopf zu verscheuchen, holte mehrmals tief Luft und versuchte mir unermüdlich mein ganz persönliches Mantra in den Kopf zu rufen.

Vor dir sitzt Reagan. Nicht Mason. Reagan.

»Reagan?«, flüsterte ich leise, weiterhin mit geschlossenen Augen, und spürte, wie mein Herzschlag mit jedem Atemzug ruhiger wurde.

»Ja, ich bin hier, Alexis. Es ist alles gut«, sprach sie warm auf mich ein und als ich die Augen öffnete, blickte ich in dunkles Braun statt in eisiges Blau. Ich blickte in Reagans sorgenvolles Gesicht statt in Masons teuflische Miene.

»Du solltest gehen ... Reagan«, presste ich mit schwacher Stimme hervor. »Geh zu Kian. Nimm diesen verdammten Antrag an.« Obwohl mir diese Worte das Herz zerrissen, musste ich sie loswerden. Ich musste es, weil mir in dem Augenblick meiner zerstörerischen Angst klar geworden war, dass Reagan mich nicht mehr retten konnte.

Ich war gebrochen, bis in die Tiefen meiner zerrütteten Seele. Mein Vertrauen, mein Herz, meine Liebe – gebrochen, wie eine Vase, die in die Tiefe gestürzt und zersplittert war.

»Nein«, protestierte sie schwach und schüttelte den Kopf. »Nein, ich möchte nicht gehen.«

»Ich möchte dich aber nicht hier haben! Verstehst du das nicht? Geh, Reagan. Verdammt, bitte geh«, fuhr ich sie an und verspürte nichts als pure Verzweiflung, als sie sich immer noch nicht vom Fleck bewegte. Ganz im Gegenteil. Sie verschränkte die Arme vor der Brust und funkelte mich herausfordernd an.

»Ich weiß, was du hier versuchst, Alexis. Aber es wird nicht funktionieren.«

»Ich versuche überhaupt nichts«, widersprach ich erschöpft. »Ich möchte bloß, dass du endlich gehst. Du ... du kannst mich nicht mehr retten, Reagan, okay? Ich bin in dieser kaputten Welt gefangen und finde keinen Ausweg. Du solltest deine Zeit nicht mit mir verschwenden.«

Der Ausdruck in Reagans Augen wurde weich, nahezu sanft. Sie löste sich aus ihrer steifen Haltung und rückte noch etwas näher, um mich in ihre Arme zu ziehen. Diesmal schien mein Körper zu schwach, um sich zu wehren. Er verstand, dass sie mir nichts Böses wollte. Ich lehnte mich erschöpft gegen ihren Körper, registrierte die angenehme Wärme, die von ihr ausging, und nahm das stetige Pochen ihres Herzens wahr. Ihre Hand fuhr beruhigend mein Rückgrat auf und ab.

»Hast du so große Angst?«, hakte sie leise nach und ich nickte.

»Merkt man das so sehr?«, stellte ich die Gegenfrage und spürte an meiner Schläfe, wie sie die Lippen zu einem winzigen Lächeln verzog.

»Ein kleines bisschen.«

Ich löste mich so weit von ihr, dass ich ihr in die Augen schauen konnte, und verlor mich in dem geheimnisvollen dunklen Braun, welches im Schein des warmen Lichts meiner Stehlampe beinahe wie ein Edelstein schimmerte. Die Spannung zwischen uns schlug um und diesmal brach in meinem Inneren keine Panik aus, als sie sich vorbeugte und ihre Lippen sanft auf meine legte. Dieser Kuss war anders. Er war zaghaft, von Vorsicht erfüllt und zurückhaltend – als würde sie mich mit voller Hingabe erforschen wollen. Mein Herz donnerte wie verrückt gegen meinen Brustkorb und pumpte die aufwallenden Gefühle mit kräftigen Schlägen durch meinen Körper. Kaum hatte sie sich von mir gelöst, lehnte ich meine Stirn gegen ihre und traute mich nicht, die Augen zu öffnen. Reagan hatte die Macht, mir bis auf den Grund meiner Seele zu schauen, doch das Chaos, welches soeben in meinem Inneren herrschte, wollte ich für mich behalten.

»Wieso macht dir die Liebe solch eine Angst?«, flüsterte sie und obwohl ich noch vollkommen berauscht von dem gefühlvollen Kuss war, schaffte ich es zu antworten.

»Die Liebe macht mir Angst, weil sie verlangt, sich zu öffnen. Die Seele bloßzulegen und das Herz auf der Zunge zu tragen. Doch was, wenn ich das nicht kann? Was, wenn ich erneut falle?«, hakte ich leise nach und konnte nicht verhindern, dass sich genau diese Enge in meinem Körper einnistete und ausbreitete. Ich spürte, wie Kälte durch meine Adern kroch und mein Magen zum Knoten wurde. Ich spürte die verzweifelten Gefühle – die ungebändigte Angst, niemals gut genug zu sein, enttäuscht oder nicht aufgefangen zu werden. Ich spürte tiefe Furcht davor, meine zerrüttete Seele zu entblößen, aus Sorge, Reagan könnte sie abstoßend finden. Denn was war ich schon? Ich war bloß ein schwarzer Schwan, dem es vorbestimmt war, kein Glück zu empfinden. Denn Glück, das hatte ich schnell im Leben gelernt, war kostbar und selten. Und ich fürchtete mich davor, Glück zu empfinden. Ich fürchtete mich davor, mir zu erlauben, das Gute in der Welt zu sehen. Bisher wurde mir alles Gute immer und immer wieder aus den Händen gerissen.

»Was, wenn du es doch kannst?«, forschte sie ruhig nach und stellte mir somit die Frage, die mir seit Ewigkeiten auf der Zunge lag. Was, wenn ich es doch konnte? Was, wenn ich doch dazu fähig war, Glück zu empfinden? Was, wenn ich einfach daran glauben sollte? Was, wenn sich alles noch zum

Guten wandte, so wie Hudson es vor sieben Jahren prophezeit hatte? Am Ende wurde alles gut. Oder?

»Und was, wenn du fliegst, statt zu fallen?«

***

»Ihre Fouettés sind zu schwach, Miss Gilbert. Sie haben keinen Fokus. Und ziehen Sie sich hoch aufs Bein. Sonst stürzen Sie schneller, als Sie schauen können, und das wird Ihnen noch alle Knochen brechen«, merkte Madame Rousseau streng an. Sie stoppte die Musik des 3. Aktes vom *Schwanensee*, sodass ich unsanft aus meinem Tanz gerissen wurde und mir außer Atem die Hände in die stechenden Seiten presste. Seit geschlagenen zwei Stunden ging Madame Rousseau nun schon mit mir die Fouettés durch, die mitunter der schwierigste Part in meinem Solo werden würden. Aus einem unerfindlichen Grund hatte sie es sich zur Aufgabe gemacht, mich zu trainieren. Einerseits war ich froh. Dank Madame Rousseaus Hilfe konnte ich meine fehlenden Trainingsstunden aufholen und mich mit einer der besten Ballettmeisterinnen der Stadt auf meine Prüfung vorbereiten. Andererseits glaubte ich jeden Moment zusammenzubrechen, so schwach fühlten sich meine Beine mittlerweile an.

»Wo sind Sie wieder mit Ihrem Kopf?«, hakte sie knapp nach und ich hob kapitulierend beide Hände an.

»Es kommt nicht mehr vor. Auf Anfang?«, hakte ich keuchend nach und sie bedachte mich eines prüfenden Blickes, bevor sie kurz nickte.

»Ein letztes Mal«, wies sie an und drückte schließlich auf die Playtaste des Rekorders, der auf einem hohen Hocker in einer Ecke des Studios thronte. Die Musik begann von Neuem und ich ging geschmeidig ins Plié, zog mein Spielbein mit Schwung bis ans Knie meines Standbeins und wechselte nahtlos in das Fouetté.

»Sie brauchen mehr Schwung, um alle Fouettés schaffen zu können.«

Ich presste die Lippen zu einer schmalen Linie zusammen, spreizte die Arme wie Flügel, als ich in die Drehung ging, und versuchte mich kontrolliert auf einen fixen Punkt zu konzentrieren. Das Studio flog in rotierenden Bewegungen an mir vorbei und verschwamm zu einer einzigen hellen Fläche.

»Sie müssen schneller werden. Nehmen Sie das Bein höher!«, feuerte

Madame Rousseau wie eine Kanone hervor und klatschte in die Hände, um mich vorwärtszutreiben. Ich versuchte schneller zu werden. Perfekter. Doch mitten in der Drehung zerriss das schrille Klingeln meines Handys den Zauber von Tschaikowskys *Schwanensee*, sodass ich unkontrolliert aus der Figur fiel und beinahe panisch zu meiner Tasche stürzte, die neben der Tür ruhte. Seit fast einer Woche fürchtete ich mich vor dem Klingeln meines Handys. Ich fürchtete mich davor, jeden eingehenden Anruf anzunehmen und die Nachricht übermittelt zu bekommen, dass Hudson fort war. Auch jetzt wühlte ich mit zitternden Händen nach dem kleinen Gerät und ignorierte das französische Gefluche von Madame Rousseau, welches mir im Nacken hing, als sie die Musik abstellte.

»Miss Gilbert!«, schimpfte sie, doch ich antwortete nicht. Meine Finger bekamen das Handy zu fassen und spürte, wie mein Magen absackte, als ich Chesters Namen auf dem Display sah.

O Gott, nein. Nicht jetzt … bitte nicht jetzt.

»Tut mir leid, das hier ist wirklich dringend«, quetschte ich hervor, bevor ich eilig das Tanzstudio verließ und mit aufsteigender Übelkeit den grünen Hörer drückte.

»Alexis?«

»Bitte sag mir nicht, dass es soweit ist, Ches«, flehte ich verzweifelt und tigerte unruhig in der Galerie der Tanzfakultät auf und ab. Mein Herz drohte vor Angst zu zerbersten.

»Nein, mach dir keinen Kopf, Alexis«, beruhigte er mich und ich stieß ein erleichtertes Seufzen aus. Mein Herz schlug einen ruhigeren Takt an, doch das Adrenalin schoss weiterhin wie auf Speed durch meine Adern. »Die schlechte Nachricht ist, dass er wieder im Krankenhaus liegt und das auf unbestimmte Zeit … Ich bin mir nicht sicher, ob er noch mal rauskommen wird, bis … bis es so weit ist …«, murmelte er und ich schluckte schwer.

»Was ist passiert?«, hakte ich mit sorgenschwerer Stimme nach und stellte meinen unruhigen Laufschritt von links nach rechts ein.

»Die Harbour Bridge war zu viel für ihn. Er quält sich seitdem mit Atemproblemen«, eröffnete er mir tonlos. »Letzte Nacht hat seine Lunge schlappgemacht. Er hat Blut gehustet und keine Luft mehr bekommen. Ich hätte bereits eher Bescheid gesagt … aber ich musste sicherstellen, dass er gut untergebracht wird. Er liegt wieder im Royal North Shore Hospital. Zimmer

224. Ich wollte nur, dass du Bescheid weißt«, beendete er seinen kleinen Monolog und ich nickte, bis mir einfiel, dass er diese Reaktion überhaupt nicht sehen konnte.

»Okay … ich … ich werde so schnell wie möglich kommen«, stammelte ich mit dünner Stimme, legte auf und hastete zurück ins Studio. »Verzeihen Sie, Madame, aber ich muss wirklich los«, beeilte ich mich zu sagen, während ich meine Wasserflasche, mein Handtuch und meine Spitzenschuhe achtlos in die Tasche pfefferte. Anschließend schlüpfte ich in meine zerschlissenen Docs.

»Dürfte ich fragen, Miss Gilbert, was Ihre Aufmerksamkeit mehr in den Bann zieht als Ihre alles entscheidende Abschlussprüfung vor der Compagnie in weniger als zwei Monaten?«, hakte sie scharf nach und während ich meine Lederjacke überzog und meine Tasche schulterte, warf ich einen Blick in ihre Richtung. Sie stand in der Mitte des Studios, die Arme streng vor der Brust verschränkt und musterte mich mit dem altbekannten missbilligenden Blick, der mich in meinen schlimmsten Träumen verfolgte.

»Mein bester Freund hat Lungenkrebs im Endstadium. Er kam letzte Nacht wieder ins Krankenhaus«, begann ich, ohne zu zögern, und konnte wunderbar dabei zusehen, wie die strenge Maske bröckelte. »Sie können also hoffentlich verstehen, wenn ich nun bei ihm sein möchte, bevor es zu spät ist, denn das könnte ich mir niemals verzeihen.«

Madame Rousseau hatte ihre Abwehrhaltung komplett fallen gelassen und blickte mich nun mit einem nahezu weichen Blick in den sonst so unterkühlten Augen an. Sie nickte knapp und räusperte sich kurz. »Gehen Sie, Miss Gilbert. Und seien Sie für ihn da. Lassen Sie mich wissen, wann wir das Training wiederaufnehmen können.«

Ich nickte, führte rasch eine abgeschwächte Révérence aus, murmelte ein leises »Vielen Dank, Madame« und beeilte mich, aus dem Studio zu kommen.

Kaum hatte ich das Krankenhaus erreicht, parkte ich Coops krumm und schief in einer Parklücke nahe dem gläsernen Eingangsbereiche, stieg aus und verriegelte das Auto, schon während ich auf dem Weg zum Eingang des Royal North Shore Hospitals war.

Ich trat mit einem mulmigen Gefühl im Bauch durch die automatische

Schiebetür und wurde bei dem typischen Krankenhausduft gedanklich zurück in die Nacht katapultiert, in der Hudson das erste Mal eingeliefert worden war. Obwohl es bereits über ein halbes Jahr her war, fühlte es sich an, als wäre es erst gestern gewesen. Meine Augen zuckten durch die lichtdurchflutete, freundliche Eingangshalle. Leise, entspannende Musik, Palmen und das sanfte Plätschern eines Wasserspiels zu den Seiten der Eingangstür erinnerten eher an eine Wellnesslounge als an ein Krankenhaus. Einzig und allein der Geruch des Desinfektionsmittels und die Menschen in weißen Kitteln und Klemmbrettern in der Hand riefen einem ins Gedächtnis, dass dies wahrlich kein Ort zum Entspannen war. Es war ein Ort der unerhörten Gebete, der Trauer, des Schmerzens, aber nicht selten auch der Freude. Der Kloß in meinem Hals schwoll an, als ich auf die Rezeption zuging, kurz vorher jedoch von einer Hand an meinem Arm aufgehalten wurde.

Ich wirbelte herum und sah Chester in die blutunterlaufenen Augen.

»Wir können gerade nicht zu ihm«, klärte er mich direkt auf und führte mich anschließend in den Wartebereich, wo wir uns auf den weichen, dunkelgrünen und mit Samt bezogenen Sesseln niederließen. Noch bevor ich das »Wieso«, welches auf meiner Zunge brannte, aussprechen konnte, kam Chester mir zuvor.

»Seine Familie ist bei ihm.«

»Seine Familie?«, echote ich irritiert. »Wir sind seine Familie.«

»Ich meine damit seine richtige Familie ... du weißt schon. Seine Mum, sein –«

»Moment«, unterbrach ich Chester direkt und stoppte somit unverzüglich seinen zögerlichen Redefluss. Er erstickte weitere Worte im Keim und schloss beinahe schuldbewusst den Mund.

»Die Menschen, die ihn vor Jahren aufgrund seines Outings auf die Straße gesetzt haben, sind jetzt in diesem Moment bei ihm?«, forschte ich aufgebracht nach. Wut flutete meinen Körper und Chester legte beschwichtigend eine Hand auf meinen Arm.

»Ich weiß, wie das klingt«, murmelte er müde und fuhr sich über das stoppelige Kinn. Bei seinem Anblick zog sich mein Herz vor Schmerzen zusammen. Seine Kräfte und seine Hoffnung, dass alles gut werden würde, schienen am Ende zu sein.

»Ich musste sie einfach anrufen«, erzählte er weiter und richtete seine trüben Augen auf den glänzenden, dunklen Holzboden. »Auch wenn Huds mich deswegen hassen wird, konnte ich nicht mit dem Gedanken leben, sie nicht zu kontaktieren. Sie sind seine Familie und sie haben das Recht zu erfahren, dass ihr Sohn bald ... bald stirbt.« Seine Stimme brach. So auch mein Herz.

»Und dennoch bin ich sauer, weißt du?«, fügte er leise hinzu. »Sie haben ihn jahrelang wie einen Aussätzigen behandelt, obwohl sie wussten, unter welcher Krankheit er leidet. Sie wussten, dass es zu einem Rückfall kommen kann, verdammt. Sie haben ihn bis zur letzten Sekunde ignoriert und so getan, als würde er nicht existieren. Und kaum überbringe ich ihnen diese schreckliche Nachricht, können sie nicht schnell genug hier sein ...«, zischte er leise, fuhr sich überfordert durch das haselnussbraune Haar und ließ zu, dass ich gleich darauf seine Hände in meine nahm und ihn in eine beruhigende Umarmung zog, die er verzweifelt erwiderte.

»Ist es nicht traurig, dass erst der Tod kommen muss, um Menschen wieder zusammenzubringen? Um sie daran zu erinnern, dass sie auch mal gute Zeiten hatten? Ich finde es traurig.«

Kapitel 22

Sekunden vergingen. Aus Sekunden wurden Minuten. Aus Minuten wurde eine Stunde. Eine Stunde, die ich bereits mit viel zu hohem Herzschlag im Wartebereich des Royal North Shore Hospitals verweilte und an der Furcht in meinem Inneren zu zerbrechen drohte. Menschen kamen und gingen. Die Zeit spielte sich vor meinen Augen wie in einem Zeitraffer ab.

Chester und ich fixierten nun seit einer halben Ewigkeit die silbernen Türen des Aufzugs, die sich parallel zum Wartebereich befanden. Bisher hatten sie ständig die falschen Menschen ausgespuckt. Als sie sich dieses Mal mit einem leisen Ton öffneten, gaben sie den Blick auf Hudsons Familie frei – auf seine Mum Carol, seinen Stiefvater Ray und seinen Stiefbruder Maverick. Seine Mum tupfte sich durchgehend mit einem zerfledderten Taschentuch die Augenwinkel ab und schniefte hörbar. Sie verließen den Aufzug, kamen auf uns zu und somit sah ich nach sieben Jahren die Menschen wieder, die Hudson einfach so aus ihrem Leben geschmissen und sich nicht mehr darum geschert hatten, was mit ihm geschah.

Chester und ich standen gleichzeitig auf und für einen kurzen Moment musterte ich die drei stumm. Carol und Ray wirkten müde, als hätten sie seit Tagen nicht mehr geschlafen, und das einst so ordentliche Erscheinungsbild von Carol war Geschichte. Ihre helle Bluse war zerknittert, das Make-up verschmiert und aus ihrer ordentlichen Hochsteckfrisur lösten sich kleine Strähnen. Mein Blick kreuzte sich mit dem von Maverick, der Hudson damals vielleicht in Schutz vor den Rüpeln aus der Schule genommen hatte, sich jedoch nicht für ihn eingesetzt hatte, als Hudson am Labor Day all seinen Mut zusammengenommen und sich vor seiner Familie geoutet hatte. Bevor ich eine Kanonade an abwertenden Bemerkungen loslassen konnte, kam Chester mir mit seiner ruhigen, vernünftigen Art zuvor.

»Danke, dass ihr gekommen seid.«

»Das ist doch selbstverständlich, Chester«, schniefte seine Mum und die Worte purzelten unkontrolliert aus meinem Mund, ehe ich sie davon abhalten konnte.

»So selbstverständlich wie sein Rauswurf aufgrund seines Outings?«

»Alexis ...«, zischte Chester leise und als ich widerwillig zu ihm blickte, gab er mir stumm zu verstehen, dass ich den Mund halten sollte. Die Situation war schon schwer genug. Hass würde sie nicht besser machen. Carol bekam große Augen, musterte mich aufmerksam und schien plötzlich in Erinnerungen zu schwelgen.

»Alexis?«, echote sie und mein Blick zuckte zurück in ihre Richtung. »Die Alexis, die meinen Hudson damals auf den Ball begleitet hat?«

»Ja, genau die Alexis«, gab ich ihr bissig zu verstehen. »Ich habe ihn nicht im Stich gelassen. Und ich kann mich noch gut entsinnen, wie Sie ihn am Labor Day rausgeschmissen haben und sagten, dass er nicht mehr Ihr Hudson sei«, fuhr ich sie beherrscht an. Sie zuckte zusammen und senkte betroffen den Blick, als hätte jemand einen Schuss abgefeuert, der den Damm zu allen Erinnerungen zum Einsturz brachte.

»Alexis, geh doch schon mal zu Hudson, damit er etwas Gesellschaft hat.« Es war keine Frage, sondern eine Aufforderung. Ich begegnete seinem festen Blick, der keine Widerrede zuließ, schnappte mir meine Tasche und rauschte an Carol, Ray und Maverick vorbei, ohne sie noch eines Blickes zu würdigen. Meine Beine führten mich wie von selbst zu den silbernen Aufzügen.

Dort angekommen, drückte ich energisch auf den Rufknopf, stieg in die Kabine, als sich die Türen öffneten und drückte anschließend den Knopf für die zweite Etage, nachdem die Türen sanft und lautlos zu geglitten waren.

Nur wenige Minuten später trat ich auf den grau glänzenden Linoleumboden der zweiten Etage, klapperte die Zimmernummern ab und blieb letzten Endes mit rasendem Herzen vor der Nummer 224 stehen. Die Tür war verschlossen und ich hob die Hand an, um die Klinke runterzudrücken. Sie blieb jedoch kurz über dem kühlen Metall entschlussunfähig in der Luft hängen und mein Blick heftete sich auf den zartgelben Farbton der Tür. Etwas in mir sträubte sich, den Schritt zu wagen und dieses Zimmer zu betreten. Angst vor dem, was mich erwarten würde, wenn ich auf Hudson traf, flutete meinen Körper und ließ den Kloß in meinem Hals anschwellen.

Geh schon rein, Gilbert. Er ist dein bester Freund. Er braucht dich … und du brauchst ihn, spornte mich meine innere Stimme leise an und ich wusste, dass sie recht hatte. Dennoch waren meine Beine wie paralysiert und ich entfernte mich von der Tür. Stattdessen lief ich unstet auf und ab, erinnerte mich schweren Herzens an unseren perfekten Tag auf der Harbour Bridge zurück.

Nun mach schon. Geh endlich rein und sei für ihn da.

Ich schluckte schwer, drückte die Klinke langsam hinunter und zog die Tür auf. Hudson hatte eins der komfortablen Einzelzimmer erwischt, welches mit einer gemütlichen Sitzecke, Pflanzen und einem Fernseher beinahe an ein Hotelzimmer erinnerte. Der einzige Unterschied war das breite Krankenbett und das regelmäßige piepsende Geräusch des Herzmonitors neben seinem Bett.

Meine Schritte klangen in der gespenstischen Ruhe unfassbar laut und als Hudson, der bis zu diesem Moment die Augen geschlossen hatte, den Kopf in Richtung Tür drehte und blinzelte, stockte mir unwillkürlich der Atem. Er war leichenblass und hatte an Gewicht verloren. Unter seinen einst so lebensfroh funkelnden Augen lagen tiefe, dunkle Ringe. Das Leuchten in ihnen war vollends ausgebrannt und einem stumpfen, müden Schleier gewichen.

»Hey, Huds …«, murmelte ich mit belegter Stimme, blieb unschlüssig mitten im Raum stehen und musste mich bemühen, den Blick nicht abzuwenden, denn sein Erscheinungsbild führte dazu, dass ich an Ort und Stelle in Tränen ausbrechen wollte.

»Zum Glück bist du es, Alexis. Noch ein Überraschungsbesuch und ich gebe freiwillig den Löffel ab«, stieß er heiser aus und obwohl sich mein Herz vor Schmerzen zusammenzog, schmunzelte ich kaum merklich.

»Noch ein Überraschungsbesuch?«, fragte ich nach, traute mich, meine Beine zu bewegen und ließ mich schließlich vorsichtig auf seiner Bettkante nieder.

Er nickte kaum wahrnehmbar und hatte Mühe, seine schweren Augen offenzuhalten.

»Nicht nur meine Familie und Charlie haben mich besucht. Elijah war auch da«, erzählte er und meine Augen wurden groß.

»Elijah Reed?«, forschte ich erstaunt nach und erinnerte mich noch genau an Hudsons erste Liebe aus Highschooltagen. Hudson nickte erneut, doch es dauerte, bis er genug Luft hatte, um mir zu antworten.

»Er ist extra aus Connecticut hergekommen, um mich zu besuchen«, er pausierte wieder und ich wartete geduldig darauf, dass er weitersprach. »Ich wünschte ... er wäre nicht gekommen.«

»Wieso?«

»Weil es schmerzt ... sich von meinem Leben zu verabschieden«, antwortete er leise. »Es tat weh, ihn zu sehen ... und zu wissen, dass es das letzte Mal war. Zu wissen, dass er nur wegen mir nach seinem Studium zurück nach Sydney kommt, um den *Records Store* zu übernehmen, statt in Amerika sein Leben zu leben. Er hat regelrecht darauf bestanden und es tat weh, den Schmerz und das Mitleid in seinen Augen zu sehen.« Er brach wieder ab und rang nach Luft. »Nun hat er mich so in Erinnerung ... schwach und bemitleidenswert.«

»Chester hat es nur gut gemeint«, begann ich und ließ meinen Blick unruhig über die Infusionsnadel an seinem Arm bis in sein blasses Gesicht wandern. »Er wollte sicherstellen, dass du dich von allen verabschieden kannst.«

»Ich weiß, dass er es gut gemeint hat. So ist er nun mal ... und dafür liebe ich ihn ... doch trotzdem hätte ich darauf verzichten können.«

Ich nickte verständnisvoll, ehe ich den prüfenden Ausdruck in seinen Augen erkennen konnte. Er musterte mich von oben bis unten.

»Kommst du vom Training?«

»Ich war mittendrin, als Chester mich angerufen hat«, gab ich ihm zu verstehen. »Ich bin so schnell gekommen, wie ich konnte.«

Sein Blick trübte sich, was ihn noch schwächer wirken ließ, und ein Schatten huschte über sein blasses Gesicht. »Alexis, konzentriere dich auf deine Prüfung. Sie ist wichtig und außerdem möchte ich nicht die Person sein, die dich um deinen Traum bringt.«

»Du bist mir wichtiger, Huds ...«, merkte ich an und blickte auf meine verschlungenen Hände. »Ich könnte es mir niemals verzeihen, wenn ich nun nicht für dich da wäre. Träume vergehen nicht ... dafür aber die Zeit mit einem geliebten Menschen.«

Er seufzte leise auf, schloss die Augen und schien für einen kleinen Moment den Schmerzen zum Opfer zu fallen. Seine einst so ruhige Miene verzog sich minimal, seine Atemzüge wurden kürzer und als mein Blick zum Herzmonitor fiel, spürte ich, wie mir die Farbe aus dem Gesicht wich. Die leuchtend grünen Ausschläge seines Herzens wurden flacher und zogen sich in die Länge. Sein Puls sank und meiner schoss von Panik geleitet in die Höhe.

»Hudson?«, hakte ich nach und Angst ließ meine Stimme zittern.

Er reagierte nicht, sondern verkeilte die Finger in dem dünnen Stoff der Decke, während die Hand, die frei von sämtlichen Nadeln war, zu seinem Hals wanderte.

»Hudson?«, versuchte ich es erneut, ließ meinen Blick dann fahrig über die vielen Geräte an seinem Bett wandern und entdeckte einen roten, flachen Knopf mit dem Symbol einer kleinen Glocke. Ich drückte den Knopf genau in dem Moment, als die Tür aufging und Chester hereinkam.

Als er merkte, was los war, stürzte er hastig zum Bett und legte eine Hand an Hudsons Wange.

»Huds?«, hakte er angstverzerrt nach, doch auch jetzt reagierte er nicht. Sein Gesicht war eine verzerrte Maske und sein blasser Hautton nahm eine bläuliche Färbung an.

»Verlassen Sie kurz das Zimmer, solange wir uns um den Patienten kümmern«, ertönte die Stimme des Arztes, der mit einem jungen Assistenzarzt im Laufschritt eintrat und uns vom Bett wegdrängte. Chester und ich gingen widerwillig hinaus und sahen zu, wie die Tür ins Schloss fiel und uns von Hudson trennte. Minuten vergingen, in denen wir schweigsam auf dem breiten Flur verweilten und wahrscheinlich beide den schrecklichen Anblick von Hudson zu vergessen versuchten. Nach gefühlten Stunden, in denen wir unruhig auf und ab gegangen waren, ging die Tür auf und wir wirbelten gleichzeitig zum Arzt herum.

»Er hatte einen Sauerstoffmangel, doch wir haben ihm etwas verabreicht, was ihn für die nächsten zwei bis drei Stunden beruhigen wird. Sie können wieder zu ihm, aber beachten Sie, dass er nun müde und schwer ansprechbar sein wird. Und wenn noch etwas sein sollte, drücken Sie bitte den Notfallknopf.«

Wir bedankten uns bei ihm, traten ins Zimmer und näherten uns Hudsons Bett. Seine verzerrte Miene hatte sich entspannt und sein müder Blick flackerte in unsere Richtung. Chester setzte sich zu ihm, griff vorsichtiger nach seiner Hand und musterte ihn besorgt.

»Scheiße, hat er mir etwa wieder Drogen verabreicht?«, hakte Hudson schwach nach und öffnete mühselig die Augen, die ihm immer wieder zufielen. Sein Kopf sackte schwer gegen Chesters Schulter, der ihn mit verbissener Miene stützte.

»Die Medikamente helfen dir, Hudson.«

Aus Hudsons Kehle drang ein Laut, der eine Mischung aus Schnauben und Lachen war und im selben Moment einem trockenen Husten wich. »Von wegen. Mir kann nicht mehr geholfen werden«, murmelte er. Seine Augen fielen wieder zu und diesmal konnte ich nicht anders, als den Blick abzuwenden. Sein Anblick schmerzte und seine nachfolgenden Worte, die nur noch als leises Flüstern seinen Mund verließen, trieben mir Tränen in die Augen.

»Es soll endlich vorbei sein … Ich halte diese Schmerzen nicht mehr aus.«

***

Tage vergingen, in denen ich meine Zeit abwechselnd im Tanzstudio mit Madame Rousseau verbrachte, seit Neuestem auf Teilzeit im *Imperial* Charlie als Kellnerin unterstützte oder im Krankenhaus bei Hudson war. Tag für Tag schien es ihm schlechter zu gehen und die Angst, ihn zu verlieren, hatte sich wie eine eisige Klaue um mein Herz gelegt.

Als ich an diesem Nachmittag das erste Mal nach geraumer Zeit meine Wohnung statt Hudsons Krankenzimmer betrat, blickte Jaxx überrascht auf. Sie hatte es sich auf der Couch bequem gemacht und schien für eine ihrer Prüfungen zu lernen. Auf dem Couchtisch thronte ein Keyboard und zerknüllte Notenblätter hatten den Boden in Beschlag genommen.

Sie warf einen prüfenden Blick auf die Uhr, musterte mich schließlich und wollte den Mund öffnen, um etwas zu sagen. Doch ich hob bloß eine Hand. Die stille Aufforderung, mich nicht anzusprechen. Stattdessen ließ ich meine Trainingstasche achtlos auf den Boden neben der Haustür fallen, schob mir die Schuhe von den Füßen und schlich in die Küche. Jaxx' Blick spürte ich dabei wie Laserpointer auf meinem Rücken. Mit trägen Bewegungen zog ich die Tür des Kühlschrankes auf und wurde von gähnender Leere begrüßt. Abgesehen von einer angebrochenen Flasche Milch, einem halben Stück Butter und verschrumpeltem Gemüse gab er nichts weiter her und ich erinnerte mich vage daran, dass ich diese Woche für den Einkauf verantwortlich gewesen wäre.

»Ist alles in Ordnung?», ertönte Jaxx' Stimme und ich drehte mich widerwillig zu ihr um. Sie hatte ihren Platz auf der Couch verlassen, lehnte an der Kücheninsel und musterte mich eingehend, während sie geduldig auf eine Antwort wartete.

»Alles bestens«, wimmelte ich sie tonlos ab und drückte die Kühlschranktür zu.

»Soll ich den Einkauf für diese Woche übernehmen?«, forschte Jaxx nach, doch ich war zu erschöpft, um ihr zu antworten. Ich zuckte kaum wahrnehmbar mit den Schultern und wollte mich gerade in mein Schlafzimmer verziehen, als sie mich sanft am Oberarm zu fassen bekam und mich somit zum Stehenbleiben zwang.

»Rede mit mir, Alexis, was ist los? Ich bekomme dich schon seit Tagen nicht zu Gesicht.«

Mein Blick zuckte zu ihrer Hand. Ich könnte mich ohne große Kraftanwendung befreien und gehen. Doch ich tat es nicht. Wieso, war mir schleierhaft.

»Mein bester Freund liegt im Krankenhaus«, eröffnete ich ihr tonlos und ehe ich mich wehren konnte, führte sie mich langsam zur Couch, damit ich mich setzen konnte. Erst jetzt spürte ich die Müdigkeit, die schwer wie Blei durch meinen Körper floss. All der Druck, den meine bevorstehende Prüfung und Hudsons ausweglose Situation verursachten, legten sich wie nasse Sandsäcke auf meinen geschwächten Körper – drückten mich in die Tiefe und gaben mir keine Chance, aus diesem Albtraum aufzutauchen.

»Hatte er einen Unfall?«, hakte Jaxx vorsichtig nach, während sie meinen Blick suchte, doch ich wandte ihn ab und starrte ins ziellose Nichts.

»Nein ... er ... er hat Krebs. Im Endstadium.« Meine Stimme brach und Tränen sammelten sich in meinen Augen. Ich hatte Jaxx nie als einen geselligen oder empathischen Menschen eingeschätzt. Als sie hier einzog, hatte sie sich die meiste Zeit zurückgezogen und nur das Nötigste mit mir gesprochen. Deswegen traf es mich nun umso mehr, als sie mich wortlos in ihre Arme zog und ich meinen geschwächten Körper schwer gegen ihre Brust sinken ließ. Alle meine Dämme brachen im Bruchteil einer Sekunde. Ich erwiderte die Umarmung und scherte mich nicht darum, dass ich in Tränen ausbrach. Jede Sekunde, die verstrich, hielt mir vor, dass meine gemeinsame Zeit mit Hudson abgelaufen war, und nichts in mir war bereit, ihn gehen zu lassen.

»Wie lange hat er noch?«, fragte Jaxx leise nach und ich zuckte verzweifelt mit den Schultern.

»Vielleicht noch ein paar Wochen. Vielleicht aber auch nur noch ein paar Tage oder … oder Stunden. Das weiß niemand so genau«, presste ich mit erstickter Stimme hervor. »Er leidet von Tag zu Tag mehr …«, fügte ich hinzu, ließ zu, dass Jaxx mich sanft von sich drückte und die Tränen von meinen Wangen wischte.

»Ich weiß genau, wie du dich fühlst, Alexis«, murmelte sie und ich zog irritiert die Stirn in Falten, während ich wenig damenhaft schniefte und die Tränen fortblinzelte.

»Ach ja?«

Jaxx nickte und das schmerzerfüllte Funkeln in ihren Augen verriet, dass sie die Wahrheit aussprach. »Ich habe auch jemanden wegen Krebs verloren … Meine Mum, um genau zu sein. Sie hatte einen fortgeschrittenen Hirntumor und ist letztes Jahr gestorben«, erzählte sie leise, ohne mir in die Augen zu schauen. Ihre Erinnerungen schienen in diesem Moment an einem weit entfernten Ort zu sein.

»Als meine Mum starb …«, ihre Stimme brach und sie schluckte schwer. Fast schon instinktiv griff ich nach ihrer Hand, um ihr Trost zu spenden. »Als meine Mum starb, war ich nicht bei ihr«, setzte sie erneut an und ich hörte die Reue, die ihren Tonfall färbte. »Ich hatte keine Chance, sie noch mal zu sehen, geschweige denn mich von ihr zu verabschieden … Deswegen gebe ich dir einen Tipp, Alexis. Nutze die Zeit, die du mit ihm noch hast, so gut es geht. Behalte ihn in Erinnerung und sage ihm alles, was du ihm noch sagen möchtest, bevor es zu spät ist … Du wirst es bereuen, wenn du es nicht tust.«

»Er leidet … und ich ertrage es nicht, ihn so zu sehen«, schluchzte ich leise und nun war es Jaxx, die meine Hand drückte, um mir Kraft zu schenken.

»Ich weiß, dass es schwer ist«, sprach sie sanft auf mich ein und lenkte ihre hellen Augen in mein Gesicht. »Und man kann an dieser Sache nichts schönreden. Es wird nicht einfach werden, ihn auf diesem verdammt traurigen Weg zu begleiten. Es wird dich zerstören. Doch du musst auf diesem Weg stark bleiben, Alexis«, ergänzte sie beharrlich. »Du musst es für dich tun, aber ganz besonders für ihn. Denn allein wird ihm diese Kraft fehlen.«

Kapitel 23

Als ich an diesem Nachmittag Hudsons Krankenzimmer betrat, hätte ich am liebsten auf dem Absatz wieder kehrtgemacht. Reagan hatte sich einen Sessel an sein Bett geschoben und allein ihre bloße Anwesenheit führte dazu, dass sich ein gewaltiger Knoten in meinem Magen bildete. Seit dem Abend nach unserem Ausflug zur Harbour Bridge hatte ich sie nicht mehr gesehen und all das Ungesagte zwischen uns hing wie ein bedrohliches Damoklesschwert über unseren Köpfen, bereit hinabzusausen und alles zu zerstören, was wir uns über die letzten Monate aufgebaut hatten.

Kaum war ich in das sonnendurchflutete Zimmer getreten, stellten Hudson und Reagan ihr Gespräch ein. Beide Blicke gingen in meine Richtung und als ich mich in den schönen, dunklen Augen von Reagan verfing, fühlte es sich an, als würde mein Herz vor Schmerzen in sich zusammenschrumpfen.

»Ich komme später wieder … lasst euch nicht stören«, stieß ich aus, doch als ich Anstalten machte, das Zimmer zu verlassen, ertönte Reagans Stimme hinter mir, sodass ich auf der Stelle in der Bewegung innehielt und die verdammte Schwäche verfluchte, die sie in mir auslöste.

»Du kannst bleiben, Alexis. Ich wollte mich jetzt sowieso auf den Weg machen.«

Sie schenkte Hudson ein Lächeln – das Lächeln, welches ich so sehr vermisste und welches sie mir seit gefühlten Ewigkeiten nicht mehr zugeworfen hatte. Doch Hudson schien nicht im Begriff zu sein, ihre Hand loszulassen, als sie sich vom Sessel erhob und ihre Tasche schultern wollte. Stattdessen ließ er seine trüben Augen von Reagan zu mir und wieder zurück wandern. Nun verfluchte ich nicht nur die Schwäche in mir, sondern auch Hudsons verdammte Aufmerksamkeit, die er selbst jetzt noch an den Tag legte, obwohl er von einer Krankheit in die Knie gezwungen wurde, die ihn in einen aussichtlosen Zustand verfrachtet hatte – einen Zustand, der, egal wie man ihn drehte und wandte, im Tod enden würde. Und trotzdem schien ihn sein Leben in diesem Moment nicht so stark zu interessieren wie das vergleichsweise lächerliche Problem zwischen Reagan und mir.

»Ich lasse niemanden gehen, bis ihr nicht geklärt habt, was zwischen euch hängt«, sprach er mit schwacher Stimme aus und meiner Kehle entrang sich ein schwerer Seufzer.

»Hudson …«, setzte ich an und erstickte weitere Worte im Keim, als er mich mit einem einfachen, aber dennoch durchdringenden Blick zum Schweigen brachte.

»Ich weiß nicht, was zwischen euch vorgefallen ist, aber bitte redet miteinander. Es wird keiner von euch helfen, wenn ihr dem Problem aus dem Weg geht«, sprach er beharrlich auf uns ein.

Sowohl Reagan als auch ich ließen ihn spüren, dass keine den ersten Schritt machen wollte. Reagan starrte verbissen aus dem bodentiefen Fenster in Richtung des Gore Hill Friedhofes und ich taxierte alles in dem Zimmer, nur nicht Hudson. Und obwohl sich meine Augen gerade mehr auf das Sofa parallel zu seinem Bett, den hellen Linoleumboden und die Gerätschaften an seinem Bett konzentrierten, musste ich mir innerlich eingestehen, dass er recht hatte. Es würde uns nicht helfen, wenn wir dem Problem aus dem Weg gingen. Doch wir wussten auch nicht, was passieren würde, wenn wir uns dem Problem stellten. Meine Gefühle für Reagan waren nicht länger ein Hirngespinst. Sie waren so real wie der Ring in der samtbezogenen roten Schatulle, den Reagan von Kian bekommen hatte. Der Beweis dafür, dass ich meine Chance, Reagan für mich zu gewinnen, verpasst hatte.

»Ich habe keine Zeit …«, murmelte Reagan plötzlich, durchbrach somit die angespannte Stille, in der man bloß das regelmäßige Piepsen von Hudsons Herz gehört hatte, und entzog ihm ihre Hand so schnell, dass er überhaupt nicht reagieren und sie davon abhalten konnte. »Meine Vernissage steht in zwei Wochen an und ich muss noch viel vorbereiten … Außerdem wollen meine Eltern anreisen. Ich … ich habe hierfür nun wirklich keine Zeit«, wiederholte sie sich fast schon nervös, umklammerte die Henkel ihrer Tasche und wich Hudsons enttäuschtem Blick aus.

Das Band um meine Kehle zog sich eng zusammen.

Sie drehte sich um, hielt meinem Blick nur einen Wimpernschlag stand, ehe sie mit gesenktem Kopf aus dem Zimmer eilte und die Tür nur wenige Sekunden nach ihrem abrupten Aufbruch zurück ins Schloss fiel.

»Was ist zwischen euch vorgefallen, Alexis?«, fragte Hudson unmittelbar nach Reagans Flucht und mein tränenverschleierter Blick zuckte in seine Richtung.

»Ich … ich habe ihr meine Gefühle gestanden. So, wie ich es dir versprochen habe, und es lief fürchterlich«, erzählte ich ihm, setzte meine Beine in Bewegung und ließ mich nur Sekunden später auf den Sessel neben seinem Bett nieder. Schließlich blickte ich ihm in sein blasses, eingefallenes Gesicht.

»Was soll ich bloß tun, wenn du fort bist, Huds?«, fragte ich offen heraus und ließ meinen Tränen nun freien Lauf. »Mit wem soll ich sprechen, wenn mich der Liebeskummer heimsucht? Wer versteht mich, so wie du es tust?«

Seine Augen wurden glasig und er streckte seinen Arm aus, um nach meiner Hand zu greifen. Er fühlte sich kalt an. Knochig. Als wäre sämtliches Leben bereits aus seinem Körper gewichen.

»Du wirst immer noch Ches haben … und Charlie«, murmelte er, doch ich schüttelte den Kopf und senkte den Blick auf unsere verschlungenen Hände.

»Sie sind nicht du, Hudson.«

»Aber sie verstehen dich auf eine Art und Weise, wie andere es nicht tun würden. Sie sind meine Familie … und wenn ich fort bin, werden sie immer für dich da sein.«

Ein Schluchzen drang aus meiner Kehle und ich rückte so weit vor, dass ich den Kopf auf Hudsons Brust legen konnte. Ich hörte sein Herz unregelmäßig und synchron zum langsamen Piepsen des Herzmonitors schlagen. Seine Atemzüge kosteten ihn Kraft und ich vernahm das leise Pfeifen in seiner krebsverseuchten Lunge.

»Reagan ist verlobt«, rutschte es ungehalten aus mir heraus und für einen kurzen Moment stockte Hudson der Atem. »Deswegen ging meine kleine emotionsgeladene Bombe auch vollkommen nach hinten los.«

»Aber –«, fing er an, pausierte und schien vor lauter Irritation keine richtigen Worte zu finden.

»Kian hat ihr vor einigen Tagen einen Antrag gemacht«, informierte ich ihn tonlos und bekam Bauchschmerzen, als ich mir vorstellte, wie Reagan nun täglich darüber nachdenken musste, dem Teufel das Jawort zu geben.

»Hat sie Ja gesagt?«, hakte Hudson leise nach und ich brachte ein klägliches Kopfschütteln zustande.

»Noch nicht ... Doch du hast sie heute selbst erlebt. Sie geht dem klärenden Gespräch aus dem Weg und ich befürchte, sie wird Ja sagen, nur um dem Ganzen entkommen zu können ... Sie wird Ja sagen, obwohl sie mir gesagt hat, dass sie sich ebenfalls in mich verliebt hat.«

Ich hob den Kopf, um Hudson ins Gesicht schauen zu können. Vergeblich suchte ich nach dem warmen, sanften Funkeln in seinen Augen, doch es hatte ihn bereits verlassen.

»Ist es nicht das, was du wolltest?«, fragte er ruhig nach.

Ich ließ mir seine Frage einige Minuten durch den Kopf gehen, bevor ich zu einer Antwort ansetzte. »Nicht so ... nicht unter diesen Umständen«, gestand ich ehrlich. »Sie war außer sich vor Wut, als sie mir sagte, was sie für mich empfinden würde. Und etwas sagt mir, dass sie ihre Gefühle für mich bereut ... als hätte sie einen Fehler begangen. Ich –« Mein kleiner Monolog wurde unterbrochen, als die Tür zum Krankenzimmer aufschwang und Hudsons Arzt Doktor Monroe den Raum betrat.

»Zeit für Ihre Medikamente, Mister Tate«, sagte er, während er das Zimmer durchquerte, einen flüchtigen Blick auf die Gerätschaften an Hudsons Bett warf und sich schließlich fahrig durch die Akte an seinem Bett arbeitete, bevor er seine sturmgrauen Augen auf meine Wenigkeit heftete.

»Miss, ich muss Sie bitten zu gehen. Die Besuchszeiten sind seit zehn Minuten vorbei und Mister Tate braucht Ruhe«, merkte er freundlich, aber mit einem unnachgiebigen Unterton an. Alles in mir sträubte sich, Hudson zu verlassen. Ich versteifte mich, umklammerte seine Hand, als wäre mein Leben vom ihm abhängig, und schluckte schwer, als sich unsere Blicke trafen.

»Ist schon okay, Alexis ... Du kannst mich morgen wieder besuchen und mir den Rest erzählen«, sprach er sanft auf mich ein, als er zu merken schien, dass mein Körper mir nicht gehorchen wollte.

»Morgen?«, wiederholte ich mit bebender Stimme. Was, wenn es keinen Morgen gab? Was, wenn ihn die Kraft mitten in der Nacht verließ? Meine Augen füllten sich mit Tränen und er drückte sanft meine Hand.

»Morgen.« Und seine Stimme klang so fest entschlossen, dass ich spürte, wie der winzige Funken Entschlossenheit auf mich übersprang.

Ich nickte mehrmals, hielt mir das kleine Stückchen Hoffnung vor Augen und stand widerwillig auf. »Bis morgen, Huds. Versprochen?«

»Versprochen.«

Wie in Zeitlupe ließ ich seine Hand los, entfernte mich langsam vom Bett und machte kehrt, um das Zimmer zu verlassen. Mein Weg führte mich in den Flur, bis zum Aufzug und schließlich aus dem Gebäude hinaus auf den Parkplatz. Jedoch blieb ich abrupt an Ort und Stelle stehen, als ich Reagan an meinem Auto lehnen sah. Ihr Blick war einem undefinierbaren Punkt zugewandt und die Zigarette zwischen ihren Fingern wanderte unruhig zu ihren Lippen.

Ich nahm einen tiefen Atemzug, setzte meine Beine in Bewegung und lief auf mein Auto zu. »Huds liegt im Sterben und du lügst ihn an. Das ist grausam«, rutschte es mir heraus, als ich neben Coops stehen geblieben war und Reagan somit aus ihrer Trance riss.

Sie zuckte merklich zusammen, fuhr zu mir herum und schüttelte hastig den Kopf. »Ich habe ihn nicht belogen«, widersprach sie mir ruhiger, als sie wirkte. »Zumindest nicht ganz. Dass ich keine Zeit für das Gespräch habe, entsprach vielleicht nicht ganz der Wahrheit. Ich möchte die Sache klären, Alexis, ehrlich«, betonte sie. »Ich wollte es nun mal nicht in seinem Krankenzimmer klären.«

»Diese Sache?«, hakte ich tonlos nach und bemühte mich, mein Pokerface zu bewahren, obwohl ich merkte, wie es zu bröckeln begann. »Du betitelst meine Gefühle für dich als ›eine Sache‹?«, fügte ich hinzu und schluckte den bitteren Nachgeschmack dieser Worte tapfer hinunter.

»Alexis –«

»Lass gut sein, Reagan …«, winkte ich kraftlos ab und blickte schweren Herzens in ihre Augen. »Nimm den Antrag an«, flehte ich beinahe und sie zuckte zurück, als hätte ich sie geschlagen. »Nimm ihn an, damit ich endlich mit alldem hier abschließen kann, denn ich ertrage es nicht mehr.« Meine Stimme brach und der Schmerz in Reagans Augen nahm zu.

»Alexis …«, fing sie wieder an, doch ich unterbrach sie auf ein Neues.

»Wieso bist du überhaupt noch hier? Hättest du nicht einfach gehen können?« Meine Stimme nahm einen anklagenden Ton an. »Ich habe eingesehen, dass ich meine Chance verpasst habe. Du solltest bei Kian bleiben. Seinen Antrag annehmen und versuchen glücklich zu werden. Ich kann dir dieses Glück nicht bieten, denn –«

»Alexis, hör verdammt noch mal auf zu reden«, fiel sie mir plötzlich ins

Wort, sodass ich abrupt verstummte. Ihre Augen strahlten Wut aus. Wut und einen Hauch von Wehmut. »Meine Beziehung mit Kian ist vorbei.«

Ich hörte ihre Worte. Ich hörte, wie sie ihren Mund verließen und meine Wenigkeit erreichten. Dennoch konnte ich ihnen keinen Glauben schenken. Vorerst. Bildete ich mir all das bloß ein? War mein Wunschdenken bereits so hoffnungslos, dass es mir Worte und Sätze vorgaukelte?

Meine Beziehung mit Kian ist vorbei.

Vorbei.

»Was hast du gerade gesagt?«, hakte ich vollkommen vor den Kopf gestoßen nach und schluckte schwer, da ich das Gefühl hatte, ein enges Band würde sich um meine Kehle schnüren.

»Kian ist weg. Ich habe ihm die Wahrheit gesagt, Alexis.«

»Aber ... der Antrag?«, rutschte es mir heraus und ein Schatten huschte über ihr schönes Gesicht, während sie einen letzten Zug von der Zigarette nahm und den kleinen weißen Stummel schließlich mit der Sohle ihres Schuhs austrat.

»Ich habe ihn abgelehnt, denn ich weiß, dass ich ihn nicht glücklich gemacht hätte. Und mich hätte es auch nicht glücklich gemacht. Kian und ich waren einiges, aber definitiv kein glückliches Paar. Vielleicht war es mal so ...« Sie pausierte und die Wut in ihren Augen wurde durch tiefe Traurigkeit ersetzt. »Doch die Zeiten sind vorbei und ich kann nicht an seiner Seite bleiben, wenn ich weiß, dass mein Herz für jemand ganz anderen schlägt. Ich kann ihm nicht das Gefühl geben, ihn zu lieben, wenn meine Liebe für ihn nur ein Bruchteil von dem ist, was ich für dich empfinde, Alexis. Ich kann es nicht«, erzählte sie mir und ich wusste nicht recht, ob ich schockiert oder glücklich sein sollte.

»Bitte sag etwas ...«, flehte sie mich an, nachdem einige Minuten vergangen waren, in denen ich vollkommen sprachlos in ihr Gesicht gesehen hatte. Der glasige Ausdruck in ihren Augen brach mir beinahe das Herz.

»Du hast ihn verlassen?«, vergewisserte ich mich leise.

Reagan nickte kaum merklich, als die erste Träne über ihre Wange rollte. »Er wohnt vorübergehend bei Brody und holt bald seine restlichen Sachen ab. Er ist weg. Ein für alle Mal.«

»Wie fühlst du dich?«, hakte ich betroffen nach, denn obwohl ich unglaublich erleichtert darüber war, dass Reagan endlich die Wahrheit ausgesprochen hatte, so wirkte sie dennoch vollkommen verloren. Sie lehnte sich erschöpft gegen die Karosserie von Coops, als wären ihre Beine kurz davor, unter ihr nachzugeben – als wäre sie nicht mehr imstande, die Last, die auf ihren Schultern ruhte, alleine zu tragen, und das hatte ich alleine zu verantworten.

»Ich ... ich fühle mich hilflos«, begann sie, senkte den Kopf und starrte ihre Schuhspitzen an, die einen kleinen Kieselstein hin und her schoben. »Alleine. Und verzweifelt. Denn was sage ich meinen Eltern, wenn sie hier sind? Was passiert, wenn sie herausfinden, wer ich wirklich bin? Wenn sie merken, dass ich nicht ihr wohlerzogenes, sündenfreies Mädchen bin, welches regelmäßig die Kirche besucht. Was, wenn sie mich abstoßen? Mich verlassen oder gar verabscheuen?«

Ihre Stimme brach und sie ließ die Schultern entkräftet hängen, während sich Tränen aus ihren Augen stahlen und langsam über ihre Wangen rollten.

»Kian zu verlassen, um mit dir zusammen zu sein, hat sich nie richtiger angefühlt. Doch warum glaube ich, dass es trotzdem der größte Fehler war, den ich je begangen habe?«, fragte sie gebrochen und ich trat unschlüssig wenige Schritte näher, bis sich die Lücke zwischen uns verringert hatte, griff vorsichtig nach ihren Händen und versuchte ihren Blick einzufangen. Vergebens. Sie fixierte weiterhin den Boden und ließ ihren Tränen freien Lauf.

»Du hast Angst, Reagan. Deswegen fühlt es sich wie ein Fehler an«, sprach ich leise auf sie ein. »Wie etwas, das nicht passieren sollte. Deine Angst hindert dich daran, deinen Gefühlen freien Lauf zu lassen. Sie schränkt dich ein und legt dich in Ketten.« Ich drückte ihre Hände sanft und endlich hob sie den Blick an, musterte mich aus ihren tieftraurigen Augen und hörte schweigsam meinen folgenden Worten zu.

»Mach nicht denselben Fehler wie ich, Reagan. Lass nicht zu, dass deine Angst stärker als alles andere wird.«

»Und wie stelle ich das an?« Ihre Stimme bebte und Tränen glitzerten in ihren langen Wimpern, ehe sie sich lösten, als sie blinzelte.

»Indem du ihr die Stirn bietest und dich ihr stellst«, erklärte ich ruhig, wischte mit einem Finger eine Träne von ihrer Wange und ließ die Hand sanft dort ruhen. »Ein Leben in Angst ist nicht schön, Reagan. Es verwehrt dir einfach ... einfach alles. Liebe, Hoffnung, Vertrauen ... alles, was dir eigentlich Glück statt Angst bescheren sollte.«

»Wie hast du es geschafft?«, fragte sie.

»Ich habe gelernt, mich ihr zu stellen«, begann ich zu erzählen. »Ich habe neu gelernt zu lieben, zu hoffen und vor allem zu vertrauen. Denn wenn man das Gefühl hat, den richtigen Menschen gefunden zu haben, so hat man einen guten Grund, es zu versuchen. Du bist mein Grund, so zu denken und zu empfinden. Du bist mein Grund, zu glauben, dass es so etwas wie Hoffnung gibt – Hoffnung darauf, glücklich zu werden und nicht mehr in Angst leben zu müssen. Aufgefangen zu werden und sich sicher zu fühlen. Such dir einen Grund, es zu versuchen, Reagan. Anders wirst du diese Angst niemals loswerden.«

Kapitel 24

Tschaikowskys *Schwanensee* schallte durch den leeren Ballettsaal, während ich den Blick konzentriert auf den breiten Spiegel vor mir richtete und jeden meiner Schritte kritisch analysierte, um keinen Fehler zu machen. Mittlerweile beherrschte ich die gesamte Choreo von Odiles Coda, bis auf die Fouettés, die den Abschluss meines Solos bildeten. Als ich diesmal in die Drehung wechselte, versuchte ich mich auf einen fixen Punkt im Raum zu konzentrieren – einen Punkt, der mir die Sicherheit gab, im Gleichgewicht zu bleiben, und wenn es bloß ein Riss in der Wand war. Doch dieser kleine Riss, ein Schattenspiel oder einfach nur ein auserkorener, augenscheinlich uninteressanter Punkt, den man sich aussuchte, um im Gleichgewicht zu bleiben, bildete im Moment der Drehung die Absicherung, nicht zu stürzen. Mit jeder Bewegung verlor ich mich mehr in der Musik, spürte die Leichtigkeit, die mir dieses Solo verschaffte, und glaubte, es endlich geschafft zu haben, als mich das Zuknallen der großen Flügeltür aus meiner Balance riss. Mein fixer Punkt verrutschte und innerhalb einer winzigen Sekunde wirbelte der Raum wie ein Kreisel vor meinen Augen. Schneller, als ich reagieren konnte, hatte mich meine Körperspannung verlassen und ich kam stolpernd zum Stillstand – einen Wimpernschlag davon entfernt, Bekanntschaft mit dem Boden zu machen.

Durch die breite Spiegelfront erblickte ich die spöttisch grinsenden Gesichter von Sasha, Olivia und Marcia, die sich einen Weg durch den Saal bahnten und ihre Taschen an den Rand stellten.

»Elegant, Gilbert«, stieß Sasha aus.

Mit einer energischen Handbewegung griff ich zur Fernbedienung der Anlage und ließ die Musik abrupt verstummen, bevor ich mich zu ihr umdrehte. »Ich habe den Saal für heute gebucht, Sasha, und –«

»Und jetzt sind wir dran. Deine Zeit ist schon lange vorbei«, unterbrach sie mich eisig und wies gleich darauf demonstrativ auf die goldenen Ziffern der Uhr, die die Wand über der Flügeltür zierte. Sie hatte recht. Ich hatte mich so sehr in meinem Solo verloren, dass ich eine ganze Stunde überzogen hatte – eine Stunde, die ich Reagan bereits warten ließ.

Ich fluchte innerlich auf, tauschte meine Spitzenschuhe gegen Sneaker und hastete Richtung Tür, ohne Sasha noch eines Blickes zu würdigen. Vielmehr richtete sich meine gesamte Konzentration darauf, in der langen, sonnendurchfluteten Galerie nach Reagan Ausschau zu halten. Ich entdeckte sie auf einer der dunkelrot gepolsterten Bänke neben der Tür zu den Umkleideräumen und schluckte unbehaglich, als mich ihr finsterer Blick traf.

»Es tut mir leid, Rea–«

»Ich habe eine ganze Stunde auf dich gewartet, Alexis. Hätte ich gewusst, dass du so unzuverlässig bist, dann hätte ich mir ein anderes Fotomodell gesucht«, fuhr sich mich an, stand auf und hängte den Gurt ihrer Kamera über die Schulter.

»Es tut mir leid«, versuchte ich es erneut. »Dieses Solo ist vielleicht mein Weg ins Australian Ballet, verstehst du?«, fügte ich zerknirscht hinzu.

»Und zu meiner Vernissage kommen Galeristen aus dem ganzen Land. Ich weiß, dass das Australian Ballet dein Traum ist, Alexis«, sprach sie ruhig aus. Ihr Groll schien für den Moment geschrumpft zu sein. »Und ich wünsche dir von Herzen, dass du es schaffst. Aber das hier ...«, sie hob die Kamera in die Höhe, »meine Kunst ... ist mir unglaublich wichtig und es ist nicht einfach nur ein Traum von mir, Erfolg damit zu haben. Ich möchte meinen Eltern beweisen, dass dieser Weg der Richtige war. Ich möchte ihnen beweisen, dass ich die richtige Entscheidung getroffen habe, als ich Mexiko verließ, um mein Studium hier in Sydney zu beenden«, erzählte sie mir und Schuldgefühle machten sich in Form von Enge in meiner Brust breit.

»Ich wusste nicht, dass deine Eltern gegen dieses Studium sind«, erwiderte ich leise und bei diesen Worten huschte ein kleiner Schatten über ihr Gesicht.

»Mein Vater ist Geschäftsmann. Für ihn gibt es nur rohe Fakten, Zahlen und Geld. Mein Bruder und mein Cousin sind ihm beide in diese Richtung gefolgt und das Gleiche hat er von mir erwartet.« Sie ließ sich wieder auf der Bank nieder und fixierte den mit der Zeit gealterten Parkettboden. »Er war nicht erfreut, als ich in Mexiko das Studium begann und all seine Erwartungen an mich dem Boden gleich machte. Täglich musste ich mir anhören, dass Kunst Zeitverschwendung sei. Dass sie mir niemals mein Leben finanzieren könnte und nur etwas für Leute sei, die nicht wissen, was sie im Leben erreichen wollen. Zwei Jahre habe ich es über mich ergehen lassen, bis ich es nicht mehr hören konnte, Mexiko verließ und hierherkam, um mein letztes Studienjahr hinter mich zu bringen.« Sie hielt inne, schüttelte kaum merklich den Kopf, so, als wollte sie all diese düsteren Erinnerungen abschütteln, und blickte mich schließlich an. »Eigentlich wollte ich damit bloß sagen, dass mir diese Vernissage wirklich wichtig ist. Ich muss meinen Eltern einfach beweisen können, dass ich mit meiner Kunst sehr wohl etwas erreichen kann und Erfolg mit ihr habe. Und ich muss wissen, ob ich auf dich zählen kann oder nicht.«

Ich nickte hastig, um ihr das Gefühl von Unsicherheit zu nehmen. »Natürlich kannst du auf mich zählen, Reagan, versprochen. Ich –«

Das schrille Klingeln meines Handys riss mich grob aus meinem Satz heraus und als ich es aus meiner Tasche kramte, leuchtete mir Charlies Name entgegen.

»Ich muss da kurz ran … gib mir einen Moment«, murmelte ich in Reagans Richtung, nahm den Anruf entgegen und hielt mir das Handy ans Ohr. Zeitgleich lief ich einige Schritte in die entgegengesetzte Richtung, um mich ein paar Meter von Reagan zu entfernen.

»Hey, Charlie, was ist denn los?«, hakte ich unruhig nach. Freitags war in der Regel mein freier Tag und seit ich bei Charlie arbeitete, hatte sie mich an diesem Tag prinzipiell in Ruhe gelassen. Ihr Anruf weckte Besorgnis und Unruhe in meinem Inneren.

»Ich weiß, du hast heute deinen freien Tag und wahrscheinlich bereits etwas anderes vor, aber … ich würde dich nicht bitten herzukommen, wenn es nicht dringend wäre, bitte glaub mir das.«

»Charlie …«

»Es geht um Chester«, klärte sie knapp auf. »Er dreht vollkommen durch, Alexis. Bitte komm her. Am besten so schnell wie möglich.«

Das war's. Mehr sagte sie nicht. Stattdessen legte sie auf, bevor ich auch nur ansatzweise eine Antwort formulieren konnte.

Er dreht vollkommen durch.

Wenn Chester, der ruhige und ausgeglichene Chester, am Durchdrehen war, musste etwas passiert sein. Etwas Schlimmes. Mein Herz sackte ab und ich drehte mich zu Reagan um. Sie musterte mich fragend und je länger sie in mein Gesicht blickte, desto ausdrucksloser wurde ihre Miene.

»Ich muss in die Bar«, teilte ich ihr zerknirscht mit.

»Heute ist doch dein freier Tag«, merkte sie enttäuscht an und ich nickte kurz.

»Ich weiß, Rea. Aber Chester scheint Probleme zu bereiten. Es wird bestimmt nicht lange dauern. Danach gehöre ich ganz dir, okay?«

Sie schien einen inneren Kampf auszufechten, bevor sie widerwillig nickte und sich ein schwerer Seufzer ihrer Kehle entrang.

»Na schön. Dann lass uns fahren.«

Eine Viertelstunde später parkten wir auf dem Parkplatz des *Imperial*, stiegen aus und gingen auf die schwere, metallene Tür des Hintereingangs zu. Das Knirschen des Kieses unter unseren Schuhsohlen vermischte sich mit dem stetigen Rauschen des Verkehrs und der gedämpften Musik, die aus dem Inneren der Bar auf die dämmrigen Straßen sickerte. Und es war die Musik, die mich mitten in der Bewegung innehalten und lauschen ließ, denn Musik konnte man das, was nach draußen drang, nicht nennen. Es war eher ein Malträtieren des Flügels und eine verzerrte Version eines Songs, den ich von hier draußen nicht identifizieren konnte. Mein Blick huschte in Reagans Richtung, kreuzte sich mit ihrem und ich erkannte die aufkeimende Irritation in ihren Augen. Um nicht noch mehr Zeit verstreichen zu lassen, zog ich die Tür auf, wartete, bis Reagan eingetreten war und folgte ihr schließlich durch den dunklen, schmalen Gang, der durch Neonschilder an den Wänden in buntes Licht getaucht war. Reagans Silhouette wurde vor mir in ein tiefes Rot, vermischt mit Lila und Blau getaucht. Als wir den dunkelroten, schweren Samtvorhang zur Seite schoben und neben der Bühne standen, erblickte ich zuerst die teils skeptischen, teils besorgten Blicke aller Anwesenden, die ihre Augen nicht von der Bühne nehmen konnten. Das Szenario erinnerte mich an einen Unfall. Man wollte nicht hinsehen, doch etwas in einem machte es unmöglich, den Blick abzuwenden. Schließlich erfassten meine Augen Charlie, die zusammenzuckte, als eine Salve aus krummen und schiefen Tönen durch die Bar hallte. Ihr entsetzter Blick war stets auf Chester gerichtet, der wie ein Häufchen Elend auf dem Klavierhocker hing und die

Tasten des Flügels malträtierte. Auf der zugeklappten schwarz glänzenden Klappe stand eine halb leere Scotchflasche, die er nun wieder zu fassen bekam, ansetzte und einen gewaltigen Schluck der bernsteinfarbenen Flüssigkeit seine Kehle hinunterjagte. Sein sonst so ordentliches haselnussbraunes Haar hing ihm wirr ins Gesicht, das weiße Hemd war nur bis zum Ansatz seiner Brust zugeknöpft und wies so viele Falten auf, dass es eindeutig nicht frisch sein konnte.

»Ich ... ich werde kurz mit Charlie sprechen«, ließ ich Reagan wissen, riss den Blick von Chester los und bahnte mir einen Weg durch die Menge in Richtung Bar. Als Charlie mich erblickte, schien es, als würde ihr ein Stein vom Herzen fallen und sie winkte mich sofort in einen kleinen Abstellraum hinter der Theke, der sich mit einem Vorhang aus glitzernden Plastikkugeln in Regenbogenfarben vom Rest der Bar abgrenzte. Der Vorhang klapperte leise, als ich mich durch ihn hindurch schob.

»Charlie, was ist hier los?«, fragte ich sofort nach und verzog das Gesicht, als Chester nach einer kurzen Pause, in der er wahrscheinlich wieder an der Flasche gehangen hatte, erneut auf die Klaviatur hämmerte. Es hörte sich an, als würde ein Kind zum ersten Mal in seinem Leben an einem Flügel sitzen und voller Freude herausfinden, wie sich die einzelnen Töne wohl anhörten.

»Ich weiß es nicht. Irgendetwas scheint im Krankenhaus vorgefallen zu sein«, sagte sie und mein Herz setzte einen kleinen Schlag aus. »Er ist seit Wochen durch den Wind. Aber so wie heute habe ich ihn noch nie erlebt. Er kam eben vollkommen aufgelöst hier an. Ich sagte ihm, er soll den Abend aussetzen, aber ... wie du siehst, hat er drauf bestanden, auf die Bühne zu gehen. Ich bekomme ihn da nicht mehr runter.«

Ich folgte ihrem Blick zurück zu Chester. Seine zitternden Hände versuchten nun vergeblich die richtigen Töne des Songs *Everglow* von Coldplay zu treffen. Und je mehr schiefe Töne erklangen, desto schmerzverzerrter wurde seine Miene, bis er urplötzlich in Tränen ausbrach, die Hände auf der Klaviatur ruhen und seinen innerlichen Schmerz jeden in diesem Raum spüren ließ.

Meine Kehle wurde eng, als ich ihn so verzweifelt und komplett gebrochen am Flügel sitzen sah.

»Ich ... ich kümmere mich um ihn«, ließ ich Charlie wissen und mit wenigen Schritten hatte ich die Theke hinter mir gelassen, stieg die drei

Stufen zur Bühne hinauf und betätigte den Knopf, der für den schweren, roten Vorhang zuständig war. Dieser schob sich nur Sekunden später schützend vor Chester und den Flügel, verschluckte seine elende Erscheinung vor den neugierigen Blicken des Publikums. Während Charlie vor dem Vorhang eine Entschuldigung nach der anderen aussprach, richtete ich meine gesamte Aufmerksamkeit auf den gebrochenen Chester.

Ich ließ mich vorsichtig neben ihm auf dem Hocker nieder und legte eine Hand federleicht auf seine Schulter. Trotz dieser kaum merklichen Berührung zuckte er zusammen und lenkte seine blutunterlaufenen Augen auf meine Wenigkeit. Mein Herz sackte bei seinem Anblick tief ab und Angst flutete meinen gesamten Körper.

»Hey, Ches …«, murmelte ich sanft und versuchte die Unruhe in mir für den Moment zu ignorieren, um mich vollends um Chester kümmern zu können. »Was ist passiert?«, fragte ich vorsichtig nach, wissend, dass mir die Antwort höchstwahrscheinlich den Boden unter den Füßen wegreißen würde.

Chester schluchzte auf, nicht in der Lage, einen Ton von sich zu geben und ließ seinen Kopf schwer gegen meine Schulter sinken. Das Band um meine Kehle wurde enger und ich spürte, wie sich meine Augen mit Tränen füllten, als ich meine Arme schützend um seinen bebenden Körper legte und meine Wange auf seinen Kopf bettete.

»Chester … bitte rede mit mir …«, flehte ich leise, ehe meine Stimme brach und eine einsame Träne über meine Wange rollte. Sein Schmerz sprang auf mich über und ließ eine unangenehme Leere in mir zurück.

»Hudson …«, stieß er erstickt aus. Mein Herz vergaß, wie es zu schlagen hatte. Chester hob seinen Kopf an, fixierte mich aus seinen trüben, geröteten Augen und ließ zu, dass ich mit dem Daumen die Tränen von seinen Wangen wischte. Was er nicht sah, war das unkontrollierte Zittern meine Hände, da er viel zu sehr in seinem Schmerz festsaß und dank des Alkohols überall, nur nicht vollständig in dieser Bar war.

»Ist er –«

»Nein«, kam er mir sofort dazwischen, schüttelte einige Male den Kopf, bevor er mit einer trägen Handbewegung nach der Scotchflasche greifen wollte. Bevor sie jedoch den Weg zu seinem Mund finden konnte, nahm ich ihm die Flasche vorsichtig ab und stellte sie auf den zerkratzten, alten

Holzboden der Bühne. Chester folgte ihr mit den Augen, ehe er schwer und verzweifelt aufseufzte.

»Er hat heute eine Patientenverfügung unterschrieben.«

Chesters Worte hingen wie eine tickende Zeitbombe zwischen uns. Niemand wollte sie berühren, um das Unvermeidliche nicht noch schlimmer zu machen, als es war. Die Sekunden verstrichen, in denen keiner von uns etwas sagte. Die Bombe tickte weiter. Bis ich versuchte, sie zu entschärfen.

»Das ... das bedeutet doch nicht immer etwas Schlimmes, Ches ...«, sprach ich beinahe hoffnungsvoll aus, doch diese Hoffnung verschwand genauso schnell, wie sie gekommen war. Was versuchte ich uns hier bloß einzureden? Mein Verstand schnalzte missbilligend mit der Zunge und schüttelte aufgrund meines kläglichen Versuchs, das Schlechte weniger schlecht zu machen, den Kopf. Hudson hatte bereits oft genug durchsickern lassen, dass er die Schmerzen leid war. Er wollte, dass es endete.

»Wenn sein Herz versagt ... und das wird es, in absehbarer Zeit, möchte er nicht reanimiert werden, Alexis. Er hat heute sein verdammtes Todesurteil unterschrieben«, stieß er gequält aus. Mein Versuch, die Bombe zu entschärfen, ging nach hinten los. Sie explodierte und zerfetzte mein Herz in tausend Teile – hinterließ eine Spur der totalen Verwüstung und legte alles in mir lahm.

»Was glaubst du, wie viel Zeit uns noch mit ihm bleibt?«, hakte ich gebrochen nach und Chester zuckte verzweifelt mit den Schultern.

»Ich kann es dir nicht sagen, Alexis. Wochen, Tage, vielleicht aber auch nur noch Stunden. Er ... er ist am Ende mit den Kräften. Du solltest dich von ihm verabschieden, solange du noch kannst ...« Er riss den Blick von seinen Händen los und sah mir ins Gesicht. »Huds ist ein Kämpfer, das war er schon immer. Aber er hat keine Chance mehr, diesen Kampf noch zu gewinnen. Seine Zeit ist ein für alle Mal abgelaufen und wenn du dich verabschieden möchtest, dann tue es bald ...«

Charlie hatte meinen Platz neben Chester eingenommen und ich stieg mit tränenverschleierter Sicht die wenigen Stufen der Bühne hinab, wo Reagan bereits auf mich wartete und prompt besorgt dreinblickte, als sie mein verquollenes Gesicht sah.

»Was ist los?«, hakte sie beunruhigt nach, nahm meine Hand behutsam in ihre und führte mich den Weg zurück, den wir vor einer guten Stunde gekommen waren.

Kaum war die schwere Metalltür hinter uns ins Schloss gefallen, umspielte die kühle Nachtluft Sydneys meine tränennassen Wangen und ich wurde aus meiner Trance gerissen. Hastig drehte ich mich zu Reagan um.

»Ich muss ins Krankenhaus«, stieß ich verzweifelt aus, kramte in derselben Sekunde nach meinem Autoschlüssel und wollte Hals über Kopf auf mein Auto zustürzen, als Reagan mich rechtzeitig am Ellenbogen zu fassen bekam und mich somit zum Stehenbleiben zwang.

»Reagan, ich muss ins Krankenhaus. Sofort«, wiederholte ich mich beharrlich, während stumme Tränen über meine Wangen flossen und meine Sicht beeinträchtigten.

»Alexis ...«, begann sie leise, drehte meinen Kopf in ihre Richtung und musterte mich aus sorgenschweren Augen. »Du kannst so nicht fahren.«

»Ich muss ... mich von Huds verabschieden ... Ich muss ins Krankenhaus.«

»Alexis«, sprach Reagan wieder sanft, ja, fast schon mitfühlend, aus und schüttelte kaum merklich den Kopf. »Die Besuchszeiten sind längst vorbei. Du kannst heute nicht mehr zu ihm.«

Du kannst heute nicht mehr zu ihm, schallte es wie bei einer gesprungenen Platte durch meinen Kopf, nistete sich ein und ließ den Knoten in meinem Magen noch schwerer und präsenter werden.

»Aber –«

»Es ist spät. Lass uns einfach nach Hause fahren.«

Fast glaubte ich, ihrer Stimme ein Flehen entnehmen zu können. Als ich meine Augen in ihr Gesicht lenkte, sah ich in dem dunklen, warmen Braun tiefes Mitgefühl, doch auch einen winzigen enttäuschten Funken.

Ihre Vernissage ..., schoss es mir umgehend durch den Kopf, als ich mich in einer kleinen, klaren Sekunde daran erinnerte, wie wir den Abend eigentlich verbringen wollten.

»Was ist mit deinen Bildern?«, forschte ich reuevoll nach.

»Morgen ist auch noch ein Tag«, beruhigte sie mich und zauberte ein kleines Lächeln auf ihre verspannten Lippen. »Jetzt lass mich dich nach Hause fahren. Ich gehe den Rest zu Fuß.«

»Kannst du nicht bleiben?«, hörte ich mich fragen, bevor ich kontrollieren konnte, welche Wörter meinen Mund verließen. Reagan hob überrascht die

Augenbrauen an und schien überrumpelt. Seit Wochen hatte ich sie nicht mehr gebeten, über Nacht zu bleiben. Ich tat es einzig und allein aus dem Grund, mein Herz zu schützen. Doch nun war alles anders. Kian war fort. Der Antrag Geschichte.

»Bist du dir sicher?«

Ich nickte. »Bitte bleib bei mir.«

»Ich bleibe.«

Und ich spürte, dass in diesen zwei winzigen, so unscheinbaren Worten mehr als bloß das Versprechen lag, die Nacht zu bleiben. Sie gaben mir Hoffnung, dass sich nun alles zum Guten wenden würde. Hoffnung darauf – endlich jemanden gefunden zu haben, der bei mir blieb, selbst an meinen dunkelsten Tagen.

Ich bleibe.

Zwei Worte, von winzigem Ausmaß, die dennoch so mächtig waren, meine gebrochene Seele zu heilen. Und wenn es nur für den Moment war.

Kapitel 25

Eine Woche war vergangen, in der ich meine Zeit entweder im Krankenhaus, in der Bar, im Ballettstudio oder bei Reagan verbrachte, um ihr bei den Vorbereitungen für ihre Vernissage zu helfen. Eine Woche, in der mich das Gefühl nicht losließ, wie ein Zuschauer von oben auf das Gesamtbild zu blicken. Hudsons Zustand verschlimmerte sich täglich und wann immer ich ihn besuchte, so glaubte ich, den Tod in seinen trüben Augen bereits sehen zu können. Diese Tatsache wirkte sich nicht nur auf mein Solo aus, sondern auch auf meine Rolle als Fotomodell.

»Du bist nicht bei der Sache, Alexis«, seufzte Reagan resigniert, senkte die Kamera ab und musterte mich eingehend. Das schummrige Licht im Studio verbarg die Röte, die sich auf meinem Gesicht ausbreitete. Doch ich war mir sicher, dass Reagan selbst im Dämmerlicht und mit wenigen Metern Abstand bis auf den Grund meiner Seele blicken konnte.

»Tut mir leid, Reagan«, murmelte ich reuevoll, wollte gerade von neuem meine Position einnehmen, als mich ihre Stimme in der Bewegung innehalten ließ.

»Wir können eine Pause machen, wenn du möchtest.«

Ich schüttelte sofort den Kopf. »Pausen bedeuten, dass man Zeit zum Nachdenken hat. Und wenn ich nachdenke, sehe ich Huds vor mir … und –« Meine Stimme brach und ich spannte den Kiefer an, während ich zurück in die vierte Position fand – den Fuß des Standbeins nach außen gedreht, während der Fuß meines Spielbeins schräg nach hinten genau in die entgegengesetzte Richtung zeigte.

»Ich möchte nicht nachdenken, Reagan. Lass uns weitermachen.«

Zögerlich griff sie nach der Kamera, fixierte mich einen letzten Moment nachdenklich und schien in meinem Gesicht nach der Lüge zu suchen. Eine

Lüge, die sie nicht finden würde, da sie nicht existierte. Alles war mir in diesem Moment lieber, als von dem Sog meiner niemals schweigenden Gedanken eingenommen zu werden. Sie nickte mir knapp zu, hob die Kamera vor ihr Gesicht und gab mir somit das Zeichen, willkürliche Variationen zu tanzen. Ich versuchte, meinen Kopf abzuschalten, die Tatsache auszublenden, dass ich vollkommen entblößt Ballett tanzte – auszublenden, dass mich Reagans Blick fest im Visier hatte und jede noch so kleine Bewegung verfolgte. Vor wenigen Monaten hätte sich alles in mir dagegen gesträubt, solch einen Schritt zu wagen. Nicht etwa, weil mir das Selbstvertrauen fehlte, sondern eher aus dem kleinen, aber schwerwiegenden Grund, dass ich abgeneigt von zu viel Nähe, zu viel Intimität gewesen war. Doch die Zeit, in der Mason von meinem Verstand Besitz ergriffen und meine Angst kontrolliert hatte, war vorbei. In diesem Moment, in dem ich nahtlos aus dem Plié in eine sanfte, geschmeidige, ja fast schon sinnliche Pirouette glitt, verspürte ich keine Angst davor, dass Reagan zu viel meines Körpers sah. Ich verspürte keine Angst vor Nähe. Und erst recht keine Angst vor Intimität. Ganz im Gegenteil. Je mehr die Zeit voranschritt, desto schneller wurde mein Puls, mein Herz donnerte widerstandslos gegen meinen Brustkorb und die Spannungen in dem dunklen Studio, welches durch ein einziges Spotlight beleuchtet wurde, nahmen sekündlich zu.

Die Stille wurde in regelmäßigen Abständen vom klickenden Geräusch des Auslösers unterbrochen und ich bemerkte erst, dass ich tief in meinem Solo für die Compagnie versunken war, als ich aus dem letzten Fouetté kam und das Stück mit einer abschließenden Position zur Ruhe brachte. Schweiß glänzte auf meinem Körper, mein Brustkorb hob und senkte sich unter meinen schweren Atemzügen, welche ins Stocken gerieten, als ich Reagans Blick begegnete.

»War das dein Solo für die Compagnie?«, hakte sie ehrfürchtig nach und ich schaffte es bloß, kläglich zu nicken, aus Angst, mir würde die Stimme versagen, wenn ich den Mund aufmachte.

»Das … das war perfekt, Alexis, ich …« Sie brach ab, stürzte zu ihrem Laptop, der ihr strahlendes Gesicht in einen fahlen, blauen Schein hüllte, und klickte sich wild durch die Bilder, die sie in den letzten Minuten geschossen hatte. Mit jedem Klick wurde das Leuchten in ihren Augen intensiver und das Lächeln in ihrem Gesicht breiter und strahlender.

»Die Bilder sind perfekt«, hauchte sie erneut und brachte mein Herz mit ihrem Lächeln zum Stolpern.

»Darf ich sie sehen?« Meine Stimme schien Erbarmen zu zeigen und zu mir zurückzukehren.

Reagans Blick schoss in meine Richtung. Instinktiv klappte sie den Laptop zu, bis er nur noch einen Spalt breit offen war und das blaue Licht erlosch.

»Sie brauchen noch einen Feinschliff. Doch ich versichere dir, dass sie perfekt sind. Du … bist perfekt und dieses Solo …« Sie schüttelte lächelnd den Kopf und konnte den Blick nicht von mir abwenden. »Du wirst die Compagnie überzeugen. Da bin ich mir sicher«, sprach sie sanft auf mich ein, griff im Anschluss nach dem flauschigen Bademantel, der über der Lehne einer kleinen Couch hing, und kam auf mich zu. Kaum hatte sie mich erreicht, griff ich hastig nach dem Bademantel und hüllte meinen vor Schweiß glänzenden Körper in den weichen Stoff.

»Es ist das erste Mal, dass mir das gesamte Solo gelungen ist«, erzählte ich ihr mit einem Anflug von kindlicher Freude in der Stimme und strich mir eine widerspenstige Haarsträhne aus dem Gesicht. Sie musterte mich mit einem undefinierbaren Schimmern in den Augen und machte Anstalten näherzukommen, doch es schien, als würden unsichtbare Hände nach ihr greifen und sie zurückziehen. Sie machte einen Schritt zurück, knetete die Knochen in ihren Händen zu Brei und bemühte sich, unseren Augenkontakt aufrecht zu halten.

»Und es wird dir wieder gelingen, Alexis. Davon bin ich überzeugt.« Sie schluckte schwer und deutete mit einer vagen Handbewegung zur Kamera, die neben dem Laptop ruhte. »Ich glaube, ich habe alles, was ich brauche. Du kannst dich umziehen gehen und dann können wir uns auf den Weg machen. Es ist schon spät.«

Ich nickte kaum merklich und setzte alles Erdenkliche in Kraft, um den enttäuschten Knoten in meinem Magen zu ignorieren. Alles in mir verzehrte sich nach Reagan. Wochen waren vergangen, seit wir uns das letzte Mal geküsst, geschweige denn berührt hatten. Es schien, als würde Reagan von unsichtbaren Ketten in Schach gehalten werden, um mir nicht zu nahe zu kommen. Als würde sie aus undefinierbaren Gründen den Abstand zwischen uns wahren und es schien mir schleierhaft, dass mich mein Selbstbewusstsein genau in diesem Moment verließ. Alles in mir sträubte sich dagegen, diesen

Gründen nachzugehen und herauszufinden, weshalb sie eine so undurchdringliche Mauer um ihr Herz baute, die es mir unmöglich machte, sie zu überwinden.

Bevor meinem Mund voreilige Worte entfliehen konnten, machte ich kehrt, schnappte mir meine Tasche, die auf der samtüberzogenen Couch ruhte, und flüchtete regelrecht aus dem Studio in Richtung der Umkleideräume, die verlassen am Ende des Flurs lagen. Ich verschwand in eine der leeren Duschkabinen, streifte den Bademantel von den Schultern und stellte die Tasche vor der Kabine ab. Schließlich drehte ich das Wasser auf, schloss die Augen und ließ das eiskalte Wasser über meine erhitzte Haut fließen. Die Wassertropfen prasselten wie Applaus auf meinen Körper, umhüllten ihn und wuschen all die schrecklichen Tage und Wochen, wenn nicht sogar Monate ab, die hinter mir lagen. Ich wusste nicht, wie lange ich bloß untätig unter dem Wasserstrahl stand und beinahe apathisch ins Nichts starrte. Erst als Reagans zaghafte Stimme zu mir durchdrang, erwachte ich aus meiner Trance, bemerkte das unkontrollierte Zittern meines Körpers und die Gänsehaut, die sich einen Weg von meinem Kopf bis zu den Füßen bahnte.

»Alexis, bist du soweit?«

Ich drehte das Wasser ab und hüllte meinen Körper wieder in den warmen Bademantel. »Ich komme sofort. Einen Moment noch.«

Sekunden später hörte ich, wie die Tür zu den Umkleiden aufgedrückt wurde und dann wieder ins Schloss fiel. Seufzend tauschte ich den Bademantel gegen meine Kleidung ein, fasste mein nasses Haar in einem unordentlichen Dutt zusammen und verließ die Umkleide, um zu Reagan auf den Flur zu treten.

»Können wir los?«, fragte sie lächelnd nach und ich nickte.

»Wir können los.«

Eine halbe Stunde später parkte ich Coops in der blätterüberdachten Straße direkt vor Reagans Haustür und blickte unentschlossen durch die Windschutzscheibe auf einen undefinierbaren Punkt mitten in der Dunkelheit.

»Danke noch mal für deine Hilfe, Alexis«, zerschnitt Reagan die Stille zwischen uns.

»Das habe ich gerne gemacht«, erwiderte ich, drehte meinen Kopf in ihre Richtung und bemühte mich um ein zartes Lächeln, welches mit Widerstand an meinen verkrampften Mundwinkeln zerrte, da es absolut nicht dort sein wollte, wo ich es hindrängte. »Immerhin weiß ich nun, dass mir mein Solo gelingt«, scherzte ich matt.

»Ich finde, wir sollten darauf anstoßen, meinst du nicht auch?«, fragte sie urplötzlich und der Knoten in meinem Magen begann sich langsam zu lösen. Konnte das die erste Annäherung seit Wochen sein?

»Jetzt?« Irritation färbte meinen Tonfall und Reagan nickte entschlossen.

»Wieso nicht?«

»Ich … ich muss noch fahren«, protestierte ich schwach und ärgerte mich selbst darüber, dass ich ihren ersten Annäherungsversuch nach vier Wochen mit solch einem verklemmten Verhalten abzulehnen versuchte.

»Du könntest die Nacht auch einfach bei mir bleiben«, begann sie zögerlich und ließ ihre Augen wachsam über mein Gesicht gleiten, scheinbar, um den nächsten Widerspruch meinerseits zu suchen. Doch dieser kam nicht. Mein Herz begann wie wild zu pochen, als ich mir ihren Vorschlag durch den Kopf gehen ließ und schließlich nickte.

»Okay, dann … dann bleibe ich.«

Kaum hatten wir Reagans Wohnung betreten, fühlte ich mich plötzlich genauso unsicher und unbeholfen wie an dem Tag, als ich ihr die Kamera geschenkt hatte. Mein Herz raste und mein Hals war wie ausgedörrt, als ich mich auf der Couch niederließ. Meine Augen ließen Reagan nicht aus dem Blick, als ich sie dabei beobachtete, wie sie zwei Weingläser und eine ungeöffnete Flasche Wein aus der Küche holte.

»Ist alles in Ordnung? Du siehst aus, als würdest du jeden Moment in Ohnmacht fallen«, merkte sie amüsiert an, als sie sich mit einem gewissen Abstand neben mir niederließ und mir eins der Gläser reichte.

»Alles in Ordnung. Ich … ich frage mich nur bereits die gesamte Zeit, wo wir stehen, Reagan.«

Ich taxierte die dunkelrote Flüssigkeit in meinem Glas und wartete eine Antwort ab. Ich wartete, wartete und wartete.

»Ich kann es dir nicht genau sagen, Alexis«, murmelte sie nach einigen Minuten Stille, nippte an ihrem Weinglas und zog die Beine auf die Couch. Schließlich drehte sie ihren Oberkörper in meine Richtung und legte einen Arm auf der Rückenlehne der Couch ab.

»Du sagtest, du hättest Kian verlassen, um mit mir zusammen sein zu können«, hielt ich ihr vor und versuchte, die aufkommende Unruhe in meinem Inneren zu drosseln. »Du sagtest, du seist in mich verliebt. Doch nun sind bereits vier lange Wochen vergangen, in denen du mir nicht das Gefühl gegeben hast, dass du etwas für mich empfindest. Ganz im Gegenteil. Du hast mich weder berührt noch geküsst und scheinbar war ich bloß gut genug, um dir mit deinen Bildern zu helfen.«

»Das ist nicht wahr, Alexis«, widersprach Reagan ernst, stellte ihr Glas zur Seite und rückte etwas näher. »Sieh mich an ... bitte«, flehte sie leise und ich hob widerwillig den Blick, um ihr in die Augen schauen zu können.

»Du warst nicht bloß gut genug, um mir zu helfen«, begann sie ruhig. »Alles, was ich dir vor einigen Wochen sagte, war auch so gemeint. Ich habe Kian verlassen, um mit dir zusammen sein zu können. Doch ich musste meine Gedanken sortieren und meine Eltern glauben außerdem immer noch, ich sei mit Kian verlobt. Deswegen wollen wir ihnen bald auch die Wahrheit sagen.«

»Wir?«, echote ich, wohlwissend, dass die Antwort einem Schlag in die Magengegend gleichkommen würde.

»Kian und ich. Er begleitet mich zur Vernissage und wir wollen ihnen gemeinsam die Wahrheit sagen.«

»Er wird deine Begleitung?« Diese Frage hinterließ einen bitteren Nachgeschmack, den ich hastig mit einem großen Schluck Wein überdeckte.

»Nur für diesen einen Abend«, beruhigte Reagan mich sanft, legte zögerlich eine Hand auf meinen Oberschenkel und schluckte schwer. »Glaubst du mir, wenn ich dir sage, dass es mir nicht leichtfiel, den Abstand zwischen uns zu wahren?«

»So kam es mir aber vor.«

»Es war nicht leicht, Alexis. Es war sogar verdammt schwer. Aber ich habe die Zeit gebraucht, um vollständig mit Kian abschließen zu können. Ich habe die Zeit gebraucht, um tausende Male die Worte durchzugehen, die meine Eltern von mir hören werden, wenn ich ihnen die Wahrheit erzähle. Ich habe die Zeit einfach gebraucht ... verstehst du?«

»Ich glaube dir«, entgegnete ich sanft und sah, wie sich der ängstliche Schimmer in ihren Augen legte. Ich stellte das Weinglas zur Seite, um nach ihren Händen zu greifen.

»Und glaubst du mir, wenn ich dir sage, dass ich in dich verliebt bin? Denn das bin ich, Alexis. Hoffnungslos und unwiderruflich.«

»Ich glaube dir«, wiederholte ich mich, während das Lächeln auf meinen Lippen breiter wurde.

»Versprichst du mir, dass du dich genau an diesen Moment erinnern wirst, wenn du mal an meiner Liebe zweifeln solltest?« Obwohl ein sanftes Lächeln an ihren Mundwinkeln zupfte, wackelte ihre Stimme gefährlich, als würde sie jeden Moment in Tränen ausbrechen. Als hätte sie Sorge, dass etwas passierte, was unser immer stärker werdendes Band durchtrennte.

»Wieso –«

»Versprichst du es?«, unterbrach sie mich und nun sah ich sie wieder – die Angst in ihren Augen.

»Ich verspreche es dir, Reagan, aber –«

Erneut unterbrach sie mich. Diesmal mit ihren Lippen, die sich auf meine legten und mir somit widerstandslos das Wort nahmen. Zuerst reagierte mein Körper wie von selbst mit Abweisung in Form einer einzigen Kopfbewegung, um Reagans Lippen zu entkommen. Mein Herz stolperte gefährlich.

»Ich bin es, Alexis«, flüsterte sie zart und Gänsehaut kroch über meine Arme. »Du kannst mir vertrauen. Ich möchte dir nicht wehtun, in Ordnung?«, fügte sie leise hinzu und ich schaffte es, ein klägliches Nicken zustande zu bringen.

Im nächsten Moment schloss sie die Lücke zwischen uns erneut und obwohl ich immer noch den Knoten aus Unsicherheit und Zurückhaltung in meinem Magen spürte, ließ ich mich von ihr behutsam nach hinten auf die Couch drücken. Als wir das letzte Mal so weit gegangen waren, war ich einer Panikattacke zum Opfer gefallen. Diesmal schien mein Körper zu verstehen, dass Reagan nichts tun würde, was ich nicht wollte. Diesmal schien er zu verstehen, dass mir jemand Liebe geben wollte, anstatt sich skrupellos mit mir zu vergnügen und den Menschen in mir auszublenden, dem wehgetan werden konnte. Körperlich. Seelisch. Und wofür das Ganze? Für einseitigen Spaß? Befriedigung? Das Machtgefühl?

»Schalt deinen Kopf aus, Alexis«, murmelte Reagan, während sie sich von meinen Lippen löste und eine sanfte Spur aus Küssen auf meinem Kiefer und meinem Hals hinterließ. »Er steht dir nur im Weg.« Zeitgleich fanden ihre Hände den Weg unter meinen Hoodie. Ihre Finger zogen zärtliche Kreise über meine Haut und ich versteifte mich – wartete auf den Schmerz. Auf Finger, die sich besitzergreifend in meine Haut bohrten und ihre Spuren hinterließen.

»Warte einen Moment«, flehte ich leise, setzte mich halb auf, indem ich mich auf meinen Unterarmen abstützte und fing ihren Blick ein. Ihre dunklen Augen schimmerten im Schein des fahlen Mondlichtes, welches sich einen Weg durch die Fenster bahnte.

»Ich weiß nicht, ob ich das kann, Reagan«, setzte ich fort und versuchte das Bild von Mason und seinen seelenlosen Augen aus dem Kopf zu bekommen.

»Was meinst du?«, fragte sie ruhig und gab mir alle Zeit der Welt, um meine Gedanken und meine Worte zu sortieren.

»Damit meine ich das Ganze hier. Dich und mich. Und die Tatsache, dass du gerade eindeutig versuchst, mich zu verführen.«

Ein freches Grinsen huschte über ihre Lippen. »Möchtest du, dass ich damit aufhöre?«

»Ja ... ich meine nein. Ich meine ...«, seufzend hielt ich inne, schluckte schwer und blickte ihr fest in die Augen. »Reagan, du solltest vielleicht wissen, dass sich Mason mehr als einmal an mir vergangen hat, obwohl ich es nicht wollte«, erzählte ich eindringlich. »Die Nacht, bevor er verhaftet wurde ... die Nacht, in der ich das letzte Mal Kontakt zu ihm hatte, war eine solche Nacht. Und er wäre bereits aus dem Gefängnis raus, wenn ihn die Cops nicht auch wegen sexuellem Missbrauch und Körperverletzung verhaftet hätten.«

Das Grinsen auf Reagans Lippen fror umgehend ein. Stattdessen schimmerte Wut, vermischt mit Mitgefühl und tiefem Schmerz in ihren Augen auf.

»Hast du deswegen Angst vor körperlicher Nähe?«, wollte sie nach einigen Sekunden angespannter Stille wissen.

Ich nickte zaghaft. »Ist es keine natürliche Reaktion, Angst zu empfinden, wenn man glaubt, dass jede Art von Berührung zu körperlichem oder seelischem Schmerz führen kann? Wenn man weiß, dass man nichts weiter als ein Zeitvertreib ist? Oder ... oder eine großartige Möglichkeit, um Frust abzulassen? Ich empfinde Angst, wenn ich Menschen zu nahe komme, denn nichts in mir scheint noch unterscheiden zu können, ob mir jemand etwas Gutes oder Böses möchte. Und … und ich weiß, dass du mir nichts Böses möchtest, Reagan, wirklich. Doch mein Verstand will es nicht glauben.«

»Kannst du mir die Chance geben, es zu beweisen? Ich möchte dir zeigen, dass du keine Angst mehr haben brauchst«, begann sie, beugte sich vor und drückte einen sanften, liebevollen Kuss auf meine Lippen, der mein Herz zum Rasen brachte. »Lass mich dir zeigen, wie es sich anfühlt, Liebe zu erfahren. Echte Liebe«, murmelte sie. »Vielleicht werde ich dir deine Angst somit nicht nehmen können, doch ich kann dir zumindest zeigen, dass es auch anders gehen kann.«

Unsere Blicke trafen sich und ich erkannte nichts als pure Aufrichtigkeit in ihren Augen. Der Knoten aus Zurückhaltung in meinem Magen begann sich allmählich zu entwirren. Er löste sich zwar nicht auf, doch verursachte mir auch keine Bauchschmerzen mehr.

»Vertraust du mir?«, fragte Reagan sanft nach und ich nickte kaum merklich, bevor ich zu einer Antwort ansetzte.

»Ich … ich vertraue dir.«

Ein Lächeln kroch auf ihre Lippen, als sie sich ein drittes Mal an diesem Abend vorbeugte und ihre Lippen auf meine legte. Ihre Küsse waren weder fordernd noch grob, sondern von Zärtlichkeit und Liebe erfüllt. Mein Herz stand förmlich unter Strom und die Schmetterlinge in meinem Bauch stoben wild auseinander. Unsere Lippen bewegten sich im Einklang miteinander und als mir ein leises, wohliges Seufzen entfloh, brachte sie ihre Zunge ins Spiel, die meine neckend umspielte. Ihre Hände griffen nach dem Saum meines Hoodies und wir lösten uns bloß Sekunden voneinander, um ihn Richtung Boden zu befördern. Das fahle Mondlicht tauchte meinen entblößten Oberkörper in einen weißen Schimmer und Reagans Augen, die ihn andachtsvoll musterten, brachten mein Herz zum Stolpern, ehe es wie verrückt gegen meinen Brustkorb donnerte. Sie sah den Menschen in mir. Sie sah mich, meine Gefühle, wenn nicht sogar meine Seele.

»Sieh mich bitte nicht an, als wäre ich eins deiner Kunstwerke«, stieß ich aus, konnte jedoch nicht verhindern, dass meine Stimme gefährlich zu wackeln begann, als sich unsere Blicke kreuzten und ihre Finger kleine, neckende Muster auf meiner Haut zogen, die mir einen Schauer nach dem anderen verpassten.

»Du bist eins meiner Kunstwerke, Alexis«, erwiderte sie leise. »Das wirst du mir jetzt vielleicht noch nicht glauben, aber warte den Moment ab, an dem ich meine Bilder präsentieren werde. Du wirst es sehen und verstehen«, fügte sie hinzu, bevor sie ihre Lippen auf meinem Hals platzierte und eine Spur aus Küssen weiter abwärts zog. Meine Augen fielen wie von allein zu, während meine Hände mutiger wurden und einen Weg unter ihr Shirt fanden. Der Drang, ihre weiche Haut an meiner zu spüren, wurde größer und ich bekam den Stoff ihres Shirts zu fassen, schob es höher und schmiss es schließlich achtlos zur Seite. Plötzlich schien alles wie von allein zu geschehen. Die letzten, störenden Kleidungsstücke fielen zu Boden und kaum spürte ich Reagans warme Haut an meiner, vergaß mein Herz glatt, wie es zu schlagen hatte.

Ihre Lippen arbeiteten sich langsam einen Weg über meinen gesamten Oberkörper, verweilten an einigen Stellen länger und ließen meinen Atem schwerer werden. Als sie schließlich tiefer wanderte, verankerte ich meine Hände in den Polstern der Couch und wurde aus einer Flut an Emotionen überwältigt. Das Spiel ihrer Zunge und ihrer Finger war neckend und dennoch so zärtlich, dass mir ein genüssliches Stöhnen entfloh.

»Verdammt, Reagan«, murmelte ich außer Atem, wölbte mich ihr entgegen und fieberte dem Höhepunkt entgegen, der sich langsam unter ihrer geschickten Zunge aufbaute. Der Druck nahm sekündlich zu und als sie mich an diesen ganz bestimmten Punkt gebracht hatte, fühlte es sich an, als würde mein Inneres wie ein Feuerwerkskörper zerbersten und explodieren. Lust auf mehr von Reagans Liebe rollte wie eine gigantische Welle durch meinen gesamten Körper. Und endlich, nach drei langen, schmerzvollen und einsamen Jahren, erlaubte ich mir, mich fallen zu lassen – ich ließ mich fallen, wohlwissend, dass ich vielleicht wieder hart aufkommen könnte. Doch in diesem Moment nahm ich den Sturz in Kauf, nur um das Gefühl des Fluges zu genießen. Ich fühlte mich geborgen, geliebt und akzeptiert. Reagan hatte mir die Angst, meinen stetigen Begleiter, zwar nicht nehmen können, aber verdammt, sie hatte mir definitiv beweisen können, dass ich an ihrer Liebe nicht zu zweifeln brauchte.

Ich zog sie an den Schultern zu mir hoch, presste meine Lippen auf ihre und steckte alles, was ich in diesem Moment fühlte, in diesen Kuss.

Als ich mich von ihr löste, lehnte ich meine Stirn mit geschlossenen

Augen gegen ihre. Ihr warmer, schwerer Atem prallte gegen meine Lippen und ich spürte die kräftigen Schläge ihres wild pochenden Herzens an meiner Brust.

»Ich werde mich an diesen Moment erinnern, Reagan. Selbst, wenn ich nicht an deiner Liebe zweifle. Ich werde mich erinnern und nur noch mehr Liebe empfinden. Das verspreche ich dir.«

Kapitel 26

Glaubst du, ich kann so gehen, Huds?«, fragte ich unsicher nach, vollführte eine halbherzige Pirouette und präsentierte ihm das Kleid, welches ich mir für Reagans Vernissage ausgesucht hatte. Der purpurrote, seidige Stoff reichte bis zum Boden, schmiegte sich eng wie eine zweite Haut an meinen Oberkörper und fiel nach unten locker aus. Ein Schlitz an der linken Seite legte beinahe gänzlich mein Bein frei.

»Du siehst umwerfend aus, Alexis«, unterbrach Hudson meine Gedanken. »Ich hätte definitiv einen Grund zur Eifersucht, wenn Ches nicht mein Freund und ich obendrein schwul wäre«, murmelte er mit matter Stimme. Unsicher zupfte ich an dem glatten Stoff, bis ich leise aufseufzte und mich auf der Bettkante niederließ.

»Und glaubst du, es ist die richtige Entscheidung hinzugehen?«, hakte ich weiter nach. »Sie wird dort mit Kian sein. Und was, wenn mich ihre Eltern nicht mögen ... oder sogar verurteilen?«

»Oh, sie werden dich definitiv verurteilen. Immerhin hast du erfolgreich dafür gesorgt, dass sie sich den Gedanken an Enkelkinder aus dem Kopf streichen können. Glaub mir, das kann Welten zerstören«, erwiderte er. Ein trockenes Lachen entfloh seiner Kehle, welches sich innerhalb eines Wimpernschlags in ein Husten verwandelte und seinen geschwächten, dünnen Körper durchschüttelte. Als er sich beruhigt hatte und die Hand von seinem Mund nahm, rutschte mein Herz, bei dem Anblick der dunkelroten Blutstropfen in seiner Handfläche, eine Etage tiefer.

»Soll ich nicht lieber doch hierbleiben?«, fragte ich beunruhigt, während ich aufsprang, im angrenzenden Badezimmer ein Tuch befeuchtete und zurück zu Hudson ging, um seine Hand zu säubern. Doch er schüttelte brüsk den Kopf, nahm mir das fleckige Tuch ab und legte es auf einen kleinen Tisch neben seinem Bett.

»Auf keinen Fall, Alexis. Ich bin keine spannende Gesellschaft mehr.« Sein ohnehin schon trüber Blick wurde noch matter und ich spürte, wie der Kloß in meinem Hals zu wachsen begann. »Ich wünschte, ich könnte der Hudson für dich sein, den du einmal kanntest …«, begann er.

»Das bist du und du wirst es auch immer bleiben«, beeilte ich mich zu sagen, doch Hudson schenkte mir bloß ein gequältes Lächeln.

»Das ist eine Lüge und das weißt du auch.« Er pausierte, um Luft zu holen, griff nach meiner Hand und fixierte mich schließlich mit seinen traurigen, glanzlosen Augen, aus denen jeglicher Lebensmut gewichen war. »Ich möchte nicht, dass du mich so in Erinnerung behältst«, sprach er weiter, während sich bereits die erste Träne aus meinem Augenwinkel löste. »Dein Huds … ist schon lange weg … er –«

»Hör auf«, unterbrach ich ihn mit tränenverschleierter Sicht, doch scheinbar wollte er mich nicht hören, oder ignorierte meinen Protest aus purer Dickköpfigkeit.

»Er hat bloß diesen krebszerfressenen Körper zurückgelassen, Alexis. Versteh das doch bitte. Dein Hudson ist fort und ich möchte nicht, dass du mir beim Sterben zuschaust.«

»Deine Zeit ist noch nicht gekommen«, widersprach ich verzweifelt und klammerte mich hilflos an diesen Wörtern fest.

»Sie ist schon längst da und bereits überfällig«, antwortete er tonlos und kam mir zuvor, ehe ich den Mund aufmachen konnte. »Und du wirst auf diese Vernissage gehen, dich von deiner besten Seite präsentieren und Reagans Eltern beweisen, dass du die bessere Wahl für sie bist, hörst du?« Er schloss für einen kurzen Moment die Augen und schien nach der Luft zu schnappen, die bei seinem kleinen Monolog entflohen war. »Genieß deinen Abend, Alexis. Genieß ihn mit Chester und Reagan. Ich komme hier schon allein klar. Ich bin schon immer allein klargekommen.«

»Hudson, ich –«

»Tu mir den Gefallen, okay? Bitte denk einen Abend mal nicht an mich und meine ausweglose und so beschissene Situation. Denk nicht an dein Solo.« Er pausierte erneut, bevor er wieder zum Reden ansetzte. »Hab einfach nur Spaß, denn der ist dieses Jahr zu kurz gekommen. Hab Spaß …«

»Wie soll ich Spaß haben, wenn mein bester Freund im Sterben liegt? Wie soll ich Spaß haben, wenn ihm jeder Atemzug Qualen bereitet und ... und er eigentlich nur noch eine leblose Hülle seiner selbst ist?« Meine Stimme begann zu wackeln und Hudson schloss für den Bruchteil einer Sekunde die Augen. So, als könnte er die Tränen, die meine Wangen hinabkullerten, nicht länger ertragen. Kaum hatte er die Augen wieder geöffnet, war sein Gesicht eine Maske aus Schmerz und Leid.

»Tu es einfach, Alexis. Egal wie. Aber tu es.«

Ich schüttelte verzweifelt den Kopf, versuchte die Tränen fortzublinzeln, schluchzte jedoch erstickt auf. »Wieso habe ich das Gefühl, dass du mir gerade Lebewohl sagst?«

Hudson schwieg für einen Moment und plötzlich glaubte ich, ihn in seinen matten, braunen Augen wiederzuerkennen. Meinen Hudson. Seine Augen schimmerten im trüben Licht der kleinen Lampe neben seinem Bett – ließen Emotionen und Gefühle erahnen.

»Wenn ich sterbe ...« Er hielt inne, umfasste meine Hand fester und ich schloss die Augen, während ich seinen heiseren, leisen Worten lauschte und mich nicht darum scherte, dass die schweren Tränen, die aus meinen geschlossenen Lidern quollen, mein gesamtes Make-up zerstörten.

»... dann werde ich mich an unseren Moment auf dem Riesenrad im *Luna Park* erinnern. Ich werde mich an das Gefühl erinnern, welches ich verspürt habe – Freiheit, Leichtigkeit ... endloses Glück. Ich werde mich daran erinnern, dass du mich gerettet hast. Du hast mich davor gerettet, auf diesem gottverdammten Planeten kaputtzugehen. Du hast mir Hoffnung geschenkt und Freude und ... und auch, wenn wir uns aus den Augen verloren haben, so hast du mir dennoch die schönsten Jahre meines Lebens geschenkt, Alexis.« Seine Stimme brach und als ich die Augen öffnete, flossen stumme Tränen über seine blassen, eingefallenen Wangen.

»Es war mir eine Ehre ... Hudson Tate«, flüsterte ich mit belegter Stimme, beugte mich vor und drückte ihm einen sanften, liebevollen Kuss auf die Wange. Seine Augen fielen zu und ich strich ihm leicht durch sein stumpfes, braunes Haar.

»Bist du müde?«, hakte ich leise nach und er nickte kaum merklich.

»So viel zu reden ist anstrengend ... wenn ... wenn die Luft knapp wird. Und die Medikamente gegen die Schmerzen geben mir den Rest«, murmelte er und schaffte es, seine Augen wieder einen Spalt breit zu öffnen. Der

Schimmer, der für einige Minuten Leben in seine Augen gezaubert hatte, war fort. »Du solltest gehen, Alexis. Sonst kommst du noch zu spät. Chester wartet bestimmt schon auf dich.«

Ich nickte zerstreut, löste mich schweren Herzens von ihm und spürte, wie mein Herz in zwei Hälften brach, als seine kalte Hand langsam aus meiner glitt.

»Geh, Alexis«, wiederholte er sich kaum hörbar und blinzelte mich aus müden Augen an. Mein Verstand registrierte seine Worte, doch mein Körper schien wie paralysiert, um dem nachzukommen, was mein Kopf von ihm wollte. Ich starrte Hudson aus verquollenen Augen an und versuchte weitestgehend zu akzeptieren, dass ich ihn nun vielleicht zum letzten Mal sah. Meinen besten Freund. Meinen Hudson Tate.

»Geh«, sprach er ein drittes Mal aus und ich zwang meine Beine, sich zu bewegen. Wie in Zeitlupe steuerte ich die Tür an, hielt inne und drehte mich zu ihm um. Seine Augen waren geschlossen, seine Brust hob und senkte sich langsam und das Piepsen seines Herzens hallte laut in meinen Ohren wider. Ich betrachtete seine ruhige Gestalt, die so winzig klein in diesem großen Krankenbett erschien. Das leise Surren der Klimaanlage vermischte sich mit den Geräuschen des Herzmonitors und dem Zwitschern der Vögel, welches durch das offene Fenster zusammen mit dem warmen Licht der untergehenden Sonne in den Raum sickerte. Meine Kehle schnürte sich eng zusammen und ich umklammerte die kleine Tasche in meinen Händen, als wäre sie der Rettungsanker, der mich vor dem Versinken bewahrte.

»Huds?«

»Mh?« Sein Kopf drehte sich minimal in meine Richtung und ich betrachtete ein letztes Mal seine sanften Gesichtszüge.

»Ich werde dich vermissen.«

Seine Lippen zuckten für den Bruchteil einer Sekunde, ehe das Gespenst eines Lächelns auftauchte. »Das will ich doch hoffen …«

Ich schaffte es, ein gequältes Lächeln auf meine Lippen zu zaubern, drehte mich um und ging auf die Tür zu, als mich seine raue Stimme ein letztes Mal aufhielt. Meine Hand verweilte auf der kalten Türklinke.

»Alexis?«

»Ja?« Ich starrte die blassgelbe Farbe der Tür an und lauschte seiner Stimme.

»Denk immer daran, was ich dir damals im Luna Park gesagt habe …«

»Es wird alles gut«, flüsterte ich mehr zu mir selbst, als dass ich mit Hudson sprach, während ich den fürchterlichen Schmerz, der von meinem Herzen ausging, zu ignorieren versuchte.

»Selbst, wenn es sich für eine lange Zeit ganz fürchterlich anfühlt und du manchmal sogar glaubst, dass es nie wieder besser wird, musst du dir immer in den Kopf rufen, dass am Ende alles wieder gut wird.«

Kaum war ich aus dem Krankenhaus getreten, verspürte ich das Bedürfnis, mich zu einer winzigen Kugel zu rollen, um den Schmerzen in meinem Körper Einhalt zu gebieten. Doch ich zwang mich, ein Bein vor das andere zu setzen, ruhig zu atmen und meine Tränen im Zaum zu halten. Als ich Chester an seinem alten Mustang lehnen sah, brach meine Mauer jedoch und ich beschleunigte meinen Schritt, bevor ich ihm schluchzend um den Hals fiel.

Seine Arme legten sich beruhigend um meinen zitternden Körper und seine Hände strichen behutsam über mein Rückgrat.

»Hat er dich auch rausgeschmissen?«, hakte er nach und ich löste mich allmählich von ihm, während ich mir die Tränen von den Wangen wischte. Schließlich nickte ich kaum merklich und fing den mitfühlenden und tränenverschleierten Blick seiner blauen Augen auf.

»Wir müssen es akzeptieren«, murmelte er leise. »Und vielleicht hat er recht. Vielleicht sollten wir ihn so in Erinnerung behalten, wie er war. Denn der Mensch da drin …« Er pausierte und zeigte beinahe anklagend auf das Krankenhaus. »Dieser Mensch ist nicht unser Hudson und das weißt du genauso gut wie ich. Er meint es nur gut.«

»Und trotzdem lassen wir ihn zum Sterben allein …«

»Er möchte es so, Alexis. Und ich weiß, es tut verdammt weh. Es ist nicht leicht. Weder für ihn noch für uns. Doch wir müssen es akzeptieren«, wiederholte er sich sanft, fischte ein sauberes Tuch aus seinem Jackett und platzierte eine Hand behutsam unter meinem Kinn, um es leicht hochzudrücken. Anschließend tupfte er mit dem seidigen Stück Stoff die Tränen von meinen Wangen und schenkte mir ein liebevolles Lächeln, welches jedoch nicht seine Augen erreichte. Sie waren erfüllt von Leid und Schmerz – das sonst so helle Blau vor lauter Trauer dunkel und stumpf.

»Wir sollten fahren«, ergänzte er, ließ von mir ab und schloss das Auto auf. Schließlich hielt er mir die Beifahrertür auf, wartete, bis ich eingestiegen war und umrundete die Motorhaube, um neben mir auf dem Fahrersitz Platz zu nehmen.

Als er langsam vom Parkplatz rollte, ließ ich das Krankenhaus und das Fenster, hinter dem ich Hudsons Zimmer vermutete, nicht aus den Augen. Innerlich wusste ich, dass ich Hudson heute wahrscheinlich zum letzten Mal lebend gesehen und berührt hatte. Und wenn ich beim nächsten Mal durch die gläsernen Türen trat und durch das Foyer schritt, dann nur, um mich endgültig von seinem leblosen Körper zu verabschieden.

Widerwillig riss ich den Blick vom Gebäude los, starrte teilnahmslos durch die Windschutzscheibe und nahm die Welt um mich herum kaum wahr. Es schien, als würde ich mich in einer gigantischen Blase befinden, die mich von der Realität abkapselte und in der mich die Trauer wie eine gnadenlose Welle überwältigte. Sie hielt mich so lange gefangen, bis Chester sie zum Platzen brachte. Seine Hand, die sich vorsichtig auf meine Schulter legte, gewann meine Aufmerksamkeit und ich blinzelte, um dem Gefängnis meiner dunklen Gedanken zu entkommen.

»Wir sind da, Alexis. Bist du so weit?«

Ich stellte fest, dass er bereits ausgestiegen war und die Beifahrertür aufgezogen hatte. Hinter ihm strömten Menschen in Richtung eines hell beleuchteten Gebäudes, welches an der Front beinahe gänzlich nur aus Fensterscheiben bestand. Eine Allee zog sich vom Parkplatz aus bis zu dem gläsernen Komplex und wurde von warm leuchtenden Lichterketten in Szene gesetzt.

»Es war eine fürchterliche Idee, hierherzukommen«, seufzte ich verzweifelt, stieg dennoch aus und strich den Stoff meines Kleides glatt, der vom Sitzen kleine Falten davongetragen hatte.

»Fürchterlich wäre es gewesen, wenn du nicht aufgetaucht wärst. Reagan ist deine Freundin. Sie hofft auf deine Unterstützung.«

»Sie ist nicht meine Freundin, Ches«, korrigierte ich ihn unvermittelt, ließ die Autotür ins Schloss fallen und hakte mich bei ihm unter. »Ihre Eltern glauben immer noch, dass sie mit Kian verlobt ist. Heute bin ich nicht ihre Freundin. Nur die alles vernichtende Bombe, die alles in die Luft jagen wird«, ergänzte ich kraftlos, sodass Chester mutmachend meine Hand drückte.

»Du wirst überhaupt nichts in die Luft jagen, Alexis. Reagan hat selbst entschieden, ihren Eltern die Wahrheit zu sagen. Denk also nur daran.«

Ich warf ihm einen zweifelnden Blick zu, bevor wir mit einer Handvoll Menschen ins Innere des Gebäudes traten und von leiser, klassischer Musik begrüßt wurden. Die Luft war geschwängert von Parfüm, Alkohol und leisen Gesprächen, die sich zu einem einzigen, stetigen Summen zusammentaten. Meine Augen schweiften suchend über die unzähligen fremden Gesichter, die mit interessierten Mienen die ausgestellten Fotografien und Kunstwerke begutachteten.

Mein Blick folgte einer glänzenden Treppe, die in ein weiteres, offenes Stockwerk führte, und am Absatz der Treppe sah ich Reagan, die mit einem breiten Lächeln auf den Lippen die Menschen begrüßte, die das obere Stockwerk betraten. Ihr schwarzes, paillettenbesetztes Kleid funkelte bei jeder noch so kleinen Bewegung und schmiegte sich eng an ihren Körper.

»Möchtest du hier Wurzeln schlagen und sie weiter aus sicherer Ferne anschmachten?«, hinterfragte Chester mit einem amüsierten Unterton, nachdem ich für wenige Minuten wie festgewachsen an Ort und Stelle verweilt war und den Blick nicht von Reagan nehmen konnte.

»Ich schmachte nicht«, widersprach ich, fühlte mich dennoch ertappt, als hätte er mich bei etwas Verbotenem erwischt. Ein Blick in sein Gesicht genügte, um zu erkennen, dass er mir kein Wort glaubte. Ein kleines Grinsen zierte seine Lippen und die Trauer, die seit Wochen in seinen Augen wohnte, wurde von einem amüsierten Funkeln überschattet. Als er sich in Bewegung setzte und die Treppe ansteuerte, hätte ich beinahe reflexartig die Hacken in den Boden gestemmt, um mich der Bewegung nach vorne zu widersetzen. Doch der vernünftige Teil in mir hatte Überhand und somit nahm ich mit rasendem Herzen Stufe für Stufe, bis wir vor Reagan standen. Ihr strahlendes Lächeln verblasste, als sie erst Chester und schließlich mich ansah.

»Ist alles in Ordnung?«, hakte sie sofort leise nach, ließ mich nicht aus dem Blick und musterte mein Gesicht, welches höchstwahrscheinlich fleckig von den Tränen war, die ich vor einer halben Stunde vergossen hatte. Nun schien sie volle Sicht auf meine ramponierte Seele zu haben, die Hudson mit seinem Rausschmiss verwundet hatte.

»Uns geht es gut. Mach dir keinen Kopf, Reagan. Das ist dein Abend und den solltest du genießen«, würgte ich sie ab und bemühte mich, ihrem Blick standzuhalten, anstatt ihren perfekten Körper in diesem noch perfekteren Kleid zu bewundern.

»Na schön …«, seufzte sie leise. Ihr Lächeln kehrte halb zurück, als sie eine einladende Handbewegung zur Mitte des Raumes machte. »Hier oben hängen ausschließlich meine Werke«, eröffnete sie uns und das stolze Strahlen in ihren Augen schaffte es, den Schmerz in mir für den Moment zu lindern. »Ich warte noch auf meine Eltern. Aber schaut euch gerne schon mal etwas um«, ergänzte sie und zuckte kaum merklich zusammen, als Kian von hinten an sie herantrat und einen Arm um ihre schmale Taille legte. Ihr Lächeln wurde kleiner und sie schien sich sichtlich unwohl zu fühlen, was ich ihr nicht verübeln konnte. Kians kühler Blick richtete sich auf meine Wenigkeit und er schien bewusst zu missachten, dass Reagan versuchte, seinen Arm von ihrer Taille zu schieben. Ich hatte gehofft, ihn nie wieder sehen zu müssen. Nie wieder daran erinnert werden zu müssen, dass er mir meine Vergangenheit stärker ins Gedächtnis rief, als mir lieb war.

»Alexis«, grüßte er mich mit einem knappen Nicken und einem teuflischen Funkeln in seinen dunklen Augen, welches mich regelrecht zum Kampf aufforderte. Der Kampf um Reagan, den ich plötzlich für unmöglich zu gewinnen hielt. Ich spannte mich an, erwiderte sein knappes Nicken und zog Chester schließlich fort, um dem beklemmenden Gefühl in meiner Brust keinen Raum zu bieten, sich auszubreiten.

»Ich wiederhole mich, Chester. Es war eine verdammt fürchterliche Idee, hierherzukommen«, sagte ich, nachdem wir uns von Kian und Reagan entfernt und uns unter die Leute gemischt hatten. Als ein Kellner mit einem Tablett voll Sektflöten vorbeikam, griff ich flink nach zwei Gläsern und drückte Chester eins davon in die Hand. Schließlich erfassten meine Augen das erste Mal an diesem Abend Reagans Werke, die mich dazu brachten, das Glas anzusetzen und mit einem Schluck zu vernichten. Das Spiel aus Licht und Schatten setzte Kians muskelbepackten, tätowierten Körper gekonnt in Szene – ließ ihn fast lebendig wirken. Vor allem die weiblichen Besucher der Vernissage blieben stehen, verweilten unnatürlich lange vor den Fotografien – ließen ihre Augen gierig über die Abbildung seines Körpers wandern und warfen verstohlene Blicke auf das lebende Objekt ihrer Begierde, welches seine Hände weiterhin auf den Hüften des Objektes meiner Begierde liegen hatte.

Ich merkte kaum, dass meine Aufmerksamkeit gar nicht mehr auf den Fotografien, sondern wieder auf Kian lag. Als würde er meinen stechenden

Blick spüren, drehte er den Kopf in meine Richtung, fixierte mich vom anderen Ende des Raumes aus und verzog die Lippen zu einem gewinnenden Grinsen, während er Reagan dichter an seinen breiten Körper zog. Selbst aus der Entfernung erkannte ich, dass seine Hände wanderten, Reagans Seiten streiften und knapp unter ihrer Brust zum Stillstand kamen. Seine düsteren Augen ließen mich dabei nicht aus dem Blick. Mein Magen brodelte vor aufkommender Wut, vermischt mit Eifersucht und abgrundtiefen Hass, was Chester zu spüren schien.

»Entspann dich, Alexis, und versuch, dich erst mal auf etwas anderes zu konzentrieren«, riet Chester mir, zog mich in die entgegengesetzte Richtung und unterbrach somit das kleine Blickduell zwischen Kian und mir.

»Ich hätte gar nicht zulassen sollen, dass er ihre Begleitung wird«, stieß ich zwischen zusammengebissenen Zähnen hervor und umklammerte die Sektflöte in meinen Händen so stark, dass meine Fingerknöchel weiß hervortraten. »Was, wenn sie sich wieder umentscheidet? Was, wenn sie merkt, dass sie doch noch Liebe für diesen … diesen Teufel übrig hat?« Meine Stimme klang verzweifelt und ich lehnte mich erschöpft gegen Chesters Brust. Meine Wut schlug augenblicklich in Angst um. Was, wenn Kian diesen Kampf bereits gewonnen hatte? Er kannte Reagan in- und auswendig. Wusste mit ihr umzugehen.

»Das wird nicht passieren. Da bin ich mir sicher«, versuchte Chester mich zu beruhigen und nahm mir behutsam das Glas ab, um es zurück auf das Tablett eines Kellners zu stellen, der uns soeben passierte.

Seufzend ließ ich von ihm ab, fuhr mir überfordert durchs Haar und blickte mich in der vollen Galerie um.

»Ich gehe mich kurz frisch machen, okay?«

Chester nickte und nippte kurz an seinem Sekt. »Okay, ich schaue mich in der Zeit weiter um.«

Er marschierte los und ich wartete, bis er außer Sichtweite war, bevor ich mich durch die Gäste schlängelte und alles andere als die Toilette im Visier hatte. Meine Aufmerksamkeit hing an den vielen Fotografien – überwiegend von Kian, manchmal von anderen Fotomodellen. Doch ich suchte etwas Bestimmtes. Minuten später entdeckte ich einen schmalen Flur, der zu einem weiteren, wesentlich dunkleren Raum führte. Ich schloss mich einigen Besuchern an, gelangte in das Séparée und blieb so abrupt an Ort und Stelle stehen, dass einige der Leute hinter mir leise fluchten und sich an mir vorbei quetschten. Doch ich beachtete sie gar nicht. In diesem Raum, der dunkler und sinnlicher beleuchtet war als der Rest der Galerie, hingen weitere Werke von Reagan. Sie zeigten weder Kian noch jemand anderes. In diesem Raum hatte Reagan mein Solo verewigt – Fragmente meiner Seele, eingefangen in perfekten Momentaufnahmen, wo sie für immer bleiben würden. Andächtig setzte ich einen Fuß vor den anderen, ließ meine Augen über die Fotografien wandern und erkannte mich selbst kaum wieder. Das einzelne Spotlight, welches an jenem Tag die gesamte Beleuchtung ausgemacht hatte, erhellte einen Teil meines Körpers, während der andere Teil in kompletter Finsternis lag. Die Muskeln, die sich über all die Jahre des harten Trainings entwickelt hatten, spielten mit dem Licht und spiegelten die Kraft der Pirouetten, Fouettés und Grand Jetés wider, die Reagan im ausschlaggebenden Moment eingefangen hatte. Es war, als hätte sie mit diesen Fotografien eine ganz eigene Form der Kunst erschaffen. Sie hatte die Schönheit des Balletts anders definiert. Interessanter. Emotionaler. Die Werke, auf denen Kian abgebildet war, spiegelten zwar das ästhetische der Aktfotografie wider, doch sie waren ohne Emotionen gewesen – ohne die Tiefe und Sinnlichkeit, die ich in diesen Fotos erkannte. Und nun begriff ich, was Reagan vor einigen Tagen meinte, als sie sagte, ich sei eines ihrer Kunstwerke.

»*Disculpe, ¿es usted la modelo de estas fotos*?«, riss mich eine sanfte Stimme aus meiner eigenen kleinen Welt und ich wirbelte zu der Frau herum, die mich angesprochen hatte.

»Verzeihung?«, hakte ich unbeholfen nach, musterte die Frau vor mir und konnte schnell erahnen, dass es sich um Reagans Mutter handelte. Sie hatte die gleichen tiefen, braunen Augen, die weichen Gesichtszüge und das freundliche Lächeln.

»Tut mir leid, ich verstehe leider kein Spanisch«, ließ ich sie zerknirscht wissen, erkannte, dass sie ebenfalls zu verstehen versuchte, was ich sagte, und spürte Erleichterung in mir aufkeimen, als Reagan den Raum betrat und neben ihrer Mum stehen blieb.

»Und, was sagst du?«, hakte sie strahlend nach, ließ ihren Blick über die Bilder wandern und sah mich schließlich abwartend an.

»Die Fotos sind ... unglaublich, Reagan. Sie sind perfekt«, erwiderte ich überwältigt, doch bevor ich noch etwas sagen konnte, kam mir Reagans

Mum zuvor. Sie wandte sich ihrer Tochter zu und stellte ihr dieselbe Frage, die sie mir zuvor gestellt hatte.

»*Sí, es la modelo, mamá. Te he hablado de ella. Se llama Alexis*«, antwortete sie geduldig, ehe sie ihren Blick auf mich richtete. »Sie wollte wissen, ob du das Model auf den Bildern bist«, klärte sie mich im Anschluss auf. »Sie hat Mexiko nie verlassen. Dementsprechend fällt es ihr schwer, sich zu verständigen«, fügte sie entschuldigend hinzu.

»Schon in Ordnung«, beruhigte ich sie und verkrampfte im selben Moment, als ausgerechnet Kian in den Raum trat, seine Augen über die Fotografien gleiten ließ und den Kiefer fest anspannte. Scheinbar wusste er nichts von den Bildern, was einen winzigen Funken von Genugtuung in mir aufflammen ließ. Die Augen von Reagans Mum leuchteten auf, als sie ihn sah, und ein Lächeln erhellte ihr Gesicht. Sie sah in ihm wahrscheinlich bereits den perfekten Schwiegersohn und der kleine Funken Genugtuung erlosch so schnell, wie er entflammt war.

»*Arturo encontró un lugar en el bar. Nos está esperando allí*«, sprach Kian in perfektem Spanisch aus und kaum waren die Worte raus, spielte ich mit dem Gedanken, freiwillig die weiße Fahne zu schwenken. Wie sollte ich noch gegen Kian ankommen? Ich machte aus Reagan eine Sünderin und mein Spanisch beschränkte sich auf ›Guten Tag‹ und ›Gute Nacht‹.

»*Perfecto. Reagan, ¿vienes?*«

»Sag ihr, dass ich gleich nachkomme«, sprach sie auf Kian ein, ohne auf die Frage ihrer Mum einzugehen, die ihren Blick nun verwirrt zwischen Kian und Reagan hin und her wandern ließ.

»Aber dein Vater –«

»Wartet an der Bar auf uns. Ich habe schon verstanden«, würgte sie ihn ab. »Hör auf, den perfekten Schwiegersohn zu spielen, Kian. Wir müssen ihnen die Wahrheit sagen, falls du das nicht schon vergessen hast.«

»*¿Está todo bien?*«, meldete sich Reagans Mum nun irritiert zu Wort, die dunklen Augen stets auf Reagan und Kian gerichtet.

»*No pasa nada*«, entgegnete Kian mit einem knappen Lächeln auf den Lippen. »*Vamos por delante. Reagan vendrá enseguida.*«

Reagans Mum nickte knapp, warf noch einen kurzen, prüfenden Blick auf ihre Tochter und verließ mit Kian gemeinsam den Raum, der immer leerer geworden war.

»Er spricht Spanisch?«, rutschte es mir sofort heraus und Reagan verzog das Gesicht zu einer zerknirschten Grimasse.

»Wir waren lange zusammen. Und er wollte einen guten Eindruck bei meinen Eltern hinterlassen.«

»Deine Mum liebt ihn«, schlussfolgerte ich tonlos, wohlwissend, dass ich keine Chance gegen Kian hatte. Er war Reagans Verlobter, der potenzielle perfekte Schwiegersohn und keine kaputte, nicht Spanisch sprechende Ballerina, die Reagans Mum den Traum von Enkelkindern vernichten würde. Reagan warf einen prüfenden Blick über ihre Schulter, drehte sich zu mir und zog mich mit einer einzigen Bewegung an ihren Körper, nur um dann ihre Lippen sanft auf meine zu legen. Mein Puls schoss in die Höhe, als sich unsere Zungen neckend umspielten und der Kuss leidenschaftlicher wurde. Die Schmetterlinge in meinem Bauch begannen wild mit den Flügeln zu schlagen und als sie sich von mir löste, verzog ich die Lippen automatisch zu einem seligen Lächeln.

»Vergiss meine Mum und vor allem Kian«, murmelte sie dicht an meinen Lippen. Ihre Hände umfassten meine Wangen und bei jedem Wimpernschlag sah ich die kleinen, glitzernden Partikel ihres Lidschattens. »Ich werde ihnen heute die Wahrheit sagen. Denk nur daran, in Ordnung? Nur, jetzt muss ich los, denn mein Vater wartet nicht gerne.«

»Ist schon in Ordnung. Ich sollte mich ohnehin langsam auf die Suche nach Ches machen. Ich habe ihn einfach stehen lassen.«

»Okay, wir sehen uns später. Und dann stelle ich dich meinen Eltern vor«, sagte sie, drückte mir einen letzten Kuss auf die Lippen, bevor sie sich umdrehte und den Raum verließ.

Lächelnd ließ ich meinen Blick erneut über die Bilder schweifen, drehte mich einmal um die eigene Achse, um alles in mich aufzunehmen. Ich führte mir unsere gemeinsame Nacht vor Augen. Erinnerte mich an die Liebe und die Sanftheit, die ich in dieser Nacht verspürt hatte. Vielleicht waren meine Aussichten auf bessere Zeiten nicht mal annähernd so weit entfernt, wie ich immer gedacht hatte. Vielleicht hatte ich doch eine Chance gegen Kian und vielleicht würde alles gut gehen, so wie Chester es vor einer guten Stunde vorhergesagt hatte. Alles in mir klammerte sich an der Hoffnung fest, die in mir aufkeimte. Doch die Hoffnung und ich spielten nicht dasselbe Spiel. Sie hatte sich bereits vor Jahren von mir abgewandt und rammte mir in den ungünstigsten Zeitpunkten ein Messer nach dem anderen in den Rücken. Das Messer stieß zu – unerwartet, skrupellos und fest.

»Ich wusste, dass wir uns irgendwann noch einmal über den Weg laufen würden, *Pequeña.*«

Kapitel 27

Vor meinem inneren Auge blitzten Fragmente meiner Vergangenheit auf – Polizisten, die unsere Wohnung durchsuchten. Mason, der in Handschellen abgeführt wurde und mich anbrüllte, ihn für unschuldig zu erklären. Der Mann, der alles zu verschulden hatte und Mason, ohne auch nur einmal mit der Wimper zu zucken, hinter Gitter gebracht hatte.

Adriel.

Obwohl ich mit dem Rücken zu ihm stand, spürte ich seine dominante Präsenz wie an jenem Tag, als er ungefragt in meine Wohnung gekommen war. Der Geruch von herbem Aftershave und Zigarillos stieg mir in die Nase und mein Körper schien vor Angst wie gelähmt. Langsam drehte ich mich zu ihm um, baute Augenkontakt auf und starrte mit einer Mischung aus Hass und Todesangst in sein Gesicht. Ich stellte mir das schwarze Herz vor, welches in seinem Brustkorb pochte. Falls es überhaupt existierte.

»Sehe ich da etwa Angst in deinen Augen?«, fragte er gelassen nach und als er einen Schritt auf mich zuging, wich ich automatisch zurück, was ihn wiederum überrascht zum Stehenbleiben animierte. Er schnalzte mit der Zunge und legte den Kopf wie ein irritiertes Hundebaby schief. »Nicht doch, *Pequeña*. Ich möchte doch nur mit dir reden.«

Ich schnaubte teils belustigt, teils ungläubig, spürte mein Herz heftig flattern wie ein Vogel im Käfig, der wieder wild sein wollte.

»Reden?«, echote ich mit überraschend fester Stimme. »Wir haben nichts zu bereden, Adriel.«

Seine Lippen verzogen sich zu einem winzigen Lächeln. So winzig und eiskalt, dass es nicht mal seine Augen erreichte. Diese durchbohrten mich wie Nadeln, ließen mich nicht aus dem Blick und verstärkten bloß das Gefühl von Angst, die sich wie flüssiges Gift durch meine Adern fraß.

Sein letzter Besuch war mit der Drohung verbunden, die Menschen aufzusuchen, die mir etwas bedeuten, schossen mir plötzlich Masons Worte durch den Kopf und ich trat unbewusst noch einen weiteren kleinen Schritt zurück.

Er wird dir nichts tun, sprach meine innere Stimme auf mich ein. *Was sollte er dir auf einer öffentlichen Veranstaltung schon antun?*

»Wir haben sogar eine Menge zu bereden, *Pequeña*«, widersprach er mir. »Und ich bin mir ziemlich sicher, dass du hören möchtest, was ich dir zu sagen habe.«

Ich schüttelte stur den Kopf. »Mir ist egal, was du zu erzählen hast. Wenn du mich nun entschuldigen würdest …« Ich pausierte, riss mich aus meiner Starre und ging an ihm vorbei Richtung Ausgang. »Ich muss jemanden suchen. Aber ich bin mir sicher, dass du hier eine Menge Leute finden wirst, die sich mit dir unterhalten wollen.«

Ich rauschte mit rasendem Herzen an ihm vorbei und kaum hatte ich das kleine Séparée verlassen, verließ mich mein Mut. Ich wurde mir jetzt erst meiner stark zitternden Hände bewusst. Meine Augen schweiften ruhelos durch die stark besuchte Galerie und blieben letztendlich an der Bar am Ende des Raumes hängen. Reagan, Kian und ihre Familie redeten miteinander … lachten miteinander und mein Magen zog sich unangenehm zusammen. Ein dumpfes Gefühl machte sich in mir breit und der Gedanke, dass Reagan sich für mich entscheiden würde, verblasste allmählich. Kian schien sämtliche Hebel in Bewegung zu setzen, um im Rennen zu bleiben.

»Du scheinst wohl immer den falschen Menschen zu vertrauen, nicht wahr?«, ertönte Adriels tiefe Stimme neben mir und ich zuckte kaum merklich zusammen. Die trotzige Seite in mir schwieg. Sie schwieg wie ein verdammtes Grab, in der Hoffnung, dass er von selbst verschwinden würde, wenn ich lange genug so tat, als würde er nicht neben mir stehen und mich mit seiner düsteren Präsenz einschüchtern. Stattdessen hielt ich weiter verbissen Ausschau nach Chester und als mein Blick die Bar ein zweites Mal streifte, verfing ich mich in Reagans Augen. Trotz der Entfernung erkannte ich die Unruhe und die Panik in ihrem Blick, als sie Adriel neben mir bemerkte. Im nächsten Moment wandte sie den Blick wieder ab, rutschte nervös auf dem Barhocker herum und beteiligte sich mit einem dünnen Lächeln auf den Lippen an dem Gespräch. Das dumpfe Gefühl in mir wurde stärker und verwandelte sich in eine anhaltende Furcht, die meinen Körper in Besitz nahm. Irgendetwas stimmte hier ganz und gar nicht. Mit einem letzten vernichtenden Blick in Adriels Richtung setzte ich mich in Bewegung und nutzte auf meiner Suche nach Chester gleich die Gelegenheit, alle weiteren Werke von Reagan zu betrachten, in der Hoffnung, auf andere Gedanken zu kommen. Doch es erwies sich als äußerst schwer, die Gedanken abzustellen, wenn mich auf jedem zweiten Bild die kalten, seelenlosen Augen von Kian anstarrten.

Einige Minuten später erblickte ich Chesters Gesicht in der Menge, atmete erleichtert auf, hastete auf ihn zu und sah Erstaunen in seinen Augen aufblitzen, als er den Kopf in meine Richtung drehte.

»Alexis, wo hast du gesteckt? Und was ist passiert? Du siehst aus, als hättest du einen Geist gesehen.«

»Wohl eher einen bösen Geist meiner Vergangenheit«, murmelte ich tonlos, während ich mich beunruhigt einmal um die eigene Achse drehte und mich stark davon abhalten musste, wie ein verängstigtes Kind nach Chesters Hand zu greifen, um mich in Sicherheit zu wiegen. Aus einem unerfindlichen Grund fühlte ich mich beobachtet – spürte zwei schwarze, böse Augen auf mir ruhen, die jeden noch so kleinen Schritt meinerseits verfolgten. Und als ich Adriel wie einen Todesengel inmitten der Menschen stehen sah, setzte mein Herz mehrere Schläge aus, bevor es panisch gegen meinen Brustkorb hämmerte, mich anflehte, es endlich rauszulassen, damit es flüchten konnte.

Er wird dir nichts tun, rief ich mir zurück ins Gedächtnis, drehte mich zu Chester und versuchte eine ruhige Miene zu bewahren.

»Können wir fahren?«

»Wir sind gerade mal seit zwei Stunden hier und hatten auch noch keine Chance, Reagan zu gratulieren. Wieso –«

»Bitte lass uns einfach fahren, Ches. Ich … ich fühle mich nicht wohl und wäre dir dankbar, wenn du mich nach Hause bringen könntest«, erklärte ich ihm eindringlich, sodass er irritiert die Stirn in Falten legte, meine Wenigkeit musterte und seine blauen Augen anschließend wachsam über die Gäste schweifen ließ.

»Hat dich jemand belästigt?«, hakte er ernst nach, doch ich schüttelte bloß den Kopf, griff nach seiner Hand und drängte ihn Richtung Treppe, als ich eine große Hand an meinem Ellenbogen spürte und von Panik geleitet zu der Person herumwirbelte. Ich verlor mein Gleichgewicht auf den hohen Schuhen, die ich trug, stolperte unbeholfen nach hinten und trat plötzlich ins Leere. Erschrockene Ausrufe ertönten und Chester stürzte zu mir, um mich vor dem Fall zu bewahren, der sich unheilvoll ankündigte. Selbst Adriel schien für den Moment aus der Rolle des bösen Drogenbosses zu fallen, bekam meinen Unterarm zu fassen und zog mich kraftvoll von der Treppe weg, sodass ich gegen seine breite Brust fiel und mich in derselben Sekunde hasserfüllt von ihm abstieß und ihn von mir wegdrückte.

»Verdammt, wieso kannst du mich nicht in Ruhe lassen?«, knurrte ich Adriel an, klammerte mich zitternd an Chesters Arm und verankerte meine Finger in dem glatten Stoff seines Jacketts. Mein Puls raste und mein Blick zuckte für den Bruchteil einer Sekunde in die untere Etage, dorthin, wo die schwarz glänzenden Treppenstufen auf kalten, glatten Fliesen mündeten. Ein Sturz aus dieser Höhe wäre verheerend gewesen und vor lauter Panik wurde mir schlecht.

»Sie sollte sich dir annähern, Alexis, um herauszufinden, wo Masons Schulden abgeblieben sind, damit sie endlich beglichen werden können«, sprach er aus und aus einem unerfindlichen Grund klang mein Name aus seinem Mund bedrohlich und furchteinflößend. Ich lenkte meine Augen zurück in seine Richtung, nicht fähig, etwas zu erwidern. Der Schreck saß mir noch zu sehr in den Knochen.

»Kennst du den Kerl?«, raunte Chester mir zu, während sich sein Arm schützend um meine Taille legte.

»Ich habe keine Ahnung, wovon du überhaupt sprichst«, fuhr ich Adriel an, ohne auf Chesters Frage einzugehen.

»Reagan«, konkretisierte er und ich folgte seinem Blick, der uns zu Reagan führte. Sie schien von dem Gespräch zwischen ihren Eltern und Kian nichts mehr mitzubekommen. Stattdessen lagen ihren Augen auf mir – schienen mir stumm mitzuteilen, mich anzuflehen, Adriels Worten keinen Glauben zu schenken.

Ich schaute zurück in Adriels Gesicht. Sah das Böse in seinen Augen aufblitzen und schüttelte schließlich kaum merklich den Kopf. »Wieso sollte ich auch nur einem Wort, das du von dir gibst, glauben?«

»Ich bin kein Lügner, *Pequeña*«, erwiderte er und klang dabei so aufrichtig, dass die Übelkeit in mir zunahm. Was, wenn er die Wahrheit sagte? Mein

Blick schoss erneut zu Reagan. Ihre Augen wanderten unruhig zwischen Adriel und mir hin und her, bis ihr Vater sie ansprach und sie sich widerwillig in seine Richtung drehte. Dennoch erkannte ich, dass ihr Körper wie ein gespannter Bogen auf der Kante des Hockers verweilte, jederzeit bereit, aufzuspringen und herzukommen.

»Und trotzdem fällt es mir schwer, dir zu glauben, Adriel«, sprach ich aus, lenkte meine Augen zurück in sein regungsloses Gesicht und schluckte den Kloß in meinem Hals hinunter. »Reagan ... würde mir so etwas nie antun. Sie ... sie ist in mich verliebt«, gab ich schwächer als gewollt von mir und plötzlich verzog er die Lippen zu dem amüsierten Lächeln wie vor drei Jahren, als er mir dieselben Worte mitgeteilt hatte, die in dieser Sekunde seinen Mund verließen.

»Liebe spielt hier keine Rolle, *Pequeña*. Hier geht es ausschließlich ums Geschäft. Ich hatte gehofft, du hättest aus deinen Fehlern gelernt, doch scheinbar bist du genauso naiv wie vor drei Jahren, nicht wahr?«, sprach er mit samtweicher Stimme auf mich ein, doch ich konnte den Teufel in seinen Augen erkennen.

»Lass uns fahren, Alexis«, hörte ich Chester leise auf mich einreden, aber mein Körper schien wie gelähmt, der Wunsch, die Vernissage früher zu verlassen, wie weggeblasen. Alles in mir war bis zum Zerreißen angespannt und meine Augen ließen den Teufel vor meiner Nase nicht aus dem Visier.

»Hat sie dir etwa nie erzählt, dass ich ihr Cousin bin?«, fragte er gelassen nach und ließ somit die erste Bombe platzen. »Als sie nach Sydney kam, habe ich sie bei mir aufgenommen, damit sie ein Dach über dem Kopf hat. Und wer unter meinem Dach lebt, der hat sich an meine Regeln zu halten«, ergänzte er ruhig.

Mir blieb keine Zeit zu antworten, denn er sprach bereits weiter. So gelassen, als würde er mir eine lockere Geschichte erzählen.

»Ich wusste, dass ich dein Vertrauen bereits beim Eintreten in deine Wohnung verloren hatte. Kian oder Brody auf dich anzusetzen, schien mir ebenfalls kein kluger Schachzug zu sein. Ihnen hättest du erst recht nicht vertraut. Womöglich hätten sie dich sogar zu sehr an Mason erinnert.«

Er pausierte, studierte mein starres Gesicht und sprach weiter, als er zu merken schien, dass von mir weiterhin keine Antwort kam.

»Reagan hat eine viel zu gute Seele, weshalb sie einen Gefallen ihres geliebten Cousins natürlich nicht abschlagen konnte.«

Seine Stimme triefte mittlerweile vor lauter geheuchelter Nettigkeit und mit jedem Wort mehr, welches seinen Mund verließ, wurde der Knoten in meinem Magen größer und schmerzhafter.

»Nur leider ist Reagan von ihrem Weg abgekommen.«

Wir haben nach einer neuen Lösung gesucht, denn du scheinst vom Weg abzukommen. Kians Worte, die er Reagan vor Monaten an den Kopf geknallt hatte, fanden zurück in mein Gedächtnis.

Du hast eine einzige Aufgabe und verlierst sie aufgrund deiner verflucht blauäugigen Art komplett aus den Augen.

Der Boden unter meinen Füßen begann gefährlich zu schwanken und ich erinnerte mich bruchstückhaft an Situationen, die das fehlende Stück zu diesem verflucht grausamen Puzzle ergaben.

Du wirst diese Entscheidung noch bereuen, Alexis. Du lebst eine verdammte Lüge und du wirst dir wünschen, nicht so dumm gewesen zu sein, wenn die Wahrheit ans Licht kommt. Nun war es Masons Stimme, die mich heimsuchte.

Kian hatte also nicht umsonst immer in Rätseln gesprochen, Reagan gedroht, endlich eine neue Lösung zu finden, und letztendlich sogar Brody auf mich angesetzt, um an Masons verdammtes Geld zu kommen. Ich hatte geglaubt, mit meiner Vergangenheit endlich abschließen zu können. Stattdessen wurde mir innerhalb von zwei Stunden alles genommen, was ich mir über dieses Jahr neu aufgebaut hatte. Vertrauen, Hoffnung, Freude ... alles stürzte soeben ein und fiel in sich zusammen wie ein verdammtes Kartenhaus.

»Wie kann ein einziger Mensch so grausam sein?«, fragte ich ihn tonlos und Adriel hob überrascht beide Augenbrauen an.

»Grausam?«, echote er. »Ich bin nicht grausam. Ich versuche bloß, mein Geschäft am Laufen zu halten. Ein schlechter Ruf in dieser Branche ist unvorteilhaft und Masons Tat hat kein gutes Licht auf mich geworfen«, informierte er mich scharf, aber immer noch ruhig, um keine Aufmerksamkeit auf uns zu ziehen. »Niemand konnte ahnen, dass es solch eine Wendung nehmen würde. Und wenn Reagan professionell geblieben wäre, dann hätten wir dieses Problem nun nicht.«

Ich schnaubte unfreiwillig auf und verspürte den Drang, das selbstgefällige Grinsen aus seinem Gesicht zu schlagen. »Du hättest dir diese verdammte Mühe sparen können, Adriel«, fauchte ich ihn beherrscht an und bemühte mich, den schmerzhaften Knoten in meinem Magen zu ignorieren, obwohl er sekündlich wuchs und mir beinahe die Luft zum Atmen nahm. »Dein Geld ist bei den Cops«, ließ ich ihn kalt wissen. »An dem Tag, als Mason verhaftet wurde, haben sie unsere Wohnung durchsucht.«

Adriels Grinsen wurde kleiner und mein Hass auf ihn immer größer. Er loderte in mir wie ein Höllenfeuer, gewann an Stärke und übernahm die volle Kontrolle über meinen Körper.

»Wenn du dein gottverdammtes Geld wiederhaben möchtest, dann musst du dem Revier wohl oder übel einen kleinen Besuch abstatten, denn du hast dir mit deiner Aktion, Mason hinter Gitter zu bringen, dummerweise selbst ins Bein geschossen. Wenn du mich jetzt entschuldigen würdest ...« Ich brach ab, denn ich schaffte es nicht länger, auf dieser Vernissage zu bleiben, ohne mich dabei wie ein Stück Fleisch zu fühlen, welches absichtlich in haiverseuchte Gewässer geschmissen wurde.

Ich wirbelte herum, zog Chester blind hinter mir her und stürzte die Treppe Richtung Ausgang hinunter. Kaum waren wir draußen, wollte alles in mir bereits zum Auto hasten, doch ich hatte nicht mit Reagan gerechnet, die nur wenige Sekunden nach mir draußen ankam.

»Alexis«, rief sie, holte auf und bekam mich am Arm zu fassen. »Bitte lass mich das erklären«, flehte sie verzweifelt, doch ich schüttelte bloß den Kopf, befreite mich aus ihrem Griff und erkannte sie nicht wieder. Ich blickte zwar in ihr Gesicht – in ihre tiefen, braunen Augen, die mir wie immer bis auf den Grund meiner Seele schauen konnten –, doch ich erkannte sie einfach nicht mehr wieder. Es schien, als stünde vor mir eine unbekannte Person, eingepackt in Reagans Körper, aber so weit entfernt, wie es nur jemand Fremdes sein konnte.

»Da gibt es nichts zu erklären, Reagan ... Du hast mich angelogen und mir etwas vorgemacht«, zischte ich enttäuscht und erinnerte mich schmerzlichst an unsere gemeinsame Nacht, in der ich so unendlich viel Liebe für sie empfunden hatte. Kaum vorzustellen, dass diese Nacht gerade mal eine Woche her war und sich alles so perfekt und richtig angefühlt hatte.

Wut kochte in mir auf und ich schüttelte Reagans Hand ab, die sich erneut sanft auf meinen Arm gelegt hatte, um mich vom Gehen abzuhalten.

»Bitte, Alexis ... bitte geh jetzt nicht einfach so und gib mir wenigstens die Chance, es zu erklären.«

Ich schluckte den Kloß in meinem Hals hinunter, starrte sie an und konnte nicht verhindern, dass sich meine Augen mit Tränen füllten.

»Wie konntest du mir das antun, Reagan?«, hakte ich tonlos nach, ohne auf ihre Worte einzugehen. »Wie konntest du dermaßen mit meinen Gefühlen spielen, mir sagen, du seist in mich verliebt, und das alles, obwohl du wusstest, wie schwer es mir fällt, Vertrauen aufzubauen. Du ... du wusstest es! Und dennoch hast du dieses grausame Spiel mitgespielt.«

»Ich wollte das Ganze beenden, als ich merkte, dass ich mich in dich verliebe, Alexis, bitte glaub mir das«, lenkte sie ein, doch ich schaffte es nicht, ihren Worten Glauben zu schenken. Mein Körper fühlte sich taub an, als hätten sich sämtliche Gefühle in mir aus dem Staub gemacht und nur noch eine leere Hülle zurückgelassen.

»Zuerst ... wollte ich Adriel wirklich nur diesen Gefallen tun ... ich habe mir nicht viel dabei gedacht. Immerhin hat er mir im Gegenzug einen Platz bei sich angeboten. Als ich hier in Sydney ankam, hatte ich nichts ... Alexis ... Ich habe seine Hilfe also wirklich gebraucht. Aber dann habe ich dich besser kennen gelernt und –«

»Hör auf zu reden, Reagan. Ich bitte dich«, unterbrach ich sie ausgelaugt, schüttelte kaum merklich den Kopf und machte einen kleinen Schritt zurück. »Ich habe dir vertraut. Dich in mein Leben gelassen und dir Einblicke in Dinge gegeben, die sonst niemand weiß. Nicht einmal meine Eltern«, fuhr ich leise fort und scherte mich nicht um die Träne, die sich aus Reagans Augenwinkel stahl. »Und es spielt keine Rolle, ob du das Ganze rechtzeitig beenden wolltest oder nicht. Du hast es schließlich nicht getan. Fakt ist, dass du mich belogen hast. Fast ein ganzes halbes Jahr lang. Und nun erfahre ich die Wahrheit nicht mal von dir, sondern von Adriel ... deinem Cousin. Ebenfalls eine kleine, aber verdammt schwerwiegende Information, die du mir vorenthalten hast, Reagan. Wie soll ich dir jemals wieder auch nur den Funken einer Wahrheit glauben, wenn du mit so einem ... einem Monster unter der Decke steckst?«

»Alexis ...«, begann sie wieder, doch ich erstickte ihre Worte mit einer einzigen Handbewegung im Keim.

»Wir sind hier fertig, Reagan. Ich weiß nicht, wie ich dir jemals wieder vertrauen, geschweige denn etwas glauben soll«.

Dicke Tränen kullerten über ihre Wangen und sie machte Anstalten, auf mich zuzugehen. Mitten in der Bewegung hielt sie jedoch inne und bewahrte einen sicheren Abstand zu mir.

»Ich möchte dich nicht verlieren, Alexis … bitte tu mir das jetzt nicht an«, flehte sie und holte das Ass aus dem Ärmel, welches mir das Herz in zwei Hälften teilte. »Du hast mir versprochen, dich immer an unseren Moment zu erinnern, wenn du an mir und meiner Liebe zu dir zweifeln solltest … und du sagtest mir, dass du dich erinnern würdest, selbst wenn du nicht an mir zweifelst … Du würdest dich erinnern und nur noch mehr Liebe empfinden …«, schluchzte sie und jetzt in diesem Moment verspürte ich alles außer Liebe. Enttäuschung, Wut, Hass und Trauer.

Ein tonloses Lachen verließ meine Kehle, während ich in das Gesicht des Menschen blickte, dem ich meine Seele bloßgelegt hatte. Dem ich vertraut hatte. Und erneut zu naiv gewesen war, um zu sehen, dass ich wieder nur an den falschen Menschen geraten war.

»Fahr zur Hölle, Reagan. Falls dich deine Eltern nicht schon längst dorthin verfrachtet haben«, stieß ich bitter aus, drehte mich um und lief mit dem schweigenden Chester zu seinem Auto, in der Hoffnung, diesem Albtraum endlich entfliehen zu können.

Kapitel 28

»Hast du alles, was du brauchst?« Chester kam mit einer Flasche Wein und zwei Gläsern zurück ins Wohnzimmer und machte es sich neben mir auf der großen Couch bequem. Ich hatte mich bereits unter eine Decke verkrochen, nachdem ich fast eine halbe Stunde unter der Dusche verweilt hatte, in der Hoffnung, den schrecklichen Tag abgewaschen zu bekommen.

»Ich habe alles. Danke, dass ich hier übernachten darf. Seit Jaxx spontan nach Georgia geflogen ist, fühlt sich meine Wohnung so seltsam leer an …«, sagte ich, bevor ich ein Glas entgegennahm und Chester die Flasche entkorkte.

»Das ist selbstverständlich, Alexis«, entgegnete er mitfühlend. »Nach so einem Abend wäre ich auch nicht gerne allein gewesen.« Er befüllte mein Glas mit der roten Flüssigkeit, goss sich dann selbst etwas ein und lehnte sich gegen die weich gepolsterte Rückenlehne. »Möchtest du darüber reden?«

Ich hingegen lehnte mich müde gegen seine Schulter, nahm einen großen Schluck des Weins und schüttelte träge den Kopf. »Du hast doch alles mitbekommen, Ches. Da gibt es nichts mehr zu bereden«, würgte ich ihn ab und konnte immer noch kaum glauben, was in den letzten vier Stunden des Abends passiert war. »Lass uns das Ganze einfach vergessen und nicht mehr darüber sprechen, okay? Es ist vorbei und das ist vielleicht auch besser so.«

»Aber –«

»Kein Aber«, unterbrach ich ihn direkt, griff nach der Fernbedienung und scrollte mich vollkommen abwesend durch die endlose Film- und Serienauswahl, die Netflix zu bieten hatte. Meine Augen blieben an der Serie *Friends* hängen und mein Herz zog sich schmerzhaft zusammen. Zeitgleich schossen Fragmente von kaum verblassten Erinnerungen durch meinen Kopf. Meine Mum, die mich auf ihrer Geburtstagsfeier fertiggemacht hatte, Reagan, die sofort gekommen war, als ich sie angerufen hatte, und unser Abend auf meiner Couch, wo wir genau diese Serie zusammen begonnen hatten und ich der festen Überzeugung war, dass sich zwischen Reagan und mir eine enge Freundschaft entwickeln würde.

Hastig scrollte ich weiter, um den Erinnerungen zu entfliehen, entschied mich für *Burlesque* und startete den Film.

»Huds hat diesen Film geliebt«, merkte Chester leise an und verzog die Lippen zu einem traurigen Lächeln, als er in Gedanken zu schwelgen schien. »Es gab keinen Monat, in dem er diesen Film nicht mindestens einmal gesehen hat und immer, wenn er lief, hat er schief mitgesungen und versucht, die Choreos nachzutanzen. So lange, bis seine Lunge protestiert hat, er eine Pause machte und von vorne begann.«

»Du sprichst von ihm, als wäre er bereits fort«, erwiderte ich, drehte den Kopf in seine Richtung und erkannte die Tränen, die in seinen blauen Augen schimmerten, während er auf den flimmernden Bildschirm sah.

»Na ja, so wirklich da ist er doch auch nicht mehr, oder?«, stellte er die Gegenfrage und ich seufzte leise auf. Wo er recht hatte, hatte er recht.

Gerade als ich etwas erwidern wollte, leuchtete das Display meines Handys neben mir auf. Reagan rief an und das Vibrieren schien lauter und aggressiver zu werden, je länger ich den Anruf ignorierte und ihren Namen anstarrte, als wäre er eine Beleidigung. Der eingehende Anruf endete so abrupt, wie er gestartet hatte. Zurück blieb die Information, dass ich eine verpasste Mitteilung hatte.

»Wirst du ihr jemals verzeihen können?« Chesters Stimme übertönte die leisen Hintergrundgeräusche des Fernsehers und während ich der Protagonistin Ali Rose dabei zusah, wie sie durch die Straßen Los Angeles' spazierte und nach einem Job Ausschau hielt, zuckte ich kaum merklich mit den Schultern. Seine Frage schwirrte wie eine penetrante Sirene durch meinen Kopf und ließ mir keine Ruhe, bis ich zu einer Antwort ansetzte.

»Ich weiß es nicht, Ches. Würdest du jemandem verzeihen, der dich ein ganzes halbes Jahr lang angelogen hat?« Ich nahm noch einen Schluck von meinem Wein und stellte mir die Frage innerlich selbst. Konnte ich ihr verzeihen? Etwas in mir wollte es unbedingt – ihr verzeihen und zurück in das Leben finden, welches sie mir erst wieder lebenswert gemacht hatte. Doch der andere Teil wehrte sich mit Händen und Füßen dagegen. Und dieser Teil war deutlich größer. Er schrillte mit den Alarmglocken, verbarrikadierte mein Herz hinter hohen Mauern und kehrte den Scherbenhaufen, bestehend aus den Überresten meines Vertrauens und meiner Hoffnung, zusammen, nur um ihn schließlich in den Mülleimer zu verfrachten. Ich hatte es aufgegeben, alles zu flicken.

»Ich bin mir nicht sicher«, murmelte er und seufzte leise auf. »Doch ich kann dir versichern, dass ihre Gefühle echt sind. Niemand, der dir bloß etwas vormacht, würde sich so ins Zeug legen, um eine zweite Chance zu bekommen. Und nur weil sie mit diesem ... diesem Adriel verwandt ist, bedeutet es nicht, dass sie auch so ist wie er. Du hast sie erlebt, Alexis. Über ein halbes Jahr. Ich glaube, dass du weißt, wer Reagan wirklich ist, und allein aus diesem Grund hat sie eine Chance verdient.«

»Obwohl sie mir die Wahrheit vorenthalten hat?«, hakte ich nach und verfolgte das Geschehen auf dem Fernseher mit schwindendem Interesse.

»Vielleicht hat sie es nie mit Absicht getan«, spekulierte er, nippte an seinem Wein und schwenkte das Glas schließlich in kreisenden Bewegungen hin und her. »Vielleicht hat sie nie den richtigen Zeitpunkt gefunden, dir die Wahrheit zu sagen. Deswegen glaube ich, dass sie eine zweite Chance verdient hat. Du hast es verdient zu erfahren, wieso sie es dir nie gesagt hat, und sie verdient es, sich auszusprechen, ohne dass du ihr die kalte Schulter zeigst. Danach kannst du immer noch entscheiden, ob sie einen Platz in deinem Leben hat oder nicht.«

Ich ließ mir seine Worte eine ganze Weile durch den Kopf gehen, leerte das erste Weinglas, schließlich das zweite und wurde ein weiteres Mal auf mein Handy aufmerksam. Eine ganze Stunde war vergangen und schon wieder tauchte Reagans Name hell leuchtend und penetrant auf meinem Display auf. Sekunden verstrichen und mein Handy hörte nicht auf zu vibrieren – bewegte sich summend über die glatte Oberfläche der Couch und versuchte mich zu animieren, den Anruf anzunehmen. Doch ich tat es nicht. Ich ließ das Gerät achtlos neben mir liegen, versuchte mich auf die Showeinlage der Burlesque-Tänzerinnen zu konzentrieren und Reagan aus meinem Kopf zu streichen.

Die Zeit schritt voran, die Weinflasche stand leer und unberührt auf dem Couchtisch und Chesters regelmäßige Atemzüge deuteten darauf hin, dass er eingeschlafen war. Sein Kopf lag schwer auf meiner Schulter und ich schaltete den flimmernden Bildschirm des Fernsehers aus, sodass der Halbmond, der hell durch die gigantische Fensterfront schien, die einzige natürliche Lichtquelle ergab. Ich stand vorsichtig auf, brachte die leeren Gläser und die Flasche in die großzügige, offene Küche, die gleich zum Wohnzimmer angrenzte, bevor ich mir mein Handy schnappte und mich durch die halb geöffnete Schiebetür auf die Veranda schob, von der man einen atemberaubenden Blick auf die Woodford Bay hatte. Segelboote schaukelten wie kleine, weiße Nussschalen mit Fähnchen auf dem dunkel schimmernden Wasser der Bucht und ergaben ein vollkommenes und entspanntes Szenario. Zumindest für den Bruchteil einer Sekunde. Das Handy in meiner Hand begann ein drittes Mal zu klingeln und ich verspürte den Drang, es im hohen Bogen über die Brüstung der Veranda mitten ins Nichts zu schmeißen. Dennoch umklammerten meine Finger das Gerät, machten jedoch keine Anstalten, den Anruf anzunehmen.

Ich lehnte meine Unterarme auf den kühlen metallenen Stangen der Brüstung ab, ließ meinen Blick über die Bucht schweifen und hing meinen Gedanken nach. Zeitgleich verfolgten meine Augen ein kleines Boot, welches die Bucht verließ und den Lane Cove River ansteuerte. Es zog eine weiße Spur aus aufgewühltem Wasser hinter sich her – wie eine Sternschnuppe ihren Schweif hinter sich herzog. Ich beobachtete es so lange, bis das Handy in meiner Hand zum vierten Mal in dieser verfluchten Nacht zu klingeln begann. Diesmal drückte ich blind auf den grünen Hörer, hielt mir das Handy ans Ohr und kam Reagan direkt zuvor.

»Verdammt, bitte lass mich in Ruhe, Reagan! Ich –«

»Miss Gilbert?«, ertönte eine männliche Stimme und ich erstickte weitere Worte unverzüglich im Keim. Stattdessen riss ich mir das Handy vom Ohr und sank ohne Vorwarnung auf die kühlen Fliesen der Veranda, als ich sah, wer der spät störende Anrufer war.

RNSH, leuchtete es mir entgegen. *Royal North Shore Hospital.*

»Miss Gilbert, hier ist Doktor Monroe. Sind Sie noch dran?«, erklang die Stimme des Arztes, der für Hudson zuständig war. Leise und weit weg, da ich das Display mit aufkeimender Panik anstarrte.

»Miss Gilbert?«, horchte er erneut nach.

Zitternd führte ich das Handy zurück ans Ohr und schluckte schwer. »Ja … ja, ich bin noch dran.«

Doktor Monroe räusperte sich kurz und setzte dann zum Reden an. »Es tut mir leid, Ihnen diese Nachricht nun mitzuteilen, aber –«

»Er ist tot«, flüsterte ich entsetzt, umklammerte das Handy und krümmte mich zusammen, um dem aufkommenden Schmerz in meiner Brust Einhalt zu gebieten.

»Es tut mir leid, Miss Gilbert«, wiederholte er sich mitfühlend. »Ich weiß, es ist sehr spät, doch wenn Sie möchten, können Sie ihn noch mal sehen.«

»Wir ... wir kommen sofort«, murmelte ich mit belegter Stimme, legte auf und zog mich unbeholfen zurück auf die Beine. Zitternd kämpfte ich darum, einen Schritt vor den anderen zu setzen. Ich überwand die Türschwelle, lief durch den dunklen Raum auf die Couch zu und betrachtete den friedlich schlafenden Chester für einen winzigen Augenblick, ehe ich die Hand auf seine Schulter legte und ihn leicht schüttelte – ihn aus einem vermutlich traumlosen Schlaf in einen wahren Albtraum zerrte.

»Chester?«, flüsterte ich, während stumme Tränen über meine Wangen kullerten und meine Sicht verschleierten. »Ches ... bitte wach auf«, flehte ich nun etwas lauter, sodass er sich regte, Leben in seinen Körper kam und er seine Augen aufschlug.

»Was ist passiert?«, hakte er schlaftrunken nach, ließ seinen Blick irritiert durch den dunklen Raum schweifen und setzte sich gähnend auf. Die Decke, die ich ihm locker über den Körper gelegt hatte, rutschte runter auf den Boden.

»Wir müssen ins Krankenhaus«, eröffnete ich ihm mit erstickter Stimme und im Bruchteil einer Sekunde schien er hellwach zu sein.

»Ins Krankenhaus?«, echote er, schaltete eine Lampe neben der Couch an und sah dann erst meine verquollenen Augen, aus denen die Tränen wie kleine Sturzbäche flossen. Er verharrte mitten in der Bewegung, schüttelte langsam den Kopf und bekam zunehmend größere Augen.

»Bitte sag mir nicht das, was ich denke«, flehte er mit schmerzerfüllter Stimme und das Schluchzen, welches aus meiner Kehle brach, schien wohl Antwort genug zu sein.

»Nein ...«, hauchte er kaum hörbar, schüttelte wieder den Kopf und wiederholte sich mehrmals. »Nein ...das kann nicht wahr sein. Sie hätten mich doch angerufen und –«, er brach ab, griff nach seinem Handy, welches mit dem Bildschirm nach unten auf dem gläsernen Couchtisch lag, und entsperrte es. Sein Gesicht verlor an Farbe, als er sich mit zitternden Händen widerspenstige Haarsträhnen aus der Stirn strich. »Drei verpasste Anrufe aus dem Krankenhaus«, murmelte er entsetzt, kam flink auf die Beine und griff im Gehen nach dem Autoschlüssel auf dem Sideboard neben der Tür, bevor er diese aufriss und nach draußen stürzte. Das alles passierte so schnell, dass ich kaum reagieren konnte und unbeholfen in Bewegung kam.

»Chester, warte«, rief ich ihm nach und versuchte die eingerahmten Fotos von ihm und Hudson an den Wänden bewusst zu ignorieren.

Ich rannte ihm hinterher, schlüpfte in meine Schuhe, zog die Haustür hinter mir zu und stolperte die steinernen Treppen zur Einfahrt hinunter, um mich wenige Sekunden später neben ihm auf dem Beifahrersitz sinken zu lassen. Kaum hatte ich die Autotür zugeschlagen, schoss er bereits aus der Einfahrt und fuhr Kellys Esplanade deutlich zu schnell und halsbrecherisch entlang. Ich schnallte mich mit bebenden Händen an, um nicht wie ein Pendel auf dem Sitz hin und her zu rutschen, als er die vielen Serpentinen entlangraste. Parkende Autos schienen bloß Millimeter entfernt zu sein, als Chester sie passierte und ich betete, dass uns niemand entgegenkommen würde. Minuten später verließen wir das ruhige Viertel und fädelten uns auf dem Highway Richtung St. Leonards ein. Nachdem Chester scheinbar vollkommen blind und neben sich stehend alle weiteren Verkehrsteilnehmer überholt hatte, fuhr er auf das Gelände des Royal North Shore Hospitals, welches um diese Zeit wie ausgestorben war. Er parkte nahe am Eingang, ließ den Motor verstummen, machte nach seiner mörderischen Fahrt jedoch keine Anstalten auszusteigen. Ganz im Gegenteil. Seine Hände umklammerten regungslos das lederne Lenkrad – so fest, dass seine Fingerknöchel weiß hervortraten. Sein Atem ging stoßweise und er starrte, ohne ein wirkliches Ziel zu haben, durch die Windschutzscheibe.

»Chester?«, fragte ich leise und vorsichtig.

Er blinzelte. Entkam seinem tranceartigen Zustand und löste den Blick von der Scheibe, um seinen Kopf in meine Richtung zu drehen. Beim Anblick seiner vollkommen leeren Augen erschrak ich und schluckte schwer.

»Geh schon mal vor, Alexis«, murmelte er stumpf, schien durch mich hindurchzublicken und schaffte es nach einigen schweigsamen Sekunden, seine Augen in mein Gesicht zu lenken. »Ich kann da noch nicht rein … jetzt noch nicht.«

»Du hast uns auf dem Weg hierher beinahe umgebracht.«

»Ich weiß ... und jetzt sind wir hier und ich würde am liebsten wieder umdrehen und fahren ...«

»Aber –«

»Geh bitte einfach, Alexis ... bitte geh zu ihm. Ich ... ich brauche gerade ein paar Minuten für mich ... bitte«, flehte er gebrochen.

Ich nickte kaum merklich, löste meinen Gurt und drehte mich noch mal zu ihm um, als ich halb aus dem Auto gestiegen war. Alles was mir auf der Zunge lag, blieb stecken. Chester wirkte, als wäre er an einem anderen Ort. Weit weg. Und vor allem noch nicht bereit, sich der grausamen Wahrheit zu stellen. Aus diesem Grund schluckte ich alle tröstenden Worte hinunter, denn sie würden ihn ohnehin nicht erreichen. Sein Seelenverwandter war von ihm gegangen. Worte allein würden nicht reichen, um ihn aus dem Loch zu holen, in das ich ihn eben gestoßen hatte, als ich ihm die fürchterliche Nachricht überbracht hatte. Tröstende Worte würden Hudson nicht zurückholen.

Ich stieg aus, marschierte mit einem beklemmenden Gefühl in der Brust auf den beleuchteten Eingangsbereich zu und trat langsam über die Schwelle in die ruhige Eingangshalle. Meine Beine führten mich auf die Rezeption zu und ich konnte das Lächeln, welches mir die Rezeptionistin zuwarf, nicht erwidern. Stattdessen kam ich gleich zur Sache.

»Ist es möglich, Hudson Tate zu sehen?«

Sie tippte etwas in ihren Computer ein und verzog das Gesicht zu einer mitfühlenden Maske. »Tut mir leid, Miss. Er –«

»Ich weiß, was passiert ist. Doktor Monroe, sein leitender Arzt, hat mich bereits angerufen. Er sagte mir, wir könnten ihn noch mal sehen.«

Meine Stimme brach und ich versuchte den riesigen Kloß in meinem Hals vergeblich runterzuschlucken. Bevor die Rezeptionistin etwas erwidern konnte, ertönte dieselbe Stimme, die mir vor einer guten halben Stunde den Boden unter den Füßen weggezogen hatte: »Miss Gilbert?«

Ich wirbelte zu Doktor Monroe herum und spürte, wie die Beklemmung in meiner Brust stärker wurde und mir beinahe die Luft zum Atmen raubte.

»Folgen Sie mir. Ich bringe Sie zu ihm.«

Nach einer fünfminütigen Wanderung durch das stille Krankenhaus blieb Doktor Monroe letztendlich vor einer breiten grauen Tür stehen, die ich im ersten Augenblick voller Furcht betrachtete und mich keinen Millimeter mehr rührte. Neben der Tür war ein kleines, weißes Schild, welches weder eine Zimmernummer noch einen Namen trug. Es war leer. Verlassen. Wie Hudsons Körper, der hinter dieser anonymen Tür ruhte.

»Lassen Sie sich Zeit und gehen Sie rein, wenn Sie bereit sind«, sprach er ruhig auf mich ein. »Ich warte hier draußen auf Sie.«

Ich nickte langsam, bemühte mich, ruhig zu atmen, und hob die Hand an, um die Klinke runterzudrücken. Doch sie blieb auf halbem Weg in der Luft hängen.

»Hatte er Schmerzen?«, fragte ich leise nach und riss den Blick von der Tür los, um Doktor Monroe anzuschauen.

Dieser schwieg für den Bruchteil einer Sekunde, bevor er den Mund öffnete. »Ich würde lügen, wenn ich es verneinen würde, Miss Gilbert«, setzte er an, vergrub die Hände in den Taschen seines weißen Kittels und sah mich mitfühlend aus seinen sturmgrauen, wässrigen Augen an. »Hudson Tate war definitiv ein Kämpfer, aber Schmerzen zwingen irgendwann auch die Stärksten von uns in die Knie. Er hat lange durchgehalten. Deswegen spreche ich Ihnen hiermit auch mein herzliches Beileid aus. Es tut mir ausgesprochen leid, dass er diesen Kampf nicht gewonnen hat. Er hatte eine gute Seele, das habe ich an jedem Tag, den ich ihn behandelt habe, gespürt.«

Ich rang mir ein gequältes Lächeln ab, legte die Hand auf die kühle Klinke und drückte sie mit rasendem Herzen hinunter. Ich trat in einen dunklen Raum, dessen Lichter automatisch flackernd zum Leben erwachten, als die Tür hinter mir mit einem leisen Klicken zurück ins Schloss fiel.

Meine Augen fielen wie von allein auf Hudson, der in diesem sterilen, leeren Zimmer einsam und klein auf einer Liege unter einem weißen Tuch lag und aussah, als würde er bloß friedlich schlafen. Seine einst so gequälten Gesichtszüge schienen sanft und entspannt. Wie in Zeitlupe bewegte ich mich auf seinen leblosen Körper zu, blieb unmittelbar neben der Liege stehen und starrte vollkommen regungslos in das Gesicht meines besten Freundes – wünschte mir, wenigstens noch ein einziges Mal in seine sanftmütigen braunen Augen schauen oder wenigstens seine Stimme hören zu können. Doch es war zu spät. Hudson war fort und zurückgeblieben war bloß eine leere Hülle seiner selbst – blass, kalt und verlassen von seiner reinen Seele.

Tränen verschleierten meine Sicht, als ich vorsichtig unter das Tuch griff, um seine Hand in meine zu nehmen. Binnen weniger Sekunden verspürte ich nicht bloß die tiefliegende Trauer, die mich beinahe gänzlich vereinnahmte, sondern ebenso Wut, dich sich langsam aufbaute und mir das Herz förmlich in zwei Hälften riss.

»Du sagtest, es würde alles gut werden«, fing ich an und ließ meinen Blick von seiner schlaffen, blutleeren Hand in sein Gesicht wandern. »Aber du hattest unrecht, Huds … hörst du?«

Eine Träne löste sich aus meinem Augenwinkel und tropfte auf den Boden.

»Du hattest, verdammt noch mal, unrecht. Ich habe heute erfahren, dass Reagan mich ein verfluchtes halbes Jahr lang belogen hat … Sie hat mich belogen, um das geradezurücken, was Mason kaputtgemacht hat. Sie hat mir nur etwas vorgemacht, Huds«, schluchzte ich verzweifelt. »Und du … du bist auch fort. Einfach weg und ich hatte nicht mal die Chance, mich richtig von dir zu verabschieden, weil du mich rausgeschmissen hast«, rutschte es aufgebracht aus mir heraus und nun flossen meine Tränen erneut ohne Halt. »Ich würde alles tun, um noch ein letztes Mal mit dir reden zu können, Hudson. Und dann könnte ich dir persönlich sagen, dass am Ende nicht immer alles gut wird – dass ein Happy End nicht üblich ist. Es existiert nur in gottverdammten Märchen, die nicht der Wahrheit entsprechen. Und sie lebten glücklich bis an ihr Lebensende? Scheiße, diesem Satz habe ich als Kind bereits misstraut. Man sollte das Ende umschreiben in ›Und sie lebten – vielleicht nicht immer glücklich, nicht in Zweisamkeit und womöglich nicht mal bis an ihr Lebensende. Sie lebten, obwohl das Leben heimtückisch war, Fallen stellte und dabei zusah, wie sie hineingerieten und dabei elendig untergingen oder verwundet weiterkämpften‹.«

Ich brach ab, sehnte mich nach einer Antwort seinerseits – nach Worten, die mich hoffen ließen, dass die Situation nicht ganz so beschissen war, wie ich sie gerade empfand. Doch Hudson antwortete nicht. Er atmete nicht. Und er bekam auch nicht mit, wie sich meine Welt, von der ich geglaubt hatte, sie endlich wieder repariert zu haben, in einen Schutt- und Aschehaufen verwandelte. Denn er war fort. Irgendwo auf der Schwelle zum Jenseits, wo es ihm hoffentlich nun besser gehen würde als auf diesem verfluchten Planeten. Ich hingegen versuchte zu leben – zu überleben. Obwohl ich in eine dieser heimtückischen Fallen geraten war und nun elendig unterging.

Kapitel 29

Zwei Wochen waren vergangen, seit Hudson von uns gegangen war. Zwei Wochen, in denen ich mehr wie ein Zombie auf Erden wandelte, als wirklich und wahrhaftig anwesend zu sein. Sein Verlust machte sich als riesiges Loch in meinem Herzen bemerkbar, denn der Platz, den er dort eingenommen hatte, war nun leer und verlassen. Immer wieder ertappte ich mich dabei, wie meine Gedanken abdrifteten und abwechselnd Hudsons Verlust oder die immer stärker werdende Sehnsucht nach Reagan beleuchteten. Obwohl ein Teil von mir sie immer noch abgrundtief hasste, konnte ich nicht verleugnen, dass sie mir fehlte, und vor allem jetzt spürte ich ihre Abwesenheit umso mehr.

Auch in diesem Moment steckte ich tief in meinen Gedanken fest, nahm meine Umgebung kaum noch wahr und fand erst ins Hier und Jetzt zurück, als mir jemand grob einen Ellenbogen in die Seiten stieß und der daraus resultierende Schmerz das Band meiner Starre durchtrennte. Ich blinzelte und kehrte physisch zurück in den Ballettsaal.

»Miss Gilbert, schön, dass Sie uns dann auch noch mal mit Ihrer mentalen Anwesenheit beehren«, merkte Madame Rousseau spitz an und musterte mich streng über den Rand ihrer filigranen goldenen Brille hinweg. Ihre grünen Augen blitzten gefährlich auf, als sie den Mund öffnete. »Können Sie wiederholen, was ich soeben mitgeteilt habe?«, hakte sie nach und ich senkte den Blick auf meine zertanzten Spitzenschuhe, bevor ich den Kopf schüttelte.

»Nein, Madame. Verzeihung.«

Sie schnalzte mit der Zunge und ratterte ihren Monolog ein zweites Mal herunter, sodass einige meiner Kommilitoninnen entnervt aufseufzten und sich Madame Rousseaus Vortrag ein weiteres Mal hingaben.

»Die Compagnie des Australian Ballet hat Sie alle zur Premiere von *La*

Bayadère eingeladen. Intention dieser Einladung ist es, Ihnen einen Einblick in das Leben eines Ballettensembles zu geben. Diese Show soll Sie auch ein Stück weit auf Ihre Prüfung in der kommenden Woche vorbereiten. Heute Abend werden Sie sehen, wie man sich zu verhalten hat, wenn nicht nur der Druck der Perfektion auf Ihren Schultern lastet, sondern auch, wie man sich auf der Bühne zu verhalten hat«, sie machte eine kurze Pause und ließ ihren wachsamen Blick über jede Tänzerin in diesem Raum gleiten. »Das darauffolgende After-Show-Event wird Ihnen noch die Möglichkeit geben, sich mit ausgewählten Compagniemitgliedern zu unterhalten und sich auszutauschen. Ich rate Ihnen, diese Chance wahrzunehmen. Der erste Eindruck ist der, der zählt.« Ihre Stimme wurde schärfer. »Ich erwarte also angemessenes Verhalten und eine professionelle Repräsentation dieses Kurses.« Ihr Blick blieb für den Bruchteil einer Sekunde an mir hängen und ich hielt ihm trotzig stand. »Und zeigen Sie sich von Ihrer besten Seite.« Sie ließ ihre Worte einen Moment wirken und verschränkte schließlich die Arme hinter ihrem Rücken. »Gibt es noch Fragen?«

Als keine Rückmeldung aus der Gruppe kam, klatschte sie in die Hände und machte eine aufscheuchende Handbewegung.

»*Très bien*. Machen Sie hier Ordnung und gehen Sie dann nach Hause. In zwei Stunden erwarte ich Sie alle pünktlich vor dem Opernhaus.« Mit diesen Worten marschierte sie aus dem Tanzsaal und ließ die Tür hinter sich lautstark ins Schloss fallen.

Zwei Stunden später stand ich pünktlich wie besprochen vor dem Opernhaus und schirmte die Strahlen der untergehenden Sonne mit der flachen Hand ab, während ich mir einen Gesamtüberblick verschaffte. Mir fiel sofort auf, dass jede meiner Kommilitoninnen eine Begleitperson dabeihatte – herausgeputzte Kerle, die sie wie eine teure Pradahandtasche zur Schau stellten.

»Alexis?«

Ich löste meinen kritischen Blick von der Gruppe und wirbelte zu meinem Dad herum, der mit der Programmkarte in der Hand winkend auf mich zu kam und wie ein Honigkuchenpferd strahlte, als er mir gegenüber stehen blieb.

»Was machst du denn hier?«, hakte er gleich darauf nach.

»Wir wurden eingeladen ... Hochachtungsvoll, die Compagnie«, stieß ich spöttisch aus und bemühte mich, nicht auch noch die Augen zu verdrehen. »Musst du nicht arbeiten?«, fügte ich fragend hinzu und erinnerte mich daran zurück, dass Dad so gut wie immer im Flieger saß, wenn Mum eine Show hatte.

»Zur Premiere wollte ich unbedingt in Sydney sein«, klärte er mich auf und nutzte die Programmkarte als kleinen Sonnenschutz. »Bisher habe ich alle Shows deiner Mum verpasst, da wollte ich diese nicht auch noch verpassen. Glücklicherweise konnte Russell meinen Langstreckenflug nach Tokio übernehmen«, ergänzte er und winkte dann ab. »Aber lass uns nicht über mich und meinen Job sprechen. Wieso stehst du hier so allein und nicht bei deinen Freundinnen?«

Mein Blick wanderte zu meinen Kommilitoninnen, die zusammen redeten, lachten und wunderbar vertuschten, wie sehr sie sich eigentlich alle hassten.

»Das sind nicht meine Freundinnen, Dad. Ich stehe hier gut.«

»*Attention*!«, zerriss Madame Rousseaus Stimme die kleine Runde und alle Gespräche stellten sich innerhalb weniger Sekunden ein. »Die Compagnie hat Ihnen zwei Reihen in der Mitte des Theaters reserviert. Bitte begeben Sie sich nun ins Gebäude und nehmen Sie Ihre Plätze ein. Auf den Rückenlehnen der Sitze werden Sie Ihre Namen finden. Nach der Premiere treffen wir uns alle vor dem Theater und werden gemeinsam zum Bankett gehen. *Alléz*!«

Wir kamen allesamt in Bewegung, traten ins Opernhaus und schlossen uns den vielen weiteren Besuchern an, die ebenfalls zum Ballett wollten.

Im Theater angekommen, drückte mein Dad sanft meine Schulter und warf mir ein Lächeln zu. »Ich habe einen Platz auf dem Balkon. Wir sehen uns später, Alexis. Viel Spaß.«

»Bis später«, murmelte ich, rang mir ein Lächeln ab und hielt in dem halbkreisförmigen Aufbau der Sitzreihen nach meinem Platz Ausschau.

Ich betrat eine der zwei reservierten Reihen, ließ meine Augen über die Platzkarten schweifen und seufzte unterdrückt auf, als ich sah, neben wem ich saß. Zähneknirschend lief ich zu meinem Platz durch, drückte die Sitzfläche herunter und ließ mich neben Sasha nieder. Ich versuchte nicht groß auf mich aufmerksam zu machen, da sie ohnehin mit ihrer Begleitung beschäftigt war. Trotzdem blickte sie auf, als sie merkte, dass der Platz neben ihr nicht mehr frei war, und schenkte mir einen despektierlichen Blick.

»Ganz allein, Gilbert? Wo ist deine kleine … Freundin abgeblieben?« Ihre

Lippen zierte ein Lächeln, doch ihre blauen Augen blitzten eiskalt im dämmrigen Schein der Theaterbeleuchtung auf.

»Sie ist nicht meine Freundin, Sasha. Und außerdem hat es dich auch gar nicht zu interessieren.«

Ihr Lächeln wich einer spöttischen Maske. »Dann hast du wohl einfach so nackt für sie getanzt?«

»Woher –«

»Jeder in der Uni hat ihre Bilder gesehen«, informierte sie mich knapp und musterte mich mit einem undefinierbaren Schimmer in den Augen. »Hast du es etwa nicht mitbekommen? Scheinbar hat deine kleine Latina ihren Durchbruch mit diesen Bildern. Ein Galerist aus New York hat ihr die Bilder abgekauft. Steht alles auf dem schwarzen Brett, falls es dich interessiert«, erzählte sie und machte dann eine wegwerfende Handbewegung, als wäre es ihr sowieso gleichgültig. »Wie auch immer, Gilbert. Falls eine klassische Ballettkarriere nichts wird, kannst du es immer noch als verruchte Ballerina in einem Porno versuchen.« Und dann wandte sie sich wieder ihrer Begleitung zu, ohne mich noch eines Blickes zu würdigen.

Ich hingegen versuchte zu realisieren, was sie mir gerade erzählt hatte. Reagan hatte es tatsächlich bis nach New York geschafft und irgendwo tief in meinem Inneren flammte Stolz auf. Einerseits wollte ich sie anrufen, ihr gratulieren ... ihr verzeihen und hoffen, dass alles so werden würde, wie es vor diesem emotionalen Bombeneinschlag war. Andererseits sträubte ich mich weiterhin davor, Kontakt zu ihr aufzubauen, geschweige denn einen ihrer unzähligen Anrufe, mit denen sie mich tagtäglich bombardierte, anzunehmen.

Meine Gedanken wurden unterbrochen, als das Licht im Saal zweimal aufflackerte, schließlich langsam ausging und ein orientalisches Bühnenbild die Aufmerksamkeit auf sich zog. Musik setzte ein und die ersten Tänzer kamen zum Vorschein, als der Vorhang langsam nach oben glitt und somit die erste Szene des 1. Aktes begann. Die Tänzer, die die Bayadèrekrieger darstellten, tanzten raumgreifend und entführten die Besucher in eine andere Welt. Nur wenige Minuten später schwenkte der Scheinwerfer auf eine Tänzerin, die elegant die Bühne betrat und mit ihrer Präsenz binnen weniger Sekunden das Publikum für sich gewonnen hatte. Ihr Gesicht war verborgen hinter einem seidigen, weißen Schleier, der zum Rest ihres weißen, glitzernden Kostüms passte. Selbst die sonst so kühle und egoistische Sasha schien die Luft anzuhalten, als die Tänzerin den Schleier mit einer geschmeidigen Handbewegung entfernte, und blickte mit funkelnden Augen auf die Tempeltänzerin Nikiya, das Herzstück dieses Balletts, getanzt von niemand anderem als meiner Mum. Das dunkle Haar, der perfekte Körper und die harten Gesichtszüge schienen wie gemacht für die Rolle der Nikiya. Jede Pirouette, jedes Bourrée en couru und jeder noch so kleine, unscheinbare Tanzschritt schien von allein zu passieren und ihr zartes Solo mit den flachen und tiefen Bewegungen war so beeindruckend und fließend, dass das Publikum in Jubel ausbrach, als sie die Bühne wieder verließ und das Bühnenbild wechselte.

***

Die verzauberte indische Tempelszenerie begleitete uns bis zum Bankett, welches passend zum Ballett dekoriert worden war. Palmen, Tempel aus den Kulissen und Lampions, die durch Verzierungen im Metall kleine Muster auf die Wände warfen, ergaben zusammen ein unglaubliches Bild, welches von leiser, indischer Musik untermalt wurde. Tänzer und Tänzerinnen aus der Compagnie, Choreografen und lauter Menschen in festlichen Kleidern und Anzügen unterhielten sich bereits bei einem Glas Sekt, als wir in die Eingangshalle der Oper traten, in der das Bankett stattfand.

Ich griff nach einem der Sektgläser, welche auf den hohen Stehtischen bereitstanden, und nippte an der prickelnden und wohltuend kühlenden Flüssigkeit. Als meine Mum mit einem großen Strauß Rosen, begleitet von meinem Dad, in die Eingangshalle trat, brach erneuter Applaus aus. Sie verzog die rot geschminkten Lippen zu einem Lächeln, vollführte eine kleine Révérence und begrüßte im Anschluss Madame Rousseau, die sie mit Stolz in den Augen musterte.

»Sie hat die Rolle der Nikiya perfekt getanzt.«

»Ich wünschte, ich wäre so gut wie sie.«

»Ob sie auch Autogramme gibt?«

Die Stimmen meiner Kommilitoninnen schwirrten wie kleine, nervige Mücken um meine Ohren und ich umklammerte das Sektglas in meinen Händen zunehmend angespannt, während sie weiter vom Ballett schwärmten, was für eine großartige, talentierte Tänzerin meine Mum doch war und dass sie unbedingt so werden wollten wie sie. Sie sahen bloß die perfekte und erfolgreiche Isabel Gilbert. Was sie nicht sahen, war die grausame Tatsache, dass an der Stelle ihres Herzens ein Stein saß.

»Sie ist auch nur ein Mensch«, platzte es aus mir heraus, während ich mich zu Marcia und Olivia drehte, die meine Mum beobachteten, als wäre sie unerreichbar. »Geht einfach zu ihr und fragt sie nach einem Autogramm oder was auch immer ihr von ihr wissen wollt«, ergänzte ich, während die Blicke der beiden in meine Richtung schossen. Sie musterten mich, als hätte ich soeben einen Schießbefehl gegeben. »Oder wartet einfach ab, sie kommt selbst zu uns«, murmelte ich, kippte den Sekt mit einem Zug hinunter, um mich auf das Schlimmste vorzubereiten, und rang mir ein steifes Lächeln ab, als ich dem strengen Blick von Madame Rousseau begegnete.

»Meine Damen«, eröffnete sie feierlich und ich verdrehte innerlich die Augen. »Isabel ist bereit, all Ihre Fragen zu klären, falls Sie welche haben, und sich mit Ihnen auszutauschen. Nutzen Sie die Chance.«

»Wo haben Sie gelernt, so zu tanzen?«, schoss es pfeilschnell aus Olivias Mund und meine Mum lächelte sie so warm an, dass ich mich bemühen musste, den Stich in meiner Magengegend zu ignorieren. Ich konnte mich nicht mal daran erinnern, wann sie mich das letzte Mal so angelächelt hatte, geschweige denn, wann ich solch ein sanftes Funkeln in ihren Augen gesehen hatte.

»Ich hatte das gleiche Glück wie ihr, Madeleine Rousseau meine Tanzlehrerin nennen zu dürfen. Sie hat ein Auge für Talent und wenn ich mich an meine Zeit zurückerinnere, dann war jede weitere Stunde mit ihr ein Zeichen dafür, dass man zu den Besten gehörte.« Ihr Blick streifte mich für den Bruchteil einer Sekunde, in der sie fast ihr perfekt antrainiertes Showlächeln verlor. Fast. Die Tatsache, dass sie mich vor Monaten endgültig aus ihrem Leben geschmissen hatte, schien sie in diesem Moment nicht zu interessieren, und erst recht nicht zu beschäftigen. Sie sah mich an, als wäre ich eine Fremde. Bloß eine kleine Möchtegernprimaballerina, die es sowieso niemals so weit wie sie bringen würde.

»Was ist mit Ihrer Familie? Kommt die bei den vielen Tourneen nicht zu kurz?«, stellte ich unverfroren die nächste Frage, hielt ihrem Blick wacker stand und spielte das verdammte Spiel mit, welches sie scheinbar spielen wollte – so tun, als würde ich sie nicht kennen.

»Die Familie steht für mich natürlich an erster Stelle. Ich liebe das Ballett und die Compagnie ist wie eine zweite Familie. Doch ich genieße jede Minute, die ich mit meinem Mann verbringen kann.«

Ich presste die Lippen zu einer schmalen Linie und versuchte mir nicht anmerken zu lassen, wie sehr mich ihre Antwort verletzt hatte.

Ich genieße jede Minute, die ich mit meinem Mann verbringen kann.

Scheinbar existierte ich in ihrem Leben wirklich nicht mehr. Diese Antwort hatte mir den ausschlaggebenden Beweis gegeben.

»Haben Sie –«

»Was ist mit Ihrer Tochter?«, unterbrach ich Marcia, die mir einen vernichtenden Blick zu warf und die Arme vor der Brust verschränkte.

Meine Mum schluckte kaum merklich und blinzelte unwissend. »Was soll mit ihr sein?«, stellte sie die Gegenfrage.

»Sie tanzt auch, nicht wahr? Sind Sie nicht stolz darauf, dass sie den Spuren ihrer Mum folgen möchte? Dass es ihr Traum ist, auf der Bühne zu stehen, auf der Sie eben noch getanzt haben?«

»Wir haben uns auseinandergelebt«, würgte sie die Frage knapp ab, richtete ihren Blick auf Marcia und schenkte ihr ein herzliches Lächeln. »Was wolltest du mich fragen, Liebes?«

»Ich –«, setzt sie an, doch erneut kam ich ihr zuvor. Diesmal konnte ich dem Frust und dem Schmerz, den sie mir zufügte, nicht länger standhalten.

»Das ist doch ein schlechter Scherz, oder nicht?«, fuhr ich sie an, sodass der Großteil meiner Kommilitoninnen scharf die Luft einzog. Madame Rousseau hingegen versuchte mir mit stummen Blicken mitzuteilen, mich zusammenzureißen, doch ich konnte es nicht. Ich konnte nicht weiterhin so tun, als wäre es mir egal, dass meine Mum mich behandelte, als hätte sie mich noch nie zuvor gesehen. Ich konnte nicht weiter mitansehen, wie sie gute Miene zum bösen Spiel machte. Und vor allem jetzt konnte ich es nicht ertragen, auch noch daran erinnert zu werden, dass die Bindung zu meiner Mum genauso fort war wie Reagan und Hudson.

»Verzeihung?« Ihre Stimme hatte einen scharfen Unterton angenommen und obwohl ihr Lächeln bestehen blieb, erkannte ich den altbekannten Sturm, der sich in ihren strahlend grünen Augen aufbaute. Der Sturm, der immer nur dann aufzog, wenn sie mit mir sprach.

»Wir haben uns nicht auseinandergelebt«, begann ich und funkelte sie wütend an. »Du hast mich skrupellos aus der Familie geschmissen, falls du dich erinnern kannst.«

»Miss Gilbert, vielleicht sollten Sie etwas an die frische Luft gehen und erst wieder reinkommen, wenn Sie sich beruhigt haben«, sprach Madame Rousseau mit einem warnenden Unterton aus.

»Ist schon gut, Madeleine«, murmelte meine Mum verhalten, bevor sie dem Rest der Truppe ein entschuldigendes Lächeln schenkte. »Merkt euch eure Fragen. Ich bin gleich wieder für euch da.«

Schließlich kam sie in Bewegung, griff im Vorbeigehen nach meinem Unterarm und drängte mich mit schnellen Schritten aus der Oper, auf die steinernen Stufen, von denen man nun einen atemberaubenden Ausblick auf die beleuchtete Harbour Bridge und die funkelnde Innenstadt hatte. Der Himmel wölbte sich dunkel und bedrohlich über der Stadt und der Wind, der an Fahrt aufgenommen hatte und an unseren Kleidern zerrte, deutete darauf hin, dass ein Unwetter in Anmarsch war.

»Was zum Teufel ist in dich gefahren, Alexis?«, zischte sie und ließ mich erst los, als wir zum Stehen gekommen waren.

»Was in *mich* gefahren ist?«, echote ich und stieß ein ungläubiges Lachen aus. »Die Frage ist doch eher, was in dich gefahren ist? Du behandelst mich wie eine Fremde, Mum!«

»Nun, das bist du für mich auch, Alexis. Eine Fremde. Ich sehe dich an und erkenne dich nicht wieder«, knallte sie mir an den Kopf, musterte mich und blieb an meinem Gesicht hängen, um mir in die Augen schauen zu können. »Du hast noch nie so sehr für das Ballett gebrannt, wie ich es schon immer getan habe. Du hast es über dich ergehen lassen, bis du akzeptiert hast, dass es zu deinem Leben gehört. Doch nun sehe ich dich an und sehe ... nichts. Keine Leidenschaft. Kein Feuer. Und nicht einen Funken von Interesse. Nichts«, sprach sie weiter, ehe sie eine vage Handbewegung Richtung Oper machte. »Deine Kommilitoninnen erinnern mich an mich selbst, als ich in eurem Alter war. Sie brennen für das Ballett. Und dann wagst du es, mich zu fragen, ob ich stolz auf dich sei? Stolz darauf, dass du wieder nur zu akzeptieren scheinst, hier zu sein, statt es wertzuschätzen, diese Chance überhaupt erhalten zu haben? Ich empfinde keinen Stolz, wenn ich dich ansehe, Alexis. Ganz im Gegenteil.«

Ihre Worte fühlten sich wie ein Messer mit Widerhaken an, welches sie in meinen Bauch rammte und quälend langsam wieder hervorzog. Dabei erinnerte ich mich an die Worte, die Madame Rousseau mir zu Beginn des Semesters an den Kopf geknallt hatte, und die in diesem Moment nichts als Chaos in meinem Inneren hinterließen.

Ihnen fehlt es an Leidenschaft, Miss Gilbert.

Aus einem unerfindlichen Grund scheinen Sie nicht fähig zu sein, Emotionen in Ihren Tanz einfließen zu lassen, geschweige denn zu zeigen oder gar zu leben.

Plötzlich schien die Last der letzten Monate zu schwer für meine Schultern zu werden. Ich spürte, wie mich das Gewicht zu Boden zu drücken versuchte, starrte in ihre Augen und erkannte Reue in ihnen, die stärker wurde, je länger ich schwieg. Bisher hatte ich meiner Mum immer mühelos die kalte Schulter gezeigt, Paroli geboten und mir keine Schwäche anmerken lassen.

Schwäche wird dir das Genick brechen, Alexis, hallten ihre Worte in meinen Ohren nach. Ein Satz, den sie mir immer dann zu sagen gepflegt hatte, wenn ich aus der Balance geraten und unsanft zu Boden gefallen war. Ich wusste, dass sie es mit diesem Satz immer auf meine körperliche Schwäche abgezielt hatte. Meine seelische Schwäche hatte sie gekonnt ignoriert und so kam es, dass ich lernte, genau diese Schwäche hinter einer hohen Mauer, bestehend aus Trotz, Dickköpfigkeit und Kälte, zu verstecken.

Doch in diesem Moment bröckelte diese Mauer. Stein um Stein löste sich, bis das ganze Konstrukt, welches ich über Jahre perfekt aufgebaut hatte, wie ein Kartenhaus in sich zusammenfiel. Meine Schwäche lag frei. Ungeschützt. Angreifbar. Und meine Mum sah sie in ihrer vollen Pracht. Die Distanzierung in ihrem Blick löste sich auf, als ich an Ort und Stelle auf die sonnengewärmte, breite Steinstufe sank, den Kopf in den Händen vergrub und meinen Tränen wie auch meinem Schmerz freien Lauf ließ. Schluchzer erschütterten meinen zusammengekrümmten Körper und ich scherte mich nicht darum, dass jeder auf dem Bankett durch die große Panoramascheibe freie Sicht auf uns hatte. Und ich kümmerte mich auch nicht um den stärker werdenden Wind, der die ersten Regentropfen mitbrachte. In diesem Moment war mir alles gleichgültig. Die Ereignisse der letzten Monate prasselten wie ein Kugelhagel auf mich ein. Attackierten mein Herz und zerfetzten es, bis nichts mehr davon übrig war.

»Alexis!«, stieß meine Mum schockiert aus. Ich spürte ihre Hand auf meiner Schulter und plötzlich schlangen sich ihre schlanken Arme um meinen

Körper. »Was ist denn los?«, fragte sie dicht an meinem Ohr, während ich seit Jahren das Gefühl hatte, endlich wieder eine Mum zu haben. Sie wiegte mich sachte von einer Seite auf die andere, strich mit einer Hand beruhigend über mein Rückgrat und wartete so lange, bis ich imstande war, eine halbwegs verständliche Antwort aus meiner heiseren Lunge zu quetschen. Auch ihr schien es egal zu sein, dass der Regen zunahm und lauwarm auf unsere Körper prasselte, unsere Kleider binnen weniger Sekunden durchnässte und die aufwendige Hochsteckfrisur meiner Mum zerstörte.

»Erinnerst du dich an Hudson?«

Ich löste mich von ihr, schaute sie aus verquollenen Augen an und befürchtete fast, dass sie sich nicht erinnerte. Wahrscheinlich hatte sie mit mir auch alle Erinnerungen, die mich betrafen, aus ihrem Leben geschmissen. Doch sie überraschte mich, indem sie die Lippen zu einem wissenden Lächeln verzog. Ein solches Lächeln, welches Mütter ihren Töchtern schenkten, sobald sie wussten, dass ein Junge einen höheren Stellenwert eingenommen hatte. Selbst wenn sie auch wussten, dass dieser Junge schwul war. Hudson hatte aus mir einen besseren Menschen gemacht, was sie immer gemerkt zu haben schien.

»Natürlich erinnere ich mich«, entgegnete sie und wischte mit dem Daumen die Tränen und den Regen von meinen Wangen. »Ich hatte immer das Gefühl, dass er dir guttut. Er ... war so ein netter Junge. Aber wieso fragst du mich das? Braucht er wieder eine Unterkunft? Dein altes Zimmer –«

»Er ist gestorben. Vor nicht mal zwei Wochen«, unterbrach ich sie mit brüchiger Stimme und meine Mum hielt mitten in der Bewegung inne, schluckte weitere Worte hinunter und blinzelte fassungslos. »Deswegen kann ich das alles hier nicht genießen. Und so tun, als wäre alles perfekt. Denn es ist nicht perfekt. Gar nichts scheint mehr perfekt zu sein. Und ich hatte gehofft, dass du es erkennen würdest ... so wie Mütter es doch immer erkennen, wenn es ihren Kindern nicht gut geht«, schluchzte ich verzweifelt. »Ich hatte gehofft, du würdest merken, dass ich dich brauche. Als meine Mum ... und nicht als die gefeierte Isabel Gilbert, die so tut, als würde ihre Tochter nicht direkt vor ihr stehen und zerbrechen, weil du sie abweist. Vor allem jetzt brauche ich dich, Mum ... mehr als je zuvor. Denn ich weiß nicht, wie ich das allein überstehen soll.«

Kapitel 30

Ich stand stocksteif vor dem mannshohen Spiegel in meinem Schlafzimmer, betrachtete das schwarze Kleid, welches meinen Körper wie ein schweres Gewicht umhüllte, und spürte, wie er sich gegen jede Bewegung wehrte, die mein Verstand von ihm verlangte. Wenn ich mich nun bewegte, würde Hudsons Beerdigung immer näher rücken. Doch wenn ich mich nicht bewegte, so würde ich den Tag verpassen, an dem ich meinen besten Freund zum letzten Mal sehen würde.

Mach schon, Gilbert!, meckerte mich meine innere Stimme streng an, sodass ich mir endlich einen Ruck gab, aus meiner kleinen Starre erwachte und mich auf mein Bett zubewegte, auf dem meine Trauerrede und meine Tasche lagen. Ich schnappte mir beides, verließ mit einem mulmigen Gefühl im Magen meine Wohnung und begab mich zu meinem Auto.

Eine halbe Stunde später parkte ich auf einem schattigen Seitenstreifen, mitten in einem kleinen Viertel namens Camperdown, etwas außerhalb der Innenstadt, und blieb für einen Moment wie festgewachsen hinter meinem Steuer sitzen. Mein Blick glitt über den eisernen Zaun, der den Camperdown Memorial Rest Park wie auch den Friedhof, auf dem Hudson heute begraben werden würde, umzäunte. Alles in mir sträubte sich, aus dem Auto zu steigen, doch ein winziger Blick auf die Uhr verriet mir, dass die Trauerfeier in nicht einmal zehn Minuten beginnen würde. Hastig raffte ich meine Sachen zusammen, stieg aus und schob mir die Sonnenbrille auf die Nase, eher um meine rot verweinten Augen zu verstecken, als der grellen Sommersonne Sydneys entgegenzuwirken.

Langsam ging ich auf das gusseiserne Tor zu, vor dem Chester auf mich wartete, und schenkte ihm ein trauriges Lächeln, als ich mich bei ihm einhakte und mit ihm gemeinsam den schattigen Kiesweg bis zur St. Stephen's Angelican Church entlang lief. Unmittelbar vor der kleinen Kirche blieben wir beinahe zeitgleich stehen, starrten die hölzerne Flügeltür an und spürten wohl beide, dass nun der Zeitpunkt gekommen war, für immer Lebewohl zu sagen.

»Bist du bereit?«, fragte ich leise an Chester gewandt, nahm meine Sonnenbrille ab und blickte zu ihm hoch. Eine Maske, bestehend aus tiefer Trauer und großem Schmerzen, hatte sich auf sein Gesicht gelegt, als er kaum merklich den Kopf schüttelte.

»Bereit, die Liebe meines Lebens unter die Erde zu schicken? Nein ... ganz und gar nicht.«

»Ich auch nicht«, erwiderte ich murmelnd, drückte sanft seine Hand und setzte mich dann wieder in Bewegung, sodass er gezwungen war, ebenfalls weiterzugehen. Kaum waren wir in das kühle Gewölbe der Kirche getreten, drehten sich einige Köpfe der bereits anwesenden Gäste in unsere Richtung – schenkten uns mitfühlende und trauernde Blicke. Ich schluckte den aufkommenden Kloß in meinem Hals tapfer hinunter und lief mit Chester den Mittelgang entlang. Schließlich ließ ich mich auf meinem Platz neben Hudsons Mum nieder, die mir mit Tränen in den Augen ein gequältes Lächeln schenkte, welches ich bloß mit Bemühungen erwidern konnte. Nur einen Wimpernschlag später wandte ich den Blick ab und schaute zu Chester, der nun am Altar hinter dem Rednerpult stand und mit bebenden Händen die Blätter in seinen Händen zu sortieren versuchte. Unmittelbar neben ihm stand ein von Blumenkränzen umrahmtes, großes Bild von Hudson, welches ihn in besseren Tagen breit grinsend im *Records Store* zeigte. Hinter Chester thronte ein halb geöffneter, schwarz glänzender Sarg, in dem Hudsons seelenloser Körper ruhte. Chester starrte die Blätter in seinen Händen an, warf einen Blick über seine Schulter und blickte schließlich mit glasigen Augen auf die ausgewählten Leute, die gekommen waren, um Hudson zu verabschieden.

»Danke ...« Er räusperte sich kurz, spannte den Kiefer an und blinzelte heftig, scheinbar, um den aufkommenden Tränen Einhalt zu gebieten. »Danke ... dass ihr alle erschienen seid, um diesen wundervollen Menschen zu verabschieden.« Er pausierte, senkte den Blick erneut auf seine Blätter, schaute ein zweites Mal über seine Schulter zu Hudson und schluckte schwer, bevor er die Blätter einmal in der Mitte faltete und in die Seitentasche seines Jacketts schob. »Hudson war der große Redenschwinger von uns«, setzte er erneut an. »Und meine Worte würden ihm nicht mal ansatzweise gerecht werden. Denn seine Güte, seine Selbstlosigkeit, seine Loyalität und sein verdammt großes, ehrliches Herz kann man nicht in Worte fassen. Zumindest nicht in Worte, die beschreiben, was für ein großartiger Mensch er war. Man muss ihn erlebt haben, um zu wissen, was ich meine.«

Seine blauen, tränenverschleierten Augen huschten für den Bruchteil einer Sekunde in die Richtung von Hudsons Familie – zu Carol, Ray und Maverick, die beinahe alle gleichzeitig die Blicke senkten und mit verbissenen Mienen den steinernen Boden der Kirche begutachteten.

»Worte können nicht beschreiben, wie sehr ich Hudson liebe und wie sehr ich ihn vermissen werde. Deswegen versuche ich es mit Musik. Denn sie hat uns zueinander geführt. Der Song ... der Song heißt *Everglow*«, kündigte er an und mit jeder Sekunde, die verstrich, wuchs der Kloß in meinem Hals. »Ich sang diesen Song vor fünf Jahren in Charlies Bar ... und da saß dieser unscheinbare Kerl im Publikum, der mich mit seinen sanften und doch so traurigen Augen gemustert hat, regungslos, als hätte ihn dieser Song paralysiert.«

Eine Träne stahl sich aus seinem Augenwinkel und er verzog die Lippen zu einem traurigen Lächeln, während er mit seinen Erinnerungen an jenem Abend in der Bar zu sein schien.

»An diesem Abend verlor ich mein Herz an ihn. Er besitzt es immer noch und es wird mit ihm gehen.«

Trotz der Tränen, die nun unaufhaltsam über seine Wangen flossen, lächelte er. Er trat an den schwarzen Flügel, der etwas abseits stand, setzte sich auf den Klavierhocker, platzierte seine Hände auf der glänzenden Klaviatur und seine Füße auf den Messingpedalen. Im nächsten Moment setzten die ersten Töne zu Coldplays Song an, ehe Chester mit wackliger Stimme zu singen begann. Seine Augen waren geschlossen und hin und wieder wurde sein herzzerreißender Auftritt von einem Schniefen oder Schluchzen der Gäste unterbrochen. Carol lag Ray mit bebenden Schultern in den Armen und auch Maverick schien stark mit den Tränen zu kämpfen.

Chesters warme und nun äußerst sichere Stimme erfüllte die kleine Kirche, verzauberte alle mit der Vollkommenheit des Momentes und als er die letzte Strophe ansetzte, brach Sonnenlicht durch die Buntglasfenster. Es bemalte den Sarg und den Rest des Kircheninneren mit bunten Sprenkeln. Die letzten

Töne schwebten wie Seifenblasen durch die Luft und als Chester die Augen öffnete und die bunten Lichtreflexe sah, wurde das von Liebe erfüllte Lächeln auf seinem Gesicht nur noch breiter. Er erhob sich, ging an den Sarg und strich Hudson mit einer sanften, fast schon vorsichtigen Bewegung über die Wange und sprach Worte zu ihm, die die Gäste nicht erreichten. Sie waren einzig und allein Hudson gewidmet.

Schließlich löste er sich widerwillig von ihm, nickte mir zu und setzte sich auf seinen Platz, während ich mit klopfendem Herzen seine Position hinter dem Rednerpult einnahm und meine Trauerrede zitternd auseinanderfaltete. Bevor ich zu sprechen begann, ließ ich meinen Blick das erste Mal bewusst über die vielen Gesichter gleiten, die mit traurigen Mienen auf den hölzernen Bänken saßen. Charlie hatte ihr Gesicht unter einem breiten, schwarzen Hut versteckt, tupfte sich in regelmäßigen Abständen mit einem Taschentuch die Wangen ab und behielt den Blick stets gesenkt. Neben ihr saß Elijah Reed, Hudsons erste große Highschoolliebe. Sein Gesicht glich einer starren Maske und seine Augen waren tränenunterlaufen. In den hinteren Reihen saßen Menschen, die ich noch nie zuvor gesehen hatte, doch anhand ihrer trauernden Mienen erkannte ich, dass sie sich ebenfalls glücklich schätzen konnten, Hudson Tate in ihrem Leben gehabt zu haben.

»Hi …«, begann ich unbeholfen und senkte meinen Blick auf das Blatt in meinen Händen. »Mein Name ist Alexis Gilbert und der Großteil hier wird mich nicht kennen … doch das ist okay, denn heute geht es einzig und alleine um Hudson«, ich pausierte für einen Moment, versuchte meinen Atem zu beruhigen und mich gedanklich an jenen Tag zu versetzen, an dem Hudson Tate in mein Leben getreten war – die Gefühle zu empfinden, die er in mir geweckt hatte.

»Chester hat recht. Worte können nicht beschreiben, was für ein großartiger Mensch Hudson war. Doch ich werde es versuchen. Auf meine Art und Weise … mit meinen Worten und …«

Das Quietschen der großen Flügeltür riss mich aus meiner kleinen Rede und Sonnenlicht verdeckte die in Schwarz eingehüllte Person, die soeben eingetreten war. Doch kaum war die Tür ins Schloss gefallen, blieb mein Herz für den Bruchteil einer Sekunde stehen, als ich erkannte, wer die Kirche betreten hatte. Reagan setzte sich auf eine der letzten Bänke, die nahezu im Schatten der Pfeiler verschwanden, die sich zwischen den Bänken bis zur hölzernen, gewölbten Decke zogen. Es waren fast zwei Wochen vergangen, seit ich sie gesehen, gehört oder gesprochen hatte. Doch nun war sie hier, komplett in Schwarz gekleidet, und versteckte ihr Gesicht sowohl unter einem schwarzen Hut wie auch unter einer großen Sonnenbrille. Trotzdem erkannte ich sie – spürte ihre Gegenwart und riss den Blick ruckartig von ihr los, als Chester ein leises Räuspern von sich gab, welches meine Aufmerksamkeit in seine Richtung zerrte.

Sprich weiter, schien er mir stumm mitteilen zu wollen und ich nickte zerstreut, schaute auf das Blatt Papier in meinen Händen und suchte vergebens die Zeile, bei der Reagan mich rausgerissen hatte, obwohl sie nicht weit sein konnte.

»Verzeihung«, stieß ich hastig aus, fand wenige Sekunden später meinen Satz und setzte dort an, wo ich aufgehört hatte zu sprechen. »... und ich hoffe, dass ihm diese Worte gerecht werden können.«

Ich warf einen Blick über die Schulter in den Sarg und spürte mein Herz absacken. Obwohl Hudson friedlich und entspannt aussah, traf mich sein Anblick wie ein eiserner Hieb und ich musste mich bemühen, nicht an Ort und Stelle zusammenzubrechen.

»Hudson ... hatte einen ganz besonderen Charakter«, fuhr ich mit bebender Stimme fort, räusperte mich leise und strengte mich an, die Fassung zu bewahren, indem ich schwer schluckte, tief Luft holte, um mich wieder zu sammeln. »Als ich ihn in mein Leben ließ, wusste ich, dass er der Mensch sein würde, dem ich mein ganzes Leben anvertrauen kann. Denn so war er. Vertrauenswürdig, liebevoll und so verdammt ehrlich, dass man nicht wusste, ob er einen durch den Kakao zog oder doch nur einen liebevollen Rat erteilte.«

Einige der Anwesenden verzogen unter Tränen die Lippen zu einem Schmunzeln und nickten zustimmend.

»Ich konnte mir sicher sein, dass er mich nie im Stich lassen würde. Er war loyal ... so loyal, dass er selbst nach sechs Jahren Funkstille, ohne zu zögern, zurück in seine Rolle als mein bester Freund geschlüpft ist. Und das war das Beste, was er hätte tun können. Was ich damit sagen möchte, ist, dass Hudson Tate ein ganz besonderer Mensch war.«

Ich hielt inne, lächelte in mich hinein und erinnerte mich an all die wundervollen Momente, die ich im Laufe des Jahres mit Hudson erlebt hatte.

»Seine Krankheit hat ihn nicht runtergezogen. Ganz im Gegenteil. Er hat jeden Moment seines Lebens genossen. Selbst die schrecklichen Momente hat er mit Humor genommen. Wenn alle anderen zerbrochen sind, kam Hudson und hat sie mit seiner humorvollen und sarkastischen Art wieder zusammengeflickt.«

Ich holte tief Luft, malte mir den Moment auf dem Riesenrad mit ihm aus und spürte, wie sich meine Augen erneut mit Tränen füllten.

»Manchmal glaube ich, dass der Tod die Welt vollkommen neu ordnet. Auf den ersten Blick scheint nichts anders zu sein. Alles wirkt wie immer ... normal. Und dennoch hat sich die Welt für uns ... für mich komplett verändert. Sie ist anders geworden. Dunkler. Denn Hudson hatte mit seiner Art die Fähigkeit, Licht in jede finstere Ecke zu bringen. Er hat mir durch Lebenslagen geholfen, mit denen ich alleine nicht zurechtgekommen wäre. Mit seinem verdammten Talent, sogar ernste Situationen in etwas Erträgliches zu verwandeln, hat er mir geholfen und mich gerettet. Aber um ehrlich zu sein, würde er nun wahrscheinlich die Augen verdrehen, wenn er mich hören könnte. Er würde mich maßregeln, euch nicht noch mehr zum Weinen zu bringen. ›Nenne es nicht Trauerrede, Alexis‹, würde er mir nun sagen. ›Die schreit doch nur danach, dass ich in den Tränen aller Anwesenden ertrinken würde‹.«

Ich verzog die Lippen zu einem stummen Lächeln und stellte mir Hudsons Stimme vor, die immer versucht hatte, einem ein Lachen oder wenigstens ein Schmunzeln zu entlocken.

»›Nenne es doch lieber Lebensrede. Außerdem sollte die Bezeichnung Trauerfeier verboten werden. Ist es nicht paradox, dass die Wörter Trauer und Feier in einem stehen? Entweder ihr trauert oder ihr feiert. Entscheidet euch‹.«

Erleichtert stellte ich fest, dass die Gäste in diesem Augenblick weniger bedrückt aussahen als vor einer guten Stunde, als sie in die Kirche getreten waren. Die Tränen schienen fürs Erste besiegt und die trauernden Mienen wurden durch liebevolles Lächeln ersetzt.

»Und wer Hudson wirklich gut kannte, der kannte auch seine heiß geliebten Glückskekssprüche. Einer dieser Sprüche lässt mich nicht mehr los, seit er ihn mir mitgegeben hat. Er hat mich durch dieses Jahr begleitetet. Wenn nicht sogar durch mein Leben, seit Hudson ein Teil davon wurde. Er sagte mir einst, dass alles gut werden würde. Selbst wenn es sich für eine lange Zeit ganz fürchterlich anfühlt und man manchmal sogar glaubt, dass es nie wieder besser wird, muss man sich immer in den Kopf rufen, dass am Ende alles besser wird.«

Ich schluckte schwer, faltete mein Blatt zusammen und ließ es in meine Tasche gleiten. Schließlich drehte auch ich mich ein letztes Mal zu Hudson um, betrachtete sein friedliches Gesicht und trat an den Sarg.

»Ich habe dich lieb, Huds«, murmelte ich leise und wischte eine einsame Träne von meiner Wange. »Du wirst mir fehlen.«

***

Wie festgewachsen standen Chester und ich vor dem frischen, glattgeklopften Stück Erde, unter dem Hudson nun begraben lag. Charlie legte einen großen Strauß Blumen auf ein freies Fleckchen Erde, bevor sie sich zu uns drehte und uns traurig anlächelte.

»Mein herzliches Beileid, er war eine gute Seele.«

»Danke, Charlie«, murmelten wir gleichzeitig und blickten ihr nach, als sie Hudsons Grab mit gesenktem Kopf hinter sich ließ.

Nun waren Chester und ich allein. Die Sonne bahnte sich einen Weg durch das Blätterdach über unseren Köpfen und bemalte das Grab mit goldenen Tupfern. Vögel zwitscherten und das Rauschen des Windes in den Baumkronen, die den Friedhof wie ein schützendes Dach umfassten, ließen die Situation friedlich und vollkommen wirken.

»Ich kann immer noch nicht glauben, dass er fort ist«, brach Chester das Schweigen und ich griff instinktiv nach seiner Hand, um sie sanft zu drücken.

»Das mag absolut kitschig klingen, Ches, aber er wird immer bei uns sein. Er wird in deiner Musik sein, in meinem Tanz, in unseren Herzen. Einfach überall. Das Leben endet vielleicht. Aber Liebe lebt weiter. Sie überdauert Raum und Zeit.«

»Glückwunsch, Alexis. Du hast sein Talent, wie ein Glückskeks zu sprechen, erlernt«, zog er mich auf und schaffte es sogar, ein Lächeln auf sein starres Gesicht zu zaubern.

»Wie hat Hudson immer so schön gesagt? Jeder Mensch liebt Glückskekse«, erwiderte ich schmunzelnd. Dieses Schmunzeln erlosch jedoch umgehend, als ich eine ganz bestimme Stimme hinter mir ausmachen konnte. Reagan.

»Alexis … können wir bitte reden?«

Ich verkrampfte mich, ließ Chesters Hand los und blickte für einen kurzen Moment ins Nichts, ehe ich mich zu ihr umdrehte. Nun konnte ich ihr nicht mehr aus dem Weg gehen und das klärende Gespräch hinauszögern.

»Ich denke nicht, dass –«

»Bitte«, flehte sie beinahe, musterte mich aus ihren verdammt schönen Augen und sah mich dabei so gebrochen an, dass meine harte Schale einen Riss bekam und zu bröckeln begann.

»Fünf Minuten«, murmelte ich. »Wartest du hier?«, fragte ich an Chester gewandt und er nickte, bevor er mich sanft in Richtung Reagan drängte.

»Lasst euch die Zeit, die ihr braucht. Aber sprecht euch aus«, gab er mir gedämpft zu verstehen.

Ich seufzte leise auf, entfernte mich widerwillig von Hudsons Grab und strebte eine Bank an, die gleich an der steinernen Fassade der Kirche im Schatten lag. Reagan und ich ließen uns mit einem gewissen Abstand zur jeweils anderen nieder und schwiegen uns die ersten Sekunden nur an.

»Deine Zeit läuft«, erinnerte ich sie verhalten, sodass sie den Blick senkte und unstet mit der Krempe ihres Hutes spielte.

»Ich … ich hätte nicht gedacht, dass du dem Gespräch zustimmen würdest. Immerhin ignorierst du meine Anrufe seit fast zwei Wochen … deswegen –«

»Deswegen weißt du nicht, was du nun sagen sollst?«, beendete ich ihren Satz und sie nickte ertappt.

»Ich bin diesen Moment beinahe jeden Tag durchgegangen und habe mir zurechtgelegt, was ich dir sagen möchte … doch jetzt … ist plötzlich alles fort.«

Ich seufzte leise auf und erhob mich schließlich, sodass ihre Augen unsicher in meine Richtung schossen.

»Reagan …«, begann ich resigniert. »Hudson wurde vor nicht einmal zwei Stunden begraben. Ich kann nicht hier sitzen und darauf warten, dass du endlich sprichst, wenn ich auch Chester eine gute Freundin sein kann, um ihm den Verlust seines Partners weniger schlimm zu gestalten und für ihn da zu sein.«

»Ich weiß«, beschwichtigte sie, legte den Hut beiseite und kramte in der

Tasche, die locker über ihrer Schulter hing. »Ich hatte mir das Ganze anders vorgestellt«, sprach sie weiter und zog ein kleines Fotoalbum hervor. »Ich wollte mich bei dir entschuldigen, in der Hoffnung, dass du mir verzeihen würdest.« Sie pausierte und reichte mir das Album. »Das habe ich über die letzten Monate für dich gemacht. Vielleicht hilft es dir ein bisschen, mit der Situation umzugehen.«

Ich nahm das Album an, musterte den einfarbigen Einband und richtete den Blick schließlich auf Reagan. »Du hast geglaubt, eine Entschuldigung und ein Geschenk würden die Sache wiedergutmachen?« Meine Augenbrauen schossen ungläubig in die Höhe und sie wurde unter meinem stechenden Blick ganz klein. Eine Version von Reagan, die ich nicht kannte. Fast verspürte ich ein schlechtes Gewissen und das vernünftige Stimmchen in mir flehte mich an, sie nicht so hart ranzunehmen, mich für ihre Mühe, die sie in das Geschenk gesteckt hatte, zu bedanken, es zu öffnen und die schrecklichen Tage hinter uns zu lassen. Doch ich war wütend – wütend, dass Hudson fort war, und wütend, dass sie wirklich glaubte, eine Entschuldigung könnte das Gefühl von Verrat in meinem Inneren auslöschen.

»Nein, ich –«

»Du hast mich ein ganzes halbes Jahr lang belogen, Reagan«, erinnerte ich sie knapp. »Du hättest tausend Chancen gehabt, mir die Wahrheit zu sagen. Stattdessen hast du dieses Spiel die ganze Zeit weitergespielt.«

Reagan senkte betroffen den Blick. Wurde kleiner und kleiner.

»Hättest du mir jemals die Wahrheit gesagt?«, fragte ich leise. »Ich meine, wenn Adriel nun nicht derjenige gewesen wäre, der die Bombe platzen gelassen hätte … hättest du mir gesagt, warum du wirklich interessiert an einer Freundschaft mit mir warst?«

»Ich … weiß es nicht, Alexis«, sprach sie ehrlich aus, hob den Blick und sah mir direkt ins Gesicht. »Es ist wahr, dass ich anfangs bloß deine Nähe und dein Vertrauen gesucht habe, um dir Informationen über Mason zu entlocken«, erzählte sie und mein Magen drehte sich um. Die Worte noch mal aus ihrem Mund zu hören, war fast schlimmer, als sie von Adriel zu hören. »Doch die Art, wie du über Mason gesprochen hast … die Angst in deinen Augen, wenn das Thema auf ihn zurückfiel, hat mich ab einem gewissen Punkt davon abgehalten, dich immer wieder auf ihn anzusprechen … Ich wollte dich nicht extra diesen schrecklichen Erinnerungen an ihn aussetzen.

Und als ich merkte, dass ich Gefühle für dich entwickelte, habe ich Adriel sofort gesagt, dass ich aus dem Geschäft aussteige. Seitdem war ich ehrlich zu dir und habe dir auch nichts mehr vorgemacht. Dein Vertrauen zu missbrauchen, war der schlimmste Fehler, den ich hätte machen können … Denn du verdienst jemanden, dem du vertrauen kannst. Nach allem, was du durchmachen musstest, verdienst du es erst recht und … und ich hasse mich jeden Tag mehr dafür, dass ich dir all das angetan habe.«

»Wieso sollte ich dir das jetzt noch glauben, Reagan?«, hakte ich nach und spürte Verzweiflung in mir aufkeimen. »Das ist nun das Problem, welches es mir nicht einfach macht, dir zu verzeihen. Ich kann dir nichts glauben. Ich sehe dir nicht mehr an, ob du mir die Wahrheit sagst oder ob Adriel dich immer noch wie eine Puppe an den Fäden hat und jeden deiner Schritte kontrolliert und dir vorgibt, was du mir sagen sollst, um mich in der Nähe zu halten.«

Ihre Augen nahmen einen verlorenen Schimmer an. »Adriel hat das bekommen, was er wollte. Rache. Sowohl an dir als auch an mir. Masons Schulden werden erstmal nicht beglichen werden können. Das hat er verstanden und stattdessen alle Hebel betätigt, um seinem Frust freien Lauf zu lassen. Wenn er nicht das bekommt, was er will, zieht er die Menschen, die etwas damit zu tun haben, zur Rechenschaft. Scheinbar ist es für ihn schon eine Genugtuung, wenn er das Leben zweier Menschen komplett aus den Fugen hebt, die Bombe legt und zufrieden dabei zuschaut, wie sie in die Luft geht und alles zerstört, was sich in unmittelbarer Nähe befindet. So war er schon immer.«

Ich versuchte ihre Worte zu verdauen, ließ mich langsam zurück auf die Bank sinken und wusste nicht mehr, was ich überhaupt noch glauben sollte. »Das war also Adriels Ziel? Uns auseinander zu bringen, weil er nicht seinen Willen bekommen hat?«

»Ja … das fasst es ganz gut zusammen.«

»Und was ist mit den Schulden?« Meine Stimme klang tonlos. »Wird er jemand Neues auf mich ansetzen?«

»Nein … er wird warten, bis Mason seine Strafe abgesessen hat, und ihn dann umso härter schuften lassen, bis auch der letzte Cent bei ihm angekommen ist.«

Ich schwieg, ließ ihre Worte wirken und senkte den Blick schließlich auf das

Album in meinen Händen, welches auf meinem Schoß ruhte. Da ich keine Kraft mehr hatte, über Adriel oder Mason zu sprechen, strich ich mit einem Finger über den hellblauen Einband des Fotoalbums und öffnete es langsam. Im Bruchteil einer Sekunde schossen Tränen in meine Augen, als mir ein glücklicher Hudson entgegenlächelte. Ich erinnerte mich an den Abend im *Imperial*, als wäre es gestern gewesen. Nur Stunden nach diesem Bild war Hudson ins Krankenhaus eingeliefert worden. Ich blätterte gerührt weiter und stellte fest, dass Reagan scheinbar jedes einzelne Treffen mit Hudson in Bildform festgehalten hatte. Das letzte Bild zeigte Hudson in seinem Krankenbett. Blass, müde und dennoch mit einem herzlichen Lächeln in seinem Gesicht. Der Tag, an dem Reagan mir erzählt hatte, dass ihre Beziehung mit Kian vorbei war. Ich bemerkte erst, dass ich weinte, als eine Träne aufs Papier tropfte, innerhalb weniger Millisekunden in die Fasern zog und einen dunklen Fleck hinterließ.

»Glaub mir, dass ich dich nie belogen habe, wenn es um meine Gefühle für dich ging, Alexis …«, begann sie leise und ich riss den Blick von Hudson los, um ihr ins Gesicht zu schauen.

»Denkst du, ich hätte Kians Antrag abgelehnt, wenn ich dich belogen hätte? Oder meinen Eltern die Wahrheit über uns gesagt, wenn alles nur ein Spiel gewesen wäre?«, fragte sie und fixierte mich mit ihren dunklen Augen. »Ich … ich habe mit der Wahrheit meine Familie von mir gestoßen, Alexis … denn ich wurde nicht nur von dir in die Hölle geschickt, sondern auch von meinen Eltern. Sie haben die Vernissage umgehend verlassen, nachdem sie die Wahrheit erfahren hatten«, erzählte sie mir und Schmerz färbte ihren Tonfall wie Blut, das ins Wasser tropfte. »Ich habe praktisch meine gesamte Familie aufgegeben, um mit dir zusammen sein zu können … und … und ich bereue es nicht einmal. Ich bereue es nicht, weil ich weiß, dass ich mit dir eine bessere Familie habe … eine Familie, die hinter mir steht, mich unterstützt und mich so akzeptiert, wie ich bin.«

»Reagan …«, begann ich, doch sie hob eine Hand und erstickte meine Worte im Keim.

»Ich hoffe, du wirst mir glauben, Alexis. Sieh mir in die Augen und bitte glaub mir, wenn ich dir sage, dass ich dich liebe.« Ihre Augen wurden glasig und mein Herz machte einen gewaltigen Satz in die Höhe.

»Ich liebe dich«, wiederholte sie sich gebrochen und schien in meinem

Gesicht verzweifelt nach einer Regung zu suchen. Fast zwei Wochen lang hatte ich geglaubt, ihr nie wieder vertrauen, geschweige denn etwas glauben zu können. Fast zwei Wochen mussten vergehen, um mir zu zeigen, dass ich falsch gelegen hatte.

»Ich … ich glaube dir, Reagan«, erwiderte ich leise und erlaubte ihren Worten, meine kaputte Seele zu berühren. »Ich glaube dir und hoffe, dass du mir auch glaubst, wenn ich dir sage, dass ich dich ebenfalls liebe, mit jeder Faser meines Körpers.«

Und ich tat es. Denn manche Wahrheiten spürte man im Herzen.

Kapitel 31

Jemand klopfte dreimal an die schwarze Tür der Garderobe, bevor eine männliche Stimme gedämpft zu mir hindurch drang.

»Machen Sie sich fertig, Miss Gilbert. Ihre Prüfung startet in zehn Minuten.«

Zehn Minuten. Zehn Minuten, die mich von meinem Traum, als Solotänzerin in der Compagnie, trennten. Ich spürte, wie mein Puls ins Unermessliche stieg, und musterte mich eingehend in dem großen Spiegel vor mir, der von hell leuchtenden großen Glühbirnen umrahmt war. Ich sah in ein Paar ängstlicher Augen in einem viel zu verspannten Gesicht. Das Rosa meiner Haare war mittlerweile so stark hinausgewachsen, dass das dunkle Braun dominanter hervorstach und in den Längen in ein verwaschenes Blond lief. Diese Winzigkeit erinnerte an die Alexis, die ich vor wenigen Monaten noch gewesen war. Als ich mir nun ins Gesicht sah, stockte mein Herz einen Moment. Ich war meiner Mum wie aus dem Gesicht geschnitten und schluckte schwer, als ich mir mein dunkles Haar zu einem straffen Dutt band und tief einatmete.

»Du schaffst das, Tanzmäuschen«, sprach Reagan zu mir, die soeben von der samtüberzogenen Couch aufstand, hinter mich trat und ihre Hände sanft auf meine Schultern legte. Automatisch legte ich meine Hände über ihre, blickte sie durch den Spiegel hinweg zweifelnd an und wollte soeben den Mund öffnen, um ihr zu antworten, als es ein weiteres Mal an der Tür klopfte und meine Mum plötzlich ohne Vorwarnung in die Garderobe rauschte. Instinktiv fegte ich Reagans Hände von meinen Schultern und stand auf, um Abstand zwischen uns zu bringen.

»Mum, was –«

»Alexis, Schätzchen«, unterbrach sie mich scharf, warf einen kurzen Blick in Reagans Richtung und schaute mich schließlich wieder an. »Ich wollte nur nachsehen, wie weit du bist. Warum bist du noch nicht umgezogen?«, hakte sie nach, wandte sich schließlich an Reagan und musterte sie von oben bis unten. Und das mit einem Blick, der mich unruhig auf der Stelle treten ließ. Sie fixierte Reagan mit solch einer Kälte und Distanzierung, dass ich drauf und dran war, mich schützend vor sie zu stellen, um sie vor den vernichtenden Blicken zu schützen.

»Ich würde gerne einen Moment mit meiner Tochter allein sein.« Es war keine Frage, die sie Reagan stellte, sondern eine unmissverständliche Aufforderung. »Und sollte das Personal eigentlich nicht draußen unterwegs sein?« Meine Mum musterte die Kamera, die Reagan soeben um ihren Hals hängte.

»Mum, sie –«

»Ich gehöre nicht zum Personal«, ließ Reagan sie ruhig wissen und verzog die Lippen zu einem schmalen Lächeln. »Ich bin bloß eine Freundin von Alexis, die hier ist, um sie bei ihrer Prüfung zu unterstützen.« Mit diesen Worten schulterte sie ihre Tasche, trat zu mir und legte ihre Lippen beinahe provozierend auf meine. Sie küsste mich so leidenschaftlich, dass mir die Luft wegblieb und ein Grinsen auf meine Lippen kroch, als sie mir ein freches Lächeln schenkte und mit einem »War nett, Sie kennengelernt zu haben, Miss Gilbert« aus der Garderobe verschwand.

Kaum war die Tür ins Schloss gefallen, spürte ich den stechenden Blick meiner Mum auf mir.

»Ich erwarte eine Erklärung von dir, Alexis«, sprach sie fordernd aus und ihrem scharfen Unterton nach zu urteilen verlangte sie nun die absolute Wahrheit von mir. »Du weißt, dass nicht jeder befugt ist, diesen Bereich der Oper zu betreten. Außerdem solltest du dich nun vollkommen auf deine Prüfung konzentrieren, statt auf …«

»Meine Freundin?«, fragte ich offen heraus, ohne auch nur eine Sekunde zu zögern oder Reagan in die unscheinbare Rolle einer Bekannten zu quetschen.

Die strenge Maske meiner Mum verrutschte für den Bruchteil einer Sekunde, ehe sie sich fasste und mich musterte, als käme ich von einem anderen Planeten. »Ist sie eine Freundin aus der Uni?«

»Sie ist nicht *eine* Freundin, Mum. Sie ist meine Freundin. Meine feste Freundin«, korrigierte ich sie, sodass sie sich leise räusperte und unbeholfen blinzelte, so, als könnte sie mit dieser neu gewonnenen Information über ihre Tochter nur schwer umgehen. »Und nun möchte ich wissen, wieso du überhaupt hier bist? Es werden noch alle denken, dass ich einen Vorteil habe, nur weil du meine Mum, im Prüfungsausschuss und der Star der Compagnie bist.«

Sie schien für einen Moment nach Worten zu suchen und fiel aus der Rolle der knallharten Isabel Gilbert. »Wieso … wieso eine Frau, Alexis? Was hast du dir bloß dabei gedacht?«, hinterfragte sie vollkommen vor den Kopf gestoßen, ohne auf meine Frage einzugehen. »Ist das eine deiner kleinen Rebellionen gegen mich? Was –«

»Ich rebelliere nicht, Mum«, unterbrach ich sie ruhig. »Und ich habe mir nichts dabei gedacht, weil Liebe nun mal Liebe ist. Und Reagan ist für mich da, sie unterstützt mich und sie bremst mich nicht aus, wenn es um das Ballett geht. Also bitte spare dir deine Kritik«, flehte ich und seufzte leise auf, als ich merkte, dass ich weiterhin gegen eine intolerante Wand ihrerseits stieß. »Sie macht mich glücklich … auf eine Art und Weise, wie mich noch nie jemand glücklich gemacht hat. Sie liebt mich als der Mensch, der ich bin. Mit meinen Ecken und Kanten. Meinen hellen und dunklen Seiten. Sie holt das Beste aus mir heraus, Mum. Deswegen frage ich dich gar nicht erst nach deinem Segen. Ich möchte, dass du es akzeptierst, denn es ist egal, ob ich nun mit einem Mann oder mit einer Frau zusammen bin. Sie macht mich glücklich und das sollte die Hauptsache sein, oder nicht?«

Nach einer schweigsamen Minute gab sie ihre starre Haltung auf. »Wie du meinst, Alexis. Tu, was du nicht lassen kannst«, murmelte sie knapp und obwohl ich erkannte, dass sie nicht erfreut war, machte sich Erleichterung in mir breit.

»Außerdem sollte es dir vollkommen egal sein, was andere von dir denken, nur weil ich hier bin. Du bist eine Gilbert und ich bin momentan nur eine Mum, die nach ihrer Tochter sehen möchte«, ergänzte sie, griff nach dem schwarzen Einteiler, der neben der Tür hing, und reichte ihn mir. »Jetzt zieh dich endlich um. Ich habe noch eine Kleinigkeit für dich.«

Unter dem stechenden Blick meiner Mum tauschte ich meinen Bademantel gegen eine seidene, weiße Strumpfhose, schlüpfte in den langärmligen Einteiler, um meine Tattoos zu verbergen, und rundete das Ganze mit einem schwarzen Tutu ab. Als ich gerade nach meinen hellrosa Spitzenschuhen greifen wollte, kam meine Mum mir zuvor und reichte mir ein schwarz glänzendes und vor allem ungebrauchtes Paar Spitzenschuhe, welches sie bereits für mich präpariert hatte.

»Die Compagnie besitzt einen Fundus hier in der Oper voll mit Ballettkostümen, die für zukünftige Shows aufbewahrt werden. *Schwanensee* wird Teil davon sein. Dieses Paar gehört zum schwarzen Schwan, zu Odiles Coda. Sieh es als … als Friedensangebot, okay?« Sie drückte mir die Schuhe in die Hand und schenkte mir ein kleines Lächeln. Obwohl ihr Gesicht und ihre ganze Haltung weiterhin verkrampft wirkten, spürte ich, dass sie sich wirklich Mühe gab – damit, die Mutter für mich zu sein, die sie über die letzten drei Jahre hinweg nicht gewesen war, und damit, Toleranz zu zeigen und zu akzeptieren, dass Reagan mehr für mich war als bloß eine Freundin.

»Danke, Mum«, erwiderte ich also, verzog die Lippen zu einem Lächeln und schlüpfte in die Schuhe, bevor ich die Seidenbänder um meine Knöchel band und einige Probeschritte machte, um mich an sie zu gewöhnen.

»Gern geschehen. Ich wünsche dir viel Glück, Alexis. Enttäusche mich nicht. Und denk dran, dass das Bestehen deiner Prüfung nicht automatisch dazu führt, im Australian Ballet aufgenommen zu werden. Du musst den Ausschuss überzeugen, nicht nur deine Professoren.«

»Ich werde mein Bestes geben.«

»Das Beste ist nicht ausreichend für die Compagnie. Du musst sie umhauen, Alexis. Sonst kannst du deinen Traum als Solistin vergessen und landest, wenn überhaupt, nur im Corps de Ballet«, sprach sie ernst auf mich ein, ging auf die Tür zu und drehte sich noch einmal zu mir um. »Sei perfekt … zumindest perfekter als dein Partner.«

»Ich werde keinen Partner haben«, gestand ich ehrlich und meine Mum hielt mitten in der Bewegung inne, während sie mich sichtlich irritiert musterte.

»Der Part des schwarzen Schwans ist ein Pas de Deux, Alexis. Du musst einen Partner haben.« Ihre Stimme nahm einen harten Unterton an und sie ließ die Maske der fürsorglichen Mutter stückweise fallen.

»Ich weiß, dass es ein Pas de Deux ist. Aber ich habe ein Solo daraus gemacht«, ließ ich sie wissen, prüfte mein Aussehen ein letztes Mal im Spiegel und drehte mich dann zu ihr um.

»Du tanzt die Coda alleine?«, echote sie und musterte mich mit demselben

Blick, mit dem sie mich bereits die letzten Jahre gemustert hatte – zweifelnd, anklagend und kritisierend. Das war die Mum, die ich kannte. Ihre nette, fürsorgliche Seite, die sie seit dem Bankett zum Vorschein gebracht hatte, hatte mich langsam, aber sicher stutzig werden lassen.

»Du hast mir beim Training geholfen, Mum«, erinnerte ich sie gelassen. »Du wusstest, dass ich ein Solo tanzen werde. Ich weiß nicht, wo das Problem liegt«, seufzte ich, blickte auf die Uhr und drückte mich an ihr vorbei auf den breiten Flur, der zu den Kulissen des Theaters führte. Meine Mum lief hastig neben mir her und schien sich beherrschen zu müssen, nicht aus der Haut zu fahren.

»Das Problem, Alexis, besteht darin, dass ich dachte, du würdest scherzen! Niemand tanzt die Coda allein. Dafür ist sie zu komplex und –« Sie brach ab, griff nach meinem Arm und zwang mich zum Stehenbleiben. »Hörst du mir überhaupt zu?«

»Ich höre dir zu, Mum«, erwiderte ich gereizt, löste mich aus ihrem Griff und lief weiter. »Und ich werde dieses Solo tanzen. Ich habe monatelang trainiert und beherrsche es!«

»Na schön«, entgegnete sie kurz angebunden. »Dann enttäusche mich nicht, verstanden? Dich schmückt ein bedeutender Name und wenn du ihm nicht gerecht werden kannst, dann kannst du auch der Compagnie nicht gerecht werden.«

»Ein ›Du schaffst das schon‹ hätte vollkommen genügt«, merkte ich tonlos an, erreichte die Kulissen und blieb mit bebendem Herzen hinter einem dunklen Vorhang stehen, der mich von der hell beleuchteten Bühne trennte. »Jetzt ... jetzt geh bitte, Mum. Deine Anwesenheit trägt nicht zu meiner Ruhe bei«, fügte ich knapp hinzu.

»Vergiss nicht, Alexis. Sei perfekt.«

Ihre Hand streifte meine Wange, ehe sie elegant über die Bühne schritt und sich auf ihrem Platz neben den anderen Mitgliedern des Ausschusses niederließ. Ich beobachtete, wie sie sich unterhielten, Mappen verteilten und scheinbar alles für die Bewertung meines Solos vorbereiteten.

»Deine Mum ist der Inbegriff eines Engels, nicht wahr?«, ertönte Reagans Stimme und ich fuhr zu ihr herum.

»Reagan ... du darfst gar nicht hier hinten sein«, murmelte ich leise und sah zu, wie sie sich aus dem Schatten eines Vorhangs löste und mit einem zarten Lächeln auf den Lippen auf mich zukam.

»Ich weiß, aber ich hatte keine Chance mehr, dir noch viel Glück zu wünschen.« Sie machte noch einen letzten Schritt auf mich zu, zog mich an der Taille an ihren Körper und drückte ihre Lippen sanft auf meine, ehe sie sich löste und ein leises »Viel Glück, Tanzmäuschen« gegen meine Lippen hauchte.

»Alexis Gilbert«, rief mich Carlos Costa, einer der hochangesehensten Ballettmeister aus der Compagnie, im selben Moment auf.

Reagan schenkte mir noch ein letztes liebevolles Lächeln, bevor sie mich behutsam in Richtung Bühne drückte, bis meine Beine reagierten.

»Sei perfekt, Alexis …«, flüsterte ich leise. »Sei perfekt.« Ich trat in das grelle Rampenlicht und spürte mein Herz absacken, als Applaus ausbrach und mein Kopf nach links in die voll besetzten Ränge wirbelte. Madame Rousseau und auch meine Mum hatten nie etwas von Publikum gesagt und meine Kehle schnürte sich vor aufkommender Nervosität zusammen.

»Sei perfekt, Alexis«, murmelte ich so leise, dass nur ich es hören konnte, versuchte auszublenden, dass mein Atem nur noch ruckweise ging und vollführte erst eine kleine Révérence in Richtung des Ausschusses, bevor ich in die vierte Position fand und auf den Einsatz der Musik wartete. Millisekunden vergingen, in denen ich mir vorkam wie in einer Seifenblase – abgeschottet vom Publikum und vom Ausschuss. Ich hörte bloß meinen Atem, das wilde Pochen meines Herzens und das Blut, welches laut in meinen Ohren rauschte. Schließlich erloschen die großen Scheinwerfer und wurden von einem Spotlight ersetzt, welches so hell war, dass das Publikum restlos verschluckt wurde. Nun gab es nur noch mich, mein Solo und wenige Minuten, die mich von meinem Traum trennten. Wie eine Aufziehpuppe kam mein Körper in Bewegung, sobald die Klänge Tschaikowskys ertönten und den Theatersaal der Oper erfüllten. Ich bemühte mich, die Gedanken in meinem Kopf zum Schweigen zu bringen, bewegte mich fließend über die Bühne und vollführte schwerelose Pas de Bourrées, Developpés und Jetés.

Mein Verstand gab die Befehle und mein Körper befolgte sie punktgenau. Ich bemerkte kaum, wie die Zeit verflog, und realisierte erst, dass mein Puls in die Höhe schoss, als ich zurück in die Vierte fand, um mich auf die zweiunddreißig Fouettés vorzubereiten, die den Schluss meines Solos formten.

Ich erlaubte es mir, für den Bruchteil einer Millisekunde in der Position zu verweilen, kam auf die Spitzen und nahm bereits Schwung für die Drehung, bevor ich ins Fouetté fand.

32, zählte ich gedanklich mit.

31.

30.

Meine Augen fixierten sich auf einen weit entfernten Punkt. Ich blendete alles aus, bis ich das Gefühl hatte, allein auf dieser Bühne zu stehen. Allein auf der ganzen Welt zu sein. In diesem Moment gab es nur noch mich und die letzten neunundzwanzig Fouettés, die mich von meinem Traum trennten, denn ich war perfekt. Ich spürte es.

29.

28.

27.

Sei perfekt, hallte die Stimme meiner Mum in meinem Kopf nach und ich biss die Zähne fest zusammen, während ich mich immer und immer wieder auf die Spitze meines Standbeins erhob und mein Spielbein in peitschenden Bewegungen um meinen Körper jagte.

26.

25.

24.

Je länger die Zeit voranschritt, desto stärker wurden die Schmerzen, die von meinem Standbein wie eine Rakete durch meinen gesamten Körper schossen und mich einerseits bis an den Rand des Wahnsinns trieben, andererseits aber dafür sorgten, dass ich mich immer weiter anspornte, mein Bestes zu geben. Die Hälfte war bereits geschafft. Die Erfüllung meines Traums rückte Sekunde um Sekunde immer näher.

Das Beste ist nicht ausreichend für die Compagnie. Und meine Mum behielt recht. Denn was auch immer man konnte … es war niemals gut genug für das Ballett. Es verlangte Perfektion.

Sei perfekt.

Es verlangte Disziplin.

Du bist nicht bei der Sache, Alexis.

Es verlangte Kraft.

Du bist schwach.

Und es verlange Leidenschaft.

Ich empfinde keinen Stolz, wenn ich dich ansehe. Dir fehlt die Leidenschaft.

Das Ballett war meine größte Liebe und gleichzeitig mein größter Feind.

16.

15.

14.

Ich zog in den Krieg gegen mich selbst. Gegen meinen Körper, der mit jeder Drehung Wellen des Schmerzes durch meine Venen pumpte und mein Blut zum Kochen brachte. Ich kämpfte gegen den Drang meines Körpers, den Schmerzen ein Ende zu bereiten, indem ich aufgab, an. Überschritt meine Grenzen bei dem Versuch, perfekt zu sein. Perfekt für mich. Perfekt für meine Mum. Und perfekt für die Compagnie.

13.

12.

11.

Schweiß trat auf meine Stirn. Meine Lungen schmerzten und mein Standbein fühlte sich an, als würde es lichterloh in Flammen stehen.

Bereits vor Monaten war mir bewusst geworden, dass sich dieses Solo wie der Tod anfühlte. Zumindest anfangs, bis sich der Körper an die Höllenqualen gewöhnte. Ich spürte, wie sich meine Muskeln bei jeder noch so kleinen Bewegung dehnten und brannten, als wären sie imstande jeden Moment zu reißen. Meine Knochen fühlten sich an, als würden sie beim nächsten Wimpernschlag aus ihren Höhlen rotieren und einfach in sich zusammenfallen. Meine Finger zitterten bei dem angestrengten Versuch, sie anmutig zu halten. Das Publikum sah bloß die Geschmeidigkeit, mit der ich die Bewegungen ausführte. Denn das war alles, was zählte.

Dieses Solo war meine bittersüße Folter, um meinen Traum mit Händen greifen zu können. Ich sah ihn bereits vor mir. Spornte die Maschine, die mich bereits so weit gebracht hatte, immer weiter an.

10.

9.

8.

Ich fieberte dem Ende entgegen und spürte bereits Stolz in meiner Brust aufflammen, wenn ich daran dachte, dass ich den Namen Gilbert nicht in den Dreck ziehen würde. Nach all den Jahren, in denen mir gesagt wurde, ich sei nicht gut genug, hatte ich es endlich geschafft, allen das Gegenteil zu beweisen.

Am Ende wird alles gut, ertönte Hudsons Stimme in meinem Kopf. Das siegreiche Lächeln auf meinen Lippen fror umgehend ein. Fragmente der Beerdigung blitzten urplötzlich vor meinem inneren Auge auf. Verblassten. Kamen wieder. Erinnerungen eines glücklichen, lebenden Hudsons vermischten sich mit der krebsverseuchten, apathischen Kreatur der letzten Monate.

Nein, nein, nein. Bitte nicht jetzt. Mein Fixpunkt verrutschte und ich versuchte ihn mit aufkeimender Panik wiederzufinden. Das Theater drehte sich wild vor meinen Augen und mein Gleichgewicht drohte zu verschwinden. Plötzlich kreisten all meine geordneten Gedanken chaotisch durch meinen Kopf und es schien, als würde alles soeben wie eine Lawine über mir einstürzen. Hudsons Beerdigung war keine Woche her und ich hatte mich vor dem Moment gefürchtet, von den Erinnerungen heimgesucht zu werden. Ich hatte geglaubt, stark genug zu sein, um meiner Mum beweisen zu können, dass ich es schaffen konnte.

7.

6.

5.

Die Zeit schien plötzlich langsamer zu vergehen. Wie in Zeitlupe setzte ich ein letztes Mal für die finalen vier Fouettés an und erhaschte einen Blick auf meine Mum, die zu spüren schien, dass etwas nicht stimmte. Ihr Blick nahm etwas Undefinierbares an, als er von meinem Gesicht zum Fuß meines Standbeins wanderte. Der Punkt, auf dem mein gesamtes Gewicht lag. Auch ich spürte es. Die Gedanken in meinem Kopf wurden lauter, übermannten mich und nahmen mir die Dinge, die für das Ballett unvermeidlich waren – meine Konzentration, meine Körperspannung, meine Disziplin und letztlich auch meine Perfektion.

4.

3.

2.

Mitten in der Drehung verlor ich den Krieg gegen meinen Körper. Ich fiel während des alles entscheidenden finalen Fouettés aus der Haltung, spürte den Schmerz, der wie eine entsicherte Granate in meinem Knöchel explodierte, als ich mich ein allerletztes Mal auf die Spitze erheben wollte, jedoch keine Kraft mehr aufbringen konnte und umknickte. Mein Standbein sackte in sich zusammen und riss meinen gesamten Körper auf den grau glänzenden Boden der Bühne. Die Musik brach umgehend ab und die Unruhe des Publikums vermischte sich mit dem Rauschen des Blutes in meinen Ohren zu einem stetigen Brummen. Der rote, schwere Vorhang verschluckte die Bühne vor den Augen der Zuschauer und die Unruhen aus den Rängen verblassten.

»Kannst du mich hören, Alexis?« Meine Mum tauchte vor meinen Augen auf. Sie musterte mich mit einem Anflug von Sorge, vermischt mit Unruhe und einem winzigen Funken Wut. Natürlich war sie wütend. Ich war nicht bei der Sache gewesen und gestürzt. Ich war schwach geworden – hatte einen schrecklichen und vor allem riskanten Fehler gemacht, der meiner Mum womöglich niemals passiert wäre.

Schwäche wird dir noch das Genick brechen, Alexis.

»Ich bin gestürzt. Nicht taubstumm, Mum«, erwiderte ich tonlos, stemmte mich auf den Händen auf und biss die Zähne fest zusammen, als der Schmerz in meinem Knöchel aufflammte und mir beinahe Tränen in die Augen trieb.

»Steh auf, Schätzchen. Noch ist nichts verloren und –«

»Ich kann nicht, Mum«, zischte ich leise und legte eine Hand schützend um meinen kaputten Knöchel.

»Natürlich kannst du, Alexis. Steh jetzt auf und mach keine Szene. Du kannst die Fouettés wiederholen«, sprach sie auf mich ein und wollte mich am Arm auf die Beine ziehen, doch ich riss mich los und funkelte sie an.

»Hör verdammt noch mal auf, Mum. Ich kann es wirklich nicht«, wiederholte ich mich langsam und wurde bei der Missbilligung, die in ihrem Blick aufblitzte, auf Anhieb von Wut überflutet.

»Alexis, du wirst wahrscheinlich noch viele Male in deinem Leben stürzen. Das Wichtige dabei ist, wieder auf die Beine zu kommen und weiterzumachen. So ist das Ballett nun mal. Ohne Schmerzen wirst du keinen Erfolg erzielen. Und wenn du durch ihn hindurch tanzen kannst, bist du in der Lage, ihn zu besiegen. Doch wenn du nun aufgibst und scheiterst, dann bist du nichts mehr, hörst du? Also steh bitte auf und beweise, dass du eine Gilbert bist. Schmerz gehört dazu. Du musst lernen, mit ihm umzugehen und –«

»Mum!«, fuhr ich sie aufgebracht an und erstickte ihre weiteren Worte unmittelbar im Keim. »Verdammt, ich schaff es nicht, okay? Ich werde deinem perfekten Ideal niemals entsprechen und es tut mir leid, dich enttäuscht zu haben. Aber ich kann diese Fouettés nicht wiederholen. Es ist vorbei.«

Sie presste die Lippen zu einer schmalen Linie und musterte mich mit einem Ausdruck in den Augen, der mich zurück in die Zeit katapultierte, in der sie mir täglich die Predigt gehalten hatte, dass ich es niemals so weit wie sie schaffte, wenn ich meiner Schwäche weiterhin mehr Platz als meiner Stärke geben würde. Niemals hätte ich auch nur ansatzweise geglaubt, dass sie recht behalten würde.

Kapitel 32

Bei einem Solo war sich jede Tänzerin und jeder Tänzer bewusst, dass man eine tonnenschwere Last auf den Schultern tragen musste. Da war zum einen das Verlangen nach Perfektion, welches sich wie ein geladener Revolver an die Schläfe drückte, um stets die Macht über den Körper zu behalten. Man musste sich konzentrieren, damit jeder Schritt der Choreo, die man so hart über Monate hinweg erprobt hatte, auch wirklich saß. Man musste glänzen, denn immerhin war man der Fokus aller Anwesenden – das Herzstück eines jeden Balletts. Die Hauptattraktion.

Das Publikum musste glauben, dass das Ballett perfekt sei. Frei von sämtlichen Fehlern. Schmerzlos und von Leichtigkeit erfüllt.

Was das Publikum nicht sah, waren innere Konflikte, wilde Gedanken und schwindende Kraft. Sie bekamen nicht mit, wenn die Musik einen Takt zu schnell oder zu langsam spielte oder wenn der Boden zertanzte Stellen aufwies, die so glatt waren, dass ein Sturz nahezu unvermeidlich war.

Sie sahen nur die Tänzerin, die der perfekten Illusion nicht gerecht wurde und scheiterte. Stürzte. Und liegen blieb, weil das Verlangen nach Perfektion ein Akt der Selbstzerstörung war.

»Alexis?« Reagans Stimme riss mich aus meiner apathischen Starre und ich lenkte meinen Blick in ihre Richtung. Sie musterte mich besorgt und legte eine Hand auf meinen Arm. »Ist alles in Ordnung?«

»Nichts ist in Ordnung, Reagan«, murmelte ich und blickte mit verbissener Miene auf meinen eingegipsten Fuß, der schwer und wie ein Fremdkörper, den ich nicht haben wollte, auf der hellgelben Krankenhausdecke ruhte.

»Ich habe versagt. Mein Traum ist geplatzt und einen Platz in der Compagnie kann ich vergessen. Selbst für das Corps de Ballet wird diese Leistung wahrscheinlich nicht ausreichen.«

Langsam, aber sicher sickerte diese Tatsache wie Gift durch meinen Körper und ich senkte den Blick, um die Tränen zu verstecken, die sich soeben anbahnen wollten.

»Hey …«, sprach Reagan leise aus, legte eine Hand unter mein Kinn und drückte es sanft nach oben. »Sobald du wieder auf den Beinen stehst, kannst du es weiter versuchen. Dein Traum ist nicht geplatzt. Er wird sich nur etwas verzögern.«

»Diese Prüfung war meine einzige Chance, in die Compagnie zu kommen«, erklärte ich ihr verzweifelt. »Es ist vorbei. Endgültig.«

Als sie gerade zu einem zweiten Protest ansetzen wollte, ging die Tür auf und meine Mum trat ins Krankenzimmer.

»Ich habe mit deinem Arzt gesprochen, Alexis«, eröffnete sie sofort. Kein ›Wie geht es dir?‹ oder ›Hast du noch Schmerzen?‹. Sie ließ sich auf einem der Sessel parallel zu meinem Bett nieder und schlug die Beine übereinander. »Er sagte, dass deine Fraktur in den letzten zwei Wochen gute Fortschritte gemacht hat. Du kannst bereits diese Woche mit der Physiotherapie starten.«

»Und was bringt mir das noch?«, hakte ich tonlos nach, sodass sie die Augenbrauen anhob und mich streng musterte.

»Je länger du dein Training schleifen lässt, desto länger wirst du brauchen, um zurück in deine Form zu kommen, Alexis«, maßregelte sie mich, erhob sich und stellte sich an das Ende meines Bettes, wo wir uns ein stummes Blickduell lieferten, welches ich letztendlich brach.

»Die Compagnie wird mich nicht nehmen, habe ich recht?«, hakte ich nach und meine Mum schluckte kurz, ließ erahnen, dass mein Traum geplatzt war, bevor sie einen Moment in ihrer Tasche kramte und schließlich einen großen Briefumschlag hervorzog.

»Das Australian Ballet ist nicht die einzige Compagnie.«

»Das beantwortet nicht meine Frage, Mum.« Mein Ton wurde härter und sie erwiderte meinen forschen Blick, ohne auch nur einmal mit der Wimper zu zucken.

»Nein«, sagte sie schließlich und strich nicht existente Falten aus ihrem cremefarbenen Blazer. »Sie haben dich nicht genommen. Sasha Fox hat den freien Platz im Corps de Ballet bekommen.«

Sie legte den Umschlag auf meine Decke, ließ ihren Blick einen winzigen

Moment zu dem Gips wandern und schaute mir schließlich wieder ins Gesicht.

»Das bedeutet aber nicht, dass du dich nun hängen lassen solltest«, fuhr sie fort. »Sobald du hier raus bist, werde ich mit dir trainieren. Dein Ernährungsplan steht bereits und dein Zimmer ist renoviert. Du wirst zurückkommen, denn offensichtlich scheint das Ballett zweitrangig zu sein, wenn du auf dich allein gestellt bist. Hättest du dich das Jahr über gut vorbereitet, wärst du nicht gestürzt und –«

»Ich komme nicht zurück, Mum«, unterbrach ich sie, während ich die letzten Sekunden, in denen sie mir mein Leben vorgekaut hatte, bloß mit stummem Entsetzen zugehört hatte. »Ich werde auf keinen Fall zurückkommen!«, wiederholte ich mich ernster und schüttelte zur Bekräftigung meiner Worte stur den Kopf.

»Alexis, nun sei nicht so dramatisch. Mit meiner Hilfe –«

»Ich brauche deine Hilfe nicht«, würgte ich sie erneut ab, sodass sie die Lippen zu einer schmalen Linie zusammenpresste und sichtlich mit ihrer Fassung rang. Verübeln konnte ich es ihr nicht. Ich verhielt mich wie ein bockiges, kleines Kind, welches auf dem Jahrmarkt die Zuckerwatte verweigert bekommen hatte und nun querschlug. Doch hier ging es nicht nur um lächerliche Zuckerwatte. Es ging um mein Leben, welches meine Mum soeben wieder unter ihren Nagel zu reißen versuchte. So, wie sie es schon immer getan hatte.

Ich setzte mich auf, behielt meine Mum fest im Blick und schüttelte kaum merklich den Kopf.

»Ich werde nicht nach Hause kommen. Mein Zuhause ist in Lane Cove und mittlerweile auch in Riverview bei Reagan. Und ich werde ab sofort auf deine Hilfe verzichten, Mum. Denn ich brauche sie nicht. Ich glaube ...« Ich pausierte, hielt inne und setzte dann erneut an. »Nein ... ich weiß, dass ich gut bin. Sehr gut sogar. Und ich bin es leid, mir anzuhören, dass ich es niemals schaffen werde, so gut wie du zu werden. An dem Punkt bin ich schon. Ich habe es während meines Solos gespürt und ich bin nur gestürzt, weil du mir mit deinen Worten über all die Jahre Stolperfallen gelegt hast.«

»Alexis, pass auf, was du sagst«, merkte sie scharf an und ihre grünen Augen blitzten gefährlich auf.

»Wieso? Weil es die Wahrheit ist? Mum, du hast mich manipuliert. Jahrelang. Du hast mir ständig gesagt, wie schwach ich doch bin. Wie unsauber meine Ausführungen sind und wie leidenschaftslos ich tanze. Du hast es mir so lange gesagt, bis ich es dir geglaubt habe. Bis ich selbst an meinem Talent gezweifelt habe, mich kritisiert und mich selbst nicht wertgeschätzt habe. Du hast mich unter Druck gesetzt. Druck, dem ich nicht gewachsen war. Nur deswegen habe ich dieses Solo nicht bis zum Ende tanzen können. Und auch nur deswegen hat mich Madame Rousseau über all die Jahre so hart rangenommen. Weil ich mein Talent unter Selbstzweifeln vergraben habe.«

»Ich werde nicht für deinen Fehler geradestehen, Alexis«, stieß sie wütend aus. »Du bist gestürzt, weil du schwach geworden bist. Und wenn du diese Schwäche nicht unter Kontrolle bekommen kannst, ist das Ballett vielleicht nichts für dich.«

Mein Blick flackerte zu Reagan, die das ganze Gespräch stumm verfolgte, und verfing sich in ihren Augen, die mich mit einer Mischung aus blankem Entsetzen, Wut und tiefem Mitgefühl musterten. Schließlich schaute ich zurück zu meiner Mum und erinnerte mich daran, wie sie mir kurz vor meinem Solo die schwarzen Spitzenschuhe überreicht hatte.

Sieh es als Friedensangebot.

Am liebsten hätte ich abfällig aufgelacht und den Kopf geschüttelt. Auf diese Art von Friedensangebot konnte ich verzichten. Stattdessen hielt ich mich zurück und verlangte bloß eine einzige winzige Sache von meiner Mum.

»Verschwinde«, erwiderte ich tonlos und meine Mum blinzelte mich überrascht an. Die Härte und die Strenge in ihrem Gesicht fielen von ihr ab. Zurück blieb eine ungläubige Miene.

»Wie bitte?«

»Ich sagte, verschwinde, Mum!«, wiederholte ich mich nun lauter und zeigte Richtung Tür. »Ich möchte, dass du verschwindest. Sofort.«

»Alexis!«, stieß sie pikiert aus, doch ich ignorierte es. Ich ignorierte ihren anklagenden Blick. Den Schock, der ihr ins Gesicht geschrieben war, und die Wut, die sie ausstrahlte.

»Jede andere Mutter würde sich gerade in solchen Zeiten um ihre Tochter kümmern, statt ihr immer und immer wieder an den Kopf zu knallen, dass sie nicht gut genug ist – dass sie schwach ist. Verdammt, Mum, mein bester Freund wurde vor gerade mal drei Wochen unter die Erde befördert. Ich habe ein scheiß chaotisches Jahr hinter mir und obendrein einen gebrochenen

Knöchel, der meine ganze Karriere aufs Spiel gesetzt hat und den ich niemals gehabt hätte, wenn du nicht gewesen wärst«, fuhr ich sie aufgebracht an. »Du hast mich im Glauben gelassen, dass ich nicht gut genug für das Ballett sei. Und damit ist jetzt ein für alle Mal Schluss, hörst du? Und wenn du es nicht hinbekommst ... dann ... dann kann und werde ich auf dich verzichten, denn ich werde es auch ohne dich bis an die Spitze schaffen, da bin ich mir sicher.«

Sie hatte mir stumm und mit starrer Miene zugehört, schob den Henkel ihrer Tasche auf ihre Schulter und nickte knapp. »Wenn das so ist, Alexis ... dann möchte ich dir nicht im Weg stehen. Ich habe dir nur helfen wollen.«

»Indem du mich kleinmachst? Und mir mein Selbstvertrauen nimmst? Kannst du dir eigentlich vorstellen, wie schwer es ist, in deinem Schatten zu tanzen, und wie fürchterlich es ist, immer nur mit dir verglichen zu werden? Ich bin es leid, als talentlos neben der großen Isabel Gilbert abgestempelt zu werden. Ich bin ein eigenständiger Mensch. Kein verfluchter Schatten.«

Meine Mum trat einen Schritt vom Bett zurück, richtete ihren Blazer und sah mich erneut so an, als wäre ich eine Fremde für sie. »Wir reden, wenn du wieder klar im Kopf bist. Und ich werde deinem Arzt sagen, dass er die Schmerzmittel runterfahren soll. Du scheinst komplett neben dir zu stehen, Alexis«, merkte sie nüchtern an, bevor sie Richtung Tür stöckelte und sich nochmal zu mir umdrehte. »Du hast deine Prüfung übrigens bestanden. Im Umschlag liegen deine Ergebnisse.« Mit diesen Worten zog sie die Tür auf, würdigte mich keines Blickes mehr und verließ das Krankenzimmer.

Kaum war die Tür ins Schloss gefallen, sackte ich in mich zusammen, ließ mich zurück ins Kissen fallen und starrte aufgebracht die Decke an.

»Tut mir leid, dass du das mitbekommen musstest«, murmelte ich nach einigen schweigsamen Minuten, drehte den Kopf in Reagans Richtung und wartete eine Antwort von ihr ab.

Doch diese kam nicht. Stattdessen beugte sie sich vor, drückte ihre Lippen auf meine und küsste mich so sanft, dass sich mein Groll umgehend in Luft auflöste und ruhiger gestimmten Gefühlen Platz machte.

Als sie sich von mir löste, lächelte sie ihr umwerfendes Lächeln. »Du musst dich nicht entschuldigen, Alexis. Du hattest mit jedem Wort recht und auch wenn ich deine Mum nicht kenne, behaupte ich trotzdem, dass du es ohne ihre Hilfe schaffen wirst. Die Welt ist groß. Du kannst überallhin.«

»Apropos Welt«, setzte ich an, um von mir und meiner verfluchten Situation abzulenken. »Wieso hast du nicht erzählt, dass ein Galerist aus New York deine Bilder gekauft hat?«, erkundigte ich mich und Reagan senkte den Blick auf meine Hand, die ihre noch fest umschlossen hielt.

»Ich habe auf den richtigen Moment gewartet«, eröffnete sie mir. »Immerhin hatten wir lange Zeit totale Funkstille und dann war da noch deine Prüfung. Außerdem ... außerdem wollte ich dir nach Hudsons Tod und seiner Beerdigung nicht auch noch die Nachricht verkünden, dass ... dass ich nach New York gehen werde«, sie pausierte und mein Herz stolperte, bevor es in einem unregelmäßigen Rhythmus gegen meinen Brustkorb donnerte.

»Du verlässt Sydney?« Meine Stimme klang hohl, tonlos und vollkommen fremd. Reagan nickte kaum merklich und schaute nun überallhin, nur nicht mehr in meine Richtung. Ihr schien es sichtbar unangenehm zu sein, von mir anvisiert zu werden.

»Wann?«

»Nach den Sommersemesterferien, sobald ich mein Studium beendet habe, werde ich abreisen«, informierte sie mich und ich schluckte schwer.

»Uns bleiben also keine zwei Monate mehr«, schlussfolgerte ich und hätte ihr am liebsten die Hand entzogen und sie weggeschickt – den Abschied einfach vorziehen und sie aus meinem Leben streichen, um die Tatsache, dass sie gehen würde, weniger schmerzhaft zu machen. Das Teufelchen auf meiner Schulter spornte mich an, auch genau dies zu tun. Das Engelchen hingegen wies mich mit einem mahnenden Blick in die Schranken, sodass ich die Lippen verkrampft zu einem Lächeln verzog.

»Ich freue mich für dich, Rea.«

Sie schnaubte auf und musterte mich mit einem »Das glaubst du doch wohl selbst nicht«-Blick. »Mach mir nichts vor, Alexis. Ich merke doch, dass etwas nicht stimmt.«

»Ich ... ich bin stolz auf dich. So unglaublich stolz, Reagan ... wirklich«, ruderte ich zurück und schaffte es nun, mein verkrampftes, aufgesetztes Lächeln mit einem echten zu ersetzen. Dieses verweilte für wenige Sekunden, ehe es einen traurigen Zug annahm. »Ich hätte nur nicht geglaubt, dass unsere gemeinsame Zeit so begrenzt ist, verstehst du? Ich ... ich habe geglaubt, nun endlich angekommen zu sein, in meinem neuen Leben ... mit einem Menschen, der auch wirklich bei mir bleibt. Doch du verlässt mich auch und –«

»Wir haben noch zwei Monate, Alexis«, unterbrach sie mich sanft, setzte sich auf die Kante meines Bettes und legte eine Hand an meine Wange, um mir eine widerspenstige Haarsträhne aus dem Gesicht zu streichen.

»Glaub mir, wenn ich sage, dass in diesen zwei Monaten eine Menge passieren kann. New York bedeutet nicht das Ende für uns ... Vielleicht ist es der Anfang von etwas ganz Großem.«

***

Vier Wochen später war ich nicht nur das Krankenhaus, sondern auch die Physiotherapie los und stand das erste Mal seit meinem Sturz, welcher nun fast zwei Monate her war, wieder im Ballettsaal der Uni. Trotz meiner Sommersemesterferien nutzte ich die Gunst der Stunde, in der ich den Ballettsaal für mich hatte, schlüpfte in meine Spitzenschuhe und band die hellrosa Bänder um meine Knöchel.

»Du musst nicht perfekt sein«, sprach ich leise zu mir selbst, musterte mein länger gewordenes dunkles Haar mit den hellen Spitzen, die Tattoos, die sich auf meiner Haut stark abhoben, und meine Wenigkeit, die mir in der großen Spiegelfront gegenüberstand. Vor fast einem Jahr hatte ich genau hier gestanden, mich angesehen und mich gefragt, was ich tun könnte, um endlich so perfekt wie alle anderen Tänzerinnen zu sein. Nun hatte ich eingesehen, dass ich auf meine ganz eigene Art und Weise perfekt war – mit meinen Ecken und Kanten, meinem unpassenden Aussehen und meiner Leidenschaft fürs Ballett, auch wenn ich es an den ein oder anderen Tagen abgrundtief hasste.

Nach einigen Aufwärmübungen an der Ballettstange, in denen ich getestet hatte, wie belastbar mein Knöchel war, trat ich in die Mitte des Saals, stellte mich in die vierte Position und begann zu der Musik in meinem Kopf die Coda erneut zu tanzen. Ich bewegte mich mit Leichtigkeit durch den hellen Saal, erhaschte hin und wieder einen Blick auf meine Form im Spiegel und verzog die Lippen zu einem Lächeln, als ich von einer einfachen Arabesque ins Pas de Bourrée und schließlich in eine geschmeidige Pirouette wechselte. Der dünne Stoff meines knielangen Ballettrockes wirbelte wie vom Wind getragen um meinen Körper. Ich kam aus der Pirouette, vollführte einen Verbindungsschritt, bevor ich Schwung nahm und in ein abschließendes

Grand Jeté sprang. Für einen, vielleicht auch zwei Momente flog ich und das waren die Momente, die ich liebte. Ich liebte es, die Schwerkraft auszutricksen, den Augenblick in der Luft zu genießen und die Illusion zu erzeugen, dass der Traum vom Fliegen wahr werden könnte, wenn man nur fest genug daran glaubte. Es gab kein besseres Gefühl. Doch der Moment verging zu schnell. Die Schwerkraft nahm sich das zurück, was ich zu stehlen versucht hatte, und die Kraft zu fliegen verwandelte sich wieder nur in einen unerreichbaren Traum. Mit dem Aufkommen auf den glatten, hellen Boden fiel die Tür ins Schloss und ich kam zur Ruhe, bevor ich mich zu Reagan umdrehte. Sie betrat mit einem Lächeln auf den Lippen den Saal, ging auf mich zu und schüttelte kaum merklich den Kopf.

»Du hast gerade erst wieder grünes Licht bekommen. Möchtest du dich nicht noch etwas schonen?«

»Mir geht es gut, Rea«, beruhigte ich sie, während ich mich außer Atem auf den Boden setzte und die Bänder meiner Spitzenschuhe aufknotete. »Mein Knöchel hält das aus und außerdem muss ich meiner Mum in einem Punkt recht geben. Je länger ich mich gehen lasse, desto schwerer wird es mir fallen, wieder in Form zu kommen. Ich darf nicht noch mal versagen, wenn ich vor der Compagnie vortanze«, sprach ich aus, tauschte meine Spitzenschuhe gegen meine Docs und verstaute sie in meiner Tasche, bevor ich sie an den Henkeln anhob und über meine Schulter hängte.

»Du möchtest noch einmal vortanzen?«, fragte Reagan interessiert.

Ich schob die Ballettstange zurück an ihren Platz und ging schließlich auf Reagan zu, die bereits zur Tür gegangen war und dort auf mich wartete. Wir verließen gemeinsam den Ballettsaal, liefen durch die Galerie, die im Schein der untergehenden Sonne in ein warmes, orangenes Licht getaucht war, und ließen die Tanzfakultät schließlich hinter uns.

»Du hast es selbst gesagt, Reagan. Mein Traum ist nicht zerplatzt. Er verzögert sich nur. Und wenn das bedeutet, dass ich nun ein Jahr lang hart trainieren muss, um nächstes Jahr wieder vortanzen zu können, dann werde ich das tun.«

Sie schwieg einen Moment und außer unseren knirschenden Schritten auf dem Kiesboden und dem Zwitschern der Vögel in den Bäumen, die von der Sonne golden bemalt wurden, war nichts zu hören.

»Was wäre, wenn du bereits in wenigen Wochen vortanzen könntest?«, fragte sie aus dem Nichts heraus, sodass ich irritiert die Stirn runzelte.

»Das Australian Ballet –«

»Ich meine nicht beim Australian Ballet, Alexis«, unterbrach sie mich gelassen. »Es ist dein Traum, dort zu tanzen, und das ist mir auch bewusst, doch in einem Punkt muss ich deiner Mum ebenfalls recht geben. Das Australian Ballet ist nicht die einzige Compagnie.«

»Und wirst du mir auch sagen, wo das Vortanzen stattfinden wird?«

»Interessiert es dich wirklich? Ich kann verstehen, wenn das Australian Ballet dein Traum ist und –«

»Es interessiert mich wirklich«, schnitt ich ihr hastig das Wort ab und versuchte mich mit dem Gedanken anzufreunden, dass das Opernhaus wohl oder übel warten musste.

Ein breites Lächeln kroch über Reagans Gesicht, als sie stehen blieb und meine Hände in ihre nahm. »Du hast ein Vortanzen beim New York City Ballet«, ließ sie mich mit funkelnden Augen wissen.

Mein Herz vergaß glatt, wie es zu schlagen hatte. »Moment ... was?«, stieß ich ungläubig aus und schüttelte mehrmals den Kopf. »Reagan, wenn das ein Scherz sein soll, ist er wirklich nicht komisch.«

»Ich scherze nicht, Tanzmäuschen«, entgegnete sie und das strahlende Lächeln auf ihrem Gesicht überzeugte mich von der Wahrheit. Die Gefühle in mir brachen in komplettem Chaos aus und ich entzog Reagan meine Hände, um mir überfordert durch die Haare zu fahren.

»Aber wie ist das möglich? Woher –«

»Ich ... ich war so frei und habe dich während deines Solos fotografiert«, gestand sie mir und ich hörte ihr angespannt zu. »Ich habe die Bilder bearbeiten und entwickeln lassen, als du im Krankenhaus lagst, und sie an das New York City Ballet geschickt. Zuerst war es bloß eine dumme Schnapsidee, doch nach deinem Sturz war ich mir sicher, dass es das Richtige war, vor allem ab dem Moment, als deine Mum sagte, dass das Australian Ballet jemand anderen angenommen hat.« Sie pausierte und ließ ihre dunklen Augen unruhig über mein Gesicht gleiten – versuchte offenbar zu erkennen, was in mir vor sich ging.

»Ich hätte niemals geglaubt, dass sie sich tatsächlich melden würden«, sprach sie also weiter und kramte anschließend in ihrem Rucksack, um mir einen bereits geöffneten Umschlag in die Hände zu drücken. »Ich war neugierig«, entschuldigte sie sich, als ich mit dem Finger über die provisorisch festgeklebte Lasche strich.

Ich starrte den cremefarbenen Umschlag vor meiner Nase an, als wäre er bloß eine Illusion. Das schlichte Logo des NYCB prangte in der rechten, oberen Ecke und ich zog das Briefpapier mit rasendem Herzen aus dem Umschlag.

Das New York City Ballet lädt Sie, Alexis Gilbert, hiermit offiziell zum Vortanzen in der School of American Ballet ein. In dieser werden Sie, falls Sie in die engere Auswahl kommen, einen Sommerkurs absolvieren, um nachträglich ins Corps de Ballet des NYCB aufgenommen zu werden.

Das Vortanzen findet am 25. Februar 2021 um 3:00 pm statt. Die SAB finden Sie unter folgender Adresse: 70 Lincoln Center Plaza, New York, NY 10023-6592.

Wir freuen uns auf Sie und wünschen Ihnen viel Glück.

Ich ging die Zeilen mehrere Male durch. Versuchte, den Fehler zu finden. Oder das Anzeichen, dass Reagan mich bloß übel über den Tisch zog. Doch als ich den Blick anhob, um sie anzuschauen, musterte sie mich gespannt und verbarg ihr aufgeregtes Lächeln hinter einer Hand.

»Und, was sagst du?«, hakte sie nach.

»Ich …«, begann ich, brach ab und schüttelte den Kopf, bevor ich meinen Blick wieder auf den Briefbogen in meinen Händen richtete. »Ich kann kaum glauben, dass das wahr ist«, murmelte ich ehrfürchtig und merkte, wie die Erkenntnis, dass dieser Brief in meinen Händen womöglich mein Ticket zum Erfolg war, langsam in meinem Kopf sickerte und mir ein ungläubiges Lächeln auf die Lippen trieb.

»Es ist wahr, Alexis. Also … wirst du mich nach New York begleiten?« Ihre Stimme hatte einen hoffnungsvollen Ton angenommen und ich sah ihr in die Augen, während sich die Gedanken in meinem Kopf nur so überschlugen. Ich erinnerte mich an den Anfang des Jahres. Ich hatte an mir gezweifelt, kein Selbstvertrauen gehabt und mich sowohl von Sasha als auch von Madame Rousseau und meiner Mum kleinmachen lassen. Ich hatte es hingenommen, weil ich dachte, dass sie recht behalten würden – dass ich niemals gut genug für das Ballett war oder es jemals auch nur ansatzweise bis an die Spitze schaffen könnte. Doch nun hielt ich den Beweis, dass ich es sehr wohl schaffen konnte, in den Händen. Und das in einer der weltweit bekanntesten Compagnien. Dafür hatte ich so lange trainiert. Für diesen einen, winzigen Moment, den ich gerade erlebte. Der eine, winzige Moment, der mir die Tür zu einer viel größeren Welt öffnete. Möglicherweise hatte Reagan recht und New York war der Anfang von etwas ganz Großem.

»Ja«, hauchte ich schließlich und nickte mehrmals. »Tausendmal ja … Ich werde dich nach New York begleiten.«

In dem Moment, als Reagans Augen glücklich aufleuchteten, wurde mir bewusst, dass ich es geschafft hatte. Mir wurde bewusst, dass Hudson mit seinen Worten scheinbar doch immer recht behalten hatte.

Selbst wenn man erst durch die Hölle gehen musste und die Hoffnung auf bessere Zeiten so greifbar war wie Luft, musste man durchhalten. Weitermachen. Weiter hoffen. Denn am Ende würde alles gut werden.

Danksagung

Da ist sie. Alexis' und Reagans Geschichte, die mir so viel abverlangt und mich auf eine rasante Achterbahnfahrt der Gefühle geschickt hat. Dieses Buch bedeutet mir die Welt. Denn es ist nicht bloß eine fiktive Geschichte von seelischen Abgründen, wilden Gedanken, geprägt von Selbstzweifeln und Unsicherheit. Sie ist, irgendwo tief zwischen diesen Zeilen, meine Geschichte. Einige der Figuren, wie Reagan und auch Mason haben ihren Ursprung in Menschen, die in meinem Leben existieren oder existiert haben. Und auch wenn ein gewaltiger Teil Fiktion ist, so sind es viele Gedankengänge und Gefühle dieser Figuren nicht.

»Habits of my Heart« entstand in den letzten zwei Jahren, in denen es mir geholfen hat zu heilen, mit der Vergangenheit abzuschließen und Platz für Neues zu schaffen – für neue Gefühle, neue Lebenswege, neue Menschen und neue Gedanken. Und genau wie Alexis habe ich gelernt, meine Ängste zu überwinden. Wie sagte sie so schön: Ich habe neu gelernt zu lieben, zu hoffen und vor allem zu vertrauen. Denn wenn man das Gefühl hat, den richtigen Menschen gefunden zu haben, so hat man einen guten Grund, es zu versuchen.

Damit diese Danksagung nun auch zu einer Danksagung wird, geht mein erstes und von Herzen kommendes Danke an meinen richtigen Menschen. Denn wie Alexis habe auch ich während der Entstehungszeit dieses Buches meinen Grund gefunden, es zu versuchen. Die Person, die das nun liest, weiß, dass sie gemeint ist. Ich danke dir aus tiefstem Herzen und von ganzer Seele. Danke, dass du in mein Leben getreten bist. Danke, dass du mir die Liebe neu gezeigt hast und mir vor allem bewiesen hast, dass Ängste sehr wohl überwunden werden können, auch wenn der Weg dorthin lang und steinig ist. Danke, dass du bei der Entstehung dieser Geschichte – unserer Geschichte – dabei warst und mir geholfen hast, einen Diamanten zu schleifen. Danke, dass du an mich glaubst, mich unterstützt und mich liebst.

Ein weiteres riesengroßes Dankeschön geht an den Wreaders Verlag, der mir meinen Traum erfüllt hat. Seit ich schreibe, entstand in mir der Wunsch, in einem Verlag zu veröffentlichen. Jahrelang habe ich gezweifelt, ob ich gut genug bin. Ob meine Geschichten gut genug sind. Mit der Zusage des Verlages schwand diese Angst und nun freue ich mich umso mehr, mein Büchlein unter eurem Dach zu wissen. Danke, dass ihr mir und meinem Buch eine Chance gegeben habt. Danke, dass ihr Potential in dieser Geschichte gesehen habt.

Des Weiteren möchte ich meiner Lektorin Sina danken, die sich mit viel Geduld meinen absolut misstrauischen Charakteren, die alles hinterfragen, gewidmet hat. Mit deiner Hilfe konnten wir echt etwas Wunderbares aus meinem Büchlein herausholen und dafür bin ich dir unglaublich dankbar. Die Zusammenarbeit mit dir war mir eine große Freude.

Ein weiterer Dank geht an meine überaus talentierte Grafikerin Jasmin. Hier kann ich mich nur wiederholen, wie sehr du mich ab der ersten Sekunde vom Hocker gehauen hast, als der erste und fast schon finale Entwurf eingetrudelt kam. Ich danke dir von Herzen, dass du meinem Buch ein so wunderschönes Gewand verpasst hast und es in meinen Augen zu einem kleinen, kostbaren Schatz hast werden lassen.

Zu guter Letzt möchte ich all meinen Lesern danken, die dieses Buch nun in den Händen halten und diese Zeilen lesen. Danke, dass ihr mich unterstützt und der Geschichte von Alexis und Reagan eine Chance gegeben habt.

Ich hoffe, sie konnte euch Mut schenken, an euch und eure Träume zu glauben. Denkt dran, dass ihr euch von niemandem sagen lassen solltet, ob ihr das Zeug zu etwas habt oder nicht. Ihr habt es! Egal, was euch für euer Leben vorschwebt, strebt es an, greift nach den Sternen und versucht, diesen Traum zum Leben zu erwecken.

Am Ende wird alles gut.

xx Selina